八閩文庫

八閩文庫

要籍選刊

41

石廬金石書志

林鈞 撰

姚文昌 點校

海峽出版發行集團
THE STRAITS PUBLISHING & DISTRIBUTING GROUP
福建人民出版社

二〇一九年八閩文庫出版工程領導小組

組　長　梁建勇

副組長　楊賢金

成　員　施宇輝　馮潮華　賴碧濤　陳熙滿
　　　　王建南　黄　誌　卓兆水　葉飛文
　　　　陳　强　林守欽　王秀麗　蔣達德

二〇二〇年八閩文庫出版工程領導小組

組　長　邢善萍

副組長　郭寧寧

成　員　施宇輝　馮潮華　賴碧濤　陳熙滿
　　　　肖貴新　王建南　黄　誌　卓兆水
　　　　葉飛文　陳　强　林守欽　王秀麗
　　　　林義良

二〇二二年八閩文庫出版工程領導小組

組　長　張　彦

副組長　鄭建閩

成　員

林端宇　鄭家紅　顏志煌　黄國劍

許守堯　肖貴新　林　生　黄　誌

卓兆水　吴宏武　陳　强　張立峰

鄭東育　林義良　林　彬

二〇二三年八閩文庫出版工程領導小組

組　長　張　彦

副組長　王金福

成　員

林端宇　鄭家紅　顏志煌　黄國劍

許守堯　肖貴新　黄　誌　陳熙滿

吴宏武　林　生　李　潔　張立峰

鄭東育　黄葦洲　林　彬

八閩文庫編纂委員會

八閩文庫總序

葛兆光　張　帆

一

在傳統中國的文化史上，福建算是後來居上的區域。經歷了東晉、中唐、南宋幾次大移民潮，浙、閩之間的仙霞嶺，早已不是分隔内外的屏障，而成了溝通南北的通道。歷史使得福建越來越融入華夏文明之中，唐宋兩代，特別是在「背海立國」的宋代，東南的經濟發達，海洋的地位凸顯，福建逐漸從被文明中心影響的邊緣地帶，成爲反向影響全國文明的重要區域。在七世紀的初唐，詩人駱賓王曾説「龍章徒表越，閩俗本殊華」（駱臨海集箋注卷二晚憩田家，陳熙晉箋注，上海古籍出版社一九八五年，第三六頁），前一句説的是華夏的衣冠對斷髮文身的越人没有用，後一句説的是閩地的風俗本來就與華夏不同，意思都是瞧不起東南。但是，到了十五世紀的明代中期，黄仲昭在弘治八閩通志序裏卻説，八閩雖爲東南僻壤，但自唐以來文化漸盛，「至宋，大儒君子接踵而出」，實際上它的文明程度，已經「可以不愧於鄒魯」（四庫全書存目叢書史部一七七册，齊魯書社一九九六年，第三六四頁）。

的確，自從福建在唐代出了第一個進士薛令之，而且晉江有歐陽詹，福清有王棨，莆田有徐夤、黄滔這些傑出人物之後，到了更加倚重南方的宋代，福建出現了蔡襄（一〇一二—一〇六七）、陳襄（一〇一七—一〇八〇）、游酢（一〇五三—一一二三）、楊時（一〇五三—一一三五）、鄭樵（一一〇四—一一六二）、林光朝（一一一四—一一七八）、朱熹（一一三〇—一二〇〇）、蔡元定（一一三五—一一九八）、陳淳（一一五九—一二二三）、真德秀（一一七八—一二三五）等一大批著名文人士大夫。這些出身福建或流寓福建的士人學者，大大繁榮和提升了這裏的文化，甚至使得整個中國的文化重心逐漸南移，也許，就像程頤説的那樣「吾道南矣」（宋史卷四二八道學楊時傳，中華書局一九七七年，第一二七三八頁）。也就是説宋代之後，原本偏在東南的福建，逐漸成了中國重要的文化區域。

不過，習慣於中原中心的學者，當時也許還有偏見。以來自中心的偏見視東南一隅的福建，那時福建似乎還是「邊緣」。雖然人們早已承認福建「歷宋逮今，風氣日開」

（黄虞稷閩小紀序，撰於康熙五年，續修四庫全書史部七三四册，上海古籍出版社二〇〇二年，第一二七頁），但有的中原士人還覺得福建「僻在邊地」。像北宋樂史的太平寰宇記，一面承認「此州（福州）之才子登科者甚衆」，一面仍沿襲秦漢舊説，稱閩地之人「皆蛇種」，並引十道志説福建「嗜欲、衣服，别是一方」（樂史太平寰宇記卷一〇〇江南東道一二，中華書局二〇〇七年，第一九九一頁）。所以，歷史上某些關於福建歷史、文化和風俗的著作，似乎還在以中原或者江南的眼光，特别留心福建地區與核心區域不同的特異之處，筆下一面凸顯異域風情，一面鄙夷南蠻鴃舌。但是從大的方面説，我們看到宋代以降，實際上福建與中原的精英文化越來越趨向同一，正如宋人祝穆方輿勝覽所説，「海濱幾及洙泗，百里三狀元」，前一句裏所謂「洙泗」即孔子故鄉，這是説福建沿海文風鼎盛，幾乎趕得上孔子故里；後一句裏「三狀元」是指南宋乾道年間福建登第的三個狀元，即乾道二年（一一六六）的蕭國梁、乾道五年的鄭僑和乾道八年的黄定，他們都是福建永福（今永泰）這個地方的人（祝穆新編方輿勝覽卷一〇，施和金點校，中華書局二〇〇三年，第一六三頁）。

文化漸漸發達，書籍或者文獻也就越來越多，福建文獻的撰寫者中不僅有本地人，也有流寓或任職於閩中的外地人。日積月累，這些文獻記録了這個多山臨海區域千年的文化變遷史，而八閩文庫的編纂，正是把這些文獻精選並彙集起來，爲現代人留下唐宋以來有關福建的歷史記憶。

二

福建鄉邦文獻數量龐大，用一個常見的成語説，就是「汗牛充棟」。那麽多的文獻，任何歸類或叙述都不免挂一漏萬。不過，我們這裏試圖從區域文化史的角度，談一談福建文獻或書籍史的某些特徵。

毫無疑問，中國各個區域都有文獻與書籍，秦漢之後也都大體上呈現出華夏同一思想文化的底色，但各區域畢竟有其地方特色。如果我們回溯思想文化的歷史，那麽，唐宋之後福建似乎也有一些特點。恰恰因爲是後來居上的文化區域，所以福建積累的傳統包袱不重，常常會出現一些越出常軌的新思想、新精神和新知識。這使得不少代表新思想、新精神和新知識的人物與文獻，往往先誕生在福建。衆所周知的方面之一，就是宋代儒家思想的變遷。應當説，宋代的理學或者道學，最初乃是一種批判性的新思潮，一些儒家士大夫試圖以屬於文化的「道理」鉗制屬於政治的「權力」，所以，極力强調

「天理」的絶對崇高，人們往往稱之爲道學或理學，也根據學者的出身地叫作「濂洛關閩之學」。其中，「閩」雖然排在最後，卻應當説是宋代新儒學的高峰所在，以至於後人乾脆省去濂溪和關中，直接以「洛閩」稱之（如清代張夏雒閩源流録），以凸顯道學正宗，恰在洛陽的二程與福建的朱熹，而道學最終水到渠成，也正是在福建。因爲宋代道學集大成的代表人物朱熹，雖然祖籍婺源，卻出生在福建，而且相當長時間在福建生活。他的學術前輩或精神源頭，號稱「南劍三先生」的楊時、羅從彦（一〇七二—一一三五）、李侗（一〇九三—一一六三），也都是南劍州即今福建南平一帶人，他的提攜者之一陳俊卿（一一一三—一一八六），則是興化軍即今莆田人，而他的最重要的弟子黄榦（一一五二—一二二一）是閩縣（今福州）人，陳淳是龍溪（今龍海）人。

正是在這批大學者推動下，福建逐漸成爲圖書文獻之邦。慶元元年（一一九五），朱熹在福州州學經史閣記中曾經説，一個叫常濬孫的儒家學者，在福州地方軍政長官詹體仁、趙像之、許知新等資助下，修建了福州府學用來藏書的經史閣，即「開之以古人敦學之意，而後爲之儲書，以博其問辨之趣」（朱文公文集卷八〇，朱子全書第二四册，上海古籍出版社、安徽教育出版社二〇一〇年，第三八一四頁）。宋代之後，經由近千年的日積月累，我們看到福建歷史上出現了相當多的儒家論著，也陸續出現了有關儒家思想的普及讀物。大家可以從八閩文庫中看到，這裏收録的不僅有朱熹、真德秀、陳淳的著述，也有明清學者詮釋理學思想之作，像明人李廷機性理要選、清人雷鋐雷翠庭先生自恥録等等，應當説，這些論著構成了一個歷經宋元明清近千年的福建儒家文化史。

三

説到福建地區率先出現的新思想、新精神和新知識，當然不應僅限於儒家或理學一系。更應當記住的是，從宋代以來，中國政治、經濟和文化的重心，逐漸從西北轉向東南，一方面由於中原文化南下，被本地文化激蕩出此地異端的思想，另一方面海洋文明東來，同樣刺激出東南濱海的一些更新的知識。

我們注意到，在福建文獻或書籍史上，呈現了不少過去未曾有的新思想、新精神和新知識。比如唐宋之間，福建不僅出現過譚峭（生卒年不詳）化書這樣的道教著作，也出現過像百丈懷海（約七二〇—八一四）、潙山靈佑（七七一—八五三）、雪峰義存（八二二—九〇八）那樣充滿批判性的禪僧，還出現過禪宗史上撰於泉州的最重要禪史著作祖堂集。又如明代中後期，那個驚世駭俗而特立獨行的李贄（一五二七—一六〇二），有人説他的獨特思想，就是因爲他生在各種宗教交匯融合的泉州，傳説他曾受到伊斯蘭教之影響，當然更因爲有佛教與心學的刺激，使他成了晚明傳統思想世界的反叛者。而另一個莆田人林兆恩（一五一七—一五九八），則是乾脆開創了三一教，提倡「三教合一」，也同樣成爲正統的政治意識形態的挑戰者。再如明清時期，歐洲天主教傳教士「梯航九萬里」，也把天主教傳入福建，特别是明末著名傳教士艾儒略（一五八二—一六四九）應葉向高（一五五九—一六二七）之邀來閩傳教二十五年，從而福建才會有「三山論學」這樣的思想史事件，也産生了三山論學記這樣的文獻，無論是葉向高，還是謝肇淛，這些思想開明的福建士大夫，多多少少都受到外來思想的刺激。最後需要特别提及的是，由於宋元以來，福建成爲向東海與南海交通的起點，所以，各種有關海外的新知識，似乎都與福建相關，宋代趙汝适撰寫諸蕃志的機緣，是他在泉州市舶司任職；元代汪大淵撰寫島夷志略的原因，也是他從泉州兩度出海。由於此後福州成爲面向琉球的接待之地，泉州成爲南下西洋的航線起點，因而福建更出現了像張燮東西洋考、吴朴渡海方程、葉向高四夷考、王大海海島逸志等有關海外新知的文獻，這一有關海外新知的知識史，一直延續到著名的林則徐四洲志。老話説「草蛇灰線，伏脈千里」，歷史總有其連續處，由於近世福建成爲中國的海外貿易和海上交通的中心，所以，這裏會成爲有關海外新知識最重要的生産地，這才能讓我們深切理解，何以到了晚清，福建會率先出現沈葆楨開辦面向現代的船政學堂，出現嚴復通過翻譯引入的西方新思潮。

甚至還可以一提的是，近年來福建霞浦發現了轟動一時的摩尼教文書，這些深藏在道教科儀抄本中的摩尼教資料，説明唐宋元明清以來，福建思想、文化和宗教在構成與傳播方面的複雜性和多元性。所以，在八閩文庫中，不僅收録了譚峭化書，李贄焚書續焚書、藏書續藏書，林兆恩林子會編等富有挑戰性的文獻，也收録了張燮東西洋考、趙新續琉球國志略等關係海外知識的著作，讓我們看到唐宋以來，福建歷史上新思想、新精神和新知識的潮起潮落。

四

在八閩文庫收録的大量文獻中，除了福建的思想文化與宗教之外，也留存了有關福建政治、文學和藝術的歷史。如果我們看明人鄧原岳編閩中正聲、清人鄭杰編全閩詩録收録的福建歷代詩歌，看清人馮登府編閩中金石志、葉大莊編閩中石刻記、陳棨仁編閩中金石略中收録的福建各地石刻，看清人黄錫蕃編閩中書畫録中收録的唐宋以來福建書畫，那麽，我們完全可以同意歷史上福建的後來居上。這正如陳衍（一八五六—一九三七）在閩詩録的序文中所説「余維文教之開，吾閩最晚，至唐始有詩人，至唐末五代中土詩人時有流寓入閩者，詩教乃漸昌，至宋而日益盛」（續修四庫全書集部一六八七册，第四一一頁）。可見，宋史地理志五所説福建人「多向學，喜講誦，好爲文辭，登科第者尤多」，「今雖閭閻賤品處力役之際，吟詠不輟」（杜佑通典州郡十二），真是一點兒不假。

清代學者朱彝尊（一六二九—一七〇九）曾説「閩中多藏書家」（曝書亭集卷四四淳熙三山志跋，四部叢刊初編集部二七九册，上海書店一九八九年，第六〇一頁）。千年以來的人文日盛，使得現存的福建傳統鄉邦文獻，經史子集四部之書都很豐富，翻檢八閩文庫，就可以感覺到這一點，這裏不必一一叙説。需要特别指出的是，福建歷史上不僅有衆多的文獻留存，也是各種書籍刊刻與發售的中心之一。福建多山，林木葱蘢，具備造紙與刻書的有利條件，從宋元時代起，福建就成爲中國書籍出版的中心之一。宋元時代福建的所謂「建本」或「麻沙本」曾經「幾遍天下」（葉夢得石林燕語卷八，侯忠義點校，中華書局一九八四年，第一一六頁），更有所謂「麻沙、崇安兩坊産書，號稱『圖書之府』」的説法（新編方輿勝覽卷一一，第一八一頁）。版本學家也許將它與蜀本、浙本對比，覺得它並不精緻，但是，從書籍流通與文化貿易的角度看，正是這些廉價圖書，使得很多文化知識迅速傳向中國四方，也深入了社會下層。淳熙六年（一一七九），朱熹在建寧府建陽縣學藏書記中曾説到，「建陽版本書籍行四方，無遠不至」，可當時嘉禾縣學居然藏書很少，「學於縣之學者，乃以無書可讀爲恨」，於是一個叫姚耆寅的知縣，就「鬻書於市，上自六經，下及訓傳、史記、子、集，凡若干卷以充入之」。當地刊刻的書籍，豐富了當地學者的知識，也增加了當地文獻的積累，甚至扭轉了當地僅僅重視「世儒所誦科舉之業」的風氣（朱文公文集卷七八，朱子全書第二四册，第三七四五頁），這就是一例。到了清代，汀州府成爲又一個書籍刊刻基地，近年特別受到中外學者注意的四堡，就是一個圖書出版和發行中心，文獻記載這裏「以書版爲産業，刷就發販，幾半天下」（咸豐長汀縣志卷三一物産）。所以，美國學者包筠雅（Cynthia J. Brokaw）文化貿易：清代至民國時期四堡的書籍交易（劉永華、饒佳榮等譯，北京大學出版社二〇一五年）就深入研究了這個位於汀州府長汀、清流、寧化、連城四縣交界地區的客家聚集區的書籍事業，繼承宋元時代建陽地區（如麻沙）刻書業，這裏再一次出現中國書籍出版史上佔據重要位置的福建書商群體。

可以順便提及的是，福建刻書業也傳至海外。福建莆田人俞良甫，元末到日本，由九州的博多上岸，寓居在京都附近的嵯峨，由他刻印的書籍被稱爲「博多版」。據説，俞氏一面協助京都五山之天龍寺雕印典籍，一面自己刻印各種圖書，由於所刊雕書籍在日本多爲精品，所以被日本學者稱爲「俞良甫版」。

從建陽到汀州，福建不僅刊刻了精英文化中的儒家九經三傳、諸子百家以及文選、文獻通考、賈誼新書、唐律疏議之類的典籍，也刊刻了很多大衆文化讀本，諸如西廂記、花鳥争奇和話本小説。特别在明清兩代書籍流行的趨勢和作爲商品的書籍市場的影響下，蒙學、文範、詩選等教育讀物，風水、星相、類書等實用讀物，小説、戲曲等文藝讀物，在福建大量刊刻。如果我們不是從版本學家的角度，而是從區域文化史的角度去看，這種「易成而速售」（石林燕語卷八，第一一六頁）的書籍生産方式，使得各種文獻從福建走向全國甚至海外，特别是這些既有精英的、經典的，也有普及的、實用的各種知識的傳播，是否正是使得華夏文明逐漸趨向各地同一，同時也日益滲透到上下日常生活世界的一個重要因素呢？

五

八閩文庫的編纂，當然是爲福建保存鄉邦文獻，前面我們説到，保存鄉邦文獻，就是爲了留住歷史記憶。

這次編纂的八閩文庫，擬分爲三個部分。第一部分是「文獻集成」，計劃選擇與收録唐宋以來直到晚清民初的閩人各種著述，以及有關福建的文獻，共一千餘種，這部分採取影印方式，以保存文獻原貌。這是八閩文庫的基礎部分，按傳統的經史子集四部分類，這是爲了便於呈現傳統時代福建書籍面貌，因而數量最多；第二部分是「要籍選刊」，精選一百三十餘種最具代表性的閩人著述及相關文獻，以深度整理的方式點校出版，不僅爲了呈現歷代福建文獻中的精華，也爲了便於一般讀者閱讀；第三部分則爲「專題彙編」，初步擬定若干類，除了文獻總目之外，還將包括書目提要、碑傳集、宗教碑銘、官員奏折、契約文書、科舉文獻、名人尺牘、古地圖等，我們認爲，這是以現代觀念重新彙集與整理歷史資料的一個新方式，它將無法納入傳統的四部分類，卻是對理解福建文化與歷史至關重要的文獻，進行整理彙集，必將爲研究與理解福建，提供更多更系統的資料。

經歷幾年討論與幾年籌備，八閩文庫即將從二〇二〇年起陸續出版，力争用十年時間，經過一番努力，打下一個比較完備的福建文獻的基礎。

當然，不能説八閩文庫編纂過後，對於福建文獻的發掘與整理就已完成。八閩文庫僅僅是我們這一兩代人的工作，還有更多或更深入的工作，在等待著未來的幾代人去努力。無論從舊材料中發現新問題，還是以新眼光發現新材料，都是建立在前人的基礎上，而又對前人的工作不斷修正完善的過程。還是朱熹寫給陸九齡的那句廣爲流傳的老話：「舊學商量加邃密，新知培養轉深沉。」用舊的傳統融會新的觀念，整理這些縱貫千年的歷史文獻，也就無論「人間有古今」了。

八閩文庫要籍選刊出版説明

福建自唐代以降，名家輩出，著述繁興，流傳千載，聲光燦然。遺存之文獻，多可彰顯福建歷史發展脈絡，展示前賢思想學術及文學藝術成就，爲研究福建區域文化之基本典籍。八閩文庫「要籍選刊」擇取重要之閩人著作及相關福建文獻百數十種，予以點校。其中具備條件者，將採用編年、箋注、校證等方式整理。諸書略依經史子集分部編次，陸續出版。

二〇二一年八月

石廬金石書志整理説明

林鈞（一八九二—一九七二），字亞傑，號石廬，福建閩侯人。民國五年（一九一六）任江西督軍府秘書，後又在福建地方政府任職，晚年賦閑居家，以讀書、編書自娱。林氏酷嗜金石文字，累年搜訪，所得金石書目、古器、碑帖漸豐，顔其藏處曰「寶岱閣」、「釋篆軒」、「校碑精舍」、「三萬金石文字室」等。一九五七年，石廬藏書盡數轉讓中國科學院考古研究所，可謂能得其歸。

林氏著述宏富，存其目者多達數十種，惜大半未能付梓，今見刊行於世者，有石廬金石書志、石廬藏竟目、閩中古物集粹、篋書賸影録等。其中尤以石廬金石書志最負盛名。

石廬金石書志二十二卷，民國十二年（一九二三）刊於南昌寶岱閣。是書卷首載有林氏所擬凡例、自序、總目。

凡例條列著述之體例計十六則，如：「是志略仿四庫提要，並參各家藏書記之例，就寒齋所藏者次第編述，而所見所聞，則另撰金石書待訪目別行。」「各書有鈔本、刊本兼備者，録鈔本。如刊本較勝，或經諸家批校，足資考訂者，則併及之。」

自序前述其求書之勤，「所入少豐，百計購求」，「舟車所經，勤加搜訪」，「窮年兀兀，不以爲疲」，自言：

> 四明盧氏文弨、雲間錢氏熙祚、海寧吴氏騫、錢塘黄氏易、江都秦氏恩復、曲阜桂氏馥、海虞顧氏湘、仁和顧氏廣圻、日照許氏瀚、東武劉氏喜海、烏程張氏鑑、濰縣陳氏介祺、江山劉氏履芬、歸安吴氏雲、河間龎氏澤鑾、獨山莫氏友芝、上海徐氏渭仁、漢陽葉氏志詵、嘉興徐氏士燕、歸安凌氏霞、仁和韓氏泰華、會稽章氏壽康、吴縣吴氏大澂、貴築黄氏彭年、天津王氏鵠、高密鄭氏文焯，以及吾閩梁茝林章鉅、李蘭卿彦章、楊雪邨浚、馮笏軿縉、龔少文易圖諸前輩累年藏弆，他如五硯樓、授經樓、戴經樓、瑯環山房、一般園、小停雲館、看雲館、蝴蝶草堂、得復齋、洗心齋、步玉山房、味經書屋、敬原堂、聽鸝山館、百城樓、十四間書樓等，不及備舉。竟輾轉而爲吾齋所得。

尤爲可貴者，林氏「辛酉四月，再上都門，比返申江，適藝風先生藏書出貰，冒雨趨購，盡得金石書百數十種，客囊良嗇，貸千金于友以足之。其中稿鈔之本十有五六，朱黄殷駁，多經勘校」。林氏董理所藏金石書籍，勒成斯編。自序後文即「綱舉類别」，爲「分地」、「斷代」、「録文」、「存目」、「圖譜」、「石經」、「記載」、「考證」、「釋例」、「字書」、「法帖」、「雜著」十二類，並述各類收書之大略。

總目排比卷次，卷一至卷四「分地類」，著録二百六十七種；卷五「斷代類」，著録二十五種；卷六「録文類」，著録三十五種；卷七「存目類」，著録六十二種；卷八至卷十「圖譜類」，著録一百零九種；卷十一「石經類」，著録二十九種；卷十二「記載類」，著録十七種；卷十三至卷十七「考證類」，著録二百一十五種；卷十八「釋例類」，著録十五種；卷十九至卷二十「字書類」，著録八十一種；卷二十一「法帖類」，著録三十二種；卷二十二「雜著類」，著録八十二種，共計九百六十九種。每部書依次著録書名、卷數、作者朝代、籍貫、姓名及收書版本。

書志刊成之後，林氏曾將初印本遍寄友朋，邀爲鑒閲，而後將諸家評語雕版置於卷首。故是書發售之早期印本載康有爲、羅振玉、吴士鑑、宣哲、周慶雲、鄒安、歐陽輔、趙詒琛、顧燮光、金蓉鏡、徐乃昌、劉承幹、蔡寶善、陳洙、丁福保、秦更年、葉玉森、陳邦福、朱孝臧、童大年、蔡守、李尹桑、黄節、李根源、鄭孝胥、陳衍、李宣龔、陳承修二十八家評語。其後印本於趙詒琛評語後删除顧燮光評語，補入褚德彝、馬良、姚華、黄質、鄧萬歲、章鈺、方若、金梁、楊鍾羲、唐文治、袁金鎧、陳柱、陳三立、王樹枏、蔡元培、羅惇曧、鄧邦述、樓虚、宗舜年十九家評語；於葉玉森評語後補入張一麐、章炳麟、趙式經、張元濟、周鍾嶽、葉爲銘、吴虞、吴澂、丁仁、趙時綱、陳敬第、高燮、閻培棠、錢基博、傅熊湘、關葆謙十六家評語；於李根源評語後補入王藴章、胡韞玉、楊天驥、汪兆鏞、邵啓賢、顧燮光、鄧實、馬衡、黄立猷、胡懷琛、商承祚、文素松、葉恭綽、陳去病、諸宗元、陳直、楊立誠、吴湖帆、黄佛頤、孫壯、程文龍、劉三、謝英伯、黄任恒、易忠籙、王蘧、姚光、羅長銘、丁傳靖、柯昌泗、沈維鈞、張景遜、陳準、陳寶琛、高鳳謙三十五家評語，共計九十七家評語。故是書印本有無評語本、二十八家評語本、九十七家評語本之别。本次整理，爲求其全，即以九十七家評語本爲底本。

書志著録金石書籍，可貴者二：一在存目之廣，一在版本之精。是志收書九百六十九種，骨幹版本爲稿鈔本者達一百九十一種，多有可資爬梳流傳、考校文字者。以葉昌熾語石爲例。書志卷十二載：

語石十卷。精抄本。長洲葉昌熾菊裳撰。前有菊裳自序。是編上溯古初，下迄宋元，玄覽中區，旁徵島索，制作之名義，標題之發凡，書學之升降，藏弆之源流，以逮模拓、裝池，軼聞瑣事，分門别類，不相雜厠，既非歐、趙之目，亦非潘、王之例，非考釋，非輯録，但示津塗，俾學者毋域方隅，毋旁皇于歧路，此即葉公著書之本旨也。是本經藝風前輩手自批校，其中如「碑陰」論褒斜道石刻條下批曰「荃孫同治甲戌親訪是刻，碑在最高處，釋文刻于下，並不連，取稍平處磨治刻之。漢碑不磨，宋則磨矣」云云；又「石經」條下批曰「荃孫在大足觀張淳父書古文孝經在北山，輿地碑目已載之，家人卦寶慶三年刻在中江銅山巖」云云；又于「字書小學」類第一則下批曰「荃孫見滋陽韓詩外傳拓本，上數行即衡波傳九曲珠事，非外傳也」云云；「經幢」條下批曰「昌平學宫元加封可配二程誥敕」云云；「造象」條下批曰「丙午四面象，西魏恭帝時造，都中所見太平真君、神麚皆僞品。樊文卿之嘉興，陳壽卿以金大安爲吕光之大安，欺人即自欺也」云云；又「碑文襲舊」條内所引唐龍朔元年雷大岑造象批曰「此僞造，不足論」云云；「施石」條内所引唐叱干公三教道場文批曰「此文摹厓在北周文王碑之次」云云；又「石經」條下廣州高宗真草孝經，葉載「嘉慶末，平陽儀克中搜得之，書刻年月别爲石，已亡」，繆正「已亡」爲「今存」。他若「墓志」條内「李黼」正作「李輔」；「浮圖」條内「魏刻若暉法、凝禪在陝中」正爲「在澄城」；「經幢」條内「天寶四年成都鐵幢」，正「成都」爲「閬中」；「題名」條内「施南」正爲「宜昌」；「刻字」條内所引中興軍中書劄子，正「中興」爲「永興」諸類，更難枚舉，皆足正刻本之譌。兹帙當屬稿本傳抄，故序後有「癸卯初秋緣督又記」一則，刊本無此記，而多己酉三月一跋。

繆荃孫批校鈔本語石，藝風藏書記不見著録。繆氏卓然金石名家，書志所録手批補正語石甚多。今檢繆氏藝風老人日記「己酉年」（一九〇九）下載：

二月四日甲寅：詣章式之，談，借得瞿木居士年譜、葉鞠裳語石藁。

廿四日甲戌：分送語石第三卷與熙之，第八、九、十與倪昆甫、郭軒甫。

閏月一日丁巳：校語石卷三。……又校語石卷九。

四日庚申：郭軒圃送語石第八卷來。

七日癸亥：校語石卷八。

廿四日庚辰：送郭軒圃四元四角，又送語石兩册去。

三月四日己丑：還式之語石兩卷。

廿二日辛未：校語石第十。

廿五日甲戌：校語石卷五。

廿六日乙亥：校語石一。

廿八日丁丑：校語石卷七。

廿九日戊寅：校語石第六。

四月一日己卯：校語石畢。

五日癸未：拜章式之，談，還語石、木夫年譜，索藏書續記一册，歸。

十三日辛卯：語石訂四本。

繆荃孫在宣統元年（一九〇九）二月至四月間，曾從章鈺（式之）處借得葉昌熾語石一部，交與鄧熙之、倪昆甫、郭軒圃等人謄鈔，親爲校讀一過，然後將借得之本歸還章鈺，謄鈔本訂作四本留藏。葉氏語石至宣統元年三月始刊成，故繆氏所借之本必爲寫本。林氏書志言繆氏批校本語石「當屬稿本傳抄」，洵爲的論。林氏晚年將藏書盡數歸公，而繆氏批校本語石尚未見行於世，今日由書志著録窺其一斑，不免有快睹全豹之心。

林氏書志各篇題解，敘述大旨，多有抄撮四庫總目及本書序跋而成者。然古人抄書，自爲著述之一體，善抄書者，其實善假於物以著書也，不可執此薄之。且書志能於諸篇之後備録各家藏印並手書題記，尤可謂深諳著述之道者。書志刊行之後，學術界頗有置評者。今摘録一二，雖難爲定論，亦可稱允辭：

姚名達中國目録學史：諸家（金石目録）皆無解題，有解題者惟林鈞之石廬金石書志一種，仿藏書志之例，略述各書大旨，權其同異，録其題跋印記。所藏所志之金石書凡九百六十九種，而金石拓本二萬餘通尚不與焉。分類大綱有十二：分地、斷代、録文、存目、圖譜、石經、記載、考證、釋例、字書、法帖、雜著。其法仿自葉昌熾之語石，以書之體例爲準，初不問古物之爲何種。然石經、法帖又在例外，且同類之中以時代爲次，又不復依古物之性質分子目，書之體例可分隸數類者亦不互見，故分類頗有失宜者。其優點在解題，以其書盡手藏，故能擷述梗概，甚少訛誤，對於版本尤爲注意。欲治金石之學者，固不能少此嚮導也。

王欣夫文獻學講義：（近人所撰專科目録體例稱佳者，當推余紹宋的書畫書録解題。）其次爲林鈞的石廬金石書志二十二卷，仿藏書志例，每書有題要敘述大旨，並録題跋印記。所收書九百六十九種，分類十二：一曰分地，二曰斷代，三曰録文，四曰存目，五曰圖譜，六曰石經，七曰記載，八曰考證，九曰釋例，十曰字書，十一曰法帖，十二曰雜著。略依葉昌熾語石，以書體爲準，不問古物的種類，故分類頗有失宜的，不如容媛金石書録目以器物爲綱而分類更爲詳密。此書的優點當在解題，由於都是據自己所藏書著録，故得一一寓目，擷取梗概，比較可信，不如展轉鈔録、印象模糊之談。

顧頡剛篋書賸影録序：金石之學盛於晚清，沿流溯源，上接兩宋，注意者稍多。故石廬有志，容君希白有録，兩賢並世而起。顧希白鈔撮雖勤，而性過矜慎，撰述不輕示人，所易見者，其妹八爰手輯金石書録目一册，有題而無解。是則凡欲涉獵古今金石書而省識其内容者，仍必取資於石廬書志無疑也。

最後，需要説明的是：書志前總目與正文中每書標題間有小異，除明確的訛誤外，整理時一般不作改動，並爲總目與正文中解題添加編號，以供查詢。此外，由於原書多訛脱衍倒之失，整理時徑予校改，並編製勘誤表附於書末，不再另出校記。勘誤表依次摘録底本字句，誤文加點標識，於下注明校改後文字，以便讀者檢核。至於原書中的墨丁、方框以及部分俗字、異體字，則據底本予以保留。

二〇二三年一月七日姚文昌記於山東濟南歷城寓所

清樣排出後，友生袁君慧穎、王君新美、吴君一蕎、郭君文錦代爲校勘全本，訂訛正誤，助予良多，書此申謝。二〇二三年十二月十五日又記。

石廬金石書志目次

石廬金石書志評語

南海康有爲長素

大著金石書志網羅既富，斷制亦嚴，自是傳作，冀早梓行，會見不脛而走，廣播藝林也。

上虞羅振玉叔言

大著搜羅至博，欽佩無地。拙著並蒙采及，可謂葑菲不遺。弟私意金石之學，其名殆定于鄭浹際之金石略，而創于趙氏金石録，然似不如「考古學」之該括靡遺。區區之見，倘亦大君子所贊許乎？

錢塘吴士鑑絅齋

奉惠書並賜讀金石書志，未及終編，不勝狂喜。閣下以盛年而成此閎著，求之昭代先輩，無與頡頏。況復提要鈎玄，折衷至當。鄙人昔日交游如王文敏、端忠敏，均不克見敦煌之墜簡、正始之石經。吾輩乃得自矜眼福，突過前賢，寧非厚幸？閣下收藏既富，鍥而不舍，他日賡續，再成鉅編，俾海内嗜古之士，人人得奉爲鴻寶，甚盛甚盛。

甘泉宣哲古愚

曩年由秦君曼青處拜領尊著金石書志總目一册，已歎搜獲之博且精。兹又承賜全書一部，雒誦提要，評騭之審，考訂之密，尤佩服無已。昔人爲此學者，許印林爲潘芸閣校定之史籍考中有「金石」一門，其書未見傳本。其見于攀古小廬文者，知其分七類：曰金，曰石，曰金石總，曰錢幣，曰璽印，曰甎瓦，曰文字，疑所收亦略而不備也。沈匏廬歷朝金石著録考，其成否亦不可知。藏書家目録，魏稼孫目傳自凌塵遺，所録寥寥。塵遺癖好堂目亦無提要。閣下以英年毅力成此鉅製，前無古人。今仁和葉氏、沔陽黄氏兩目，皆不能望後塵也。

烏程周慶雲夢坡

前承惠箋，臨風展誦，欣悦有加。折閲所賜金石書志，始知搜羅宏富，不啻海内歷代金石家所藏、所著之書悉數爲君所有。物聚所好，而又以毅力求之，年未强仕，將成續編，更不知限量。欽佩之忱與感謝之意，非楮墨可喻也。

海寧鄒安適廬

承惠大著，搜採宏富，較京中新刻金石書目詳密，佩服佩服。

泰和歐陽輔棠丞

鄆筒去後，正深佇遲。頃接瑶函，並頒到大著，焚香浣薇，雒誦一過。敬佩識見卓越，評論公允，獎詡多而抨擊少，尤徵雅量淵宏。拙著亦承收入，並加藻飾。惟「泰山刻石」一條，所見略有不同。談金石者，各是其是。況閣名「寶岱」，尤不能不自固吾圉，亦理所當然爾。寒家舊有秦篆四十六字本，與秦篆譜原爲先達楊文貞公故物。後又得二十九字本與十字本，三本並列，真贋自分。再校以譜，則行款筆畫，亦不相符。故敢約略言之，非虛構武斷也。二十九字許跋本，諸名公已公認爲原石，惟潘伯寅先生有異議。若鄙人之言，固不足爲輕重。如元公、姬氏兩志，輔力辨爲僞，亦不能損其聲價。近日綴輯續編，並補正初編漏義，於此刻已擬引伸其說。今當犧牲此條，不復向泰山饒舌，以崇拜寶岱閣之尊嚴，藉鳴傾倒之忱。先生其莞爾頷之否？

崑山趙詒琛學南

承惠金石書志全部，謹領，謝謝。鄴架珍藏金石書可謂富矣，遍中國當首屈一指。而大著條理清楚，紀載極詳，尤爲欽佩。連日展讀，幾忘寢食，銘感嘉惠，靡有既極。

餘杭褚德彝禮堂

大著搜羅宏富，考證精塙，爲金石學中創作，尤足爲初學津逮，此亦傳之作也。

丹徒馬良湘伯

大著金石書志仿四庫提要。提要爲藏書家所必要，今而後大著當亦爲海内考古家所必要矣。

貴筑姚華茫父

尊著金石書志，標舉詳明，有益來學，至佩至佩。

黟縣黄質賓虹

大著金石書志，觥觥大集，撰述宏多，奕奕奇光，菁華萃集，表勛前哲，啓迪後來，厥功偉大，無任欽佩。

東莞鄧萬歲尔雅

大著不獨爲治金石學者所必需，即小學及目録學乃至書法、篆刻諸藝術，亦不可少。

長洲章鈺式之

執事從事歐、趙之學，爲同好者示以津梁，博采旁搜，成此巨帙，不遺遠道，許與寓目。鈺平昔亦喜收金石書，得此導師，沾溉無盡。佩服之至，感謝之至。

定海方若藥雨

承惠金石書志，搜羅之富，體例之佳，鑑别之精，論斷之嚴，前無古人，下風拜倒。而于續校碑隨筆察出僞托，勞神費墨，心感何如。在弟無足重輕之名，固可不計，亦非敢慕前賢石田先生不究僞畫之雅度高風也。弟于此書僅聞友人相告，並未目見，今始從大著中見之。公之目光如炬，真令人欽佩。

蒲州金梁息侯

近出金石書目，葉、田僅舉其名，不免過略。黄氏所分類目似未盡當。大作綱舉類別，各爲提要，體例既善，論斷尤精，自成一家言，非近見各目所能及也。自序所評明清諸家，博覽宏搜，立言有據，篤嗜金石，鈎稽弗遺，蓟然遠駕歐、趙、洪、黄而上，不啻夫子自道矣。欽佩欽佩。

遼陽楊鍾羲子勤

此學晚出彌精，于今爲盛，得賢者排比目録，都爲一編，集前修之大成，便後進之省覽，佩仰無量。

無錫唐文治蔚芝

體例秩然，品騭允當，尤足補前人闕略，爲後學津梁。

遼陽袁金鎧潔珊

抗心希古，志潔行芳。俯仰古今，寄懷高遠。是真與古爲徒，拔出于塵壒之外者也。著作如此，懷抱可想，品地更可推見，不勝傾倒之至，不朽無疑。

北流陳柱柱尊

尊著金石書志，信不朽之盛業，嫥家之巨製。

義寧陳三立伯嚴

大刊搜羅宏富，辨證精審，此爲集大成、垂不朽之盛業。海內自有定論，固無待老朽讚美也。

新城王樹枏晉卿

捧讀大著，日盡一卷，如入瑯環福地。讀未見書，廢寢遺餐，當不止忘味三月也。執事以英年成此鉅製，網羅之富，評騭之公，萃諸家之大成，爲後學之津逮。此書一出，前無古人，是非一人之阿私，乃天下之公論也。古人有云：「用志不紛，乃凝於神。」又云：「思之思之，鬼神通之。」竊意執事之爲此書，當有神助，不然不能如此之宏備也。陸劍南詩云「老見異書猶眼明」，初不料八旬待盡之人，獲此眼福，何幸如之！將來續出金石跋尾諸書，刊成之後，仍望源源惠寄爲感。

紹興蔡元培孑民

大著搜採甚富，提要簡明，分類亦便檢查，使有志考古者可以按圖索驥，甚善。將來續有購置，則茲志可隨之而擴充，甚企之。

順德羅惇㬊孝盦

大著搜採宏博，評論精詳，洵足補前賢之缺略，開後學之徑途。展讀彌日，無任傾佩。

江寧鄧邦述正盦

先生以壯年而逢末造，寢饋古籍，不懈益虔，遂獲成此空前之著。讀序中「有力者不盡好古，好古者又絀于力」，二語道盡吾輩艱苦之懷，不覺爲之氣沮。然如先生之搜羅美備，述作斐然，則又豈能爲境所阨哉！述六十之年，一無所就。初欲專意典籍，聊以自娱，豈謂既老且貧，並故紙蠹篇，亦不能守。今年將鬻出與鬻存者，分寫二目，俟印出後，當寄奉裁鑒。惟述之好博不專，彌滋愧恧，以視先生鴻著，上奪歐、趙之席者，固不可同日語也。

縉雲樓虛辛壺

日前赴杭，于葉舟姪處曾披讀大著，知于金石文字，研摩有年。而收藏豐富，殊非易事。惟凡物原聚于所好，倘非天假之緣，亦力所難及。閣下處此時勢，毅然以搜羅天下金石志書與著作家之所有，辨論異同，如百川歸海，無不容納。惟恐此後不務根本之學，日甚一日，洵于國脈之所由繫者至重。欽佩欽佩。

上元宗舜年子戴

執事網羅金石學書至千數百種，成金石書志至二十餘卷，在金石家爲空前之美富，在目録家亦曠絶之鉅觀。展讀敘例，體大思精，治金石者得此導師，功德無量。

秀水金蓉鏡甸丞

先生此志，博綜各家，又爲書目之要，亦如竹垞之爲經義考，謝蘊山之爲小學考，得史氏裁篇别出之義，補提要所未具，亦偉作也。每種皆詳善本及圖記，又似鑒家。近人爲書目多有此例，精英所萃，可謂博而要矣。先生年事正富，學善會通，鎔異家爲一爐，辨條流之不二，異日更能衍萃編録文之例，彙爲一書，如五經之有正義，不更快乎？

南陵徐乃昌積餘

欽咏德誼，匪伊朝夕。昨奉惠教，兼拜大著金石書志之賜，諷讀再四，毋任欽遲。

吴興劉承幹翰怡

承惠大著金石書志二十有二卷，廣搜博采，證引不疏。

德清蔡寶善師愚

大著金石書志，頃已拜讀，搜羅宏富，考訂精詳，集諸家之大成，作後學之津逮，不朽事業，端在于此。

江浦陳洙珠泉

大著爲二千年來有數鴻著，翼經訂史，功在天壤。昔嚴鐵橋先生校唐石經，録出互異、磨改等三千二百廿六條，爲謂石經苟立于貞觀、開元，當較大和有加，而終視熹平爲遜。若大著之淹貫鴻瞻，理董而會通之，漢唐以下諸儒，將把袂讚嘆之不遑，又奚六一、明誠之足云耶？至于考訂之淵博如左海，簡要如寒支，而文字之閎深典核，直將駕梅崖諸子而上之者，又先生之餘事而已。夫鮮卑語、華夷譯語等書，謝氏入之小學考。今五洲交通，除日本、朝鮮、交趾等處所刻金石本係同文，自餘諸國，非無金石文之足録，倘大君子悉數搜羅，列之外編，以視石墨鐫華之蒙古碑文、蓮花經之西夏字，將有過之萬萬者，而非僅弟一人所翹俟已也。

無錫丁福保仲祜

先生搜討之勤，致力之深，薈萃衆甫，羅列一編，集群金石家之大成，而爲百川之匯海。

欲無古人矣。

江都秦更年曼青

辱寄金石書志總目，藏弆之富，至于千種，良用驚羡。往見魏稼孫藏目，僅二百種，後得淩子與目，至四百種有奇，已覺難得，今視尊藏，尚未得半。其好之篤與購之勤，直

丹徒葉玉森葓漁

寶齋藏庋之富，有逾鄴、曹。大著犁然當心，卓有所見，洵爲必傳之作。

吳縣張一麐仲仁

尊著收藏之豐富，搜耆之勤劬，使儉腹如麐者，望洋向若而歎。不獨名山絶業，光曜斗南，恐海内金石學家，亦將推爲巨擘。

餘杭章炳麟太炎

足下揚榷古近，綜輯百家，爲之凡目，而定其得失，誠稽古者一快事也。

劍川趙式經心海

先生以十餘年之蒐輯，勒爲專書，致力雖勞，成功殊快。盛德大業，集于道躬，眷言懷人，發于夢想。

海鹽張元濟菊生

金石之學，江河不廢。閣下嫥孯篤嗜，粲然成書。籀讀之餘，一斑已見，而猶鴻編巨録，亦將次第殺青，視竹汀、蘭泉及吾宗清儀閣諸家，可謂軼塵超乘，奄有衆長，佩服佩服。

劍川周鍾嶽惺甫

尊著金石書志，搜輯閎富，而斠訂精審，竊以爲集金石學之大成。

仁和葉爲銘葉舟

承賜金石書志，臨風莊誦，極佩考覈精詳，拜嘉之至。又蒙于拙輯金石書目加以訂正，不特他山借助，抑亦千里知音。

成都吴虞又陵

先生收藏宏富，讀序知繆藝風、章碩卿諸公之書皆歸鄴架，健羡何似。金石之學，非具大力，未易搜羅。先生見聞既廣，條理復精，拜誦之餘，不勝佩仰。

石門吴澂待秋

敬奉惠書並大著金石書志，足徵搜羅宏富，著作等身。披覽之餘，不勝感佩。復聞將來尚有諸作繼續出版行世，則嘉惠儒林，厥功莫大矣。

錢塘丁仁鶴廬

大著搜羅宏富，考據詳明，誠當世不可少之書也。

鄞縣趙時綱叔孺

尊著搜羅富有，考據精詳，集金石之大成，發前人所未發。欽佩欽佩。

仁和陳敬第叔通

尊著金石書志，展誦敬佩，津逮後學，功在不朽。

金山高燮吹萬

大著探討之勤，搜羅之富，直是前無古人，不覺驚絶。弟寡聞孤陋，嘗謂吾郡王述庵侍郎金石萃編于此學已極宏博，今覩此書，那得不爲咋舌。矧足下年事方强，此後狂臚正無涯涘。誦尊序知海内名家藏庋金石之籍盡入高齋，而敝邑錢氏之書，亦與其列，感歎之餘，又竊幸物之能得所也，欣羡無極。間嘗語一二同志，方今國内之書浩如煙海，凡嗜書之士，其勢既不能一概盡羅，則于博收之中，自宜有專精之擇。苟認定一類而訪求之，則物聚所好，必能得世所難得之書，而發特異之采，如足下之所志是也。

藍田閻培棠甘園

尊著收集宏富，論斷精確，實爲空前之鉅製，有功國學，實非淺鮮。

無錫錢基博子泉

大著部居有條，網羅靡失，審名正物，開目録未有之學。

醴陵傅熊湘屯艮

承賜大著，披讀之下，感佩良深。近稔以來，大亂頻仍，莽莽神州，陸沉是偲。先生獨望古遥集，弘我漢京，使炎黄子孫不失舊物。此志此事，與金石同不朽矣。

開封關葆謙伯益

大著蒐羅富有，紬繹簡要，深得四庫提要之精意，而專博斯過之，可謂金石學前此之會歸，而後學之津梁也。

丹徒陳邦福墨迻

奉大教并大著廿二卷，拜讀竟日，欽佩不已。近人治金石有刻本者，泉類有費錫申巽齋所藏錢録十二卷、謝堃錢式圖幾卷；甲骨類有葉玉森説契、研契枝譚、殷契鈎沉、鐵雲藏龜拾遺數種；鉩印類尚有黄質濱虹草堂鉩印略説一卷；雜記類尚有王崇烈種瓜亭筆記幾卷，皆可收入大著續志。

歸安朱孝臧古薇

尊著搜采宏博，體例亦精善，爲研求金石學者指示塗轍，洵傳作也。敬佩敬佩。

崇明童大年心安

大著網羅宏富，編纂精詳，拜登之餘，至爲感佩。

順德蔡守哲夫

大著編彙精碻且富。

吴縣李尹桑鉨齋

大著撰述既精，弆藏亦富，洵足卓越前賢，津逮後學，必傳之作，可無疑義。

順德黄節晦聞

奉賜書並大著金石書志，至佩至慰。搜羅之富，近世金石書無與比倫也。

騰衝李根源印泉

昨接惠書並貺金石書志，采輯閎富，考訂精審，浣讀一周，極深欽服。

梁溪王藴章西神

日拜大著金石書志之賜，名山偉業，光氣萬丈，十讀三復，曷勝欽佩。

涇縣胡韞玉樸菴

大著金石書志，展讀一過，收藏之富，極爲欽羡。

吴江楊天驥千里

金石書志搜採宏遠，記敘精確，槃槃碩構，可謂前無古人。臨風贊嘆，惟有欽遲。

番禺汪兆鏞憬吾

承寄金石書志，發函快讀，包孕閎富，考證精詳，集金石家之大成，蔚爲鉅觀。前無古人，後啓來者，其爲欽佩，匪言可宣。

餘姚邵啓賢蓮士

大著搜採既博，考訂尤精，洵爲必傳之作。拙輯贛石録，並蒙齒及，附驥以彰，倍增銘戢。

會稽顧燮光鼎梅

大著廣博精深，至爲欽佩。

順德鄧實秋枚

大著搜羅宏富，以一家所藏，幾盡宇内所有，尤爲難得。

鄞縣馬衡叔平

先生富于收藏，勇于著述，引領南瞻，欽慕無似。

沔陽黄立猷毅侯

承賜大著，感謝無已，容當精讀，增我學識。尊藏之金石圖籍，遠勝寒齋，尤爲欽佩。

涇縣胡懷琛寄塵

書志搜羅廣博，捧讀之餘，獲益不淺。

番禺商承祚鷲剛

大著心儀已久，一朝拜讀，獲益匪淺。其他金石各集，尤盼早日壽梓，畀世之學者一快心目。

萍鄉文素松舟虛

尊著金石書志，别開生面，媲美歐、趙，提綱挈領，足惠後學。倘能將已刊、未刊者成爲系統，彙爲一編，可謂不朽之盛業也。

番禺葉恭綽玉甫

大著鴻博，惟有欽服。方今地不愛寶，出土日多，而治學之方，亦多能遠紹乾嘉，近師歐美，此誠學術界一大機會。公方壯盛，儻鍥而不舍，成就固可量耶？

吴江陳去病佩忍

頃奉惠書並金石書志，盥薇雒誦，深佩鴻材，敢不拜謝。

山陰諸宗元貞長

金石著録之書，尊臧可甲于朋好，所惜過遠，不得託以一瓻。他日庋守益富，所願賡續爲之。

丹徒陳直進逡

大著金石書志，夥頤沉沉，極爲拳佩。

豐城楊立誠以明

尊著金石書志，拜閲一過，敬悉先生于金石之學精湛淵博，無任欽遲。

吴縣吴湖帆遹駿

奉惠金石書志，搜羅宏富，敬佩莫名。如更能將原書彙印行世，有裨後學，真金石界大功臣也。

香山黃佛頤慈溪

尊藏宏富，已駕簠齋而上，又擷藝風之精，海内罕有倫匹。而執事尤能分别部居，考證鴸稿，成此鉅編，頤何人斯，敢不傾頫至地？

北平孫壯伯恒

大著搜羅宏富，編輯精詳，誠爲考訂金石最完善之書，不啻海内同好之明鐙。日後倘能將各書完全付印，成一金石叢書，尤爲空前之盛舉。

金山程文龍雲岑

大著既博且精，先輩無與頡頏。發緘驚喜，寡陋蒙益，珍翫蘊藏，未曾暫釋。

上海劉三季平

大著包蘊宏富，實藝苑之大觀也。

梅縣謝英伯瑛齋

歲癸丑，余辟地新大陸，山居多暇，乃治人類學于嘉州大學，冀與我漢族上古文化起源有所得，始悉人類學之基礎厥爲考古學。世界民族文化之一元多元，須俟斯學而解決。我漢族開國見諸史册者歷四千餘載，而三皇之事若存若亡，五帝之事若覺若夢，斯亦考古學者之所羞也。「考古」、「博古」之名，肇于趙宋，後世學者則以「金石」名斯學，蓋本于鄭浹漈之金石略而因襲其名，是仍囿于文字考古之域，而忽于史家文化之研討也。大著洵爲治斯學者之寶山，所收孤本、鈔本，尤爲海内學者多未見而急欲一見者。它年治斯學者日益衆，新著重譯者日益夥，大著有以濬其源也。

南海黃任恒秩南

讀大著金石書志，覺儲藏浩博，敘述詳明，洵爲專門名家，欽佩無已。

潛江易忠籙均室

大著金石書志，搜討之勤，遠軼儕輩。

■■王蘧秋湄

奉大著金石書志，具見秘笈宏博，佩謝無已。體例賅洽，眎葉氏書目爲勝。

金山姚光石子

尊輯金石書志，美矣富矣。每一展卷，輒欲觀止。光嘗謂學術萬端，書籍浩如烟海，如能專治一學，各搜一類之書，則上之固多發揮，而下之亦極饒趣味。友朋中安得盡如足下者，各理專門之業，並爲有統系之記載，庶于己于人兩有裨益也。抑嚴鐵橋氏嘗有全上古三代秦漢三國晉南北朝文之輯，而其取資多在金石。年來地不愛寶，金石之出土者，更難摟指以數。光頗有志于拾遺補缺，而力有所未逮。足下取精用宏，其亦願措意于此乎？此亦不朽盛業也。

歙縣羅長銘越致

尊著網羅之富，前無古人，敬佩敬佩。金石學之在今日，領域愈廣，專門之中，又有專門。足下此書綱舉目張，條分縷析，匪直博聞可畏，抑亦承學所資。

丹徒丁傳靖闇公

大著金石書志，篝燈細讀，體例詳雅，論斷簡而有要，信爲必傳之作。

膠西柯昌泗燕舲

大著金石書志，爲著録金石書者從來未有之鉅製，近建德周氏所藏漢晉石至一百三十品，與我兄收藏金石書之多，皆足以超越昔賢矣。佩甚佩甚。

吳興沈維鈞勤廬

大著金石書志，博雅精大，近百年來，無此偉製矣。仰見尊藏金石書庫富美，當推海内第一。石渠天禄，其何能過？佩甚羡甚。

武進張景逐提齋

拜誦大著金石書志，考訂之精，搜討之勤，均過前人，深爲佩服。

瑞安陳準繩夫

大著金石書志，伏案循誦，欽佩無似。嘉惠來學，實匪淺鮮。

同里陳寶琛弢菴

奉到大著金石書志一部，聚書既多，綱舉類别，簡括明通。英妙之年，非精力過人，益以静專，豈易得此？曩見沔陽黄氏所著，雜亂而又不備，逐此遠甚。

同里高鳳謙夢旦

尊著金石書志，津逮後學，功在不朽。

同里鄭孝胥蘇戡

辱惠書及金石書志，捧讀累日，欣佩無任。足下此作，搜採既富，體例尤密，考金石者必將人挾一編。利便學者，風行當世，可斷言也。

同里陳衍石遺

大著集金石著述之大成，津逮來學不尠，自來金石家得未曾有。惟著述之事，不厭求詳。鄙人于此學最爲弇陋，然拙編福建藝文志中「小學」、「金石」、「譜録」等門，洎拙著詩文集中題跋之作，尚有大著未采者，似亦不爲無補高深。

同里李宣龔拔可

奉惠書並大著金石書志，拜讀序例，仰見致力之勤，功邁前哲，欽佩無似。

同里陳承修淮生

奉大著，拜領，謝謝。此乃不朽盛業，與尋常綴輯成篇者不同。吾閩僻在海隅，士夫見聞陋塞，足不履燕、趙、齊、魯之郊，中原文物，多所未覯。前輩湛深經學者，漸就彫零，後起無人。得公此著，足以一張吾軍矣。

石廬金石書志凡例

一　是志略仿四庫提要，並參各家藏書記之例，就寒齋所藏者次第編述，而所見所聞，則另撰金石書待訪目别行。

一　是志專録關于金石著作，無論專釋一器，專考一碑，亦不拘舊刻、新槧，一概悉收。間有書名混沌而内容確屬金石記載，如癖談、篋齋尺牘、俑廬日札、東觀餘論之類，亦悉入録。唯徐氏却掃編、郭氏竹間十日記、徐氏前塵夢影録諸書，則雖涉金石紀載，緣類是殊多，悉行割愛。凡李、陸、褚三書所載各家著述，雖非專關金石，如桂氏札樸、孫氏消夏記、包氏藝舟雙楫之類，暨以足供考證，悉登諸編。

一　是志分十二類，曰：分地、斷代、録文、存目、圖譜、石經、記載、考證、釋例、字書、法帖、雜著。

一　各書分稿本、鈔本、刊本三類，而稿本又别爲稿本、傳鈔稿本二種，鈔本又别爲鈔本、舊鈔、精鈔、景鈔四種，刊本又别爲原刊、精刊、景刊、覆刊以及宋、元、明槧本，並標明某氏、某齋、某堂、某館，以資考訂。

一　各書梓行之後，輒經重刊，本志則重原刻。其有未備者，則採覆本。至重刊有各家校補不同者，則並列之，其無軒輊，則概不録。

一　各書有鈔本、刊本兼備者，録鈔本。如刊本較勝，或經諸家批校，足資考訂者，則併及之。

一　著作者時代、里居、姓氏，一一詳舉。清末及近人著作，存亡最難分別，確知其在光宣以前物故者，則冠清代，疑者從闕。凡屬李、陸、褚三家金石學録所未收者，另撰金石學録補遺別行，故志内不詳各人之仕歷。

一　書目標題概依原名，不加增省。唯編總目間有删簡。卷數亦然。其未分卷者，則紀其册數。唯抽録各省、府、縣志中之金石或碑碣者，祇紀是類之卷數，不概全志。

一　各書序跋不録原文，第載作者姓氏。其有特徵，或稿本未刊者，弗在此例。

一　先輩時賢手跋一概附録，以「某氏手跋曰」五字冠之。至收藏印記以及何人批校，亦並詳之。

一　各書經各家校正，另有記載者，如羅氏寰宇訪碑録刊誤、劉氏薛尚功鐘鼎款識札記、繆氏金石録札記、張氏嘯堂集古録考異諸作，概附原書之後。若有他種著述，間亦附刻卷末，如泉布統志附雜器圖記、古籀拾遺附宋政和禮器文字考之類，或屬兩人著作，或非一種撰述，均行析出另列，各從其類。衹考記一篇者，不在此例。

一　一類之書有前後數家著述，則據其原序跋年月爲序。其無可考者，則以其人之先後爲次。而一類之中，同屬一種著作，則次第彙録，不與他種夾雜，俾便查檢。

一　輓近金石影本至爲充斥，無關著述，概摒不録。

一　金石叢書至少，如董氏學古齋、朱氏槐廬諸叢書所刊各種，本志區別各類分列，不立「叢刻」一門。

一　各書按類分列，故有一門之書而散見數類者，如泉志、專瓦諸作，有屬「圖譜」，有入「考證」，有別「録文」，有併「存目」，有歸「分地」，故于編首另著總目，以資檢討。

一　是志所録，以辛酉六月以前所得者爲斷。後此所收，尚復不少，當再繼撰續志。按：壬戌來贛，偶亦有獲，如泉貨彙考、殷虚文字類編、正始三體石經記、新鄭出土古器圖志諸書，雖在辛酉以後所收，特先補入。而寒齋所藏，尚多未經著録，里門烽火，徵取未從，衹得留待他日，再圖賡續。

石廬金石書志自序

晉陳勰撰碑文，爲金石著述之祖，而其書不傳。肇始之刊，厥推歐、趙、洪、黄諸子。金、元兩世，寥寥數家。至明之升菴、子函、真逸、元敬諸子，又皆博覽宏搜，立言有據。降及清代，亭林、竹垞諸子，篤嗜金石，鈎稽弗遺，葑然遠駕歐、趙、洪、黄而上。厥後竹汀、山夫、虚舟、蘭泉、覃溪、芸臺、授堂諸子繼起，著述等身，推勘深至。而有清述作之多，超軼宋、金、元、明。輓近地不愛寶，山川效靈，金石之出于丘壠窟穴者，已數十百倍于往昔。外如洹陽甲骨，燕齊匋器，西域簡牘，粤東木刻，巴蜀、齊魯之封泥，皆出于近數十稔中。流派日宏，「金石」之名，已難賅括。而海内方聞碩學，應時繼作，發潛闡幽，金石著述，駸駸臻盛，可稱邁絶往古矣。

余年十八，肇治斯學，家貧，弗能網致。辛亥以還，輒有所遇，食指繁劇，力又不給。乃嘆有力者不盡好古，好古者又拙于力，無力而好古，鮮有不自苦如余者。丙辰以後，所入少豐，百計購求，先後得四部數萬卷，金石搨本二萬餘通，而四部之中，尤以金石著作爲余性之所近，故所積特多。己未，于役燕京，道出浙蘇、齊魯，舟車所經，勤加搜訪，所得益宏。

而四方書估知余所好，紛投靡已。窮年兀兀，不以爲疲。故四明盧氏文弨、雲間錢氏熙祚、海寧吴氏騫、錢塘黄氏易、江都秦氏恩復、曲阜桂氏馥、海虞顧氏湘、仁和顧氏廣圻、日照許氏瀚、東武劉氏喜海、烏程張氏鑑、濰縣陳氏介祺、江山劉氏履芬、歸安吴氏雲、河間龐氏澤鑾、獨山莫氏友芝、上海徐氏渭仁、漢陽葉氏志詵、嘉興徐氏士燕、歸安凌氏霞、仁和韓氏泰華、會稽章氏壽康、吴縣吴氏大澂、貴築黄氏彭年、天津王氏鵠、高密鄭氏文焯，以及吾閩梁茝林章鉅、李蘭卿彦章、楊雪邨浚、馮笏軿縉、龔少文易圖諸前輩累年藏弆，他如五硯樓、授經樓、戴經樓、瑯環山房、一般園、小停雲館、看雲館、蝴蝶草堂、得復齋、洗心齋、步玉山房、味經書屋、敬原堂、聽鸝山館、百城樓、十四間書樓等，不及備舉。竟輾轉而爲吾齋所得。辛酉四月，再上都門，比返申江，適藝風先生藏書出賣，冒雨趨購，盡得金石書百數十種，客囊良嗇，貸千金于友以足之。其中稿鈔之本十有五六，朱黄殷駁，多經勘校。余與藝風先生同在訪碑團，交游有素，撫摩遺編，倍增太息，捆載數簏，庸壓歸舟。友人周君雨漁愈爲作風雨載書圖，以紀兹勝。海内同好聞余所得，頻書索目，苦乏以應。夏日，董理藏書，以「金石」一門別庋于寶岱閣，並輯一目，新刻、舊槧以及名家孤傳之稿，共有九百六十有九種，都四千二百三十三卷。

嘗考四庫提要以及各家書目、藏書志所載，至多難愈數十，殊堪悵惘。曩擬仿各家藏書志之例，别輯一編。人事乖午，因循不克就者，歲將兩周。邇者柴門索居，屏絶他務，感吾生有涯之言，遂發各書，竭三月之力，勉勤兹編，凡二十有二卷。按籍編目，略詳大旨，刺取各家斷制，益以管見所及，爲權同異，非敢妄議前人，故暴其短。並舉題跋、印記于後，蓋重流轉也。綱舉類别，計十有二：

曰分地。是類始于氏天下金石志，以次遍及禹域。其以一省爲斷者，如孫氏京畿金石考、畢氏關中金石記、阮氏山左金石志、黄氏中州金石考、張氏山西金石記、趙氏安徽金石略、陳氏閩中金石志、阮氏兩浙金石志、韓氏江左石刻文編、陳氏湖北金石存佚考、通志湖南金石志、劉氏三巴金石苑、翁氏粤東金石略、謝氏粤西金石略、羅氏西陲石刻録、阮氏滇南金石録、李氏和林金石録、王氏新疆訪古録；以一府爲斷者，如嚴長明之西安，吴汝綸之深州，馮雲鵷之濟南，嚴觀之江寧，黄雲之廬州，黄瑞之台州；以一邑爲斷者，則燕之定興、上谷，秦之扶風、山陽，魯之泰安、歷城，汴之偃師、魯山，吴之陽羨、雲台，越之東甌、括蒼，鄂之江夏、監利，贛之上饒、德化，粤之英德、高要，蜀之三臺、萬邑，湘之安化，閩之光澤。此外有專考一隅者，如黄氏之恒山，孫氏之泰山，林氏之昭陵，孔氏之曲阜，陸氏龍門山，劉氏蒼玉洞，黄氏之岱巖、嵩洛，羅氏之石屋、龍泓，翁、周之九曜，姚、錢之石魚。而推及海外者，劉氏之海東金石苑，葉氏之高麗碑全文，羅氏之海外貞珉録，傅氏之日本金石志，悉屬分地之附庸。

曰斷代。求之曩昔，此體未聞，剞劂成書，始于翁氏兩漢金石記。他如吴氏南漢金石志，黄氏之元碑存目、隋唐石刻拾遺，王氏之漢碑存目、南北朝存石目，尹氏之魏晉石存目，翁氏之唐碑選，近著之周代吉金年月考、兩周金石韻讀、殷周文存、宋清兩代吉金著録表，均以一代爲斷，而各樹一幟也。

曰録文。明陶南邨之古刻叢抄，楊升庵之金石古文，都南濠之金薤琳瑯，顧亭林之求古録，皆所收未廣。而王氏之金石萃編，綱羅獨博，號集大成，第鐫鏤未畢，蘭泉先殁，後人省費，全稿莫完。萃編原本二百卷，只刻一百六十卷。未刊雖補，舊帙尚非。羅氏曾刊萃編未刊稿三卷，尚非足本。厥後陸、陸耀遹撰金石續編。方、方履籛撰金石萃編補正。王言王言撰金石萃編補略。諸子相繼補苴，沈、羅各家沈欽韓、羅振玉均有萃編校正之作。復從校正。涇縣趙氏金石文鈔，但録皖中古刻，意在桑梓文獻。魚台馬氏之漢碑録文，專斷一代，體例不廣。吴山夫之金石存，馮笏軿之金石紀存，不務博而務精，各有足貴。寧鄉黄氏之古志石華，但收志銘。上虞羅氏之地券徵存，祇録券文。虞氏之鼎録，陶氏之刀劍録，此皆别爲一體。仁和魏氏績語堂碑録，校梓精絶，最爲世重。浭陽端氏陶齋藏石記，就石入録，尤爲超古。至古專之有録文者，亦隸屬焉。

曰存目。歐氏集古録目，鄭氏金石略，允爲存目之先河。而王象之之輿地碑目，詳于南而略于北。來梅岑之金石備考，薈列諸目，毫無釐訂，視于氏天下金石志詳則過之，而譌謬亦復不減。陽湖孫氏、會稽趙氏之訪碑録，搜輯最廣，不無誤舛之譏，羅氏從而糾正，足稱孫、趙功臣。私家之目，惟天一閣范氏、菉竹堂葉氏、竹崦盦魏氏、江陰繆氏。筱珊先生之藝風堂金石目，分代排編，竟逾萬通，搜羅之富，遠駕前人。海豐吴氏攈古録，搜輯雖博，非盡所藏。次則八瓊室陸氏、玉雨堂韓氏、式訓堂章氏、話雨樓王氏、潛研堂錢氏、仁民愛物齋丁氏，其所記載，多爲前賢未見。嘉蔭簃之蒐古彙編，劉氏身後輯出，胡琨靡盡東武之儲。他若陳氏寶刻叢編、趙氏金石林時地考，集自群書，類多疏漏。存古閣、至聖林廟諸目，則專屬一地。佛幢、題名、古志諸目，僅限一門。各家藏器之目，刊從江氏，難稱完備。即如叔未、簠齋兩先生手寫款識之目，亦爲未完之稿。

曰圖譜。宋之考古、博古二圖，可爲譜録濫觴。一薛、二王款識，薛尚功鐘鼎款識、王復齋鐘鼎款識、王嘯堂集古録。傳録雖舛，尚足師資。降及明之宣德，清之西清、寧壽，則屬御府著述，不涉私家藏器。有清藏器之風，至道咸益盛，而譜録亦緣以備。若揚州阮氏、積古齋款識。嘉興張氏、清儀閣金石文字。烏程陳氏、求古精舍金石圖。盤涇曹氏、懷米山房吉金圖。南海吴氏、筠清館金石文字。嘉興徐氏、從古堂款識。平湖朱氏、敬吾心室款識。海豐吴氏、攈古録金文。

元和顧氏、藝海廔金石文字。吳縣潘氏、攀古樓款識。歸安吳氏、兩罍軒彝器圖釋。吳縣吳氏、愙齋集古録。濰縣陳氏、簠齋吉金録。保山吳氏、鼎堂金石録。浭陽端氏、匋齋吉金録。嘉魚劉氏、奇觚室吉金文述。上虞羅氏、夢郼堂吉金圖。杭州鄒氏，雙玉鉩齋金石圖録。或圖銘兼全，或專尚款識，鐫繪争工，鑒别競審，然皆吉金之作，無關石墨。他如馮氏金石索、徐氏隨軒金石文字則金石兼收，張氏金石契、馮氏金石蒴則金多石少，鮑氏金石屑、張氏金石聚則金少石多。黄小松之小蓬萊閣，楊惺吾之望堂，則專摹石刻，不及金文。洪氏隸續附繪碑圖，始著古碑形式。嗣後牛、褚仿其例而鐫圖，牛、褚金石圖。錢、萬師其旨而縮刻，錢氏百漢碑，萬氏百漢碑硯。勒石鋟木，各擅優長，節摹全仿，藝林並重。近代鄰蘇老人之貞石圖，亦足與之齊名。他若古玉之圖，祇藏龍大淵、古玉圖考。朱德潤、古玉圖。吳大澂古玉圖考。三氏。古泉之作，宋有泉志，明有泉譜，乾嘉以降著録雖多，難具小學、歷史、鑒别三長，而李氏古泉滙一書，則可凌駕前古。專有愙齋、存齋諸著，瓦有程、朱、羅、黄各家，鎔錫鑿專，並皆佳妙。竟則錢爲精而羅亦備。錢坫竟銘集録、羅振玉古竟圖録。古匋之文，明器之圖，古器物之笵，符牌之録，訪碑之圖，碑額之字，封泥之録，鈔幣之圖，盡屬圖譜支流，亦旁及焉。

曰石經。往昔通儒病其蕪累，閲宋、元、明未嘗著述。有清顧氏始啓其凡，雖訛誤叠見，然功隆草創。亭林先生爲一代古學宗師，獨于石經爲衆説所困。萬氏繼作，號爲較詳。芸臺典校，特精儀禮。杭堇浦之考異，瞿木夫詆其錯謬轇轕，不足津逮後進。翁覃谿漢石經殘字考悉載原委，未及異同。孫淵如三體石經考所詳音釋，瞭如指掌。蘭泉、兔牀之蜀石經考，箋證頗精。嚴氏鐵橋之唐石經校文，亦詳審訂，然不知竹汀錢氏曾及我先。彭元瑞之石經提要，桂未谷之歷代經略，正譌補遺，志裨後學。他若馮登府、魏稼孫之作，以及近代繆、王諸考，均多補正前賢，弗容偏廢也。

曰記載。郭宗昌之金石史，以論書爲主，不甚考究史事，雖大言駭俗，而顧名思義，姑入斯門。嘉興李氏，本閣、王之説，撰輯金石學録，陸、褚二君繼爲之補。然三氏所收雖博，尚多佚遺。周、汪、馮、葉四家之印人傳，亦足與其並峙。至若石畫樓之石師録，又屬金石之專門。寶素室之編年録，堪稱著述之創格。徐、瞿兩先生之年譜，聞見金石，按年登紀，例諸小史，可以同觀。葉氏之語石，既非歐、趙之目，亦非潘、王之例，非考證，非輯録，但示津塗。顧氏仿其旨而作石言，大意雖同，體例各别。袁氏之金石録，顔書之編年録，則又專對一家而立言者也。

曰考證。歐、趙二録，爲考證之剏始。朱樂圃之墨池編，曾、樓、蘇、黄、米、董、洪、周各家之跋，曾鞏、樓鑰、蘇軾、黄庭堅、米芾、董逌、洪邁、周必大諸家題跋。半皆評騭書品，第其高下，可稱賞鑒家，而非考據家。元、明考據最疏，獨王秋澗、徐興公兩題跋少及考證。趙子函之石墨鐫華，盛時泰之蒼潤軒碑跋，均有足採。清初亭林顧氏金石文字記，以碑文證明經史之學。朱彝尊、曝書亭跋尾。錢大昕、潛研堂跋尾。嚴可均、鐵橋金石跋。葉奕苞、金石録補。李光暎、觀妙齋金石考略。翁方綱、蘇齋題跋。王澍、虚舟、竹雲題跋。蔣衡、拙存堂題跋。洪頤煊、平津讀碑記。朱文藻、朗齋碑録。潘耒、金石文字記補遺。武億、授堂金石跋。林侗、來齋金石考略。朱士端、宜禄堂金石記。丁紹基、求是齋碑跋。趙紹祖、古墨齋金石跋。瞿中溶、古泉山館金石跋。方朔、枕經堂金石跋。何紹基、東洲草堂金石跋。馮登府、石經閣金石跋。覺羅崇恩、香南精舍金石契。張廷濟、清儀閣金石跋。郭尚先、芳堅館題跋。陳慶鏞、籀經堂題跋。徐籀莊、從古堂吉金考釋。陳奕禧、隱緑軒題跋。王弘撰、砥齋題跋。姜宸英、湛園題跋。何焯、義門題跋。王頌蔚、寫禮廎讀碑記。李富孫、校經廎題跋。梁章鉅、退庵題跋。劉青藜、金石續録。黄易、秋庵題跋。徐松、星伯題跋。魏錫曾、績語堂題跋。楊浚、冠悔堂金石跋。韓崇、寶鐵齋跋尾。陸心源、儀顧堂題跋。李佐賢、石泉書屋題跋。翁大年、陶齋金石跋尾。楊賓、鐵函齋題跋。江藩、半氊齋題跋。李遇孫、金石餘論。沈樹鏞、漢石經室跋尾。朱爲弼、積古齋款識稿本。陳介祺、金石文考釋。吴大澂、集古録釋文。鮑康、觀古閣叢稿。梁廷枏、書餘。傅以禮、華延年室題跋。傅栻、邁廬金石跋。莫友芝、金石筆識。謝堃、金石瑣碎。汪中、容甫題跋。潘鍾瑞香禪精舍跋尾。各家，博學廣識，窮源竟委，上自經史，下逮志乘，莫不釐訂異同，釋疑匡謬。近則李、褱岷精舍金石跋。楊、鄰蘇題跋。吴、九鐘精舍跋尾。范、循園跋尾。

陳、綴學堂跋尾。王、永觀堂題跋。楊、邃厂跋尾。羅唐風樓題跋。諸跋，亦多卓論。他如毛公鼎、齊侯罍、焦山鼎、金塗塔、雁足鐙、散盤，其所考證，專屬一器。而石鼓文、瘞鶴銘兩刻，前後辨證均達數家，聚訟既多，真理自顯。阮之華山碑，吴之國山碑，徐之吐蕃會盟碑，趙之御史精舍題名，吴之天發神讖碑，海之元祐黨籍碑，林之石塔記，吴之東海廟，鄭之好大王，顧之劉熊碑，翁、瞿之古兵符考，吴氏之權衡度量考，均本其例，自成一家。方藥雨之校碑隨筆，拓本先後，析及毫芒，尤爲考據絶作，亦著述之别裁也。其他考釋諸作，難以縷舉，凡具鱗爪，悉登諸編。如古印、古泉、專瓦諸考以及各家校勘之記，不勝枚舉。

曰釋例。元潘昂霄輯金石例，王止仲繼之，黄梨洲又繼之。其後劉楚卿、郭頻伽、梁玉繩、李實甫、馮登府、梁章冉、王念豐、鮑振芳、吴荊公諸家，或本竹垞之言，或糾前人之闕，先後趾美，蔚然林壬，金石載例，略具于斯矣。

曰字書。梁顧野王之玉篇，宋郭忠恕之汗簡，實各書之根柢。翟氏籀史，博採遺文，附以論斷，惜祇半帙。孫仲容之拾遺，以經訓糾正各家釋金之譌。吴愙齋之籀補，援説文補訂許氏以後增益之非。莊、王之疏證，張、王之復古，悉同其旨，若合契符。他如臨江楊氏之鐘鼎篆韻，錫山朱氏之金石韻府，錢塘汪氏之鐘鼎字源，吴縣周氏之篆隸考異，以及桂、袁諸家，或本鐘鼎之銘，或據古刻之字，或分韻，或部居，均臻美備。洪适之隸釋、隸續，婁機之隸源，劉球之隸韻，均以隸爲經，以碑爲注，洵爲言隸之創刊。祥符田氏、長洲顧氏、東萊翟氏，相繼有作，異代交輝。近人姬、鄒，際會良時，覩古物之全盛，輯刊草隸，足補前賢。潘、楊聯著之楷法溯源，亦足與翟氏頡頏。邢氏金石文字辨異一書，皆刺取別體，采摭頗詳。梁氏之摘奇，羅氏之別字，搜録未廣。撝叔六朝別字記，體同而旨異。摯友黄子癡蘭理，感新碑之日出，補邢作之闕遺，初稿已脱，董理需時，他日梓行，厥功不淺。考釋甲骨之文，方興未艾，羅、王諸子，均有成書，探賾索隱，疑蘊靡窮，補正拾遺，他山應廣。六書諸作，有關金石，妄舉以附，藉增考訂。

曰法帖。李氏金石學録以評論法帖者不收，陸氏廣其例，則並及焉。余謂考帖之作，表裏金石，奚容遽廢，特列斯門，悉行搜採。曾宏父之石刻鋪敘，米元章之寶章待訪，盡詳法帖之原流。劉次莊之釋文，黄伯思之刊誤，曹士冕之譜系，顧從義之考異，有宋論帖之書，足稱完備，然所著述，皆局閣帖。清代虚舟、行仁諸子，復相繼而考訂。言帖精賅，當推退谷、南邨兩考。三希堂之釋文，本淳化之遺旨。樂毅論之刻表，仿蘭亭之餘風。其餘金石卮言、二王楷迹、帖箋、帖跋諸作，盡屬論書而旁及考證者也。

曰雜著。各類難賅之書，姑立斯門登載。簠齋、臆園諸尺牘，討論金石，弗及酬應之辭。阮厂、俑廬各雜記，均屬金石談叢，間涉他紀。包、康二氏之藝舟雙楫，旨在論書，而不廢石墨。清儀、東洲諸詠，例同詩史，考證堪資。至若黄之東觀餘論，李之錢神志，桂之札樸，孫之消夏記，錢之日記，陳之傳古別録諸編，悉與金石述作有關，故並論印諸書而溥及之。

夫分類別門，深慚武斷，罔綱弗目，實病紛紜。紛紜則是非不明，武斷猶狂狷可取。吾嘗深夜思之，與病紛紜，寧蹈狂狷。後有作者，其余剪裁。復次，是志脱稿于今夏六月下澣，值余三十初度，私心怦怦，別有棖觸。蓋吾生于國步艱屯之秋，弗能有所建樹，而靳靳鈎勒于殘篇斷簡之中，不亦世之所謂殘廢者乎？且年來以購書之故，家日困蹙，痂嗜之愚，曾弗顧恤。其間一書每有初得坊本，後復重獲佳槧，或輾轉又得名家校鈔之本，數帙之備，比比皆然。而余十餘稔之辛勤搜求，精力所聚，已盡於斯矣。然時觸藝風所藏之不克保，則此編之所載，他日又將焉歸。仰思俯念，感喟萬端。嘗欲遴選各家未刊之稿爲世所罕覯者，或原版已燬、印本難致者，彙梓以傳，俾前哲辛苦纂述不重湮没于我。第綿薄之力，難蕆偉舉，殷殷宏願，期諸他時。昔人有言：「金石雖壽，或轉借楮墨，克永其傳。」揆之斯語，則煌煌名著，奚忍刓置不彰？區區兹編，姑爲權輿之作，後有所得，再行賡續，海内同好，其許之乎？辛酉六月二十有八日，閩侯林鈞亞傑序于三萬金石文字室。

石廬金石書志總目

卷之一　分地類一

卷之二　分地類二

卷之三 分地類三

卷之四　分地類四

卷之五　斷代類

卷之六　録文類

卷之七　存目類

卷之八　圖譜類一

卷之九 圖譜類二

卷之十　圖譜類三

卷之十一 石經類

卷之十二 記載類

卷之十三　考證類一

卷之十四　考證類二

卷之十五　考證類三

卷之十六　考證類四

卷之十七　考證類五

卷之十八　釋例類

卷之十九　字書類一

卷之二十　字書類二

卷之二十一　法帖類

卷之二十二　雜著類

石廬金石書志卷之一

閩侯林鈞亞傑

分地類一

一·一　天下金石志一册

舊抄本。明宛平于奕正司直撰。前有金鉉序、劉侗略述、司直自序、楊補手跋。是志載古來金石之所在，分省、府、州、縣，略注撰書人姓氏、年月，間附考證。然衡方碑在山東，而以爲在陝西。唐顔氏家廟碑今在西安府儒學，而以爲在曲阜。又杭州府儒學有宋高宗御書石經古刻，而此志不載。四庫提要所糾止是，而例此疏漏，實難枚舉。據因樹屋書影所敘奕正始末，蓋生長京師，平生未出國門，晚年始游江南，遂以旅卒。其耳目所及者隘，故所録半據志乘，掛一遺百，且不免耳食之譏。劉侗略述六則，提要謂其「詞頗儇佻，染竟陵、公安之習」。且其稱『雪居誤以李翕郙閣頌在冀郡，潁川荀淑碑在潁上，周少魯不載董仲舒漢贊于真定，天寧寺隋碑于宛平，均爲舛謬。奕正此書，正孫本者十四，正周本者十七』，則尚爲公論云」。末録無考漢碑百餘種，司直自云「考集古、金石等書，漢碑存者不滿三百版，内一百版未詳所屬，附載以俟詢考」云云。是本得自繆氏藝風堂，曾經手校，尤爲足珍也。

一·二　京畿金石考二卷

滂喜齋刊本。清陽湖孫星衍淵如撰。前有淵如自序。孫公以于氏天下金石志所載北直一省多所漏略，且後出者如漢永初之碑、唐時傑之志，以及豐潤古篆之鼎，遼金志墓之碣，不可勝數，均多前人未見。久居長安，搜訪頗力，乃就宋人金石諸書及所藏直隸石刻，分附郡縣，凡未見之碑及傳聞之誤，則記其書之所出，足資訪古之參考也。

又惜陰軒刊本。經藝風校補，眉間行裏，朱墨稠叠，展卷令人神往。繆老邃于金石，收藏拓本富甲海内，所以增補孫氏所遺，竟至四百餘條之多，尤足珍貴。暇當録正付刊，庶幾無負繆老精勤校補之功。前有「荃孫手校」朱文方印、「繆印荃孫」白文方印，末有「雲自在龕」朱文方印。

又傳鈔稿本兩册。余于甲子十月得此帙于上海博古齋書肆。前有趙慧甫手跋三則，係慧甫先生編撰畿輔志時搜録之本，與流行刻本輒多不同，當係依據原稿傳録。全書多經校訂，亦出趙氏之手，擬與繆氏校本互加參對，以證異同。祇以里門烽鼓，徵取末從，率爾補編，殊未愜意。他日續志獲成，當再詳著焉。上卷有「趙氏金石」白文方印。

趙氏手跋曰：「先生此書，隨意蒐輯，未加考□□□平津館、岱南閣兩叢書皆不收入，洵□□□□□之作，是以訛謬處極多。然樊氏、丁氏兩編大半採此，創始之功，不可没也。」按：缺字悉係原跋蟲蝕，無從辨識。

趙氏再跋曰：「蓮池志局及書院藏書極富，恣人搜討。其有關志乘而未逮藏弆者，壽公必多方假抄，以供同局諸君編次。余分輯金石略，局中所繕金石一類，皆存余所。甲申歲，志稿既成，乃編排所繕，彙裝成帙，名曰『筆乘贏編』，遂□□歸。」

趙氏三跋曰：「癸甲之間，吴太守焕采屬余重定地理沿革，局中抄存地理各説，共二十餘册。今歲夏五，余亟欲歸省，未能蕆事，所有繕本載歸之主者，至今思之，良可惜也。甲申八月識。」

一・三　畿輔碑目二卷

舊抄本。清天津樊彬文卿撰。前有莫友芝序、文卿自序。是目與孫淵如所輯京畿金石考同時著録。莫序有云「淵如曾爲之而未竟，今傳其目録，略漏可見」云云。樊君以漢三公山兩碑、魏王僧誌、隋劉珍、唐王仲堪、王公晟、張氏、賈氏諸誌，皆是時新出土者，而房山石經洞，自隋至唐，已有一千數百石，宋元後續刻者，又數千餘石，以及埋棄于荒墟榛莽者，更不知凡幾，深慮淹没，乃舉其見聞所及現存碑刻，自周迄元，輯一千五百數十種，整比成書，各詳年月、所在。全目經繆藝風先生批校，定正殊多。如魏代郁久間明達題名，正爲唐刻；唐代重摹李秀碑殘字，正在憫忠寺；僧曉方塔記，正與普濟寺靈塔記重出；北嶽廟碑，正涿州爲曲陽；修蜀主廟記，正曲陽爲涿州。他如遼代仙露寺舍利佛牙記，批云「此碑久佚，非先生能見」云云；又廣濟寺碑，批云「此即太平五年碑，碑側有重熙五年題字，訪碑録誤爲二，先生因之，亦未見碑也」云云；建文宣王廟碑，批云「遼境不能到鷄澤，存疑」云云；剏建講堂碑、王政碑、尼善妙等賈得題名，正三條均重出；感化寺澄方塔銘，正爲薊州。又太子左衛李内貞墓志，應入待訪目；金代誤收元史氏慶源碑，史進道、史秉直兩神道碑，又重出廣博庵祕密真言一刻；元代誤收山東神山洞聖旨碑、興國寺塔令旨碑二刻。「崔顗」應爲「崔頎」，「史鄒」應作「史邸」，「王仲則」爲「王仲堪」之類，皆經訂正。收藏有「誦詔覽夷之室」朱文方印、「繆印荃孫」白文方印。經藝風藏書記著録。

藝風藏書續記曰：「直隸碑目二卷，誤「畿輔」爲「直隸」。傳鈔本。樊彬編。彬，字文卿。分地寫目，大半繙摘故紙，非盡見石本也。」

一·四　畿輔待訪碑目二卷

舊鈔本。清天津樊彬文卿輯。是目樊君舉凡舊藉所書世鮮傳本者，輯成待訪，自漢至元，計録四百數十種，悉注年月、所在，併經繆藝風先生手校，删正甚多。

一·五　畿輔石刻録殘藁一册

舊抄本。清嘉興沈濤西雍撰。録直隸碑文二十餘通。曾經藝風先生批校。收藏前有「雲輪閣」朱文長方印、「荃孫」朱文長方印。藝風藏書記著録。

藝風藏書記曰：「畿輔石刻録殘稿一册，嘉興沈濤撰。濤，字西雍，官真定府，著常山貞石志，官宣化府，有瑟榭叢談，官廣平府，有交翠軒筆記，著述宏富。此書亦其所輯，惜止存二十餘通矣。」

一・六　畿輔金石彙輯十二册

稿本。佚名。前有趙慧甫墨跋一則。壬戌暮秋，海上博古齋馳書來告，得陽湖趙惠甫先生畿輔金石目手稿，余亟以重值得之。披讀始諗係屬同治辛未貴筑黃子壽先生主修畿輔志時局編初稿，出于誰手，無從稽考。按：褚氏金石學録續補載：「黃子壽先生主修畿輔志時，作金石略二十卷，于燕趙所出吉金貞石搜輯殆遍。」證諸跋語，確非子壽所撰，亦非惠甫手輯。是書分縣按代，以次排編，各詳書體、撰書人姓氏、年月、所在，間附考證。

趙氏手跋曰：「同治辛未冬，合肥相公開畿輔通志局于保定蓮花池，聘貴筑黃編修總其事，大人暨蔣大令曰豫、陳嵩佺師壽昌、吴大令壽坤、陳太守元禄任分纂，大人分得『金石』、『河渠』兩門。壬申春，捧檄之易州。越三年，投劾歸。家居三年，成正定府及大、宛兩縣金石共若干卷。歲己卯，余以事至保陽，挈稿歸之局中。局中已有成稿，黃先生病其大簡，與余所攜稿不偏，屬余重爲編輯。始己卯，迄壬午，成十一府、三廳、六直隸州金石略十六卷。此局中前所編稿也，余所撰採此爲多，不敢掠人之美，故彙裝成册。

巴岷濫觴，淵源知所自已。編修名彭年，字子壽，今官湖北按察使。」

一·七　承德金石志一卷

舊鈔本。海忠撰。前有趙慧甫手跋一則。是編著録承德、灤平、豐寧、平泉、赤峰、建昌、朝陽各屬金石諸目，並詳存佚、年月、撰書人姓氏，間及考證，即慧甫先生撰修畿輔志時所據採輯之原稿也。

趙氏手跋曰：「府、廳、州、縣各志，有金石專録者僅十之一二。余于庚辰、辛巳間遍檢付繕，殆志稿將成，僅存此二種，餘皆散佚。其滄州金石爲王某所輯，以州志未成，故不付刊。余假抄甫竟，即爲友人攫去，而主者又索王君原稿甚亟，不及再録，余所撰通志亦未能採入，至今爲憾。」

一·八　長垣金石録一卷

舊抄本。不知何人所撰。凡長垣金石，遍著原文，並附考據，亦慧甫先生藏本也。

一・九　曲陽碑目一卷

傳鈔稿本。武進丁紹基汀鷺撰。前有趙慧甫先生手跋一則。是編考正曲陽縣歷代金石，分詳書體、所在、年月、撰書人姓氏，間附簡明考據。

趙氏手跋曰：「汀鷺先生在志局最久，曾三至曲陽閲卷，故于嶽祠諸刻考訂綦詳。所藏歷代碑版三千餘種，别著有求是齋碑録十餘卷，可與尊人頌生先生分域編並行世。以候缺不得，無力付刊，惜哉。」

一・一〇　定興金石志一卷

鈔本。清黄巖楊晨撰。是志始于北魏，迄元代，遍録全文，並及考證，末附無年月各碑。經藝風先生校過，版末有「藕香簃鈔」四字，知出繆氏也。

一・一一　上谷訪碑記一卷

風雨廔刊本。清江寧鄧嘉緝熙之撰。鄧君著有扁善齋文存。常州趙惠甫官易州，時熙之在其幕中，逐日訪碑，記載其事，集中未收。此記從光緒畿輔通志録出别行，計得唐刻十種，宋五種，遼五種，金二種，元十七種，都三十九通，不録全文，間有考證。

一·一二 恒山石墨一卷

小鬱林叢書精刻本。清平州黄華蕃芳洲輯。是書著録恒山石刻，按代排編，間據鈔存舊本録入，存佚弗分，不録全文。首列漢鎮地鼎一種，不盡石墨，漢刻二，晉一，隋一，唐十六，宋六，金一，元二，明二，計三十一種。刻本極精，版心有刻工名氏。

一·一三 石經山訪碑記一卷

舊抄本。清樂平石景芬誦清撰。前有趙慧甫手跋兩則。按：石經山在房山縣西南五十里，本涿鹿郡地，曰涿鹿山，山生莎題草，亦曰莎題山。高峻極天，白雲在半山，横亘如帶，故又曰白帶。北齊慧思僧慮佛教有毁滅時，發願刻經，藏石崖壑。其徒静琬能承師志，自隋迄唐，大涅槃經成。山上雷音洞，四壁刻經，四柱刻象，即石經堂，因名石經山。經堂之外有八大洞，除遼續鐫六百石外，計隋唐以前刻經，凡一千二百三十石，亦釋教中天禄石渠也。隋唐石之富，未有過此者。金石萃編所收不廣，遺漏殊多。石君親自搜訪，記載特詳。後附查禮莎題上方山游記一卷，前有趙氏兩記，曰「壬午初春，以編輯畿輔金石，飭工繕此」，又記曰「樊文卿考房山石經，大率取資于此」。亦足以資參證也。

趙氏手跋曰：「此種曾繕三分，以其一歸志局，一爲清苑孝廉張衡齋所取，此其一也。」

趙氏再跋曰：「此編樊氏未及見。」

一・一四　欒城金石志一卷

縣志本。寶坻高繼珩總纂。據寶刻叢編諸書輯採，未詳存佚，不載全文。

一・一五　深州金石記四卷

原刊本。桐城吴汝綸摯甫撰。深州風土記「金石」一門始輯自魏至元，後復續增明代以次，而迄于清，計分上、中、下三卷，而下卷又釐爲上、下兩卷，各録原文，並附考證。據敘言云：「自歐公爲集古録，趙、洪繼之，是後有金石之學。近世儒生，好之尤篤。然嗜古略今，集録金石，大率至元而止。若六朝、隋、唐閭井俚俗之記，則皆詳著而不遺，斯其蔽也。歐、趙宋人，而搜采及于五代，今生世距元五六百年，其間名賢文字，豈不賢于魏隋時鄉曲僧尼？乃獨取彼棄此，庸非傎乎？深之一州，金石文字在千年以外者，今多亡佚。其見于記載者，不可以不著。至所謂閭井俚俗之記，雖不足深重，然亦不敢闕也。而近世賢士大夫，往往尚有銘誌碑記散見冢廟，亦後世所考信者，今並列焉。」其廣搜博採，已足窺見。

一·一六　鉅鹿宋器叢録一册

石印本。大興李詳耆貫三、南皮張厚璜鈞孫同輯。前有華學涑序及李、張二君自序各一篇。民國九年，鉅鹿出土宋瓷多器，其上均有題字，有書姓者，有署押者，有題購時年月及價值者。其中有元祐、大觀年號者數事，尤爲北宋確證。是録依博古圖之例，度器摹文，並加考釋。華序所云「可以窺宋俗，補宋史，上足徵三代鼎彝亞形之義，下足徵今俗器物書名之風」，詢不誣也。

一·一七　京兆古物調查表一卷

印鑄局刊本。中央内務部編。詳列京兆祠宇、陵墓、金石三類。表分「縣別」、「類別」、「時代」、「名稱」、「所在地」、「備考」六格，間多誤漏。

一・一八　關中金石記八卷

經訓堂精刊本。清鎮洋畢沅秋帆撰。前有盧文弨、錢大昕兩序，後有錢坫、洪亮吉、孫星衍各一跋。關中爲三代、秦漢、隋唐都會之地，碑碣之富，甲于海内。畢公以文學侍從之臣，膺分陝之任，三輔、漢中、上郡皆按部所及。又嘗再領總督印，踰河隴，度伊涼，所歷萬里，周爰咨詢。所得金十三，瓦三，石七百八十一，計七百九十七通。始秦漢，迄金元，鈎稽經史，抉擿異同，條舉件繫，而雍涼之奇秀萃于是矣。是書刊于乾隆辛丑，此係原刊初印，至不易得。焦氏、嚴氏重刊本，弗及原版之精審殊多也。

一・一九　關中金石附記一卷

醇敬堂刊本。清渭陽蔡汝霖雨田輯。按：焦興儒子珍重刊畢氏關中金石記，又取蔡氏所輯附記并鐫之。是記照畢氏體例，補魏刻一，晉一，唐二十有五，宋二，元三，計三十有二種。

一·二〇　關中金石記三卷

舊抄本。不知何人所撰。是記就關中分縣録目，按條均附考證，對于各石之存佚流轉，詳載周備。末録未詳所在各石刻，間多後出之品。此本係繆氏藝風堂所藏，並經校過。

一·二一　關中金石文字存逸考十卷

會稽顧氏刊本。清甘泉毛鳳枝子林撰。前後有子林自序各一篇，末有顧家相一跋。是篇網羅佚失，博採金石諸書，分別郡縣，集爲一編，俾存者可知其方，偶遺者仍留其姓氏。志重存逸，故于考證未能悉詳，全文亦不盡録。凡已經前人著録者，注明見某書中，唯新出碑誌必録其節略。其他殘碑斷碣，文字無多，及文字有可傳誦者，間亦附入其中。如考路詮墓誌之姓、杜君夫人墓誌篆蓋「永康陵」之號、嚴震經幢之姓、陳護墓誌「上時原」之名。北魏興光二年華嶽廟碑考爲「北魏」，正華嶽志作「唐」之誤。而北周豆盧恩碑全文考載庾開府集中，金石諸書從未道及。其窮搜冥索，足見一斑也。末附目録二卷、石刻書法源流考一卷。

一・二二　關中金石文字存逸目二卷

會稽顧氏刊本。清甘泉毛鳳枝子林撰。是目即就前考所收各石刻，按郡編目。目下各詳書體、撰書人姓氏、年月、所在、存逸以及附紀，簡明記載，極便檢覽。

一・二三　西安府金石志二卷

抄本。清江寧嚴長明冬友撰。秋帆先生修西安府志，延嚴君總撰，對于「金石」一門，極加搜訪。此編即由西安府志抽抄，計著目三百一十餘通，均係尋求訪拓，就取目擊者，録其書撰人名姓、刊石年月及存置處所，目後並加考證。其中如與郭僕射書，正金石録附于大曆之誤。比丘正言疏，金石文字記作「大中六年四月」；虢國公揚花台銘，金石文字記分爲二石，且銘作「虢國公主」，均正其誤。王重陽仙蹟碑，正咸陽志入金代之非。崔敦禮碑，消夏記作「王知敬書」；蘭陵公主碑，消夏記作「趙模書」，亦並正不確。他如心經決非右軍所書，大宋勃興頌考出馬應所撰之類，亦多考訂也。

一·二四　長安得碑記二卷

舊抄本。不知何人所撰。是記就陝西闔省石刻分府别縣，按代列目，詳撰書人姓氏、年月、所在，極有條序。經藝風先生手校，滿紙丹黄，塗乙殆遍。按縣增益，計補八十餘碑，審定周詳。觀其朱墨稠叠，即知所校不止一次，至爲足珍。收藏前有「誦詔覽夷之室」朱文方印、「繆印荃孫」白文方印。經藝風藏書續志著録。

藝風藏書續記曰：「長安得碑記二卷，傳抄本，不知何人所撰。分地傳録，頗爲翔實。」

一·二五　長安獲古編二卷

東武劉氏精刊初本。清東武劉喜海燕庭輯。是書繪圖各器物全形，並摹銘文于後，鳳舞螭蟠，惟妙惟肖。其刻鏤之工，摹印之精，斷非俗工所能從事，必如歐陽公所云「好而有力」，又需以歲月，始可聿觀厥成。兹編燕庭先生及身付梓，未及印行，故傳本絶少。卷末附增封泥等三十餘種。

一・二六　山陽縣學唐楚州石柱題名考一卷

抄本。清山陽范以煦輯。此編考據山陽縣學唐楚州石柱題名，援證頗詳。

一・二七　雍州金石記十卷

惜陰軒刊本。清朱楓近漪撰。前有近漪自序，目後有李錫齡跋。朱君客關中十稔，搜羅自漢迄唐石刻二百餘種，五代及宋概置弗録。李跋云「是記大抵考證史事，辨别異同，間引趙子函諸家之説，亦多所糾正。雖所收僅二百餘種，不足盡山陸之藏，而探幽抉隱，多爲前人所未見。且專據所獲之拓本爲編次，非若抄撮于古籍而别無考訂者，亦可備一方之文獻矣。迨後畢秋帆中丞沅更加蒐輯，上自秦漢，下迄金元，多至七百餘種，著爲關中金石記一書，盛行于世，而是記遂晦。要之，創始者難工，繼起者易備，且二書詳略互異，均足爲考鏡之資，固未可因彼而廢此也」云云。

一・二八　雍州金石記餘一卷

惜陰軒刊本。清朱楓近漪撰。是編附于前記之後，其中續記房梁公碑諸條，考證頗詳。

一·二九　扶風縣石刻記二卷

涵芬樓刊本。清錢塘黄樹穀松石撰。末有孫毓修跋。是記著録唐、宋、金、元石刻十八種，較關中金石記，則惟開元二十八年龍光寺舍利塔記爲此書失收。他如唐楊珣碑、宋斷碑、宋重真寺買田記、宋扶風縣廟學記、元重修扶風學記五通，並爲畢書所未録。畢書多遺碑陰，或以碑陰别出，如列秦王重法門寺于唐，别出禮法門寺真身塔詩于宋之類，皆不如此書之完善也。

一·三〇　華嶽金石志一卷

嶽志本。關門李榕蔭伯纂修。華山金石，自古稱富，雖遭黄巢寇火，明代地震，然猶未甚。至嘉靖間修廟之役，捶鑿以代磚甓，而古碑遂不可問。乾隆間畢中丞督修嶽廟，折取摹拓，凡一石一字，悉收之關中金石記，俾以殘石聚嵌廡壁，而無知胥匠，捶鑿紛亂，莫得首尾，此殘餘之石又遭一厄。是志係取現存及見于簡編者輯録而成，首列劍、鼎、玉版之屬，次碑碣，又次題名，採録頗詳。

一・三一　邠州石室録三卷

嘉業堂精刊本。吴郡葉昌熾鞠裳撰。前有鞠裳自序並游大佛寺記、劉承幹序。葉君奉使隴皋時，過邠州，游大佛寺，得唐刻二十二，宋六十四，金一，元十六，都百有三種，可謂詳矣。然證以毛氏關中金石文字存佚考，尚遺豳州司馬柱國漢川郡開國公造象殘碑、朝□郎行新平縣□□□□造象殘字、殘造像記、彭古香所訪得。應福寺西閣功德記等四種。是録倣劉氏蒼玉洞題名録摹寫文字，繫以考釋。且以邠州姜嫄公劉廟碑後有崇禎六年川西范文光謁廟題字，與王鴻業結銜爲「陝西軍政都指揮前游□將軍」，不類宋元戎秩，皆屬明刻，均闕不收，其矜慎可見。

一・三二　楚州金石録一卷

雪堂刊本。上虞羅振玉叔言輯。自唐迄元，計二十一種，詳碑之尺寸、行數、所在，備録全文，後附考證。如普照寺鐘銘，其補正山陽丁晏天德鐘款考譌謬奪漏之處殊多。

一·三三　楚州金石存目一卷

雪堂刊本。上虞羅振玉叔言輯。是目録楚州重修東嶽廟碑記等十七種，又佚石目十三種，附刊于楚州金石録後。

一·三四　楚州城甎録一卷

雪堂刊本。上虞羅振玉叔言輯。羅君以搜集所得楚州城專文八十餘品，録成茲編，並附考證。曾刊入小方壺齋叢書中，後復重校覆刻。末有自跋一篇。

一·三五　石門碑醳一卷

別下齋刊本。清諸城王森文輯。末有許隙跋並王君游石門記一篇，記載王君于嘉慶十九年九月游石門，詳紀所訪諸刻，凡石之處所、高廣、行數、字數以及斷闕剥泐，各疏顛末，猶爲徵實，足資訪古參證。更依各碑行字、款式摹寫釋文，計録二十餘種。蔣光煦刊刻是書，係假張叔未先生藏本縮摹入版，附郙閣摩巖碑、右扶風李君石刻兩考于末。

一・三六　**石門碑醳補一卷**

別下齋刊本。清海昌蔣光煦生沐輯。末有生沐自跋。蔣君刻王氏石門碑醳後，又獲褒斜石刻等，出王氏所無者十餘種，依例補輯，跋詳各刻考證。

一・三七　**唐昭陵石蹟考略五卷**

觀自得齋刊本。清三山林侗同人撰。前有黎士弘序、潘耒序、陳汝器序、周在浚序、謁唐昭陵記。同人鄉前輩隨父宦游秦中，過唐太宗昭陵，撥草披荆，搜訪石刻，得英國公李勣以下十有六碑，考證頗詳。後有伊秉綬、葉夢龍跋，弟佶後序。按：是書經大興翁覃溪先生詳加考訂。向有蕭正模序、劉健後序，皆從翁學士刪去。卷中温恭公碑下小注「按」字一條，亦學士所增也。粤雅堂刊本與此本同。

一・三八　**昭陵碑考十二卷**

原刊本。清當湖孫三錫桂珊撰。前有沈壽嵩序、桂珊自序。據墨本得二十九種，又石鼓經文與大隋柱國德陽公碑因在昭陵墓田之内，附録諸碑之後。倣洪氏隸釋之例，録其全文，詳撰書人姓氏、額之題銜、陰之題名、兩側之題識。而碑制之長短、廣狹，依宋三司布帛尺度其分寸，並志行字之數，且加考證。據自序有云「宋時土人患官吏誅求，斧椎頻加，昭陵諸碑始遭大厄」，又云「道州何子貞太史自蜀入秦，遍訪古蹟，嘗偕沈仲復太史冒雪策驢謁昭陵于九嵕山，摩挲孔祭酒、虞恭公諸碑之下，輒流連竟日。土人疑有清地之令，輒將虞、薛諸碑椎毁數十百字，亟出曉諭止之，已不及矣。此昭陵二次之遭厄也」云云。兹編所録之本，較毁後之本中有多百餘者，洎數十字不等。余藏後拓昭陵諸碑，闕泐更甚。且如崔敦禮諸碑久佚，姜遐、裴藝兩碑雖存，已漫漶不可辨。後之視今，亦猶今之視昔。流傳金石之功，自以録文字爲第一。所以金石之壽，有時借楮墨克永其傳也。唯細校孫君此考，紕繆殊多。其間輒憑肊虚造，且行款及缺字數目等均任意奪落，譌誤叠見。校林氏考略少崔敦禮一種，多汝南公主墓志銘等十六種。附昭陵陪葬考于末。

一·三九　昭陵復古録目一卷

稿本。清仁和胡琨次瑶撰。前有次瑶自序。胡氏集昭陵陪葬者及近陵神道諸碑三十餘種，欲補萃編脱誤，先次此目，蓋未完之稿也。

胡序曰：「方伯嘗病碑版著録家多事搜葺，不事校讎。按：所云「方伯」係指劉喜海先生。胡君所擬撰未完之書計五種，前敘他種曾經導過，此當係初稿，未加修正，故有此失。王蘭泉侍郎金石萃編苟簡特甚，爲剞劂氏所紿，往往有明白共觀之字故作方空，以圖易寫易刻。嘗以昭陵諸碑校之，益知其陋。乃懸拓本于壁，時時循覽，每有所得，輒取王本方空填之。至漫漶無可識，則合數人于昧爽或薄暮時，瞥然一覩，必有會心。或此讀齬齟，彼忽貫通，或彼方揣摩，此獨頓悟。于是所填之空日益增多，以校原本，多者倍之，少亦以百十計。爰集唐陵諸陪葬者及近陵諸神道碑合爲一編，題曰『復古』，雖步前人之後塵，實突過于前人矣。惜陵上諸碑，其下截皆鑿去，欲求一未鑿以前拓本，竟不可得，斯亦文字之厄也。崔敦禮碑，方伯家無拓本。方伯著書例，家無拓本者，雖見他人所藏不著録，故闕之。壬子冬十月，次瑶氏書。」

一・四〇　昭陵碑録三卷

雪堂刊本。上虞羅振玉叔言輯。前有叔言自序。昭陵各碑，諸家著録其文者，前有青浦王氏，後有平湖孫氏。王氏以前，諸碑皆僅拓上截，及蘭泉先生官關中，始並下截拓之。故萃編所録，其存字校明以來諸家所記字數爲多。然碑字可辨而失録及繕録譌誤者，所在皆是。孫氏撰昭陵碑考，毅然欲補正王氏缺誤。今觀其書，存字固視王氏爲增，而譌誤且益多。蓋王氏之失在疏略，孫氏之失在肊斷，故孫之失又甚于王。斯編係據何夢華、徐梧生舊藏精拓整本，並博採舊拓善本，就孫、王二家校正寫定，所以一碑補正或至數百字，或竟至倍，并各碑所在詳載特備，洵屬精著也。

一·四一　昭陵碑録補一卷

雪堂刊本。上虞羅振玉叔言輯。前有叔言自序。是録體例同前，係據法人沙萬、日本内藤虎藍田及閻甘園三君所得新出土宇文士及碑、程知節碑、越國太妃燕氏碑、房仁裕碑、周道勝碑等五種補編，各碑所在未詳。

一·四二　昭陵碑録校記一卷

雪堂刊本。上虞羅振玉叔言撰。羅君兹編係據錫山秦氏、河間龐氏、廬江劉氏所藏舊拓善本校補。前録温彦博、孔穎達、李靖、馬周、乙速孤神慶、乙速孤行儼、唐儉諸碑勘誤未竟者，别撰校記附于昭陵碑録之後，其慎審苦心可欽也。

一·四三　昭陵碑校録劄記一卷

雪堂刊本。上虞羅振玉叔言撰。是編將宋以來迄于今兹著録昭陵碑版者十有七家，共録八十八碑，列表詳明。各書所見，以宋田槩京兆金石録據寶刻叢編所引。著録五十一碑爲最多，而宋王厚之復齋碑録、清葉奕苞金石録補祇録二碑爲最少。又以宋人著録不記字數，復將明以後各家著録所記字數附以自著所録，列表詳紀，以羅君爲最多，次則孫、王二家，孫三錫昭陵碑考、王昶金石萃編。並舉其校讎各碑所得分記于後。

一·四四　山東考古録一卷

槐廬家塾刊本。清崑山顧炎武寧人撰。是録所詳，如辨無字碑爲漢立，録唐敕、宋牒、元聖旨、白龍池題名，考泰山都尉諸條，均足資金石考證。

一·四五　續山東考古録三十二卷

蝸角尖廬刊本。清滄州葉圭綬子佩撰。前有杜受田序、劉燿椿序、俞浩序、孔憲庚序、子佩自序。按：顧氏山東考古録雖號精核，惜未能舉通省沿革逐一考訂。葉君所補，增輯極博，其間所詳，多資金石參考。

一・四六　山東省碑文三卷

通志本。乾隆時岳濬等監修。是書係由通志「藝文」類之碑文、墓志，「古蹟」類之碑碣彙集，不詳考據。

一・四七　山左金石記二十四卷

小琅環仙館精刊本。清畢沅、阮元合撰。前有錢大昕序、芸臺自序。山左兼齊、魯諸國之地，三代吉金，甲于天下。東漢石刻，江以南得一已爲鉅寶，而山左有秦石二，西漢石三，東漢則不勝指數。乾隆癸丑，阮公視學山左，適畢公亦巡撫山東，同心搜訪，萃十一府、兩州之碑碣，又各出所藏彝器、錢幣、官私印章，彙而編之。自三代迄有元，千三百餘種。其中如武梁畫像，元明人目所未覩；任城孫夫人碑，亦歐、趙所失收。諸如類此，不一而足。是記倣洪丞相之例，録其全文，附以辨證，記其廣修尺寸、字徑大小、行數多少，既博且精，洵屬鉅製。收藏前有「小停雲館」朱文方印，後有「周之楨印」白文方印、「省衣節食所購，願後人能謹守」白文方印。

一・四八　山左碑目四卷

舊抄精本。清益都段松苓赤亭撰。前有赤亭自序。段君佐阮芸臺先生編山左金石志，以山東碑刻之藪，除泰山、闕里而外，莫多于長清、臨朐，躬率拓工，遍詣各屬，竟得百數十種。此外，如濟南之武宅山漢畫像，東阿陳思王墓及黄石公祠碑，肥城之孝堂山郭巨石室漢畫、隴東王感孝頌，并泰山諸刻及淄川歐陽率更、李北海諸殘碑。又于臨朐東鎮、仰天諸山得天寶以下金石刻百餘種。並搜採于志乘，及州縣所拓寄者，備鈔其碑狀、字樣及撰書姓名、年代久近，乃未及著録，僅登其目，名之曰「已見」。至于有碑而未及拓，洎碑之存亡疑似者，別之曰「待訪」。其確亡之碑，則不復列也。是目之編，係在山左金石志未殺青之前，段君懼阮公原目散佚，故特另輯兹帙。是本係藝風堂所藏，並經硃校，版旁有「藝風鈔書」四字。

一・四九　山左南北朝石刻存目一卷

靈鶼閣刊本。清諸城尹彭壽作山撰。目詳年月、所在，計録後魏三十二種，東魏十七種，北齊五十七種，北周五種，隋四十五種，凡一百五十六種。是本經鄭文焯叔問先生手校，補正十餘條。前有鄭氏手跋三則。

鄭氏手跋曰：「福山王廉生亦有南北朝石存目，分爲四類，不專記山左石刻，造耑宏廊，惜未卒業，所記止光緒戊子歲以前所出之碑。余曾于京師見其書，挂漏尚多，然視是編所具，已略備矣。」

鄭氏再跋曰：「山左石刻存于今者亦不止此，此蓋未完之書也。顧賴是以徵信，所謂殘有賸馥，沾丐後人，庶有健者廣之。」

鄭氏三跋曰：「金石著録，宜聯同志，就其所在，博采近聞，徵諸眼學，期以十年，一續著其目，兼録其文，不必摹勒如王氏萃編、張氏金石聚，轉因勞費而畏難廢事也。」

一·五〇　山左訪碑録十三卷

抄本。膠州法偉堂容叔撰。後有羅正鈞跋。此録乃就阮氏金石志及孫、趙二家之寰宇訪碑録關于山左者，分別郡縣，最録其碑目，而略加考訂，蓋備修撰通志之檔本也。末附著録總目，頗便查檢。

一·五一　泰山石刻記一卷

舊鈔本。清陽湖孫星衍淵如輯。始于秦，迄于清，凡歷代帝王封禪，摩厓紀功，文人學士，游覽題名，無不記載。石刻所在，皆繫以地名，存佚均收。其有漫漶、磨滅重刻者，亦一一注出。此本係藝風堂所藏，並經校過。按：風雨樓刊本係據魏稼孫舊藏稿本入梓，遺誤殊多。如唐岱巖觀雙碑缺最後「劉秀良」一段，晉代金剛經幢下缺旁注諸節，不勝縷舉，悉弗及此本之善。蓋是記係淵如先生未定之稿也。

一·五二　泰山金石志四卷

原刊精本。清休寧金棨撰。金君守泰安，曾纂泰山志二十卷，前有阮元序。其中十五至十八四卷，盡録泰山金石，博採詳稽，起自秦，迄于明，録文附考，撰書、存佚，一一兼詳。收藏前有「海昌陳琰」朱文方印、「拾遺補闕」朱文方印。此書係繆氏藝風堂所藏初印精本也。

一・五三　岱巖訪古日記一卷

邂盦刊本。清錢塘黄易小松撰。黄君于嘉慶二年正月七日同李墹此山及其姪躬赴岱巖訪碑，督僕遍拓各刻，所得不少，按日詳紀訪碑情況。岱巖之游，蓋後于嵩洛也。

一・五四　濟南金石志四卷

原刊本。清崇川馮雲鵷集軒撰。前有王鎮序、汪喜孫序。馮君校輯濟南志，别成兹編。按：舊志有石無金，此則濟南吉金之存者，如虞之幣，商湯之金，周秦鼎彝之屬，漢代以迄明清諸器物，悉行補輯，足辨博古圖、宣和圖録、西清古鑑之誤，訂歐、薛諸説之非。所以歷代金列爲首卷，二卷以次，分縣排編，並詳考證。按：山左金石志所載濟南各屬自東魏迄元石刻二百九十九種，孫氏訪碑録所載又增五十九種，合三百九十四種。且山左金石志無禹城，訪碑録無長山，殊爲缺點。馮君此志則以十六屬志校之，加以漢晉遺跡與新得東漢畫象、北魏磨崖、隋唐宋元遺刻及明清各碑，均附載于後，不啻倍蓰于各家。收藏前有「悦庵主人」朱文方印、「大興王氏家藏書畫」朱文長方印、「悦庵書畫」朱文方印。按卷均有「王氏家藏」朱文方印。

一・五五　**徐州金石考一卷**

舊抄本。不知何人所撰。是書係從志書抽録，始漢迄元，頗有考訂。經繆氏藝風堂收藏，並加手校。版心有「廣雅書局校抄本」七字。

一・五六　**徐州碑碣考一卷**

府志本。南豐劉庠、陽湖方駿謨總纂。是考始于漢，斷于元，按代分録，頗有考證。

一・五七　**曹州碑文一卷**

州志本。李登明、謝冠纂修。所載曹州石刻，唯漢張壽碑附有朱彝尊、牛運震考證，其餘僅録碑文而已。

一·五八　曲阜金石志二卷

聖化堂刊本。清楚南潘相纂修。是志録曲阜金石，自漢迄清，多載全文。其散見于通編、類記中者，祇存其碑題。各碑悉附諸家跋語，蓋亦歐陽永叔集古録之意也。

一·五九　曲阜禮器圖考二卷

景抄本。清楚南潘相纂修。按：乾隆甲午潘氏重修本列圖考十有二卷。自三卷至十四卷。是本係就十與十二兩卷抽録，上卷自周木鼎以次十事，下卷自爵以次又十事，諸器繪圖附説，均有考據。

一·六〇　曲阜碑碣考四卷

原刊本。闕里孔祥霖少霑輯。前有康南海序、少霑自序。是考因孔琴南所輯至聖林廟碑目祇限于至聖林廟，故如矍相圃漢二石人、顏氏樂圃漢竹葉碑等皆不載，間有沿誤之處。至清嘉慶以後，更無補輯之者，所以少霑特撰斯編。共分四部，各以立碑時代之先後爲序，碑陰、碑側則不拘年月，附正碑後。甲部列同文門碑碣，自漢迄隋，及唐、宋之佳者，並附各家考證，都四十五種；乙部列漢、唐、宋以及明、清散置廟中者，各注所在，都四百五十二種；丙部列聖林歷代著聞碑碣，都二百三十四種；丁部列城郭、坊里、舊學宫、貢院、書院、廟宇等處歷代碑碣，都二百四十六種。四部計收九百七十有六種，頗稱詳備。

一・六一　**益都金石記四卷**

丁氏刊本。清益都段松苓赤亭撰。前有李溱序、武億序、朱文藻序。段君受阮芸臺先生聘輯山左金石志，是編所録益都金石現存者百餘種，已悉收入山左金石志。復自另録單行，並附已亡碑目于後，起于三代，下逮金元，倣其碑之尺度，存于何所，然後徵之傳志，詳附而類引之，頗翔實，鮮遺漏。後有丁文田一跋。

一・六二　**泰安金石録一卷**

縣志本。清通州徐宗幹樹人撰。是録所收自秦迄明各石刻，悉録全文，並附考證。

一·六三　泰安金石録補遺一卷

縣志本。清通州徐宗幹樹人撰。是編首列重獲李斯石刻殘字，次漢武帝鼎銘、東魏胡元方等造像，以及唐以下又補奉敕投龍璧題名等三十餘種，撰例同前。

一·六四　歷城金石考二卷

舊抄精本。清益都李文藻、歷城周永年撰。敘曰「集金石之文者，始于歐、曾，至趙而博，至洪而專矣。其餘朱長文、婁機、陳思、鄭樵、都穆、楊慎、趙崡、于奕正之所編纂，或有録碑文，或僅論書法，其能抉摘史氏之失，而有資于考據者，蓋不多見焉。近世崑山顧氏、秀水朱氏辨證號最精，惜于宋元以後闕焉弗備。夫今日之視宋、元、明，猶歐、趙之視漢、唐也，其可弗著于録乎？予嘗有志蒐羅而無其力，兹就縣中見聞所及，摩鈔而次第之，自漢迄元無所遺，明以後則擇其有關縣事者，以備一方掌故，非能于史傳有所發明也。而姑論之如此，作金石考」云云。李君出錢竹汀先生之門，淵源有自，酷嗜金石，所過學宫、寺觀、巖洞、崖壁，必停驂周覽。辛粤東時，嘗乘舟出迎制府，小甜南海廟，命僕拓碑，秉燭竟夜，比曉，制府舟已過矣，其風致可想。是本經藝風先生校過。收藏前有「雲輪閣」朱文長方印、「荃孫」朱文長方印，後有「曾經藝風勘讀」朱文方印。

一·六五　**寧陽縣碑記一卷**

抄本。清新安李温皋撰。是編係由康熙四十一年李氏續修寧陽縣志内抽抄。原志係重修于劉興漢、陳學夔二君。其中祇録碑文，不紀所在，蓋列于藝文志之内，以碑文爲主，不重考據也。

一·六六　**城武金石志三卷**

縣志本。崇仁袁章華實庵纂修。凡城武碑碣之文，依朝代編次，不加考證。

一·六七　**山東古物調查表二卷**

印鑄局刊本。中央内務部編。表分縣别、類别、時代、名稱、所在地、備考六格，詳山東建築遺蹟、祠宇、陵墓、金石諸類，滋多誤漏。

石廬金石書志卷之二

閩侯林鈞亞傑

分地類二

二·一　河朔訪古記三卷

舊抄精本。元蒙古訥新易之撰。前有四庫提要一篇。是記分載真定、彰德、河南古蹟，而他州縣弗及，蓋記其道途所經也。明焦竑國史經籍志載之。其書久佚，四庫從永樂大典録出一百三十四條，按真定、彰德、河南三路彙編，釐爲三卷。所紀山川古蹟，多向來地志所未詳，而金石遺文，言之尤悉，皆足資考證之助。如三公山碑一條，按：光和四年三公山碑載于洪氏隸釋，乾隆初又別出一三公山碑，乃元初四年所立，而此云三公碑有兩通，足補從前金石家所未及。收藏卷末有「子重」朱文方印、「專祖齋」朱文方印。又粵雅堂刊本，伍氏係據番禺沈氏及小峨山館兩舊本互校梓行，末有伍紹棠跋一通。

二·二 京東考古録一卷

槐廬家塾刊本。清崑山顧炎武寧人撰。是録所紀，頗有足資參考。

二·三 中州金石考八卷

原刊精本。清北平黄叔璥玉圃撰。前有陳祖范序、玉圃自序。是考係黄君官河南開歸道時所輯，專録中州金石，自商周以至元明，蒐採頗富。不録全文，目下附綴考證，以十府、三州分目。惟郟縣蘇軾蜀岡詩石刻，第八卷内竟爾兩收，未免失檢。又所載金石，皆不著其存佚。即如自序中明言「漢碑祇存其七」，而所載漢時金石，乃至百二十種，則是據前人所述，概爲録入。其中重刻者、傳疑者又不盡著其由來，殊非紀實之意。又每種之下，宜一一具載立石年月、撰書人姓名，其不可考者，則著其闕文，方足徵信。而是書或著或否，體例不一。至于郡縣地名古今沿革之殊，或前人著録稱某碑在某州縣，而後改其名者，亦宜疏明，以資考核。如石梁後已爲縣，而稱徐庶母碑在州城東之類，尤端委未明，是皆由輯書時未嘗親見原碑，或據金石舊書，或據郡縣諸志故也。此提要所舉其疏謬者，若是究未可盡掩其辛苦著述之勞，亦足有資參證者也。

收藏有「吴平齋讀書記」白文方印，書箋亦出吴公手署。

二·四　中州金石記五卷

原刊初印本。清鎮洋畢沅秋帆撰。前有洪亮吉序。起自漢，迄于元，照關中金石記體例纂編，搜羅精博，考訂翔實。其中如漢嵩山太室神道石闕釋「崇」、顧炎武誤作「嵩」。「原」、王澍誤作「源」。「營」顧、王均誤作「常」。等字，開母廟石闕釋「佐」、顧誤作「伍」。「熹」、顧誤作「嘉」。「尐」顧誤作「少」。等字，堂谿典請雨崇高石闕銘釋「早」字，褚氏金石圖誤作「卑」。韓仁銘釋「勖」字，褚誤作「勛」。尹宙碑釋「福」字畢氏考「福」爲「副」之通，正顧氏斥誤之非。諸類，均足訂正各家之舛。他如王基墓碑、在孫寺造像碑、姜纂爲亡息元略造像記等，皆諸家所未見。至自唐以次，考證史事，辨正譌誤，更難縷舉也。

二·五　中州金石目四卷

咫進齋刊本。清歸安姚晏聖常撰。後有姚覲元跋。姚君取群籍所載中州金石，綜爲前、後兩類，前以時代爲表，志其總數，後則條分金石，各繫以地，列之于右，體例頗善。末刊繆藝風先生校正其譌脱各條，爲補遺附焉。

二·六　中州金石目八卷

舊抄本。清商城楊鐸石卿撰。前有石卿自序。中州自商以後爲都會地，凡勒石笵金奇文奥字見于載籍者，與關中、山左抗衡媲美。傳之既久，兵火煨燼，洪流淪没，秦漢以前，存者無幾，魏晉以降，剥蝕已多。黄玉圃中丞收采極博，而現存者未免太略。畢秋帆制軍訪葺尤勤，而已佚者概未編入。此目存佚並詳，起三代，終于元，搜輯頗備。是本經繆藝風先生批校。如漢鄭公碑批云「史承節鄭公碑似即康成碑，今在山東高密，孶經集有跋，此或誤收，且承節唐人，亦不宜入漢」；又後周大覺寺碑額批云「大覺寺碑額即前東魏大覺寺碑僅存篆額四字者，孫録複收，此偶沿訛，宜删」；又批云「魏石獨遺三體石經」；又批云「此目收塼志及瓦，而不收塼，似示闕典」諸條。南陵徐乃昌所刊中州金石目即假繆氏校本，所以漢之鄭公碑、後周之大覺寺碑額兩條均據繆校删去，此本即徐氏據刊之祖本也。收藏前有「誦詔覽夷之室」朱文方印、「繆印荃孫」白文方印。

二·七　嵩洛訪碑日記一卷

粤雅堂刊本。清錢塘黄易小松撰。黄君于嘉慶改元之秋，攜拓工二人，自蘭陽渡河，驅車躬訪，剔石捫苔，盡力搜討，計得嵩洛碑拓四百餘品，舊拓本四十餘種，按日記載搜訪情況。後有伍崇曜跋。

二·八　嵩洛訪碑圖記二册

精摹本。清錢塘黄易小松作。余得窓齋臨黄小松先生嵩洛訪碑二十四圖景本，乞至友黄子癡蘭理録文，周子雨漁愈摹圖，合裝一册。按：是圖所載與嵩洛訪碑日記互有異同，訪碑月日，日記詳之，得碑始末，則縷悉于圖記。道州何氏跋内有云：「黄公又有岱巖二十四圖，在姜玉溪處，不諗尚在人間否。夫野寺尋碑，荒巖捫壁，既睹名蹟，又踐勝游，小松先生兼而得之。披覽斯圖，益羡前輩風雅不可企及也。」

二·九　郯縣金石志一卷

舊抄精本。清偃師武億、宛平毛師沅同纂。是書題「原任山東博山縣知縣偃師武億，郟縣知縣宛平毛師沅」，殆即從郟縣志録出者。始於三代，終於明季，遍録全文，間多考證，並詳存佚。是本曾經繆藝風先生校勘。收藏有「雲輪閣」朱文長方印、「荃孫」朱文長方印。

二·一〇　魯山金石志四卷

舊抄精本。清偃師武億、餘杭董作棟同撰。是書係由魯山縣志抽録，各卷均有旁注「縣志若干卷」。首列古布，次漢鏡、漢刻，終於明代各碑，悉録全文，詳撰書人姓氏、存佚，以及考證。經藝風先生校過。收藏有「雲輪閣」朱文長方印、「荃孫」朱文長方印。

二·一一　孟縣金石志三卷

原刊本。清欽州馮敏昌魚山撰。馮君編纂孟縣志，重視金石，殘碑斷碣，靡不冥搜，自漢迄明，按代編録，後附無考各刻。末有仇汝瑚、湯令名兩跋。

二·一二　偃師金石遺文記二卷

縣志本。清偃師武億虚谷撰。是志係從偃師縣志抽印，自周迄元，共得八十餘種，别其存佚，校其損脱，具録全文，並附考證。後有毓倬跋。

二·一三　偃師金石遺文補録十六卷

原刊精本。清偃師武億虚谷撰，秀水王復秋塍續補。前有錢坫序、虚谷自序。是書虚谷原撰四卷，即編入縣志金石録，又擇其案跋刊刻單行。秋塍以武氏原書採訪未盡，更加搜輯，合武氏所撰，裒爲十六卷，補益殊多，末附無年月石刻。凡秋塍所補金石文或跋語，旁載「補」字，以示區别。是書缺第五至第七三卷，不知何人抄補。據書估云，是書得自藝風堂，唯無印記，未敢遽斷也。

二·一四　安陽縣金石録十二卷

原刊初印本。清偃師武億、長寧趙希璜同撰。前後無序跋。是録搜輯安陽一縣金石，遍録全文，存佚悉載。計商金五種，周金二種，新莽金一種，漢石四種，後趙石二種，東魏石三種，北齊石九種，隋石四種，魏齊無年代石六種，唐石二十九種，五代石二種，宋石三十五種，金碑五種，元石四十八種，金文九種，計得金文十七種，石刻一百四十七種，考證翔實。收藏前有「青浦王昶字曰德甫」白文方印、「一字述庵別號蘭泉」朱文方印，後有「青浦王氏宗祠家塾記」朱文方印、「怡亭看過」白文方印。

二·一五　安陽金石録補遺一卷

原刊初印本。清長寧趙希璜撰。是録係趙君續得袁三綱、袁五常二君所得修定寺之唐、宋、金、元石刻十種補刊，並行于世。

二·一六　河内金石志三卷

抄本。清大興方履籛彥聞撰。是編係由河内縣志抽抄。前有袁通序。此志輯河内縣金石，自魏至元，悉録全文，搜採頗備，而鼎彝碑刻之見于他書後佚而弗存者，亦著其目。

二·一七　河内金石志補遺一卷

抄本。清大興方履籛彦聞輯。是編補搜二十餘種，照前例悉録全文。

二·一八　濬縣金石録二卷

原刊本。清潛山熊象階撰。象階知濬縣時，親自搜訪。起漢代，迄于有明，悉詳存佚，並加考證，附宋紹聖四年通利軍鐘于末。

二·一九　淇泉摹古録一卷

世楷堂刊本。清增城趙希璜渭川撰。前有渭川自序，後有沈楙惪跋。是編趙君游淇泉時，躬訪殷太史之墓，後考諸志乘，得其碑文與銅盤銘，並于程君房墨苑中有臨古篆者，亦采録數種附入。

二·二〇　澠池縣碑目一卷

舊抄本。清大興方履籛彦聞輯。方君此目係附金石萃編補正之後，計録河南澠池縣石刻唐九種，宋八種，金二種，元十四種，凡三十有三種。目下詳撰書人姓氏、年月、所在，間及行數，並簡明紀載。凡已見訪碑録者，均以圜點標誌之。余藏龐芝閣、繆藝風兩家抄本，均經二君手校，兩本互對，錯誤豪無。

二·二一　新鄭縣碑目一卷

舊抄本。清大興方履籛彦聞輯。方君此目係附其所著金石萃編補正之後，計録河南新鄭縣屬各碑碣，計得魏二種，無年月一種，原注在唐前，故仍其次序。北齊二種，唐三種，宋二十種，金三種，凡三十有一種，悉載撰書人姓氏、年月、書體、所在。

二·二二　鹿邑碑目一卷

舊抄本。清大興方履籛彦聞輯。方君此目亦附金石萃編補正之後，所録寥寥。因澠池、新鄭兩邑碑目既已析出單列，鹿邑自難獨異。故姑作一卷，計唐二種，宋一種，金一種，元一種，計五種。後附禹州城碑目二種。

二·二三　洛陽石刻録一卷

雪堂刊本。清祥符常茂徠秋崖撰。後有羅振玉跋。洛陽石刻，自魏至元，計録五百餘種，按代排編，詳撰書人姓氏、書體，間注所在，末附無朝代殘石九種。羅跋中云：「是録係常君草稿，洛陽以後尚有他縣，然多缺佚。」其原署名曰「續中州金石考」，則河南府屬以外尚有他府可知，想已亡佚。兹編歸上虞羅氏後，就其完全可寫者，録爲洛陽石刻録。録中誤闌入他省石刻已經删去，且爲改正譌誤。

二·二四　洛陽存古閣藏石目一卷

雪堂刊本。上虞羅振玉叔言輯。存古閣創于道光癸卯，介休馬又海恕令洛陽時，以千祥寺隙地建立，儲石六十有八，刻石爲之記，而未備列其目。後來有所增益，亦無記録其名物者。聞辛亥改革，閣中儲石多被攘竊，現閣中所存，仍僅六十有九石。羅君按代編目，並詳撰書人姓名、年月，附馬記于後，以示所自，而表前哲之功也。

二·二五　龍門山造象釋文一卷

舊抄藁本。清太倉陸繼輝蔚庭撰。陸君就龍門各石刻按段釋文，並詳石之高廣以及字徑。余收藏龍門全山石刻已達二千餘品，是書所録，遺漏殊多，他日當詳加審校而增補之。收藏有「雲輪閣」朱文長方印、「荃孫」朱文長方印。經藝風藏書續記著録。

藝風藏書續記曰：「龍門山造象釋文一卷，傳鈔稿本，太倉陸繼輝撰。繼輝，號蔚庭，同治辛未進士，翰林院編修，官河南汝寧府知府。蔚庭承辛農太夫子之傳，考訂雖未詳悉，而釋文頗能精審。此册在京師所釋，均出萃編之外者。」

二·二六　芒洛冢墓遺文三卷

雪堂刊本。上虞羅振玉叔言輯。前有叔言自序。是編專録芒洛墓志，自魏迄宋，計得百有五種，悉録全文，並載尺寸、行數、字數，不加考證。其中所收，多年來新出土之品，余均得有墨本，互校之後，始信羅氏録文頗不率略也。

二・二七　芒洛冢墓遺文續編三卷

雪堂刊本。上虞羅振玉叔言輯。前有叔言自序。是編羅君游洛之後，舉其續得輓近所出誌石墨本五十六種，益以漢建寧、中平兩地券，計自漢迄宋，都五十有八品，仍前例，悉録全文。

二・二八　芒洛冢墓遺文補遺一卷

雪堂刊本。上虞羅振玉叔言輯。前有叔言自序。是編又録續得芒洛墓志，自晉迄宋，計三十種，體例仿前。

二・二九　恒農冢墓遺文一卷

永慕園景本。上虞羅振玉叔言輯。前有叔言自序，目後復有一跋。是編專録靈寶縣出土之墓専，専爲刑徒執役者之埋志。其時代則由永平逮于熹平，不異小漢碑也。計録三十又一種，已見匋齋藏専記者二十有三。匋齋著録多有譌舛，如年月奪訛，犂錯専「元和四年」脱「元」字、鄭□専「□和二年正月」誤作「二月」之類。志文譌誤，如「鄭」字但存「阝」

半，「在此下」脱「下」字，陳李專「下」字上脱「此」字，吴顔專「酸来」之「来」誤作「柬」。甚有一志而誤析爲二，如畢通專以上截九字入上卷，下截十一字入下卷。此編均爲訂正。即鈎摹原文，亦極逼肖。

二·三〇　恒農專録一卷

吉石盦刊本。上虞羅振玉叔言輯。前有叔言自序。羅君舉其所藏及得諸匋齋者，計二百三十有一種，輯成兹編。按：匋齋藏專記著録百十有三，羅君無者二十有三，羅有而專記未收者百四十有一。專記譌舛，羅君均加訂正，詳其自序之内。

二·三一　河朔新碑目三卷

金佳石好樓刊本。紹興顧燮光鼎梅撰。别爲編年、分地兩類，凡各家金石書及府、縣志已著録者，皆摒不收。同好顧君此目，係于編纂河朔古蹟志時所新得者，計自漢迄元，綜有六百餘種之多，其勤搜博訪，頗不易覯也。

二・三二　河南古物調查表一卷

印鑄局刊本。中央内務部編。詳河南省建築遺蹟、祠宇、陵墓、金石諸類，按縣分時代、所在，並附簡明考證。唯此表各縣調查皆假手于胥吏，故其謬誤遺漏之處滋多。閉門造車，宜其有失也。

二・三三　河南古物調查表證誤一卷

石印本。紹興顧燮光鼎梅撰。係就内務部所編河南古物調查表，于河北道屬金石訛謬脱漏之處考訂之，其餘各道不詳。是編附刊于河朔新碑目之後。

二・三四　新鄭出土古器圖志初編一卷

景刊本。任城靳雲鶚薦卿、古吴蔣鴻元壽芝輯。前有李汝謙序、楊金庚題詞、薦卿自序並監理、編輯諸題名及井穴各景片。癸亥八月，新鄭李氏鋭鑿井，發見周代彝器多件，適靳君駐軍管城，查防其地，力主歸公，以防散佚。又復賡續搜掘，先後得古器百數十件。新鄭爲周代故墟，溯厥本源，信而可徵。第以久湮土中，强半殘蝕，唯王子盤銘文可見。此編彙集初得鐘二十一，鼎十九，尊五，瓿一，罍二，洗一，甗一，匜三，壺二，敦八，簠六，簋四，盤三，鬲九，儀飾二，觚座一，玉玦二，文玉一，匋質小星二，人身獸面殘器一，悉景全形，未加考證，唯權其輕重，度其長短，誠輓近出土吉金之大觀也。

二·三五　新鄭出土古器圖志續編一卷

景刊本。任城靳雲鶚薦卿、古吴蔣鴻元壽芝輯。前有薦卿自序及監運人員景片。此編就續得新鄭古器盤一，匜一，簋一，舟一，盦一，鐘一，仗鐓二，杠頭一，銅環四，銅鈴一，爐蓋一，箭頭一，戈頭二，瓦銷一，瓦豆四，秦瓦六，宋碗三，貝貨三百一十七，貝片七，蚌介鋸一，獸牙二十三，碎骨三，玉玦五，環玉二，玉片二，又王氏所獻家藏之漢磚六，周氏所獻之宋銅象二、周匋鼎一、匋鐘二、畫磚一及古生、熟鐵各一，悉依前例彙編。末附隧中古物位置圖，尤足以資考據。

二·三六　新鄭出土古器圖志附編一卷

鉛印本。任城靳雲鶚薦卿、古吴蔣鴻元壽芝輯。前有薦卿序及蔣君編輯影片。是編彙集當時往來公牘排次而成，足爲徵考本事之佐證。末有壽芝一跋。

二·三七　山西金石記十卷

原刊本。清張煦撰。是志係從山西志抽印，張氏巡撫山西監修通志時所纂。自敘有云「洪洞董氏文燦輯有碑目一卷，而故虞鄉令扶風王氏煒亦嘗鈔綴得八百餘種，爲金石志略。兩家援據略同，而王以宦游最久，多獲墨本，故論説獨備。若近刻山右金石録，寥寥數紙，特其餘矣。王又有晉泉彙録，亦前人所無，兹並採入書，益以舊所見聞，依類編次，綜一千四百餘事。物以古爲貴，故所録以元代爲斷；以少見珍，故所論于金文爲詳。局于耳目，漏遺良多，斠寫原文，亦所未略，苴訂之功，期諸踵事。知晉故者，或有樂乎此也」云云。按：是志刊本有前、後之别。余見藝風藏本無十卷而有目録，屬于前印之本。余齋所藏則十卷，補遺已備，獨缺目録。張氏此記成後，又得夏、董、何、宋四家關于山右著録，遍加檢閲，益以採訪所及，凡前記未收者，得一百七十餘種，續增補遺。余據繆氏藏本鈔補目録，俾成完帙。目載尚擬補增明代碑目，刊本未見，俟待訪焉。

二·三八　山右金石録二卷

古歡閣精刊本。清高郵夏寶晉玉延撰。前有凌霞序、玉延自序、玉延小傳、胡兆松題詞，後有田恩厚跋。是録分目録、跋尾爲兩卷，自周迄明，得金石一百有二種，均據拓本著録，考證頗詳。目之所見，間有未跋。此書版久散佚，歸安石子韓重鋟之，經凌霞校正，著有校語四十餘條，若埽庭擣，殊屬善本。收藏有「盱台王氏十四間書樓藏書印」朱文方印。

二·三九　山右金石志四十卷

原刊初印本。天門胡聘之蘄生撰。前有蘄生自序，繆荃孫後序。胡君巡撫山西，修輯通志，遍拓石刻七百餘通，勒成是書。自魏迄元，搜訪至備，且復廣徵史書，博采志乘，條舉件繫，極爲翔實。繆序舉其四善，且稱「自來考金石者，以國朝爲極盛。郡多專志，代有名家，而後出愈精，斷推是書爲最」。而偁廬日札亦云「近來金石著録，新刊者寥寥，惟胡蘄生中丞山右石刻叢編書名誤。蒐輯頗富」，洵非虚譽。後有胡君一跋。

二·四〇　金陵古金石考目一卷

舊抄本。明江寧顧起元泰初撰。前有泰初自序，並附引書目録。是目係就金陵金石見于傳記者採著，自三代以迄于元，以年代排編，各紀所在及撰書人姓名。顧序有云：「是目所録，文之存者，累什不獲一，石之存者，累百不獲一。」降至今日，益可想見。是編雖無考證，尚足爲後人參訂之資。傳本頗少。收藏有「雲間錢熙祚鑒藏書畫之鈐記」朱文方印、「藝風堂藏書」朱文方印、「雲輪閣」朱文長方印、「荃孫」朱文長方印。經藝風藏書記著録。

二·四一　棲霞訪碑志一卷

精抄本。明上元盛時泰仲交撰。盛君紀其屐齒所歷，凡摩崖題字，搜椎殆遍。此志于前人故迹、名流題詠未盡甄録，所紀碑記、題名等數十種，體例略如河朔訪古記。後見甘氏重刊棲霞小志，亦署盛氏所撰，互相對校，毫無軒輊，始悟兹帙標題係出傳鈔者之漫爲更易。然志中所記，專事搜訪石刻，故仍其名。後閲繆氏所刊藕香拾零中有兹志，復加勘對，亦悉相同，足見此本係據善本傳鈔也。甘氏重刊序曰：「山中興廢非昔，題識亦多晦，嚴子進金石記僅載九種。咸豐兵燹，大地陸沉，梵宇琳宫，摧燒殆盡。然近年翁鐵梅宿山中十餘日，所得四十餘段。此志所載，未得者止治平陳良肱、王仲基、宣和錢伯奇、韓晞、方楷五段。志所未及者，約二十餘段，前賢不且畏後生哉？」繆藝風先生跋是志，中有校正數處。如：「徐書有「古人螺篆之法」，按吾子行三十五舉云「篆法匾者最好，謂之蠕匾，徐鼎臣云非老手不能到，石鼓文字也」，「螺篆」其「蠕匾」之誤與？又云「螭蚴已墮」，按碑額上盤者爲螭，下負者爲贔屭，不云「螭蚴」，「蚴」字字書亦無。又云「張陵蘇税」，後又作「江陵蘇松」，今拓本作「温陵」、「蘇税」二段，「張」、「江」、「税」、「松」皆誤。王雱題名，今拓本作「王旁」，並非王元澤。均訂正其舛訛。

二·四二　江左石刻文編十卷

藁本。清元和韓崇履卿撰。前有朱珔序、履卿自序、陳德天、龐澤鑾兩手跋。是編搜輯吴中石刻，自漢至元，二百餘通，均録全文，惟經幢、題名、井闌、橋記弗收。滂喜齋所刻寶鐵齋題跋一卷，間多此編各刻之跋。就余所見，吴中石刻在道光前出土者，頗有多種，暨遺未録。他如漢溧陽侯史公碑，遍考顧起元、嚴子進、程祖慶諸家之書，均無著録，唯此編載及，豈爲後代補刻，如晉之周孝侯、陳之栖霞寺耶？抑僞作耶？陳栖霞寺碑記係宋人補書江氏之文，不當列前。「華陽觀王先生」，上當脱一「唐」字。「唐大開元寺興致」，「致」字有誤。唐顔魯公送劉太冲序，此是後代所刻，列咸通前亦未當。元故總官楊君墓志銘，「總官」應「總管」之誤。玄妙觀三門碑銘爲近時所刻，松雪書者既入録，則當依年代編次，又標題亦須加一「元」字。編中如舊館壇碑石已不存，係據拓本，而神讖碑墨本存世尚多，韓君必當寓目，何不一例入編？又梁大同十年陳寶齋造像，余于客歲得拓本于同好杭州鄒適廬先生，石之下端鐫有跋語，載出韓履卿家，此編亦失未收，豈成書時尚未得是像耶？以上各節，均爲韓君之疏失應當訂正者。龐芝閣先生審定，確屬原稿。朱序版心有「小萬卷齋文藁」六字，朱君有小萬卷齋文集行世，此序即用其稿紙。序末鈐有「朱琦之印」及「蘭坡」兩方印。全書版心鐫有「江左金石志」五字。收藏有「德天」朱文方印、「子有庚申以後所得」朱文方印、「洞庭柳蓉邨經眼」朱文方印、「搜訪人間未見書」白文方印。余于庚申以重值得于申江。後見藝風堂亦有是書，細閲，係出傳鈔，故多譌誤。此屬韓君原稿，經手校正，未行付梓，傳本至罕，尤爲足珍也。

朱序曰：「古今來金石之文，足以參經，足以證史，篤學碩儒，咸知珍貴。然大抵金少而石多，故碑刻尤重。自宋歐陽公始爲是業，曰集古録。厥後趙明誠、曾宏父輩遞有紀述。本朝首推顧亭林，號稱精審。近時作者，要以青浦王述庵少寇金石萃編爲最備，皆統括寓内，不主偏隅。若明陳暐吴中金石新編，專志一郡一代，殊非剔幽蹤、傳舊蹟之意。而都穆吴下冢墓遺文祇三卷，顧起元金陵古金石考祇一卷，地既隘，數且少也。惟康熙間宛平黄叔璥撰中州金石考，斯擴之及乎一省焉。元和韓君履卿爰仿其體，纂成江左石刻文編，綜計二百餘通，可云宏富。將校刊，來屬弁言。因爲檢核少寇書，唐以前已載者，漢校官碑，吴禪國山碑，梁瘞鶴銘、始興忠武王碑，唐明徵君碑、娑羅樹碑、李元靖先生碑，晉周孝侯碑、使院石幢記，共九通，良由江蘇所屬現存之物，理應並列，非等沿襲。其不列天發神讖碑者，在學宫，本斷裂，不知何年燬于火，遂絶無復存故也。君意在徵實，必親睹其石，或其拓本，不欲以他册流傳攙雜足數。凡萃編有而君書無者，俱視此。至晉之漢司空溧陽侯史公廟碑，梁之上清真人許長史舊館壇碑，陳之栖霞寺碑，唐自華陽觀王先生碑，下逮隴西李府君墓志銘，多至十六通，萃編胥闕。中如故田府君暨夫人冀氏合祔二墓志，歲戊戌，維揚梅稽庵孝廉持以見贈，乃新出土者，距少寇之殁已久，固不及見。少寇自序明謂『天下之寶，日出不窮，繼自今叢祠破冢爲田父野老所獲者何限，亟望同志之續』，是殆隱然若預待于君矣。但萃編逮宋而止，元不具。即以宋論，君書凡八十二通，而萃編同者僅十，漏者七十有二。且元祐五年蘇州學記、淳祐三年吴縣縣學記近在咫尺。端平三年、淳祐六年華亭縣學兩記，嘉熙元年、二年、三年華亭明行院三記，此係少寇本郡。餘類是者尚夥，何以窮遠務奢而轉失諸目睫？然則君留心蒐補，豈不爲好古之士哉？余見聞寡陋，足跡又狹，莫能從事兹役。而生平頗喜經義，故于蔡邕石經尚書、論語殘字，既考之洪氏隸釋，復得白下陳雪峰秀才鈎勒寶漢齋之本，魏三字石經見孫淵如觀察摹刻宋蘇望所得之本，唐開成石經全帙則門下士劉次白撫軍任陝臬時郵寄以來，孟蜀石經見張古餘太守影鈔毛詩一册、左傳三紙，旋又見左氏昭公二年傳數百字，于梁茝林中丞處曾爲賦詩。外此一切碑板，雖屬梓鄉，概難尋訪。讀君書而知歷登涉之勞，殫椎拓之費，勤求不倦，恧乎致服膺而已。獨是江左之名，當并上下兩江言之。余邑趙琴士徵君别撰安徽金石紀略，竊願輔翼而行，庶珠聯璧合，使他日重修江南通志得所據依，君以爲如何？簡首君標目，蓋從明趙崡石墨鐫華有石無金之舊例云。時道光二十二年歲次元黓攝提格余月，涇蘭坡朱琦序。」下蓋「朱琦之印」白文方印、「蘭坡」朱文方印。

韓君自序曰：「録吴中金石成書者，始于明陳暐金石新編，分爲七類，皆載原文，其體例未嘗不善也。惟以明初爲斷，元以前舊跡概置不録，識者已譏其陋矣。是編專輯江蘇一省石刻文字之現存及墨本之寓目者，自漢至元，得之學校、祠宇、道院、僧舍居多，藉以徵文獻，考沿革，題名款識無所關係者弗録，重文詞也。其文間載于郡縣志及他刊本，大都沿襲傳抄，謬誤不一。是編悉從石本細勘，闕者仍之，不敢以他刻全文補入，欲存真本，寧缺毋完。首尾三載，輯成二百餘通，釐爲十卷。得自顧文學沅者，十之六七，山陬海澨，親自椎拓，搜訪之勞，功不可泯。此書之成，未敢謂江左遺文盡在于是，而他日修葺通志，不無小補云。道光壬寅春正月，元和韓崇手記。」

陳氏手跋曰：「嬾民收藏石墨，幾及趙德夫之半，庚申以後，百無一存。平時手録書畫四册，頗有考據，亦付兵刧。今年來滬，時于書肆物色舊稿，見此四册形式相似，檢閲之，則吴中韓履卿先生江左石刻志也。首尾完善，恐其家亦無第二本矣。網羅散佚，在彼猶在此耳。什襲藏之，以待後人壽諸梨棗，尤願得嬾稿者勿以覆瓿爲幸。甲子十月，嬾識于上海道幕。」「陳德天」朱文方印。

龐氏手跋曰：「此書光緒丁未得于邗上丁氏，確藁本也。書内夾有陳德天所書各節，洵屬至論。即如天發讖一碑，石焚未久，且韓君諸友均極一時名士，决不能無一此拓之理。又余齋漢東海廟碑乃藝海樓藏，視爲至寶者，後有韓君長跋，年月又在此書之前，書例既拓本經目者亦列入，何海廟孤本轉而漏失，殊難索解，恐疏漏之譏所不免矣。光緒戊申正月，河間龐澤鑾芝閣甫記。」

二·四三　吴郡金石目一卷

滂喜齋刊本。清程祖慶稚蘅撰。末有稚蘅自跋並潘祖蔭後跋。是目據瞿氏古泉山館所集吴中金石文字逐一編次，並摘考證，列其大端。或有未載之本，就其所見補之。凡前人著録，如寶刻彙編所載横山頂舍利靈塔銘、嚴德盛製，魏瑗書，大業四年九月八日立。清遠道士詩、顔真卿與李德裕進和，無年月。春申君廟碑、趙君貞撰，史維則書分書並篆額，天寶十載立。重建龍興寺碑、房琯撰序，綦毋潛銘，徐挺古書分書，沈□篆額，貞元十四年重立。新開常熟塘記、劉允文撰，列苑書，元和四年二月。大德元浩和尚靈塔碑，崔恭撰并書正書，元和十四年。及志乘所紀尚多，以未見拓本，概未收入。所録頗屬詳實。

二·四四　淮安府學元鑄祭器録一卷

抄本。清山陽丁晏儉卿撰。是編録淮安府學元鑄祭器尊、罍、錋、豆、爵諸器，略加考證，附至正蓮華寺銅爐、銅瓶二則于末。

二·四五　淮安府城南宋古甎記一卷

抄本。清山陽丁晏儉卿撰。壬寅，丁君董修淮安郡城，録其舊城發見之南宋古甎，悉加考證，輯成兹編。

二·四六　陽羨摩崖紀略一卷

風雨樓刊本。清海寧吴騫兔床撰。兔床爲清代藏書家所謂「拜經樓吴氏」也。嘉慶丙辰，兔床與鳳台胥繩武、宜興陳經同游善權、張公二洞，記此訪碑故事，並録同時詩文，爲荆南游草附焉。

二·四七　江寧金石記八卷

賜書堂精刊本。清冶城嚴觀子進撰。前有錢大昕序、章學誠後序、汪陽跋、嚴晉跋。子進係嚴長明子，錢序稱其濡染家學，于金石刻殆廢寢忘食以求之。且以金陵桑梓之地，舊刻多湮没可慨，乃訪其見存者，始漢迄元，以時代爲次，録其全文，附以考證，合一府七縣都九十九種。其中所輯，如黄履金陵雜咏、僧普莊辟支塔及永順捨田等記，宋人題名，皆足以補志乘之遺。嚴氏是記，于古録之存者，必證其所見，又於所見以補古録之所無，與空求著目及轉抄文辭者相去懸絶。收藏有「悦庵珍賞」朱文方印。

二・四八　江寧金石待訪目二卷

賜書堂精刊本。清治城嚴觀子進撰。子進輯江寧金石現存者，編録八卷，復輯未見之金石七百餘種，録爲待訪目，各依時代分列。其各書載有原文者，注明文見某書，僅見其目者，注明目見某書，採訪周備，足供考訂。後有其弟晉並其同學汪陽各一跋。

又校本。靈鶼閣初印本。鄭文焯叔問先生據顧氏刊本批校，極精。前有手跋兩則。其批秦李斯篆刻云：「案：姚令威西溪叢話載秦碑在會稽之娥避山絶頂，懸厓中裂，有巨石數十丈插雲霧中，兀然孤峙，非始皇無此神力。文字磨滅，可辨者只『皇帝』數字，亦無從分古文、大篆。今世所傳拓，皆非真跡也。」又茅君別院碑批云：「咸豐庚申亂後，不知是碑猶在山中。■恨無好事如汝器者，爲之重搜表隱。劉氏存徵續録，近亦不可見矣。」又武氏石室畫像批云：「射陽畫像二石，孔子見老子像，江都汪中移置揚州。」又平西將軍廣漢侯葛府君碑批云：「又有平西將軍杜陵侯葛府君碑，亦在句容西七里，見建康志。」又四銖錢、二銖錢、五銖錢當兩錢、小錢直一錢批云：「案：小泉直一，考古家多謂爲新莽鑄。」又云：「石芝西堪藏有淳于四銖、臨淄四銖，泉志所未著。錢形方，有孔，出山左臨淄古冢中。又一泉，三朱，陰文方形，亦奇。」又陶隱居井銘批云：「乾隆五十一年，孫淵如先生于茅山得天監井闌文，頗可識，有『皇帝慇商旅之渴』云云，末云『井十五口』，此隱居井當别是一石刻。」又許長史舊館壇碑批云：「久佚，今所見者皆覆本，吴中顧氏繙刻最善。」又云：「第一行有『隱居自書』云云，此蓋後人所紀。」又批侍中永陽昭王蕭敷墓誌銘並永陽昭王敬太妃墓誌銘云：「永陽二志，吴縣潘文勤藏拓本，海内孤本，至可珍閟。惜文勤下世，其裔無能繼述，恐使奇寶■置道側矣。」又華陽石碣頌批云：「今舊館壇碑陰已無知之者。」又棲霞寺碑批云：「寺中今有江■詩石殘刻，亦後人所爲，其筆跡不類南朝，審爲初唐重刻。」又徐鉉攝山題名。又陳代碑目批云：「自來金石家著録，惟陳碑不可見，此得其十，存其目爾。」又葛仙翁碑批云：「今句容有葛府君碑首，字似唐體。」諸條均紀鄭君聞見所及，足資參考。他如臨川靖惠王蕭宏神道二石柱、仁威將軍新渝寬侯神道、梁故侍中左衛將軍建安敏侯神道二石柱、攝山徐鉉題名等四種，均考爲今存，足補嚴氏之誤。收藏有「石芝西堪鑒藏圖書碑版印記」朱文長方印。

鄭氏手跋曰：「後跋謂古餘代刊以行，蓋謂張古餘也。目始秦終元，惟存佚未分，仍顧氏之失。」

鄭氏再跋曰：「江南攻金石學者，自畢、孫去後，訪碑考古，闃矣無人。吴縣潘、吴，但以匱董視彝器，雖工徵據，終近博古玩物之餘事，非能發藻石文，宏甄往籍也。」

二·四九　虎阜石刻僅存録一卷

香禪精舍刊本。清長洲潘鍾瑞麐生輯。前有潘祖蔭序。虎阜唐代石刻，有元微之題名，後劉夢得見所題，作詩悼之。微之石刻久已無存，即宋時方仲荀、王誨、米黻、游似諸題名，亦早未見。兹録所載，爲前人未及者，如宋有王野等、沈兼等、應逢衆等、林光世等題名及方琛詩諸種。元以後收録尤多，直至道光而止，徧詳考證。末有雷浚一跋。

二·五〇　虎阜石刻舊佚録一卷

香禪精舍刊本。清長洲潘鍾瑞麐生撰。是編據志乘所載虎阜石刻舊佚爲前人所未見者，列目附考。斷于有明，不及清代者，恐或未佚也。

二·五一　虎阜石刻舊存今佚録一卷

香禪精舍刊本。清長洲潘鍾瑞麐生撰。是編録虎阜石刻舊有今佚，就潘君所未見，或曾見而後失者。其不列清代，亦同前例也。末附麐生自跋。

二·五二　雲臺金石記一卷

風雨樓刊本。不知何人所撰。繆荃孫跋曰「雲台金石記，不著撰人。從雲台山志『金石』門鈔出，而稍加整理，所採石本，均據目睹。惟秦東門、漢東海廟碑兩條，似據古書采入。然楊大瓢鐵函齋書跋言其弟楚萍客海州時，新見李斯篆『秦東門』三字。唐陶山海州志載海州有秦刻，在海濱，潮落時乃可見。吴平齋有東海廟碑及碑陰殘字雙鈎本，陽面存十二字，與隸釋同，陰面十七字，止闕一字，亦爲徵實。餘如鬱林觀記、祖無澤詩，爲金石存、訪碑録所收。至隋開皇摩崖，始見此紀。予所藏拓本亦止此三種，則撰集出自名家可知。江蘇屬邑之石刻，上元、句容、宜興三邑之外，無與比矣」云云。

二·五三　句容金石記十卷

鉛印本。句容楊世沅芷湘撰。前有丹陽吉城序、陳祺壽序並芷湘自記。壬戌秋間，蟫隱廬主人來書云，楊君述卿聞余有金石書志之作，出其尊人芷湘先生所著句容金石記見貽，以備收録。按：此記係光緒辛丑楊君重修縣志時所輯，以志絀于編而不能詳，故仿隸釋之例，上起于秦，下迄于明，計四百十四種，校録原文，並加考證，而成是編也。

二·五四　句容金石附録一卷

鉛印本。句容楊世沅芷湘撰。體例同前，録其前編未載者二十有三種。

二·五五　淮陰金石僅存録一卷

小方壺齋刊本。上虞羅振玉叔言輯。前有叔言序，後有王錫祺跋。按：淮陰江北巨郡，自古爲重鎮，吉金樂石，所在多有。宋趙氏金石録、王象之輿地紀勝載漢魏迄宋石刻不下二十餘通，爰逮今兹，什不存一。羅君此編，肇唐暨元，僅十數種，多前人未經著録者。惟娑羅樹碑，青浦王氏曾編入金石萃編。幢款鐘文，前已有纂述，然考覈或有未精，甄録每多疏舛，均經叔言先生一一訂正之。

二·五六　**淮陰金石僅存録附編一卷**

小方壺齋刊本。上虞羅振玉叔言輯。前有叔言自序。前録用王氏金石萃編例，凡元以後諸碑皆不録，後復廣之，又取明碑十七通，各爲跋尾，成兹録一卷，足以補正方志者不少也。

二·五七　**淮陰金石僅存録補遺一卷**

小方壺齋刊本。上虞羅振玉叔言輯。後有叔言跋。續録西魏一種，隋一種，唐三種，南宋八十二種，元二種，其中專文居多。

二·五八　**海州金石目一卷**

抄本。許嘯廬輯。是目係由許氏海州美術書目志抽抄，分金石碑版、鐘鼎彝器，末附名畫象、印章印譜、磁器各目。所録海州石刻，自秦迄清，計百四十餘種，備載年月、撰書人姓氏、所在以及碑之尺寸、行數、字徑，足資考證。

二·五九　廣陵冢墓遺文一卷

雪堂刊本。上虞羅振玉叔言輯。前有叔言自序。是編專録廣陵古志，自唐至元，計得三十種，附出金陵者三種于後，備録全文，不加考證。按：端午橋藏石之出揚州者，尚有宋高鎮買地券及唐裴公夫人韋氏、崔克讓、彭夫人三誌，已著録于匋齋藏石記。羅君以其文字爲僞作，與其自藏唐陸氏夫人宋氏志與韋、崔二誌並出一手，概删不録，足見其矜慎也。

二·六〇　吴中冢墓遺文一卷

雪堂刊本。上虞羅振玉叔言輯。前有叔言自序。吴中誌石，傳世至少，前人所録，僅唐王夫人殘石一種而已。此編録唐二，宋四，元一，計七種，足補江南通志之漏。

石廬金石書志卷之三

閩侯林鈞亞傑

分地類三

三・一　兩浙金石志十八卷

原刊本。清揚州阮元芸臺撰。前有芸臺自序。此志係阮公撫淛時所輯，搜訪摹拓，頗窮幽遠。凡兩浙金石，自會稽秦刻以下，迄于元末，得六百五十八種，遍録全文，並加考證，頗稱詳博。然瞿木夫、陸存齋皆嘗議之。瞿木夫自著年譜云：「兩浙路之名起于北宋，至南宋又分爲東西二路。其時蘇、常、鎮三府屬縣，皆隸兩浙西路，松江唯華亭一縣屬嘉興府，亦隸焉。則名以兩浙，但就今浙江一省録之，似非體裁。明王文恪公作蘇州府志，以「姑蘇」爲名，説者猶以不應用山名非之。又收吴寶鼎磚，據竹垞云得于吴之小雁嶺，又吴越王投龍簡得于洞庭山，既不載江蘇金石，此二種亦不應闌入。」陸存齋儀顧堂跋云：「卷六載有宋張南軒手書孝經碑，款題：『熙寧壬子八月壬寅書付姪慥，時寓鄧之廢寺，居東齋。南軒書。』案：張南軒，名栻，字敬夫，廣漢人，卒于淳熙七年，年四十八，見朱文公集右文殿修撰張君神道碑。據此，當生于紹興三年，上距熙寧壬子六十二年，不但南軒未生，即南軒之父張浚亦尚未生耳。」瞿、陸二家所正，均屬文達之失。然金石著述考據易忽，自歐、趙以次，靡不盡然，不足以病斯志也。

三·二　兩浙金石志補遺一卷

原刊本。清揚州阮福小芸補輯。芸臺兩浙金石志梓行後，又得吴荷屋新獲建初摩崖、地券及其舊藏之本，如晉太康莂、保母磚，宋張君墓志、昭福院殿記、厲山夏厲記，元東嶽乾天宫興造記、新安寺重建藏殿記以及續蘭亭詩序等，補輯附兩浙金石志後。隨得隨刊，故其先後不依世次也。

三·三　兩浙佚金佚石集存一卷

景刊精本。上虞羅振玉叔言輯。前有叔言自序。所集兩浙佚金佚石，如唐般若波羅蜜多心經銅磬、唐佛説阿彌陀經銅鐘、宋嘉興府新鑄銅漏銘、奉化銅漏銘、元上虞銅漏銘、晉楊紹買地莂、唐聚慶專志、唐包公夫人專誌、唐周文遂專誌等九種，以原拓景刊，除唐墓志二種有叔未題跋外，餘均未加考證。

三·四　兩浙金石别録三卷

石印本。紹興顧燮光鼎梅輯。前有鼎梅自序。顧君取群籍涉于兩浙金石者，胥録其目，得千餘種，證以阮志，殆將倍之。他如未詳所在，賴浙人藏本以顯者，亦數百種之多。

三·五　越中金石目二卷

舊抄本。清山陰杜春生禾子輯。各家金石書，大都多以待訪目附録于後，較存佚並列者更爲明晰。是目分爲「輯存」、「闕訪」二門，原列越中金石記之首，以時代爲次，詳撰書人姓氏、年月、所在。「闕訪」一門，並載見于何種著述。此本係依杜君金石記抽抄也。

三・六　越中金石記十二卷

詹波館刊本。清山陰杜春生禾子輯。前有吴榮光序，末有王紹蘭書後一篇。杜君得漢建初買地券，始着意搜集紹興府屬八邑古刻，自漢迄元，計得二百一十八種，均屬見存。惟晉太康莂、保母志元物不存，從拓本録入，仿隸釋之例，具録全文。碑之長短寬博，字之大小徑圍，俱以漢建初慮俿尺量其分寸，並附考證。而鼎彝、専瓦諸器，非出兹土者不録，頗稱精審。收藏有「筱松藏書印章」朱文方印。

三・七　越中金石録二卷

稿本。清山陰沈復粲霞西撰。前有沈玉書序，後有鄒安手跋。是録就吴中山陰、會稽、蕭山、餘姚、上虞、嵊縣、新昌、諸暨各縣金石，按代編目，附載年月、所在，不詳各碑書體，多據志乘入録，目下並注據引書目。全書曾經重校，有出杭州鄒適廬先生手者。收藏前有「壽祺」白文方印、「適廬目存」白文方印、「鄒安」朱文方印。

沈序曰：「三叔祖輯越中金石録成，以授小子玉書。玉書跽而讀之，既終簡，作而曰：旨深哉，是書乎！古所稱金石之文者，必其人之精神足以垂金石而不朽，而後傳之天壤，無有剥蝕。後之覽者，亦流連愾歎，想見其爲人。下至片言隻字之微，人所視爲瓦礫者，亦必什襲珍藏，不致輕棄。固後學嗜古之心勝，亦其人之真精神有不可磨滅者存焉。越于東南，稱人物藪，金石之散佚者，何可勝道？前杜禾子孝廉既有成書，近叔祖復有是輯，徵文考獻之心，先後若合一轍。非以是編也，爲古真精神之所寄，有不容磨滅者在，因從而網羅之，蒐輯之歟？雖然，小子猶有説焉。夫所貴乎金石之文者，非但以古而寶之也。古所傳如殘磚賸瓦之類，凡無關于風俗訓典者，存之亦不必求，求之亦不足貴。若高文典册，鉅製宏詞，足以信當時，垂後世，而亦任其湮没無聞，揆之好古之心，得毋少歉？況先秦兩漢，去今遼遠，文不盡傳，傳亦奇崛不可識别。若唐及宋元，皆爲時未久，文雖近古，體亦宜今。其間稟經製武，酌雅選言，多有裨于近今作者。不有人焉，出而薈萃之，將世之人競以其奇崛不可識别者詭託諸古，而舉古所謂高文典册，鉅製鴻詞，幾不復顯。古文之學，不愈敝乎？此金石一門所由與古文詞相表裏，而吾叔祖網羅蒐輯之深心爲真且摯也。玉書檮昧，於杜書既少披覽，獲覩是書，又因病未暇研究，惟平日涉獵所及，凡古文字得以不朽之故，與夫後人寶貴金石之由，頗會于心，而深幸是編之實獲也。因以質之叔祖，其于網羅蒐輯之深心，或亦有當于萬一也。夫歲在戊申八月既望，受業姪孫玉書百拜謹序。」

鄒氏手跋曰：「是書壬子得自況君夔笙，曾擬付印，未果，旋爲廣倉學宭録一本去，訛謬觸指，且行款不依原本，今聞已覆瓿矣。此本經再校，尚完善，願得者寶之。庚申七月，鄒安。」下鈐「壽祺」白文方印。

三·八　嘉禾碑碣志十一卷

舊抄精本。元徐碩撰。據四庫提要云：「里貫未詳，始末亦無可考。」此即至元嘉禾志中之碑碣類也。原有郭晦、唐天麟各一序，末有朱彝尊一跋。所録碑碣，自三國六朝以迄南宋，凡石刻之文，悉全載無遺。四庫提要曰：「如吴征北將軍陸禕碑、梁秦駐山碑、唐黄州司馬陸元感陳府君環墓銘、宗城令顧謙墓志，皆歐、趙所未著録。吴越静海鎮遏使朱行先碑，吴任臣十國春秋實據以立行先傳。其他零篇斷什，爲耳目所未覩者尚多，殊足爲考獻徵文之助。」李氏金石學録曰：「徐碩至元嘉禾志三十二卷，『碑碣』一門多至十一卷，金石文字，考證最詳。」朱彝尊跋云：「所采碑碣題詠居全書之半，舊章藉以考證，足快于心。」按：元代金石著述至少，是志尤益推重，海内藏家，罕有藏弆。余搜求數稔，今歲始以重值得諸滬市。是本係章益齋先生手抄校定精本，據涵芬樓清稗類抄載：「章益齋年逾古稀，鈔書不輟。嘗抄樂書全部，影宋精絶，凡一千二百餘葉，以舊藏爲宋本，更假東津亭馬氏所藏宋本校正，閲兩年而成。其中圖譜，多其長子婦所繪，錢几山文學善揚之女也。自陸瓠尊下世，以益齋爲魯靈光矣。復經錢味根聚仁先生又據沈司勳叔埏、戴明經光曾校抄本覆加審校，凡各本互異者，各條疏于眉端。全書粘籖極多，均出章、錢二君之手。讀藝風藏書記載海昌管芷湘庭芬跋是志曰「至元嘉禾志刊本流傳絶少，近日抄藏者脱誤甚多。張丈叔未、錢丈味根假戴氏、章氏、沈氏諸本互爲補校，已稱善本」云云，則兹帙爲錢氏覆校之祖本，尤爲環寶也。册前有錢聚仁手跋三則。收藏目前有「藤花吟館」朱文方印、「益齋鈔藏」白文方印。

錢氏手跋曰：「道光壬辰季冬之月，錢聚仁借讀。」下鈐「錢聚仁印」朱文方印、「味義根齋」朱文方印。

錢氏再跋曰：「是本爲益齋章丈手抄，屢經讎校，一洗烏焉亥豕之僞，勝于外間傳抄之本多矣。兹以校余舊藏之本，互有出入，因將異同各條疏于眉端。丈汲古之暇，更爲審定而指眎焉，幸甚幸甚。癸巳四月之望，聚仁又記。」下鈐「依泉」白文長方小印。

錢氏三跋曰：「鄙校所引沈本廼沈司勳叔埏手校本，戴本爲戴明經光曾手抄本。」下鈐印章，印文不明。

三·九　洞霄碑記一卷

精抄本。宋錢塘鄧牧牧心撰。是記係由洞霄圖記抽録。按：洞霄志曾經四庫提要著録，原闕一、二兩葉，與知不足齋叢書刊本同。

三·一〇　吴興金石刻一卷

精抄本。明徐忠獻輯。辛酉夏，余過都門廠肆，以明刊吴興集求售，索值奇昂，未能成議。歸里冥思，輒不能置，乃馳函假來石刻一類，屬至友黄子癡蘭爲余抄録，裝訂成册，蔚然鉅觀。徐氏敘首曰「吴興名郡，金石刻睎他郡爲多，新志悉無所録。名賢之迹所藉以不磨滅者在此，而肆然去之，必有所見，而予獨慨然惜之矣。墨妙亭之刻，近爾少行于外，其所存亡，俱未可知，然其名不容以不存也。其諸縣邑，悉考識附見」云云。

三·一一　吴興金石記十六卷

十萬卷樓原刊本。清歸安陸心源存齋撰。前有楊峴序。是編仿安陽金石記例，凡吳興金石，肇自三代，斷于宋元，遍録全文，注明存佚，並附考證。唯鼎彝、瓦專、古器，其已有專書，概不收入。

三・一二　温州碑碣目一卷

抄本。不知何人所撰。是目係據天台齊召南息園、仁和汪沆槐堂等所修温州府志抽抄，著永嘉、樂清、瑞安、平陽、泰順五縣碑碣之目，僅注撰文姓氏，間及年月，殊多遺漏。

三・一三　處州金石志一卷

府志本。周榮椿總纂。是志據兩浙金石記、括蒼金石志入録，又增青田鄒廣文續訪數十種附入。

三・一四　湖州金石録十卷

府志本。清周學濬、陸心源、汪曰楨總纂。其凡例曰：「金石文字，足資考證。酈道元水經注輒多載漢晉碑刻，良有以也。舊志『碑版』一門缺略不全，即阮文達公兩浙金石志亦多挂漏。今廣爲搜輯，元以前不論存佚，悉録全文，明以後存其目，惟取其有關掌故者，録全文以備考。」是志刊版頗精，收輯亦備。

三・一五　台州金石録十三卷

嘉業堂精刊本。清臨海黄瑞子珍撰。前有徐士鑾序、楊晨序、羅振玉序，並附王詠徵刻台州金石録啓。子珍嗜古，搜輯金石甚富。以台州金石向無專書，取六邑之金石，自漢迄元，録爲十三卷，皆以現存爲斷。其有阮志搜羅未到，及新出于榛莽泥土中者，一一編入。至于鼎彝之屬，攜自外郡，概不入録。體例謹嚴，考據精確，洵足正兩浙金石志之誤者甚多。唯間有小疏者，若昌平府虎符，乃隋府兵符，而誤列之唐；建炎後苑造作所印之誤釋爲「造作丞」；陳良弼墓志録蓋文，志以未得墨本，未嘗著録，而目録則云「陳良弼墓志銘，存蓋未拓」，目與録歧。又天台國清寺舊有大中五年銅磬，四周刻波羅蜜多心經，後由國清寺歸樵李金氏，今則久佚，而墨本尚有存者。又銅鐘墨本，刻佛説阿彌陀經一卷，末無年月，而小楷端謹，與大中磬字迹相同，殆亦一時所作，一人所施，亦必國清寺舊物之早佚，海内金石家多未之見，此録及闕訪録中均無之。此亦搜訪之難周，均不足爲此書病。是録晚出，較他志已屬嚴密，尚稱佳著也。

三·一六　台州甎録五卷

嘉業堂精刊本。清臨海黄瑞子珍撰。是編專輯台州所屬天台、太平、仙居、黄岩、寧海各屬古專，自漢至元，著百九十餘品，遍録專文，並詳尺寸、字體以及出土地方、收藏姓氏，且附考證于各條之後，頗極博洽。

三·一七　台州金石專文闕訪目四卷

嘉業堂精刊本。清臨海黄瑞子珍撰。是目仿粵西金石志之例，凡晉唐以來台州石刻散見各書者，類多佚而不存，均入闕訪。後有劉承幹跋。

三·一八　武林金石記十卷

舊抄本。清錢塘丁敬敬身撰。前有先生喆嗣魯齋傳及趙誠夫一清兩序，後有魯齋一記。據趙序云：「雍正間修浙江志，制府李敏達命兼修西湖志，以舊志具有碑碣，而咸淳臨安志亡失此卷，成化杭州志有目無文，欲補輯，苦無底稿，于是盡發丁氏秘藏，重加詮訂。迨書成，而丁氏弗獲列名。」魯齋序云「鮑丈渌飲買此記于荒貨店中，聞店主買得于倪姓。其書引樊榭丈詩與家大人姓氏，似著者爲倪山友先生也。向在郁陛宣家抄得先生六藝之一録凡例兩條，一記先生著有武林金石記，云『鈔撮西湖志所載而成』，一記趙誠夫爲家大人序武林金石録一篇，云『乃知此書果摘于西湖志』，而西湖志又元本于家大人之武林金石録也」云云。今據兩序考定之，丁氏所著名「武林金石録」，其姓名湮没于雍正湖志之成，而表章于倪氏凡例之作。倪氏所著名爲「武林金石記」，其書元本于湖志，而實元本于丁録。録與記名異而實則同。録無傳本，此傳抄本以「記」名者，不著撰人姓名，屬之丁氏，從倪氏表章之志也，仍以「記」名，存傳鈔本之舊也。此本録自舊抄，悉照原缺，故目録祇二葉，較吴石潛刊本無魯齋後跋並碑目。按：稼孫校本即吴氏據刊之本。跋中有云：「跋與目之稿原夾倪記中，本不相聯屬者，故致失抄。越中記載金石之書，以阮氏兩浙金石志爲最備。是記所録，有阮志失載者，有阮志缺字可據此增補、阮志舛譌可據此訂正者。惜缺佚之卷無從訪求，海内好古之士，其亟起而補輯之。」是本經藝風先生手校，其審正之處，間出吴氏刊本之外，尤爲足珍。收藏前有「雲輪閣」朱文長印、「荃孫」朱文長印。藝風藏書記著録。

藝風藏書記曰：「武林金石記殘稿，武林丁敬撰。傳鈔本，存四、五、七、八、九、十六卷。前有其子丁傳經兩記、趙一清序。

又吴氏刊本。丁序首行下有錫曾手識一則，後多碑目及魯齋三跋、稼孫三跋、況周頤、吴隱各一跋。

三·一九　括蒼金石志十二卷

潘氏重刊本。清嘉興李遇孫金瀾撰。前有吴方文序、胡元熙序、張祖基序、潘紹聖重刊序。是志因芸台相國兩浙金石志于杭、嘉、湖、寧、紹五府搜羅較詳，而處州山僻地遠，僅收二十八種，未免多所遺漏。遇孫窮二稔之力，廣爲搜採，于二十八種外，自西晉迄元代，又得一百七種，合成一百三十五種，俱録全文，後附考證，以年代排次，不分府屬，碑之高廣，字之大小，皆從萃編之例注明尺寸，末附無時代石刻。曾經鄒柏森校補，凡其增跋，悉低三格，以示區别。其校補各條，如謝康樂石門山詩，尚有間刻唐人和詩十六字；王徵石門詩刻，增補四十五字；劉涇崇道觀慕仙銘，備載銘語，知「章不克」並非姓名；王埴小蓬萊歌，並録歌詞，知「黄帝祠宇」下有脱漏。校補頗爲精審，且續搜五十餘種，另輯補遺四卷。

三·二〇　續括蒼金石志四卷

潘氏重刊本。清嘉興李遇孫金瀾撰。前有長白恒奎序。自梁至元，復録三十一種，纂例同前。

三·二一　括蒼金石志補遺四卷

聚學軒精刊本。清海昌鄒柏森殷甫撰。前有吴敦序。體例悉依李氏正、續兩志。鄒君續搜五十五種，起西晉，迄于元，凡晉、梁隸書以及唐、宋、元篆書，均照原文摹入。唯正、續志所載碑之尺寸，悉照金石萃編，以漢建初慮傂尺爲準，是編則用工部營造尺，稍參變例。其中修文宣王廟記四十二字，存者少，缺者多。窪尊銘二十字，存者多，缺者少。其他磨崖、題名、詩歌、碑記，以至鐘瓦、銅權，或完或蝕，悉薈萃以成書。而于文宣王廟記之「新上元」、初暘谷題名之「光月」，各有銓釋。石門洞趙儒紀游字蹟，亦屬自來金石家所未收，深足以補阮、李兩志之遺訛矣。

三・二二　常山貞石志二十四卷

原刊精本。清嘉興沈濤匏廬撰。前有匏廬自序，後有邊浴禮跋。沈君訪獲常山古碑，自周迄元，二百五十餘種，以篆隸諸體摹寫，鈎摘參稽，頗爲精審。收藏有「河間龐氏珍藏金石書畫」朱文方印、「河間龐芝閣校藏金石書畫」白文長方印。

三・二三　東甌金石志十卷

原刊本。清嘉善戴咸弼鼇峰輯。前有郭鍾岳序、王棻序。是志係戴公與其子玉生司鐸東甌時裹糧搜訪，親自椎拓，更訪諸好古之士、博藏之家，窮目力之所及，辨耳食之沿訛，迄四稔而成。是志起自西晉，迄于有元，得一百二十三種，考核精詳，搜羅頗富，足以補兩浙金石志及寰宇訪碑録之闕佚。末附初校記一篇。王序有云：「戴公尚有附録、續志之輯，是書未併刊入。」按：凡例與郭敘均載是志釐爲十二卷，是刊祗十卷，目録亦同，當係附録、續志成而未刻也。收藏有「河間龐芝閣校藏金石書畫」白文長方印。

三·二四　長興碑碣記二卷

抄本。不知何人所撰。敘曰「昔酈道元注水經，多引漢魏碑刻。小司馬注史記，亦間取秦漢刻石。蓋以載籍屢經傳寫，漸失其真，而金石之流傳，猶是當時真迹，未經俗人點竄。讀史者往往取決于是，而論輿地者尤究心焉。長城爲吴興望縣，徐孝穆、周弘正之鴻文，顏魯公之妙蹟今雖不傳，而袁高、于頔、楊漢公、劉燾、汪藻之題名巋然無恙，趙子昂、楊廉夫之碑摹拓無虚日，今皆彙而録之。元以前碑石失而文猶存者，亦備録焉」云云。是記起自晉，迄于清，悉詳存佚，本存而石佚而文可據者，概録全文，並附考據。明清以下，存目而不録文。

三·二五　餘姚金石志二卷

抄本。會稽孫德祖重修餘姚縣志所輯。是本係由縣志抽抄，凡碑文見于他類者，悉行補録，自漢迄明各石刻，除佚石外，悉録全文，並附考證。明碑搜訪尤詳。

三・二六　仙居金石志二卷

抄本。光緒甲午，永福王壽頤少潭重修仙居縣志，聘黄巖王棻子莊、李仲昭天隱爲總纂。是志即由縣志抽抄。其敍曰「金石之學，始于宋而盛于今。自阮文達輯兩浙金石志，由是東西十一府皆有專書。而台州金石録則臨海諸生黄瑞子珍實司纂輯，雖一人之見聞容有未備，而其大者，已無遺矣。今取其書所載仙居金石專文、碑目，釐爲二卷，而間正其譌謬，以爲考古之助。其後得者，則别詳于補遺」云云。

三・二七　仙居金石志補遺一卷

抄本。是編係據永福王壽頤重修仙居縣志抽抄。敍曰「國朝金石之學皆止于元，自明以後闕焉。惟浙江通志碑目不遺明代，蓋地志金石與專門之學不同。今取自明以來足資考證者補録于此，而黄氏金石録所遺宋元三事冠于首，以備一邑之掌故」云云。

三·二八　歸安金石略四卷

縣志本。清歸安陸心源存齋撰。是編凡歸安縣碑刻，自唐迄元，悉録全文，附加考證，由明以降，收至清代光緒元年。只詳撰書人姓氏、年月、所在，並載存佚于目之下。

三·二九　永嘉金石志三卷

抄本。清嘉善戴咸弼鼈峰撰。是志録永嘉境内，自晉迄明，約得數十種，略加箋釋，末附清代石刻之目。此本係由永嘉縣志抽抄，其中所收，多見戴君所著東甌金石志。

三·三〇　縉雲碑碣録二卷

縣志本。清武進湯成烈果卿總纂。凡縉雲屬碑刻，編年排次，始唐迄明，元以前悉録全文，明以下祇存碑目，並採各家考證附綴于後，存佚均詳，足資參訂。此志修于道光二十九年。又光緒二年何乃容雅堂重修本，僅一卷，凡各家考按，均削不録，不及湯志之備。

全文。

三·三一　蔆湖鎮金石志四卷

刊本。清歸安孫志熊誦芬撰。是志録蔆湖鎮自明迄清各金石，均詳存佚，間録

三·三二　蔆湖鎮金石志補一卷

刊本。清歸安孫志熊誦芬撰。是編補録前志失收碑記四種，附前志之末。

三·三三　烏程金石志一卷

縣志本。南潯汪曰楨謝城纂修。計録漢三種，晉二種，宋一種，梁二種，唐四十九種，吴越一種，宋六十七種，元二十二種，明一百五種，清八十四種，計三百三十有六種，均詳存佚，不録全文，目下節採各家考證，至于年月、撰書姓氏、所在，亦備載頗詳。

三·三四　上虞金石志一卷

縣志本。德化唐煦春主修，朱士黻總纂。所輯上虞金石，以時代爲次。其有事關掌

故或涉水利者，志内第詳年月、姓名、款識、字數。此外則悉録全文，兼附考證。以錢漢村金石記爲底本，惟錢書以元爲斷，此志則廣之，乃至于清。輯録頗詳，刻本亦精。

三・三五　江山縣碑記一卷

縣志本。閩縣王彬等纂修。是編所録碑記，毫無考證。

三・三六　石屋洞造像題名一卷

雪堂刊本。上虞羅振玉叔言撰。前有叔言自序。録石屋洞造象題名百五十有二品，始石晉之開運甲辰，訖趙宋之開寶甲戌。阮文達公兩浙金石志所收，僅得四十有七種，視兹編所著，不及三之一。且多正阮志之誤，如秦彦滔記「造此羅漢」，阮氏誤作「山」；朱□□造觀音讚「乾祐二年」，阮志誤作「三年」；夏保威記「不負所願」，阮志誤作「前願」；梁文誼記，阮志誤作「梁文謹」；翁□記「王二娘子」，阮志誤「子」作「上」之類。

三・三七　龍泓洞造像題名一卷

雪堂刊本。上虞羅振玉叔言輯。前有叔言自序。是編所録龍泓洞造像題名五十餘種，見于各家著録者十不及一。

三・三八　安徽金石略十卷

聚學軒刊本。清涇縣趙紹祖琴士撰。前後無敘跋。按郡排編，存佚並列，詳撰書人姓氏及年月、所在，不録全文，節舉大略，頗有考證。

三・三九　廬州金石略一卷

府志本。清泉黄雲總修。是略輯郡中金石，起自周，迄于明，多據天下名勝志、輿地碑目、寶刻叢編、輿地紀勝諸書入録，存佚不分，似非依據搜訪所得者。間收法帖數種。

三·四〇　廣德州碑記三卷

州志本。光緒庚辰，胡有誠修廣德州志，聘丁寶書纂修。是記即由州志抽抄，所録各碑，足資參考。

三·四一　閩中金石略十五卷

稿本。清晉江陳棨仁鐵香撰。吾閩唐以前無片石，即金石專著，亦罕所覯。陳氏恭甫烏石山石刻記、劉氏澹齋莆田金石初編，目存而書未見。唯鄭杰所刊注韓居叢刻内有石塔記、陳墓志兩考。他如馮氏笏軿蘭話堂後金石紀存、林氏同人昭陵碑考諸作，雖出鄉先生之手，非對梓里金石而撰述。即石經閣叢書所收之閩中金石記，余搜訪多年，尚未有獲。江左文集、竹閒十日記等書，間及金石，然不過一鱗片爪。曩讀謝枚如章鋌先生賭棋山莊筆記課餘續録内載「閩中金石略十五卷，晉江陳棨仁鐵香著。鐵香主丹霞講席，與予相遇于漳州，今在厦門，爲玉屏院長。其書采摭甚富，十二卷以上皆石刻，十三卷、十四卷爲僑刻，雜載尊、鼎等物，十五卷爲帖考。書未付梓，前後無序跋。寫本明净可觀」云云。余遍訪藏家，鮮有知者。後繆公以藝風堂藏書記見貽，展卷即覩是書之目，鄉哲著述，尚在人間，喜慰無量。百計假録，輒稽所願。前年，繆公歸道山，余即馳書同好顧鼎梅先生，乞其求諸藝風後人，以非其時，又行中止。然搜求之心，終復耿耿。己酉在滬，盡得繆氏金石書百數十種，是略竟在其中，素望頓償，狂喜難狀。而鄉邦文獻，倍足珍弆，文字流傳，若鬼神呵護，不洵然哉。他日擬輯鄉先生之金石著述，彙爲一書，姑志于此，以爲息壤。藝風藏書續記著録。

藝風藏書續記曰：「閩中金石略十五卷，藁本，陳棨仁撰。棨仁，字鐵香，晉江人。自卷一至卷十二，歷代金石，搜羅宏富，考證詳明。十三、十四僑刻，十五閩帖考，皆新例之極善者。鐵香爲陳先生慶鏞高足，籀經堂集即其所刻，淵源有自，著述斐然。福建昔無金石專書，馮柳東先生閩中金石記一册，新通志『山水』類亦載之，劉燕庭蒼玉洞題名只一地，陳岩墓志考、堅牢塔考只一碑，固不如此書之廣大矣。然荃孫所得拓本，尚有十餘種出此略之外者，地不愛寶，爲金石之學者共勉之。」

三·四二　光澤金石略一卷

抄本。南城李麟瑞、烏程鈕承藩重修。是略所輯光澤石刻，悉録全文，並分存佚，以時代爲序，不加考證，重修所增學鐘銘及周公去思碑二種附末。

三·四三　烏石山石刻志一卷

古天開圖畫樓原刊本。清侯官郭柏蒼兼秋、劉永松筠川合撰。鄉前輩郭、劉兩先生撰烏石山志，搜訪石刻，不遺餘力，自唐迄清，收録殆遍。據其凡例云：「志中石刻，先碑後碣，無考者爲疑刻。碑没無文可録者存其名，注『今亡』。碑刻已没有文可録者，注『今亡，文見某志』。唯闍勒姓名、僧頌功德概摒不録。」收藏前有「莫繩孫字仲武」朱文長方印。

三·四四　蒼玉洞宋人題名石刻二册

味經書屋原刊初印本。清東武劉喜海燕庭輯。前有燕庭自序及圖。道光間，劉君出守臨汀時，披荆剔蘚，躬自搜訪，得宋人題名慶曆訖寶慶並無年月者共三十有七種，爵里、時日，足訂郡志之訛。末附慶元四年霹靂岩一種並宋新浦縣六印及印牌等。版心有「金石苑」三字。按：金石苑乃劉氏未完之書，隨刻隨印，故流傳有三册、四册、五册不等，最多者六册。此書係在六册之外，蓋晚出尚未附入，傳本極罕。收藏有「章永私印」白文方印。

三·四五 鼓山題名石刻二册

傳抄稿本。清東武劉喜海燕庭輯。是書仿蒼玉洞石刻題名體例，著録吾閩鼓山宋人題名百種，及元人十一種，悉摹全文，並考爵里、時代，詳載石之高廣及字體之大小，係東武未刊之稿也。

三·四六 湖北金石詩一卷

抄本。清江寧嚴觀子進撰。前有孫星衍序。子進考湖北金石，自隨至元，凡七十有八種，爲之題詠，後附馬通守紹基考證。當畢秋帆中丞鎮楚時，檄訪各路金石拓本，一上内廷三通館，一以副本爲之考證，任其事者子進與紹基。畢氏擬勒成書，旋卒不果，然其金鐘鐵鑊、豐碑古碣，可于子進詩窺見一斑。是本係據連筠簃叢書抽録，末有「辛酉孟陬月廿有六日瞿中溶拜讀」、「癸亥蒲月上浣皖人楊大鵬讀于龍山書院」、「道光戊申四月望日照許瀚力疾校」三行。

三·四七　湖北金石存佚考二十二卷

原刊本。清蘄州陳詩愚谷撰。前有愚谷自序。畢公秋帆撫關中，調河南，皆有金石記之輯。後節制湖廣，甫下車，即委屬遍求遺刻于湖北十一府州。已乃以漢碑無一存者，遂爾中止。此據愚谷自序所云。若是，淵如序嚴氏湖北金石詩則謂「畢督部鎮楚方，檄訪各路金石拓本，一上内廷三通館，一以副本爲之考證，如歐、趙所撰書，任其事者子進與馬通守紹基」，似已著手而未成書，與陳序所云微有不同。愚谷以漢碑之佚，當趙著録時固未嘗佚也，歐、趙兩家已録而跋之矣，洪氏又全而載之。今以後此之佚而并曩時之存者置而不録，是碑之佚，非獨時爲之，而又自我爲之也，其所佚不既多乎？故推斯旨，凡碑之現存與碑雖佚而文存者，咸當編輯，而成是考，按縣編次，並詳存佚，多據志乘傳録，間有考證。是本不知曾藏何氏，其十三卷當陽縣玉泉寺智禪師碑朱墨補正多字，如「友愛蒼生」，正「友」作「父」；「君臨赤子」，正「子」作「縣」；又「水瀠洄而結乳」句下原缺，祗六字，計補「青楓動葉，遠照金霞；翠柳摇枝，低臨玉沼」。援吟白雲之上」二十二字；又「師精研道理」句，「師」下奪一「乃」字。不知出于誰手，又無印證可考，書估云係出繆氏藝風堂。

三·四八　湖北金石志十四卷

原刊初校本。不載撰者姓氏。由湖北通志抽印，聞屬宜都楊惺吾先生編輯，體例極佳。金石文字，摹刊尤精。自三代以迄有元，録文詳考，實爲各省金石志之冠。此係鐫刻甫竣之初印本，故全書悉加校正，且以改刊之字附粘書眉，亦出楊君之手，足見前輩校讎之慎也。

三·四九　嵩陽石刻集記二卷

精抄本。清黄州葉封井叔撰。據四庫提要云：「是編乃康熙癸丑封官登封知縣時作也。登封地在嵩山南，故其所録碑刻以『嵩陽』爲名。考此書初出之時，顧炎武、潘耒皆嘗議之。炎武之言曰：開母廟石闕銘『重曰』二字出楚辭遠游篇，所謂言之不足而長言之也。井叔誤以爲『重日』，而言是年月一行。案：此一行今存六字，『二年』之下，『重曰』之上，空石未鐫，益明其非記日矣。耒之言曰：太安二年後魏中嶽廟碑今在登封縣，天寶十四載少林寺還天王師子記今在少林寺，井叔石刻集記不知何以遺此？其説誠然。然炎武金石文字記採此記者，不一而足。而景日昣説嵩『金石』類亦全用此記。古今金石之書，其備載全文者，在宋惟洪适之隸釋、隸續，在明惟陶宗儀之古刻叢抄，朱珪之名蹟録，都穆之金薤琳瑯，在國朝惟顧炎武之求古録，陳奕禧之金石遺文録，葉萬之續金石録，其餘不過題跋而已。此書録取碑文，便于參考。漢嵩山太室神闕銘、開母廟石闕銘、少室神道石闕銘以及唐之則天封祀壇碑、夏日游石淙詩，歐陽、趙、洪皆失載，而此記能收之。洪書但載漢魏，歐、趙二録僅迄五代，此書載及宋、金、元、明。東魏嵩陽寺碑文，『東』譌『柬』，『矩』譌『短』，『馴』譌『巡』，『苑』譌『菀』，『洋』譌『庠』，此書能是正之。王士禛蠶尾集有封墓誌，稱其『精爾雅、説文、訓詁，工于篆隸』，又稱其『手輯嵩志二十一卷，復旁求漢唐以來碑版文字，別爲石刻集記二卷，辨證精博，人比之劉原父、薛尚功』，則當時亦重其書矣。」有封及耿介、俞汝言三序。

三·五〇　荆南萃古編二册

鴻寶署齋精刊初印本。錢塘周懋琦韓侯、山陰劉瀚北溟同輯。前有韓侯、北溟自序二篇，朱德濬序一篇。是書所輯吉金專文，始于商周，以迄北齊，無年月者附後。凡錞、鐘、鼎、洗諸器，仿宣和博古圖精繪形模，備摹款識，略附考證。又以續得漢晉各專補刊編末。

三·五一　**黄州金石志二卷**

府志本。黄州知府英啓纂輯。是志按縣分編，其中石佚而文存者，間亦補録原文，均據志乘搜採，末注出自何書，刻本極佳。

三·五二　**江夏金石蒐采一卷**

縣志本。無錫王庭楨主修，江夏彭崧毓總纂。是志蒐采水經注、金石録、輿地碑目諸書，按代分録，間有考證。

三·五三　**監利碑文一卷**

抄本。係據貴州林瑞枝、四川陳樹蓤所修之監利縣志内抽抄。所輯碑文，以藝文爲主，毫無考證。

三·五四　黄鵠山金石志一卷

退補齋刊本。永康胡鳳丹月樵撰。所輯黄鵠山金石，多採自輿地紀勝、金石録、寶刻叢編、湖北金石存佚考諸書而成，略有考據。

三·五五　襄陽金石略十二卷

原刊本。襄陽吴慶燾寬仲撰。前有寬仲自序。是略採輯襄陽金石，自周迄元，悉詳存佚，並附各家考證。其出吴君自見者，則冠「燾案」二字，考據精審，徵引博洽。其自序曰「金石之學，漢魏以前，多可證經而旁通説文，晉唐以下，多可證史而兼資書法。故自金樓碑英濫觴六代，歐、趙溯洄，後學踵起，迄今千載，莫之廢也。湖北通志既列斯門，襄陽府志因之，任其役者，率爾畢事。王季遠編修時在局中，官京師日，同居道及，引爲深疚，每屬余别爲一書，以希不朽。心感其意，遂于閣直之暇廣爲蒐輯，未幾以事匆匆出都，稿多散佚。客歲，家海豐侍郎去贛時，爲道其舊藏金石文字萬餘種，同治中，不戒于火，悉付一炬，獨其先公所録各稿幸存，將來當以校訂相屬。又言聞君頗有纂述，成書想有日矣。聞言棖觸，不勝感喟。既至湖口，稍稍得理故業。乃取是編，手自甄録，中所討論，是非褒貶，略寓春秋之旨」云云。按：吴君此編之外，尚有襄陽沿革略一卷、襄陽藝文略一卷、附録一卷。襄陽兵事略六卷，均足補苴通志、府志之疏也。

三·五六　襄陽冢墓遺文一卷

雪堂精刊本。上虞羅振玉叔言輯。前有叔言自序。羅君得章碩卿先生所貽襄陽墓志，並其所藏，計得十九種，末附東坡乳母任採蓮墓志一種，備録全文，而成是編。

三·五七　湖南金石志三十卷

通志本。不知何人所撰。係由通志抽印。是志多據志乘輯録，起自夏，迄于明，按代排次，並詳考證，附無年代各碑于末。

三·五八　湘城訪古録十七卷

原刊本。善化陳運溶芸畦撰。前有芸畦自序。其中「碑碣」一類，頗詳湘地石刻，起自夏禹，迄于有明，均據志乘以及各家金石書摘録而成。即「冢墓」一類，亦足以資考訂。

三·五九 廣湖南考古録三十卷

石印本。不知何人所撰。自序署「同德齋主人」。中載「金石」四卷，起于夏禹，終于有宋，與湖南金石志互有出入。

三·六〇 澧州金石志一卷

州志本。安佩蓮總纂。是志輯各家著述關于澧州石刻者，按縣分載，並非依據拓本也。

三·六一 安化金石志一卷

抄本。係依邱育泉主修、何才焕等纂輯之安化縣志「金石」類抽抄。是志係據志乘輯録自宋迄明諸金石，頗有考證。

三·六二　南嶽碑碣志一卷

抄本。清岣嶁曠敏本撰修。此志係據乾隆癸酉重修本抽録。首摹禹碑全文，並附各家考釋，次自軒轅彌明碑以下，附目于後，不載全文。

石廬金石書志卷之四

閩侯林鈞亞傑

分地類四

四·一　江西考古録十卷

賦梅書屋刊本。清金谿王謨仁圃撰。前有何飛熊序、宋延春序。其中于「古蹟」、「冢墓」兩門頗有記載，足資參考。

四·二　臨江府金石志一卷

府志本。清朱孫詒、陳錫麟撰修。計輯臨江府金石，三國以迄清代，間録全文，並詳存佚，目下亦載簡明考據。

四・三　廣信府金石志二卷

府志本。蔣繼洙總修。是志所録吉金碑碣，略有記載。

四・四　南康府金石志一卷

府志本。盛元愷庭纂修。是志係據志乘輯録，按地分列，不以時代爲次，弗詳存佚，有石無金。

四・五　贛石録三卷

石印本。餘姚邵啓賢蓮士輯。前有邵君自序。是録仿劉氏金石苑之例，鈎摹贛州自唐訖清碑碣百數十種，多爲舊志所未詳。其見舊志而字句譌脱者，補正亦復不少。如明之歐演、伍餘福，舊志皆誤爲宋人，「餘福」更舛作「餘幹」之類，悉經考訂。

四・六　袁州石刻記一卷

石印本。會稽顧燮光禚癯輯。前有禚癯自序。所輯袁州石刻，得唐二，宋十五，元一，悉録全文，詳載書體、行數、高廣、所在，並附各家跋語于碑文之後。中如宋徽宗手詔及慶豐堂記諸碑，金石家多未著録也。

四·七　贛縣金石志一卷

縣志本。高安褚景昕纂修。所輯贛縣金石數十品，不分存佚，略有考證。

四·八　德興金石志一卷

抄本。清德興楊重雅慶伯撰。是志係據同治壬申楊氏重修德興縣志内抽抄，僅録全文，不詳所在。蓋縣志列金石于藝文志之末，故以碑文爲主，略于考據也。

四·九　宜黄金石志一卷

縣志本。謝煌雨生等總纂。所輯唐顔魯公東方朔像贊碑等八種，不録全文，略有考證。

四·一〇　安遠金石志一卷

縣志本。安遠歐陽鐸總撰。是志以藝文爲主，衹録原文。

四·一一　玉山金石志一卷

縣志本。黄壽祺、俞憲曾主修。是志僅録山麓道院銅鐘、懷玉殘碑、梅巖石刻等數種。

四·一二　貴溪金石志一卷

縣志本。湖北楊長杰俊卿等總修。所録元教碑等，悉載全文，不詳考據。

四·一三　新喻金石志一卷

縣志本。南昌吴增逵總纂。是志輯新喻金石，自吴迄明，略附考證。

四·一四　峽江金石志一卷

縣志本。烏溪廖其觀文卿總纂。是志輯録極陋，毫無可觀。

四·一五　宜春金石志一卷

縣志本。大興路青雲總纂。是志雖著録無多，所載考據，足資參訂。

四·一六　臨川金石志一卷

縣志本。黄岡童範儼桂丞總纂。所録唐鐘、南嶽魏夫人仙壇記、寶應寺繙經臺記、寶應寺律藏院戒壇記、黄華姑仙壇記諸篇，悉載全文。

四·一七　永寧金石志一卷

縣志本。蕭應乾等纂修。是志所輯，悉係清代石刻，以去思碑與德政碑爲獨多。

四・一八　萬年金石志一卷

縣志本。錢塘項珂主修。是志所録無多，簡而且陋，姑附入編。

四・一九　新淦金石志一卷

抄本。是志係據費縣王肇錫、江夏徐道昌重修之新淦縣志抽抄。凡「古蹟」諸門關于碑記者，悉彙録之。

四・二〇　萬安金石志一卷

抄本。依周之鏞西樵纂修之萬安縣志抽抄。計著二十餘種，不録原文，略有考證。

四・二一　德化金石志一卷

抄本。高植沈錫三原輯，鄒文炳、陳鼒續補。所輯南宋至于有清各石刻，悉載全文，末附已燬碑刻之目。

四·二二　清江金石志一卷

縣志本。清江朱孫詒總纂。是志所録自唐迄清各石刻，並附考證。

四·二三　安仁金石志一卷

抄本。徐彦楠、劉兆杰纂修。是志係據同治重修安仁縣志抽抄。前有紫極觀鐘、陳進士碑兩種，並録古蹟志附末，抄繕極工。

四·二四　興安金石志一卷

抄本。桂林李賓暘主修。此志僅録了巖寨古人題詩數則。

四·二五　廣豐金石志一卷

縣志本。雙全等纂修。此志所録碑記以藝文爲主，考據悉略。

四・二六　崇仁金石志一卷

縣志本。崇仁黄炳奎竹書等纂修。是志所輯唐、宋、元三代崇仁縣各石刻，悉載原文，並綴考據。

四・二七　上饒碑版二卷

縣志本。王恩溥等纂修。此編所輯上饒碑版，自吴迄清，悉載全文，搜採頗備。

四・二八　南豐碑誌二卷

稿本。清南昌魯琪光芝友總纂。所録碑誌雖多，悉以藝文爲主。此本係重修稿本也。

四・二九　龍虎山碑文一卷

棲碧堂刊本。婁近垣三臣輯。此編專録龍虎山各碑文，未有考證。

四・三〇　石鐘山金石志一卷

聽濤眺雨軒刊本。清芷江李成謀、益陽丁義方輯。李、丁二君撰石鐘山志，第四卷專列金石，中半題字，碑記無多。

四・三一　粤東金石略十卷

石洲草堂原刊精本。清北平翁方綱覃溪撰。前有覃溪自序。首卷録御製翰墨二十八條；次廣州府金石六十七種，爲第一卷；次廣州南海神廟金石六十七種，爲第二卷；次廣州清遠禺峽山諸刻三十九種，西樵山二十六種，爲第三卷；次韶州府金石二十二種，爲第四卷；又二十六種爲第五卷；又韶州碧落洞諸刻二十四種，南山諸刻二十七種，湞溪石室五種，爲第六卷；次連州金石四十四種，爲第七卷；肇慶府七星巖諸刻六十二種，三洲巖諸刻十五種，陽春巖二種，爲第八卷；次肇慶府金石十種，惠州府十三種，潮州府三十三種，嘉應州二種，高州府三種，廉州府一種，雷州府五種，瓊州府十三種，爲第九卷。凡粤東金石著録者五百三十四種，九曜石刻別出不計。滬上石印縮本，亥豕魯魚，不堪卒讀，較諸原刊，大有霄壤之別。收藏有「黄■見過」白文方印。

四・三二　廣東金石略十七卷

通志本。未載何人所撰。是略係由通志析出單行。首卷録御製各碑，第二卷則起于商，迄于元，其昭光寺鐘銘一種係明刻，不應闌入，以屬外國文字例外録存，末附銅鼓考。該志後覃溪先生而作，其間援引多出翁書，其是否出阮芸台先生之手，未考廣東省志，不敢遽斷。

四・三三　潮州府碑文一卷

珠蘭書屋刊本。周碩勳輯。是書係乾隆壬午重修潮州府志所輯，以藝文爲主，故于考據悉略，亦足以資考訂。收藏前有「抱經樓」白文長方印。

四・三四　英德金石略一卷

舊抄本。不知何人所撰。著録英德金石，悉詳存佚、所在，並附考證。經藝風先生校過，版心有「藝風傳抄罟里瞿氏善本」十字。

四·三五　高要金石略四卷

原刊本。清彭泰來子大撰。前後無序跋。始于晉，迄于元，頗有考證。收藏有「秋舫」白文方印、「瑞州吴氏鑑藏書畫金石圖籍之印章」白文方印。

四·三六　新會金石志一卷

縣志本。清南海曾釗勉士撰。道光庚子，鄉前輩林古畬星章先生宰新會，延香山黄香石培芳、曾勉士總纂縣志，「金石」一門係出曾君之手，新會金石收輯殆盡，悉録全文，附以考據。

四·三七　西寧金石志一卷

縣志本。諸豫宗主修，周中孚總纂。是志輯西寧現存宋、元、明三代金石，宋向宗旦題名一種，元北帝廟鐘款一種，明林富題名、西寧縣治碑記、重修城隍廟碑記、典學書院記、謝天申詩刻、一雨菴碑記、增修城池碑記七種，餘載各廟觀之鐘爐鼎瓶之屬，僅記年月，未加考證。

四·三八　龍門縣石刻一卷

抄本。張維屏總纂。此本係從廣東龍門縣志抽録，僅載劉氏祠堂記、陳白沙詩兩種而已。

四·三九　粤西金石略十五卷

銅鼓亭初印本。清南海謝啓昆蘊山撰。前有胡虔序。啓康巡撫廣西，議修通志，延胡虔總其事。且檄郡縣，訪求金石，得自晉至元四百八十有三種，仿隸釋之例，全録其文，後附銅鼓考。又因崖谷榛莽中搜討有所未及，或石已亡而世有拓本，作待訪碑目附末。此略先通志刊行。

四·四〇　粤西金石待訪目一卷

舊抄精本。清南海謝啓昆蘊山輯。是本余于庚申得諸冷攤中，未署作者姓氏。後取粤西金石略校之，一無差異，係從金石略抽抄也。按：謝公前略著録四百餘種，凡搜訪未及，或石亡世有拓本者，並存其目，得八十有一種，復成兹編，其援何書，悉詳記載。

四·四一　粵西得碑記一卷

息園原刊精本。清北平楊翰伯飛撰。伯飛同治壬申罷官，游粵西，得大曆平蠻頌諸碑，撰爲是記。按：粵西雖無秦漢金石，晉唐存者亦希，然宋人最多，固不止是記所載。蓋楊君衹誌難得之碑，並各家所忽者及之。收藏有「雲自在龕」朱文方印、「炎生」白文長方印。

四·四二　廣西府碑記一卷

府志本。清周埰纂修。所録碑記，以藝文爲主，不涉考訂。

四·四三　賓州金石志一卷

抄本。係依清上林張鵬展纂修本傳録。按：賓州吉金，首推銅鼓，此志略詳記載，後附金石無多。

四·四四　滇南古金石録一卷

小琅環館初印本。清楊州阮福小芸撰。福爲元子，隨宦入滇時所著。祇收劉宋爨使君碑、唐王仁求碑、南詔德化碑、崇聖寺鐘款、鐵柱廟鐵柱款、前漢貨布、唐大理塔專等七種。此外宋、唐石刻聞尚多存，並有漢碑之説。福以僻在蠻夷土司各地之中，未往搜訪。各碑均摹全文，並附考証。收藏有「河間龐芝閣校藏金石書畫」白文長方印。

四·四五　趙州石刻録三卷

原刊初印本。清桐城蔡壽臻鶴君、宛平查輅寄庵同輯。前有陳鍾祥序。鍾祥攝趙州事，蔡、查二君佐幕其中，公餘搜訪，勤求不輟，先後得石刻二十餘種，悉録全文，並加考訂，仿洪氏隸續，首圖各碑形式，趺額雕刻，悉繪弗遺，體例至善。首列學宮諸碑，崇學校，慨興廢也。次列柏林寺諸碑，稽時代，志沿革也。再附以宋景祐經幢、大石橋諸殘刻及州判廨前石獅款識，蓋以徵典物之留存也。此即蔡、查二君編輯之大意，故不次時代爲序。收藏每册皆有「戴經堂藏書」白文長方印，首册有「彭年之印」白文方印、「子壽」朱文方印，按卷均有「藝風審定」朱文方印、「彭年之印」

白文方印。

四·四六　蜀碑記十卷

函海本。宋金華王象之儀父撰，清綿州李調元雨邨輯。是編李君係就輿地碑記目中摘出。前列蜀輿地碑記目原次序，次則按府分縣列目，目下附輿地碑記目原注。

四·四七　蜀碑記補十卷

函海本。清綿州李調元雨邨撰。前有雨邨自序。是編因王象之輿地碑目所載東南十六路，蜀刻雖爲詳細，其摭取尚多挂漏，且王氏南宋人，郡縣皆沿舊名，讀者亦有瞠目之苦，雨邨悉爲補正。其序中有曰「每卷先以王所得碑列于前，爲上卷，而以己所得列于後，爲下卷，共分爲十卷，亦不敢紊，不敢襲也。又于下卷中分王本所未有而增入者，曰『補』；王本所已有而釐訂者，曰『考』。另録輿地碑記目原本一編，以存其舊」云云。按：重訂函海本蜀碑記與蜀碑記補分列十九及二十一兩函，故本志仍其舊，亦别爲二書也。

四·四八　三巴金石苑六册

來鳳堂原刊初印精本。清東武劉喜海燕庭撰。前有周其慤序。按：蜀碑流傳極鮮，自燕庭先生命工搜拓，始顯于世。撝叔續平津碑目即據劉書爲藍本，故蜀碑居其泰半。是志先圖畫，後釋文，間加考跋，縮豐碑于尺幅，大小、真行，各極其態。鈎摹之精，鐫刻之細，得未曾有。原刊之本，流傳頗罕。近日申江有石印景本，靡特譌訛叠出，而于細文精畫，皆難明晰。此係原刊初印足本，至爲難得。又按：是志題曰「金石苑」，又曰「三巴漢石紀存」，而各家記載僉作「三巴舂古志」，兹依其署籤，故標兹名也。

四·四九　三臺金石志一卷

精抄本。清秀水沈昭興纂輯。所著三臺金石，不録全文，略附考證。

四·五〇　涪州石魚文字所見録二卷

風雨樓刊本。清歸安姚覲元彦侍、海寧錢保塘鐵江同撰。後有錢鐵江、繆荃孫兩跋。石魚在涪州大江中，唐廣德年刻雙石魚于其上，至宋有「石魚見，歲大稔」之謡，題記縱横百餘段。彦侍分巡川東，拓得北宋二十二種，南宋六十四種，附宋末九種，元五種，凡百種。明以下不録。唐刻在下，不易見。姚君以石本寄錢君考證，合撰是編。荃孫先生得此録，復依拓本對校，缺三種，多兩種，剔出北巖兩種，爲量尺寸，畫行數，眉目較原録清析。蜀中金石諸書，率未著録。新修涪州志頗有登載，然亦未詳，且多舛譌。是録並足以補諸城劉氏三巴金石苑之未備也。

四・五一　萬邑西南山石刻記三卷

蕙風簃刊本。臨桂況周儀阮盦撰。是記係況君主講白巖時所作，計得西山摩崖二十二種，南山碑三種，摩崖二十一種，採擇頗精，考證亦確。末附録南浦郡報善寺兩唐碑釋文一卷。後有陳天沛一跋。

四・五二　涇川金石記一卷

聚學軒刊本。清涇縣趙紹祖琴士撰。涇縣石刻寥寥，而金較石尤爲難得，所以著録家僅見趙吴興所書蘇公政績記而已。是編所録涇川自漢唐迄于宋元金石之存者，有數十種，分存、佚、未見爲三類。金文僅得三種，石則自南唐以上，並詳其存佚，記其梗概，宋元惟記其見存者，明則並其存者略焉。後附洪北江太史新修涇縣志金石小序，並紹祖一跋。書成後，又得銅鍚刻字二種，皆屬宋物，又附一記于末。

四·五三　涇縣石刻紀略一卷

抄本。胡韞玉仲明撰。所録與趙氏涇川金石記所收各石刻相埒。兩書互校，趙記多水西寺碑一種，胡略多唐羅隱墓碑一種。二者均屬佚碑。是略所著，自吳至元三十有一種，存者二十有三種。末録汪瀣神道碑全文，足補宋史之闕。

四·五四　西陲石刻録一卷

雪堂刊本。上虞羅振玉叔言輯。前有叔言自序。由漢至元，得十有七碑，均據墨本，如水道記所録金滿縣殘刻等，均闕不録。按代排編，不加考證，詳碑之尺寸、行數、所在。此書所録，雖已見前人著録者十有六七，然前賢寫定，往往假手門生胥吏，故多疏謁。茲編係由羅君手自寫定，一一補正。一碑或參合數本，或依據舊拓，如李氏再修功德記，據燉煌石室古寫本補石本闕泐百餘字，其精審可知。羅君刊本有兩種，一前刊之巾箱本，一後刻之寬大本。後刻本增補唐果毅□□基等造象記及西夏告黑水河諸神敕二種，巾箱本則無之。

四·五五　西陲石刻後録一卷

雪堂刊本。上虞羅振玉叔言輯。前有叔言自序。照前録撰例，據日本大谷伯光瑞西陲訪古所得各刻，自陳至唐，增補十有四種。

四·五六　貴州紅崖刻石釋文一卷

精抄本。清新化鄒漢勛叔績撰。按：貴州至明始建行省，不獨無隋唐名蹟，即宋元兩代，亦無片石。紅崖碑在貴州永寧縣東六十里紅崖後山諸葛營旁，大者周尺三五尺，小者尺餘，深五六寸許，行列不整，就其勢，約有八行，第一行三字，二行四字，三行二字，四行三字，五行三字，六行三字，七行四字，八行三字，共二十有五字。碑在高巖，難施氈拓，墨本流傳極罕。雙鈎之本，隨意顛倒配合，已失廬山真面。鄒氏依永寧州志縮本冠首，頗得其真。是編逐字銓釋，證屬殷高宗伐鬼方紀功之刻，糾俗稱「諸葛碑」之非。唯各家悉以鄒説爲肊斷，不足徵據。獨山莫氏、福山王氏均有藏本。子偲先生則指爲夏禹道黑水時所刻，疑爲古苗人之文，然盤江實非黑水。瑞安孫仲容先生作名原，亦曾摭採紅巖古刻，僅于象形原始篇内引釋象形「象」字形，極明析可據，與沮、倉字例符合。究之紅崖石刻，文雖詭異，絶非僞造。唯荒遠無徵，難稽典要。聞趙撝叔先生亦有釋文，不知與鄒氏異同若何也。

四·五七　新疆訪古録二卷

原刊本。新城王樹枏晉卿輯。前後無序跋。是編著録諸古刻，如漢博望侯殘碑等數十種，考據均極詳塙。中如唐上元二年買馬私契、唐儀鳳二年北館厨牒、唐天寶解糧殘狀、唐回鶻器文、元中統元寶交鈔、回銅發嚕篘器文、回玉圭文、古錢、瑪瑙鏤字、沙雅廢城銅磚、銅印、硃書古專墓志諸條，尤爲足資考究。新疆向無金石專著，此録當爲嚆矢也。

四·五八　和林金石録一卷

靈鶼閣刊本。清順德李文田仲約撰。李君熟于遼、金、元掌故，搜藏三朝石刻甚多。俄屬和林有唐闕特勤碑，合遼、金、元碑刻在其地者，共十六種，盡録全文。世人知有和林石刻，實自李君發之。

四·五九　和林金石考一卷

煙畫東堂刊本。清順德李文田仲約撰。前有仲約自序。是編就和林諸碑遍加考證，援據史地，旁參群書，斷論極爲翔實。

四·六〇　和林金石詩一卷

靈鶼閣刊本。清順德李文田仲約撰。李君就和林各石刻，每繫一絶。後附元和江標和詩、萬安宫遺址詩、癸巳雜詩及豫章黄楙裁和林考一篇，足資考訂。

四·六一　滿蒙訪古記一卷

誦芬室刊本。日本白鳥庫吉氏記，山陰樊炳清譯；法人剌古斯德述，桐鄉沈紘譯。是編係以日本白鳥博士游北滿洲蒐訪金人及清代以前之古物，及法人剌古斯德在蒙古西北訪尋古遺文字所述各節，會譯而成。

四·六二　流沙訪古記一卷

誦芬室刊本。匈牙利斯坦因撰，海寧王國維譯。前有羅振玉跋。是編係就英倫地學協會雜誌所載匈牙利人斯坦因氏游歷中亞細亞，在敦煌所得古物及所見古蹟，並考西陲水道，敘述頗詳，又伯希和氏演説及德人第二次游歷土耳其斯坦報告，會譯爲流沙訪古記，足資考古參證，故特採録及之。

四·六三　沙州文録一卷

誦芬室刊本。吴縣蔣斧伯斧輯。是編録沙州碑文、勅牒二十餘種，悉録原文，並附考證，審訂頗詳。

四·六四　沙州石室文字記一卷

誦芬室刊本。東吴曹元忠君直撰。曹君就伯希和所藏沙州石室文字關于史事條考頗詳，足資參訂。

四・六五　流沙墜簡一卷

雪堂精景本。上虞羅振玉、海寧王國維同編。前有羅、王二君各一序。光緒戊申，匈牙利斯坦因訪古于我西陲，得漢晉簡册載歸，倫敦沙畹博士撰著考釋。顧以歐文撰述，東方人士不能盡窺。羅、王二君，分端考訂，析爲三類，並復共撰考釋附焉。王序所考出土之地，並證史事，尤爲博洽。

四・六六　流沙墜簡考釋三卷

雪堂精印本。上虞羅振玉叔言、海寧王國維静安合撰。羅氏得斯坦因博士所獲之漢晉簡牘及沙畹博士考釋，乃將各簡分類景刊，並與王君分任考證，析爲三類：曰「小學術數方技書」，曰「屯戍叢殘」，分簿書、烽燧、戍役、稟給、器物、雜事。曰「簡牘遺文」。而三類之中，「屯戍叢殘」考釋出于静安，餘則屬于叔言。末有王國維一跋。

四・六七　流沙墜簡補遺一卷

雪堂精景本。海寧王國維静安編。是卷係補前編未收者，詳見補遺考釋王序之内。

四·六八　流沙墜簡補遺考釋一卷

雪堂精印本。海寧王國維静安撰。静安序曰:「斯坦因博士昔游和闐,於尼雅河下流廢址發掘晉初木簡數十,其所著古于闐廢址考中具寫其真。沙畹博士復爲之考釋,具有條理。近代漢字木簡之出土,實以此爲嚆矢。兹考釋敦煌、海頭二處所出木簡畢,遂並考之,俾傳于世,非敢云補沙考之未備,亦欲使吾國人知世間有此物也。」

四·六九　流沙墜簡附録一卷

雪堂精印本。海寧王國維静安撰。静安自序曰:「斯坦因博士發掘羅布淖爾北古城,後日本西本願寺主大谷伯爵光瑞所派遣之橘瑞超氏繼至其地,復行發掘,所得簡紙頗多。中有前涼西域長史李柏表文一通,書稿三通,惟二書稿頗完善。曩曾見寫真影片,録其文字,表文僅存十三字,則自羽田學士亨李柏書考中迻録者也。此一表三書關係史事甚鉅,故并考之。」末附熢燧圖,與木簡出土之表,均足爲參訂之資也。

四·七〇　流沙墜簡考釋補正一卷

廣倉學宭印本。海寧王國維静安撰。静安自序曰：「甲寅之春，與羅叔言參事共考釋敦煌及羅布淖爾北古城、尼雅古城所出木簡，閱兩月而成。雖粗有發明，而違失漏略，時所不免，既于考釋後序及烽燧圖表中時一正之。二年以來瀏覽所及，足補苴前説者，輒記于書眉。共得數十事，寫而出之，以質世之讀是書者。」

四·七一　高麗碑全文四卷

稿本。清漢陽葉志詵東卿手藁。是書備録高麗各石刻，自唐至明，計得五十餘種，與海東金石苑所見互有出入。首列朝鮮世系考及朝鮮詩人。版心有「怡怡草堂抄書」六字。前有繆藝風先生手跋一則。收藏有「雲輪閣」朱文長方印、「荃孫」朱文長方印。藝風藏書記著録。

繆氏手跋曰：「光緒己卯，得此藁本于廠肆。越廿年己亥，重爲編次，訂成四册。江陰繆荃孫識。」

藝風藏書記曰：「高麗碑全文四册，亦志詵手藁，此條之上載有平安館碑目八册，係屬葉氏手稿，故此條有「亦志詵手稿」之語。版心有『怡怡草堂鈔書』六字。」

四·七二　海東金石苑一卷

觀古閣精刊本。清東武劉喜海燕庭撰。前有鮑康序、燕庭自序、李惠吉題詞。劉君與海東金秋史、趙雲石交善，因得其所貽碑目及拓本，博考東國史鑑，撰成海東金石苑八卷，備載全文。原帙燬于火，潘伯寅先生就其所鈔跋語刊行。較諸海東金石存考，多高句驪故城石刻、宋高麗普德窟佛經殘石、元高麗圓覺國師碑三種，無新羅真興王北狩碑等三十種。就自序觀之，似以歲月無稽，或姓名已泐，存疑不録。是書當屬删後定本。末附日本碑目四種，潘祖蔭跋語一則。

四·七三　海東金石存考一卷

遯盦刊本。清東武劉喜海燕庭撰。前有陳宗彝序。此考較金石苑多真興王北狩碑、薛仁貴祠壇碑、角千金庾信墓碑、講堂寺碑、崔致遠自書碑、伽倻山紅流洞石刻、探密宏廓二祖師記、北龍字碑、高達院圓宗大師碑、玉龍寺道詵國師碑、神琳庵塔面刻字、智光國師碑、石台寺地藏禪師石僞碑、朱勒寺僧慧光碑、五台寺水精社碑、興聖寺碑、松廣社主法真覺國師碑、大藏移安碑、瑩原寺寶鑑國師妙應塔碑、妙蓮寺石地灶碑、妙蓮寺重修碑、元英宗捨施碑、月精寺碑、長安寺碑、普德庵塔面刻字、檜巖寺指空塔碑、普濟尊者浮屠碑、檜巖寺懶翁大師碑、侍中柳濯碑、涉州東海碑等三十種。末附待訪十七碑。以陳宗彝序文觀之，則海東金石苑八卷另爲一種著述，靡特兩書體例不同，即所録亦多出入也。

四·七四　海東攗古志目八卷

稿本。清仁和胡琨次瑶撰。是本係未完之稿，祇存序目。與海東金石苑對校，是志多新羅真興大王北狩殘碑、新羅伽倻山紅流洞石刻詩、新羅真覺碑、新羅瑩原寺寶鑑國師碑、高麗大覺國師墓寶及碑安立事跡記、高麗普賢寺探密宏廓二祖師記等六種。與海東金石存考互校，多高句驪故城石刻、奉德寺聖德大王神鐘銘、大覺國師墓寶及碑銘安立事跡記、圓覺國師碑等四種。而海東金石存考所録之仁貴祠壇碑、角千金庾信墓碑、講堂寺碑、崔致遠自書碑、北龍字碑、高達院圓宗大師碑、玉龍寺道詵國師碑、神琳庵塔面刻字、智光國師碑、石台寺地藏禪師石偈碑、朱勒寺僧慧光碑、五台寺水精社碑、興聖寺碑、大藏移安碑、妙蓮寺石地灶碑、妙蓮寺重修碑、元英宗捨施碑、月精寺碑、長安寺碑、檜巖寺指空塔碑、普濟尊者浮屠碑、檜巖寺懶翁大師碑、侍中柳濯碑、涉州東海碑等二十四種，又爲是志所無。胡君是目亦據燕庭、雲石二君拓本合爲此編，所以與金石苑相校，祇益新羅真興大王北狩殘碑等六種，當屬燕庭删定後所録。末附日本石刻四種。

胡氏自序曰：「朝鮮爲文物之邦，典章制度，蔚然可觀。以隔于遼海，中華人足跡罕到，考鏡金石者，遂于海東一隅，概從闕如。東武劉燕庭方伯嗜古成癖，交游及于遐陬。道光間，有朝鮮甲科進士趙寅永字雲石，與劉同癖，隨貢入都，一見傾蓋，遂爲莫逆交。歸國後，遺書往來，討論碑版，每于本國捫蘿剔蘚，遍訪古刻，有所新得，輒以拓本寄劉，并詳言碑石所在之處。又嘗得依止大師碑殘石，命工琢爲硯以贈劉，劉寶之。今年，余得遍觀劉所藏拓本，爰萃雲石所寄者，合爲一編。其體例國號、年號皆用中國，足見歸附之誠。惟五代六朝閏位之主，略而不書，亦見擇主之當。惜乎所寄除唐數種外，皆沙門寺塔之文，無裨于考鏡。神道墓碑，絶無一石，不能快覘彼國之人物。是豈彼國厲禁，不得表章身後耶？抑雲石存畛域之見，有所祕而不宣耶？今雲石已位通顯，無復從事于金石，欲補此闕文，何從而求之？今姑就所拓者，次第編排，分爲八卷，據雲石之書注所在地名于下，凡陳碑二，唐碑二十六，五代碑十二，宋碑十六，遼碑五，金碑十，元碑十，明碑五，題曰『海東摭古録』，而以日本碑四種附焉。咸豐二年七月初二日，仁和胡琨識。」

又胡氏一記曰：「海東一集，燕庭舊有編定之本，高巳生學博爲之序。其書以高麗苔箋書之，碑文後俱有跋語。其本失之久矣。是歲秋，公屬余復次是集。及冬，于篋中得舊本，以校重編本，大致相同。惟補遺唐刻十餘種，余歸入唐代耳。次瑶復記。」

四·七五　三韓冢墓遺文目録一卷

雪堂刊本。上虞羅振玉叔言輯。前後有叔言序跋。自劉燕庭先生撰海東金石苑，我邦士夫遂頗留意于三韓古刻。惟志墓之文流傳中土者至罕，此編羅君得日本末松所貽拓本，擬寫定全文，特先著是目。自宋至明，計七十種，均屬各家向未著録。按：三韓墓志多刻石棺上，故有誌無蓋。石棺之四周皆可刻字，故誌文或一石，或二石，或四石不等。誌中有稱「廟記」，李仁實誌。或稱「廟誌」。如任益惇誌。羅氏跋云：「疑或不置壙中，而置于廟。」其説可信。至文之標題曰「卒」，如濮陽古誌、樸寅輔誌。猶中土之稱「故」。其王室所生子女瘞胞亦有誌，此尤可異也。壙中所用買地券，據羅君所見，其文字與中土傳世諸地券同。諸誌中紀元當宋、遼、金時，皆奉遼、金朔，于宋稱「大宋」，于遼曰「本朝」。蓋遼、金與三韓壤土密邇，宋至南渡，則聲教所不能及矣。又諸誌中名字有襲用中土古名人舊名者，曰「柳公權」、曰「李百藥」之類。以上各節均屬異聞，故併及之。

四·七六　海外貞珉録一卷

雪堂刊本。上虞羅振玉叔言輯。前有叔言自序。係録我國古刻流入東瀛、歐美者，就其聞見記載，得百有四十種，大概多屬畫象、經幢、造象、古誌、墓表、題名，而碑記亦有數種，中存日本者爲獨多。

四·七七　日本金石年表一卷

滂喜齋刊本。日本西田直養撰。前有潘祖蔭序、楊守敬序、森可弼序、幕府內史格屋代大郎序。據楊敍曰：「日本所存千年以上墨蹟，所見以數千計，金石刻則無甚古者。然金如神護寺鐘銘、南圓堂燈臺銘、道澄寺鐘銘，石如多胡郡碑、佛足跡碑，又未嘗不精妙可喜。」是表計録五百餘種。吴縣潘氏依蒓齋貽贈眉生本覆刻。

四·七八　日本金石志五卷

饔喜廬刊本。德清傅雲龍懋園撰。前有懋園自序。傅君于光緒丙戌奉使日本，與貴陽陳君衡山矩網羅搜討，作日本金石志五卷。内印文一卷，刀劍款識一卷，其餘分前後二卷，前目九十四種，後目百二十又四種，又附録十六種，皆有跋尾。又仿歐、趙目録之例，有年可紀者八百九十有餘種，列目爲表。考日本金石者，于此歎觀止矣。然金文多而石刻少，金石中鐘銘又居其泰半。約計志五卷，二百餘種，金文十之七，石刻不過十之三耳。

石盧金石書志卷之五

閩侯林鈞亞傑

斷代類

五·一　殷文存二卷

廣倉學宭精景本。上虞羅振玉叔言輯。前有叔言自序。序曰：「昔許叔重敘説文解字，謂『文字迄五帝三王之世，改易殊體，封于泰山者七十有二代，靡有同焉』。五帝之書，其亡不自今日始，叔重敘語，亦第得之傳聞，故古文傳于今日者，三代而已。又現存古文中，夏后氏文字雖或厠其間，已無從徵實，故三代文字中可證其尚存者，殷周而已。殷人文字，自宋以來，世惟于彝器中見之。逮貞卜文字出，于是殷文之存者，其多乃與周等，或且過之。壬子以後，余既編集貞卜文字爲殷虚書契前、後編，并爲之考釋，乃復集彝器拓本中之殷人文字，爲殷文存二卷，與書契並行。惟書契文字出于洹陰，其地爲古之殷虚，其文字中又多見殷先公先王之名號，其爲殷人文字，信而有徵。若夫彝器，則出土之地往往無考，昔人著録號爲商器者，亦非盡有根據。惟商人以日爲名，通乎上下，此編集録即以是爲埻的，而象形文字之古者，亦皆入之。雖象形之字或上及夏氏，日名之制亦下施于周初，要之不離殷器者近是。惟篋中拓本一時檢集不易，其遺而未載者，尚十二三，他日當爲補遺附焉。」

五·二　周金文存六卷

廣倉學宭精景本。杭州鄒安適廬輯。其自序曰「余好三代、秦漢文字近卅年，收採各家墨本不下二千種。壬子，分類編次，寫定目録。乙卯，讀同縣王静安徵君金文著録表，知上虞羅叔言參事所藏尤夥，本有刊唐風樓集古録之議，金文分目凡四，一殷文，二周兩京文，三漢兩京文，四新世所作匋文，不分門類。頃蒙擕示首册並小緑天庵、鬱華閣兩輯，合之舊輯金拾及何氏益壽館等數種，有清一代彝器真古文略備。爰先成周金文存□卷，其間釐定次序，删除僞妄，則雪堂先生與有力焉」云云。此録以清代爲斷，故終于辛亥，凡以後發見之品不録。各類以最多之銘文爲先，逆序排編。各類系以附説，詳紀各器流傳，間及考證。

五·三　周銅器圖三册

景刊本。北京古物陳列所編。按：清代以帝王之力，國内之奇珍環寶，率皆羅諸内府。辛亥鼎革，當局以昌明學術起見，特將奉天、熱河兩處宫藏古物輦入北京，就武英殿改設古物陳列所，所陳歷代彝器，不可計數。余于己未、辛酉兩度入都，頻過游覽，對于彝器審考特詳，蓋結習未除，樂此不倦，得其景刊周器圖三册，影摹形式，頗能偪真。唯其所録銘文，殊多舛譌。附載尺寸、重量，尚稱詳實，足供辨識三代古物之資也。

五·四　周代吉金年月考一卷

精鈔本。儀徵劉師培申叔撰。序曰：「昔平定張氏穆以可分曆推號盤年月，學者嘆其精審。嗣惟甘泉羅氏士琳考釋焦山無專鼎，略踵厥法，然繼者無聞。予少秉庭誥，志怡推策，近閱吉金各款識，凡銘文備書年月日，計三十餘，因踵張、羅成法，以三統曆、周曆爲主，以殷曆、魯曆爲輔，信以徵信，疑以傳疑，纂爲一編，以爲治吉金者之助。」

五・五　兩周金石韻讀一卷

廣倉學宭刊本。海寧王國維靜安撰。前有靜安自序。此編蒐採周世韻語見于金石文字者，得數十篇。中有杞、鄫、許、邾、徐、楚諸國之文，皆出商、魯二頌與十五國風之外。其時亦上起宗周，下訖戰國，亘五六百年。然其用韻，與三百篇無不合，故即王、江二家部目，譜而讀之，雖金石文字用韻無多，不足以見古韻之全，然自其可徵者言之，已見其符合如斯矣。

五・六　周秦石刻釋音一卷

舊抄精本。元錢塘吾丘衍子行撰。前有子行自序及郭祥伯麐、吴平齋雲兩先生手跋。此本係徐虹亭先生釚手抄，極堪珍貴，余以重值得諸滬市。據四庫提要載：「初宋淳熙間，有楊文昺者，著周秦刻石釋音一書，載石鼓文、詛楚文、泰山嶧山碑。至是衍以所取琅邪碑不類秦碑，不應收入，因重加删定，以成是書。前有至大元年衍自序，謂石鼓以所藏甲秀堂圖譜爲之，而削去鄭樵音訓，又正詛楚文二字，合泰山、嶧山石刻字共爲一卷，而仍其書名。又列諸家音注、書評于後。其敘石鼓次第，與薛尚功、楊慎本合，而與今本異。其曰『文幾行』、『行幾字』、『重文』『闕文幾字』者，即朱彝尊據以編石鼓考者也。然其所謂『闕文幾字』者，仍第執一時所見之本而言。即潘迪音訓與衍是書同作于元時，其音釋亦不盡同。蓋金石之文，摹搨有明晦，裝潢有移掇，言人人殊，不足異也。至所正詛楚文二字，『絆』之爲『縫』，其説于古無所據，以文義、字體按之，皆未可信；『還』之爲『遂』，則『還』、『遂』二字詛楚文石本、版本皆無其文，不知衍所據何本。然衍距今四百年，其所見之本或有異同，未可執今本相詰難。録備一説，要亦足廣異聞耳。」收藏有「吴平齋讀書記」白文方印、「徐釚私印」與「松風老人」白文兩印、「子晉」朱文方印。

郭氏手跋曰：「虹亭太史纂著甚富，有南州草堂集行世，書亦蒼雅古茂，開卷即有卷軸氣撲人眉宇。敝篋藏赤牘十餘通，皆與竹垞翁及周青士者，與此書字蹟正合。太史不以考據擅名，而用心迺勤學不倦如此，對之能不汗顔耶？嘉慶庚午夏日，鄉後學郭麐。」下鈐「郭氏祥伯」白文方印。

吴氏手跋曰：「此册乃虹亭太史手録，後有郭祥伯題記。退樓識。」下鈐白文長句一章。

五·七　秦金石刻辭三卷

雪堂景刊精本。上虞羅振玉叔言輯。前有叔言自序。按：嬴秦文字，在天壤間，僅泰山十字與瑯琊殘石爲秦刻耳。今瑯琊殘刻又燬于火，相斯之跡幾絶。羅君搜集秦代金石刻辭，分金、石、陶三類，金則得符一，權十四，量九，詔版十八，戈一；石則泰山、琅邪、會稽三種；匋則殘量三十六，瓦當六。先秦一代之制，悉備于斯矣。

五·八　秦漢三國六朝南碑石存録一卷

稿本。高密鄭文焯叔問撰。輯秦、漢、三國、六朝南碑石之存者，按代列目，搜採略備。至于各碑流轉，記載頗爲翔實，附綴考據，亦多論斷。鄭公靡特邃于金石之學，尤擅書畫，片楮零紈，藝林争寶。余曩得公批校之本數帙，已深慶幸，何圖又獲是稿，滿册朱墨，悉公手寫，妙書鴻著，薈萃一編，球璧同珍，不爲過也。前有「瘦碧」朱文方印、「齊玉象堪題記」朱文方印、「漚園」白文長方印。

五・九　秦漢三國六朝南碑石佚録一卷

稿本。高密鄭文焯叔問撰。此亦叔問先生手稿也。是編録秦、漢、三國、六朝南碑之石佚者六十餘條，略附考證。前有鄭公注曰「此録以考證繁難，遂中綴」，可見係公未完之作也。

五・一〇　漢碑録文四卷

連筠簃刊本。清魚臺馬邦玉荆石撰。前有荆石自跋三則及其子星翼一跋。首列漢年紀元，次録漢碑八十四種，後附魏碑三種，計著八十有七種。碑文之後綴有跋尾，考證頗詳。

五・一一　兩漢金石記二十二卷

原刻本。清大興翁方綱覃谿撰。第一卷，年月表，前有覃谿序。按：徵文考事，以時爲紀。兹編所録，或以地，或以事類，惟以目所親見爲據，不復能依年次，故貫系年月，爲條敘于書首。第二卷，集古録目次考、隸釋隸續目次考及兩漢金石諸目。第三卷，石經十二段。第四卷，古器物文上。第五卷，古器物文下，附繆篆解。第六卷，禮器碑等六種。第七卷，孔君碑等八種。第八卷，魯君碑等七種。第九卷，嵩山太室石闕銘等六種。第十卷，華山碑等二種，附夏承考五首。第十一卷，蒼頡廟碑等五種。第十二卷，張君表頌等七種。第十三卷，西狹頌等十種。第十四卷，殷比干墓字等十二種。第十五卷，武梁祠堂畫像等三種。第十六卷，魏君碑等九種。第十七卷，漢碑備考，楊君碑等五種。第十八卷，附魏、吴碑九種。第十九卷，隸續補與急就章注。第二十卷，隸八分考。第二十一卷，補遺，范氏碑等七種。第二十二卷，班馬字類附記。是書議論堅卓，斷制詳明，既刻之後，隨有剷改，晚定之本，尤見精審。唯間有以詩歌附入，與歐、趙之體又異。仁和譚氏復堂日記載「閱兩漢金石記，覃溪于碑版固是大宗，所論多平實，似勝王蘭泉」，洵屬定評。按：斷代金石著作，求之曩昔，此體未聞，當肇始于是記也。

五·一二　漢石存目二卷

雪堂刊本。清福山王懿榮廉生撰，上虞羅振玉校補。前後有羅振玉序跋。其書分字存、畫存二類，僞刻不録，重撫不録，佚石不録，體例完善。凡石在某學、某廟、某園、某山、某村、某家，一一注明，其用意精密，可爲金石目録家法。唯全書舛誤頗多，賴羅君爲之勘正。如以朱博殘石爲贋刻，蜀侍中楊公、中書令賈公二闕劉燕庭據宋人題字定爲李成時，其説可信。爲蜀漢，并行削除，益以輓近新出土漢代石刻畫像數十種，視原著加詳焉。

五·一三　漢魏碑考一卷

房山山房刊本。清鄞縣萬經九沙撰。後有陳洙序。此編所著雖僅數十碑，然于各家考釋糾正頗多，對于書法亦有論斷。

五·一四　漢晉石刻墨影一卷

雪堂景刊精本。上虞羅振玉叔言輯。前有叔言自序。古石刻文字之著録，昉于宋洪氏隸釋。然洪書易隸以楷，字形已失。王氏金石萃編，于漢魏諸碑，乃各如其書體録之，形差得矣，而原石漫漶，缺泐之處，又不免以意增損。至張氏金石聚，始用雙鈎以存原形，又視王氏爲勝，而鈎勒未善，加以粗工拙刻，筆意全失，譌誤滋生，仍不能無遺憾。羅君取晚出之漢魏諸刻，咸同諸家所未見者，鈎摹十有五種，首詳各碑考證，中嵩廟石人頂馬字，以傳本至少，亦並及之。

五・一五　漢晉書影一卷

雪堂景刊精本。上虞羅振玉叔言輯。目後有叔言跋。是編景刊漢簡十有七，晉人墨迹九，皆西陲石室所藏。中土舊傳晉人墨迹多出唐撫，當時寫本，人間罕存。若漢兩京人手迹，則舍碑版外，隻字不得而見矣。西陲古簡已歸英倫，羅君曩曾影印爲流沙墜簡，復選其有年號文字尤精者，輯成是編，足資考證書法之沿革也。

五・一六　南北朝存石目八卷

藁本。清福山王懿榮廉生撰。前有文敏自序。是目所録，均見存者，金識專字不收，石佚摹本弗録，體例謹嚴，不愧名作。章碩卿壽康初擬刊入式訓堂叢書，以資盡未果。後文敏門生沈太倅君亦謀梓刊，又復無成。余得兹稿，擬併吾齋所藏各家金石著述諸稿，彙刊叢書，以廣其傳。前有羅振芳手跋，末附著録起例。此本曾經鄭叔問文焯批校。如魏平西壁文，批曰「『平』字誤釋。此舊本余藏之，並有題記，實爲『縣西壁文』，末有一行曰『西哲字三德』，此文即三德所記並書。按：石門銘中稱『左校衛賈三德』即其人，當時以字行，故佚其名。而石門打本中恒不得見此一行，王氏萃編至疑此是王遠書，失考已甚。此余剏獲，因及之」；又齊平西將軍金門太子桑買妻陽願三息長成造玉像，批曰「『金門太守』，趙撝叔補訪碑録亦作『太子』，此沿其誤，余曾與廉生面訂之。此玉象今藏北海鄭氏，舊藏揚州馬氏小玲瓏山館，旋歸歸安沈氏□□余從沈氏得之」；又齊金剛經二百九十六字刻石，批曰「李竹朋丈言實存九百餘字」；又隋□□宗等法師智定造□碑，批曰「此碑新出，聞有額，尚未見，據碑文録題」云云，批訂極多，不克詳舉。他若校正年月、所在以及標題譌舛，更難備載。收藏前有「伯宛手校」朱文方印。

王氏自序曰：「是編最録南北朝刻石至今存者，凡□□□□事，列目有四，曰碑，曰志，曰記，曰梵典，皆據墨本審定標題，分并排類，金識專字不與焉。石亡文存，前人著録，原石久佚，或收藏家舊拓孤本，如王子晉碑、許長史舊館壇碑、蕭敷敬太妃雙志，及出土後傳拓無多，復瘞原所，如張黑女志之屬。重摹僞作，如舊刻弔比干文及道光以後正定拓工李寶臺僞造諸刻、長安帖賈所鬻剜改增損小墓志之屬。胥從栞落。所在之地著之，今訪古者有考也。蕭梁禁碑，傳世絶尠；宋齊近古，諛墓未聞。拓拔之興，舉世崇信釋氏，争有造像，以求福利。讀其文字，雜出不倫，或記姓名爲『邑子』、『化主』，靡可殫究。今綜書之曰『記』，聚以類也。其竺乾之秘語密字，入中土後，譯自緇素，復大書深刻，俑之爲『經』，幾如鴻都之石，所未安也，爰别綴爲『梵典』。惟是冢墳志版，小或盈尺，可乘可負，造象多散于荒邨野寺，好事者往往移置家山供養，率轉徙無定，然著其可指數者，餘則闕之，以竢搜補。書成，名之曰『南北朝存石目』，蓋僅有存者。光緒七年太歲辛巳孟陬之月，福山王懿榮記。」

羅氏手跋曰：「此爲鄭叔問徵君藏書，徵君没，遺書散出，此書與孫仲容先生稿本契文舉例同得之滬上。舉例已刊入雪堂叢刻中，此書不知置何所，頃始覓得之，今歸石廬先生。眉批皆叔問徵君筆，尚其寶諸。」下鈐「羅子經」白文方印。

五·一七　魏晉石存目一卷

雪堂刊本。清濰縣尹彭壽竹年撰，上虞羅振玉校補。尹君同王文敏漢石存目之例，著録魏晉石刻二十有四種，經羅君校正，並删去孝堂山題名，增入新出土諸碑十有八種。末有叔言一跋。

五・一八　隋唐石刻拾遺二卷

聚學軒刊本。清長沙黃本驥虎癡撰。前有唐仲冕序、車持謙序，目後有虎癡自序，卷末復有二跋。按：關中爲石墨淵藪，畢氏金石記已録七百餘種，搜羅賅博，視前人不啻十增八九。黃君入秦，按地訪求，得隋唐石刻幾二百種。畢記所載隋石十一，唐石二百七十七。虎癡于畢記之外，又得七十有四，惟僧懷仁所集聖教序記、柳誠懸所書魏公先廟碑數種爲習見之本，餘皆後所出土，爲畢公所未及見者。備録原文，略加考案。末附關中金石記隋唐石刻原目，以備稽考。黃氏跋曰「畢記成于乾隆辛丑，其後王述菴侍郎廉訪關中，相距僅十餘年，而隋唐石刻，畢記所有，金石萃編所無者，已二十一種。隋三種：佛座記、舍利塔銘、常醜奴墓志。唐十八種：豆盧寬、崔敦禮、順義公、王君、河間公、李楷洛六碑，海禪師、王三娘二墳記，夫人程氏、敬節法師、龍光寺塔、薛良佐、大德等五塔銘，梁師暕、茹守福、杜夫人、王夫人四墓志及濟安侯廟記。此次詳加搜訪，于二十一種中僅得二種。豆盧寬碑、敬節法師塔銘。而金石萃編所有，爲今所未得者，又十四種。隋一種：梁羅墓志。唐十三種：姜行本、杜君綽、竇居士、朱孝誠四碑，堅行禪師、惠源和尚二塔銘，張昕、裴積、□志廉、王文幹、吴承□五墓志及封四子勅、修武安君廟記。以上諸刻，或係搜訪未備，未能必其俱亡。然歲月寖久，亡者必多，再數十年後，又不知今所已得者，其能長存與否」云云。由兹而觀，古物難聚而易散，著述又奚容少緩哉？

五·一九　唐碑選一卷

咫進齋刊本。清北平翁方綱覃谿撰。覃谿先生前後選唐碑五十種，歸安姚氏覲元據其父所抄何方穀原本刊行。蘇齋書學，大抵以化度爲宗，故其議論，不外乎是。然其考據精密，近代實無其匹。末有姚覲元一跋。

五·二〇　南漢金石志二卷

翠琅玕館刊本。清嘉應吴蘭修石華撰。後有江藩、鄭廷松、伍崇曜各一跋。吴君録南漢金石，自唐龍紀元年至大寶十年，計得二十有三種，後附無年代五種，凡二十有八種，遍加考證，存佚均載，間有録文。據伍跋所舉，尚有劉龑冢碑、見翁氏粤東金石略，參蓮鬚閣集及南海百詠。陁羅尼石幢、見南海縣志金石略，石在吴氏筠清館。硯銘、見池北偶談。劉氏銅象、鐵柱，並見南海百詠。均遺未録。又按：葉氏語石載「嶺南吴石華熟精鄉邦掌故，既撰南漢紀，又輯金石志二卷。然雲門匡聖、匡直兩碑，僅見匡聖拓本，而匡直大師塔銘但據乳源縣志録其文而已，且誤『匡直』作『匡真』。近時新出土者，有大寶五年馬二十四娘墓券，江陰金武祥太守在容縣收得南漢都嶠山經幢、造象及中峰五百羅漢記、景靈□慶讚齋記，皆石華所未見」云云，悉足以補是志之疏誤也。

五·二一　紹興内府古器評二卷

明汲古閣刊本。宋張掄材甫撰。四庫提要云：「里貫未詳。」據四庫提要曰：「是書宋以來諸家書目皆不著録，據書末毛晉跋稱，晉得于范景文，景文得於于奕正，至奕正從何得之，則莫明所自。上卷凡九十八事，下卷凡九十七事，皆漢以前物。漢以後者，惟梁中大同博山鑪一器。其中如上卷之周文王鼎、商若癸鼎、父辛鼎、商持刀祖乙卣、周召父彝、商父辛尊、商父癸尊、商父庚觚、商持刀父己鼎、周淮父卣、周虎斝、周季父鼎、周南宫中鼎、商癸鼎、商瞿鼎、商貫耳弓壺、商亞虎父丁鼎、商祖戊尊、商兄癸卣、周己酉方彝、周觚棱壺、周䜌女鼎、商子孫父辛彝、周叔液鼎、商父己鼎、周宰辟父敦、周剌公敦、周孟皇父彝，下卷如商冀父辛卣、周舉己尊、商父丁尊、周仲丁壺、商父己尊、商象形饕餮鼎、商龍鳳方尊、周犧尊、商伯伸鼎、商夔龍饕餮鼎、周節鼎、周中鼎、周婦氏鼎、商提梁田鳳卣、漢麟瓶、周虬紐鐘、周樂司徒卣、漢獸耳圓壺、漢提梁小匾壺、商祖丙爵、商子孫己爵、周仲偁父鼎，皆即博古圖之文割剥點竄，詞義往往不通。其他諸器，亦皆博古圖所載。惟上卷商虎乳彝、周言鼎、周尹鼎、周獸足鼎，下卷商祖癸鼎、周乙父鼎、周公命鼎、周方鼎、商立戈父辛鼎、商父辛鼎，爲博古圖所不收而已。考館閣續録所載南渡後古器儲藏秘省者，凡四百十八事；淳熙以後，續降付四十事，别有不知名者二十三事；嘉定以後，續降付八十三事。與此書所録數既不符，而此書所載商冀父辛卣、父辛鼎、周南宫中鼎、周緐女鼎，皆嘉定十八年十一月所續降付，何以先著録于紹興中？其爲明代妄人剽博古圖而僞作，更無疑義。毛晉刻入津逮秘書，蓋未詳考其文也。」

五・二二　宋政和禮器文字考一卷

孫氏原刊精本。清瑞安孫詒讓仲容撰。前有仲容自序。是編考證牛鼎、甲午簋、鉶鼎、欽崇豆、天錫簋、嘉禮尊諸器，并翟汝文公巽所作禮器銘十七章以及翟耆年伯壽政和禮器款識二則，詳加考釋，極爲精審。

五・二三　宋代金文著録表一卷

雪堂刊本。海寧王國維静安撰。前有静安自序。集宋代歐氏集古録、吕氏考古圖、宣和博古圖、趙氏金石録、黄氏東觀餘論、董氏廣川書跋、王氏嘯堂集古録、薛氏鐘鼎款識、張氏内府古器物評、王氏復齋鐘鼎款識以及續考古圖諸書關于金文著録，彙列一表，器以類聚，名從主人，其有歧出，分條于下。諸書所録古器之有文字者，悉具于是。凡有各書互異之處者，備載於「雜記」格。内計著録六百四十有三器。

五·二四　元碑存目一卷

傳抄稿本。清長沙黄本驥虎癡撰。前有虎癡自序，曰「金石萃編斷自宋、遼、金止，而元碑未録，以其時代尚近，易于訪求，且書刻不及古碑之精，而史傳事實之可資考訂者少也。有元一朝，自蒙古至元十六年至至正二十七年，蒞中國稱一統者，僅八十九載。其中亦有歐陽原功之文章、趙氏子昂之書法，所傳碑版，非不足以照四裔而供臨摩，未可以其時代而遺之也。因就荷翁所已採者，另爲元碑存目，附于補目之後」云云。是本與金石萃編補目余均得諸繆氏藝風堂，係據獨山莫氏藏本傳抄者，末有「咸豐十年五月五日，與繩兒勘畢，邵亭記」十六字。經藝風藏書記著録。

藝風藏書記曰：「元碑僅三百餘種，所見太隘。元史蕪陋，正藉碑版以補不及，何得云可資考訂者少哉？」

五·二五　國朝金文著録表六卷

雪堂刊本。海寧王國維静安撰。前有静安自序。是表照宋代金文著録表例，分器名、諸家著録、字數、雜記四格，據清錢坫、阮元、曹載奎、吴榮光、劉喜海、吴式芬、徐同柏、朱善旂、吴雲、潘祖蔭、吴大澂、劉心源、端方、羅振玉十四家所著録款識諸書彙編，殆五倍于宋代。前五卷屬三代器，末一卷爲秦漢以後之器，其編例詳見略例。内計録三代器二千六百三十有五，秦器七十有一，漢以後器五百五十有八，綜計三千三百六十有四，除僞器外，得三千二百九十有四器，可見清代吉金之盛也。

石廬金石書志卷之六

閩侯林鈞亞傑

録文類

六·一　古刻叢鈔一卷

舊鈔精本。明玉霄陶宗儀真逸撰。前後無序跋。所抄碑凡七十一種，漢一，後漢二，晉一，宋三，梁三，隋二，唐四十九，南唐一，北宋二，南宋一，無年月者六，皆録全文，以原額爲題，不加考辨，亦無先後次序，蓋隨得隨抄，非著書也。然所載諸碑傳于世者甚罕，惟漢建平郫縣刻石見于隸續、漢隸字源，唐薛王府典軍李無慮墓誌見于金石録。其餘如宋之臨澧侯劉襲墓志，梁之永陽敬太妃王氏墓志，唐之汝南公主墓誌、尉州刺史馬紆墓誌，可與史傳相發明。又載唐人曹汾等别東林寺、徐浩題寶林寺及謁禹碑、釋元孚與王𧶘游天台詩共七首，亦自來録唐者所未及。據四庫提要所載。此書摭拾佚文，首尾完具，足資考證。是本係依舊帙傳録，抄繕精工，摹寫篆隸亦較刊本遠勝。

且如故永陽敬太妃墓志銘「十一月九日己卯」，別本均作「乙卯」之類，皆足以訂正譌訛也。收藏前有「柳蓉春經眼印」白文方印，後有「博古齋收藏善本書籍」朱文方印。

又學古齋刊本。前有四庫提要。曾經孫伯淵先生編次，顧廣圻先生校勘，與知不足齋刊本復多訂正。後有廣圻兩跋並顧抄南村跋尾二則。

六·二　金石古文十四卷

學古齋刊本。明成都楊慎升菴輯。前有孫昭序。是編録三代、秦、漢石刻最富，俱鈔全文，如隸釋之例，間有跋語。漢碑之殘缺者，以洪本足之。然五鳳、墳壇居攝諸刻皆在曲阜，係漢碑之近古者，俱不録，則又不無遺漏之憾。升菴先生學問該洽，而有意翻駁，故多踳謬。如録石鼓文七百餘字之類，更不足信也。收藏各卷均有「看雲館珍藏」朱文長印。函海本訛誤至多，不足貴也。

六·三　金薤琳瑯二十卷

學古齋校本。明吴郡都穆元敬輯。前有四庫提要、盧文弨序。是書仿隸釋之例，取金石文字，蒐輯編次，各附辨證。凡周刻二，秦刻六，漢刻二十三，隋刻五，唐刻二十七，計六十有三。各碑皆録全文，其剥落不完者，有取隸釋補之，不盡據石本也。潛研堂跋尾論其載韓勑造孔廟禮器碑，不知隸釋所録但有碑陰，而無兩側，乃誤合兩側于碑陰，更譏洪适之闕漏。又論其所釋兩側之文，以「河南匽師」爲「河浦退師」，「任城亢父」爲「俟成交父」，舛誤殊甚。今考其中若第七石鼓内「斿」字下一字，石鼓作「𩰬」，薛尚功作「憂」，此乃作「夏」。會稽石刻「無辠」之「辠」即「罪」字，此作「辠」字，書體頗誤。又泰山石刻「既天下」句，秦篆譜「既」下有「平」字，與史合，而此碑于「既」字下不注闕文，疏略尚往往而有。然所録碑刻具載全文，今或不能悉見。金石跋尾謂所載貞元九年姜嫄公劉廟碑今已損失三十餘字，以此觀之，是亦可資參核矣。據四庫提要。後有宋振譽校刊跋一篇。收藏每册均有「看雲館珍藏」朱文長方印。

六·四　金薤琳瑯補遺一卷

學古齋刊本。清杭郡宋振譽葯川輯。宋君既校刊都氏金薤琳琅，并出其所藏舊拓夏禹衡岳碑、曹全碑、唐景龍觀鐘銘、諸葛武侯祠堂記四種，悉仿都氏體例補之。

六·五　求古録一卷

槐廬刊本。清崑山顧炎武亭林撰。前有亭林自序。顧氏搜金石之文，手自抄纂，凡已見方志者不録，近代文集尚存者不録。上自漢曹全碑，下至明建文霍山碑，共得五十六種，每刻必載全文，蓋用洪适隸釋之例，仍皆誌其地理，考其建立之由，古字篆隸，一一注釋。其中官職、年月，多可與正史相參。如「茶」「荼」、「準」「准」、「張」「弡」等字，亦可以補正字書之譌。顧氏别有金石文字記，但載跋尾，不若此編之詳明也。又按曹全碑題「中平二年十月丙辰造」，以後漢書考之，靈帝本紀是年十月有庚寅，距丙辰前二十六日，天文志是年十月有癸亥，距丙辰後七日，其間不得有丙辰，頗疑是碑之僞。據潛研堂金石文跋尾，以長曆推之，始知是年十月丙申朔，丙辰爲月之二十一日，癸亥爲月之二十八日，實無庚寅。併證以譙敏碑稱「中平二年三月九日戊寅」，靈帝本紀及五行志並稱「中平三年五月壬辰晦」，干支日數，一一相符，乃本紀之誤，非碑之僞，炎武猶未及詳辨，是則考證之偶疏耳。據四庫提要。

六·六　金石存十五卷

聞妙香室精刊本。清淮安吴玉搢山夫撰。前有李宗昉序、山夫自序、王鉉、馮祁、鮑皋、鮑之鍾、于文濬、孫維龍題詞，末有周榘一跋。一卷至五卷篆存，六卷至末卷隸存，共一百四十八種，俱録全文，惟易篆、隸爲楷耳，考據至爲精博。昔李雨邨先生得是書抄本于都門廠肆，題「鈍根老人編」，不知鈍根爲何人，以「金石癖」名其書梓之。後王述庵先生語以鈍根老人爲博學鴻詞趙搢，雨邨遂以其書爲趙搢作，刻入函海，不知出自山夫先生也。玆本山陽李宗昉芝齡據汪氏所存原稿校刊，間附案語，頗爲詳核，刻本極精。按：徐子晉先生前塵夢影録載：「金石存，吴山夫搢著，山陽李尚書宗昉出資囑許珊翁董刻，字仿宋槧，紙用扇料，香墨精印，不可多覯。」此本即係初印，尤爲難得也。收藏前有「磁縣之印」官印、「高」姓朱文姓印、「蒼芒齋精鑑章」朱文長方印、「尚同一字德啓」朱文方印、「華陽高氏鑒藏」白文方印，後有「尚文校定」朱文方印、「勃海侯胄」白文方印、「華陽國士」白文、「世異之印」朱文兩大方印。

六・七　吉金貞石録五卷

傳抄稿本。清吳縣張塤石公撰。前有石公自序及興平志原序。張君就興平、扶風、郿三縣金石備録全文，並附考證。全書經藝風先生以藍墨校過，鈔繕極精。版心有「雲自在龕」四字。收藏前有「雲輪閣」朱文長方印、「荃孫」朱文長方印。曾經藝風藏書續記著録。

藝風藏書續記曰：「吉金貞石録五卷，傳抄本，張塤撰。塤，字石公，江蘇吳縣人，入畢弇山制府幕中，曾修興平、扶風、郿三縣志，彙刻三縣志金石，改此名。」

張氏自序曰：「乾隆四十二年丁酉，予以憂去職，奉太夫人柩南歸。明年戊戌，會故人畢中丞沅開府于秦，要予游于秦。秦中故多前代金石，而同志嗜古之士，若嚴侍讀長明、錢明經坫，並在幕府。于是拓工四出，氊椎無虚日。中丞以興平、扶風、郿三縣志屬余重輯，予纂列『金石』一門，内中若賀若誼、楊珣碑，彰彰在人耳目。而郿之金石，自昔未登著録者，亦搜得二十餘種，頗謂于斯道有功。又明年己亥，書成，予服闋還京師，篋中所存金石志藁共五卷，未敢廢棄，統入予吉金貞石録中。凡碑銘、款記，全載其文，志之體例如此。碑中譌字，亦照原碑録之。後人鈔刻此書者，幸弗輕易塗改耳。太歲庚子中秋後一日，吴郡張塤序。」

六・八　金石萃編一百六十卷

原刊本。清青浦王昶蘭泉撰。前有蘭泉自序，後有錢侗、朱文藻兩跋。王公嗜金石，宦游所至，無不訪求，自三代至遼金，積千五百通，而甄録其文。漫漶見于他書者，則爲旁注，以記其全。篆、隸及見古文别體者，摹其點畫，加以訓釋。凡題額、碑陰、兩側，亦必詳載。碑制之長短、廣博，取建初慮俿尺度其分寸，并志其行字之數。諸家題跋，見于金石諸書、文集所載者，悉著于編。金石之書，至此可謂集其大成。全書收録廣博，難免舛誤。夫校書如去几塵、階葉，愈埽愈紛，釋碑之難，又加校書倍蓰。後人痛詆謬誤，目非善本。然篳簬藍縷，禮重先河，何能遽没其數十稔搜輯之功？據顧氏石言云：「原書共二百卷，剞劂未畢而蘭泉歿，後人省費，迄金而止，元代碑刻四十卷遂付闕如。藝風曾見其不全稿本。」藝風云：「蘭泉後四十卷，只見一、二、六、七、十等五册。」據此，則羅氏所刊之萃編未刻稿亦非四十卷完帙之本。沈欽韓之萃編條記，羅振玉之萃編校字，均多糾正其謬。吴人陳璜、仁和魏錫曾亦有校訂是書之作，惜書不傳。此本不知何人批補，眉間蠅頭細字，不可勝計。全書粘紙極多，所引多出獨笑軒金石考略。

收藏前有「孫星華藏書印」朱文方印、「傅增信印」白文方印、「子冉」朱文方印、「燭湖孫氏」朱文方印、「臣印廷璋」白文方印、「孫印星華」白文方印。

六・九　金石萃編未刻藁三卷

雪堂景刊本。清青浦王昶蘭泉撰。目後有羅振玉跋，曰「右金石萃編未刻稿三册，録元碑八十，無書題，不分卷。初不知爲誰氏作，再三審諦，乃知爲蘭泉少寇未刻之稿，有三證焉：體例與金石萃編合，每碑題下注石之高廣、行數、字數、書體及石之所在，碑文之後附以諸家跋尾，一也。至順二年加封啓聖王等勑旨，後附録錢竹汀先生跋尾，其後有朱書『文藻校』三字，與跋尾字跡相同，知跋尾亦出朱先生手。萃編本成于朱文藻、錢侗兩先生，此爲其末數卷，二也。編中載雲南石刻九通，遠在邊徼，他人莫致，蘭泉先生在滇三年，殆軺車所至，采訪得之，三也。特不知何棄而不刊，或元刻至多，蒐輯未備故耶？予往在京師，得此本于廠肆，置篋中且十年，今乃析爲三卷，補目于前，付影印以傳之，俾世之讀少寇書者，無復遺憾焉」云云。

六·一〇　金石萃編補正四卷

傳鈔稿本。清大興方履籛彦聞撰。目後有黄志述、顧千里、趙烈文三跋。是編收録，起自梁，迄于元，計收五十種，皆釋其全文，而綴以考證，一如王氏、陸氏之例。是本繆氏據方氏之孫所存原稿傳鈔，並經校正，尤爲足貴。收藏前有「雲輪閣」朱文長方印、「荃孫」朱文長方印。經藝風藏書續記著録。

藝風藏書續記曰：「金石萃編補正四卷，藁本，方履籛撰。履籛，字彦聞，順天大興人，嘉慶戊寅舉人，福建永定縣知縣。此稿藏方先生之孫立可處，荃孫假得傳録。後滬估付之石印，得廣傳播。」

顧氏手跋曰：「昔錢竹汀少詹言宋以後碑好者頗少，惟引李南澗一人爲同志。今讀此二册，自唐以下，凡宋、金、元等各碑，一一手釋其文，纖悉無遺。我彦聞先生可謂真知篤好矣，惜不起少詹見之。時道光八年十月十日，元和顧千里觀并記。」

黄氏手跋曰：「右碑文五十種，方彦聞先生所録也。先生名履籛，世居大興，自高祖居常州，遂爲郡人，而仍著籍大興，嘉慶二十三年舉人，官福建閩侯縣知縣。學問博邃，工爲駢體文。又篤好金石，嘗歷游冀、兖、青、豫，遇殘碑斷碣，必手搨其文。故是編所録，于中州爲多，正王氏金石萃編譌者若干，補其缺者若干，而篇第多未次序，蓋未成之書也。寶山毛休復丈與先生善，嘗假是書鈔其副，而屬志述爲校勘，并依時代編次之，用別爲補目録于前，且稍稍正其參錯云。道光十九年歲次屠維大淵獻九月甲辰，武進黄志述謹記于暨陽書院生雲垂露之軒。」

趙氏手跋曰：「舅氏彦聞先生金石萃編補正二卷，黄仲孫志述重編次。此蓋從黄本重録者，用辨志書塾紙，則亦同肄業于李鳳臺之人可知，書額朱字或即李鳳臺書。光緒丙子，假之仁和龔君宅耕校讀，因記。陽湖趙烈文。」

六·二一　金石萃編補略二卷

原刊精本。清仁和王言蘭谷撰。前有張澐卿序、蘭谷自序。王君往來京師二十餘稔，篤好金石，凡鼎彝拓本以及碑版文字，盡力搜羅。是卷係秉鐸壽陽府時所輯，夾置各碑帖中，其子同伯于破書堆中得之，即據原碑拓本校正梓行。玆編自兩漢迄三唐，凡王氏萃編所未采者，得四十一種，仿蘭泉先生之例，録其全文，並加跋語。所録止于唐，不及宋、遼、金。以唐碑以下多雜字帖，取舍難分，種類又夥，所以概置之也。末有同伯一跋。

六・一二　金石續編二十二卷

雙白燕堂原刊本。清武進陸耀遹邵文撰，太倉陸增祥校訂。前有增祥序，次李兆洛、蔣因培、何紹基各一跋及增祥兩跋。是編專録王氏所未備者，起三代，迄于金，末附高麗各石刻，計收四百二十八種，中録無文者凡一百七十餘種。復經陸君重加勘校，一本王氏萃編之例，闕者補之，譌者正之，差者次之，僞者削之，旁採諸家之題跋，間參其自見，至其所蓄所見，並不羼入。就增祥跋内所詳，此編漏收各石刻爲數不少。按其自著之八瓊室金石補正目所載，尤多陸氏所遺。

六・一三　金石文鈔八卷

古墨齋原刊精本。清涇縣趙紹祖琴士輯。前有法式善序。此編仿都氏金薤琳瑯之例，備録碑文，並附考證。凡都氏已著録者不收，碑文别字，悉仍其舊，殘泐原闕，不輕增補，體例謹嚴。始三代，迄于唐，計録一百三十二種。他如碑如名人所撰，刊入本集者，如伯喈郭有道、昌黎送李愿歸盤谷之類；名聲顯赫，衆所共知者，如蘭亭敘之類；法帖所刻，翻摹不一者，如鍾繇賀捷、羲之官奴小女之類；釋典、道藏，各有板本者，如心經、黄庭經之類；鑿佛造像，語言鄙俚者，如北魏龍門、唐岱岳觀之類；殘闕太多，不復可讀者，如漢嵩高諸石闕、唐昭陵陪葬諸碑之類；；僧道墓碣，無關義要者，如浄業法師、張尊師之類；顯然僞造，以欺後世者，如李靖上西岳書、不空和尚塔銘之類，皆擯不録。末附金薤琳瑯原目，俾便考覽。收藏每卷有「■種蘭藏書印」朱文長方印、「櫻船借讀」朱文方印、「■印德新」朱文方印。

六·一四　金石續鈔二卷

古墨齋原刊精本。清涇縣趙紹祖琴士輯。前有琴士自序。按前例增補漢至唐三十又二種。收藏有「■種蘭藏書印」朱文長方印、「■印德新」朱文方印。

六·一五　蘭話堂後金石紀存二十卷

稿本。清晉安馮縉笏軿撰。前有陳壽祺序、梁章鉅序、笏軿自序。余曩讀謝枚如鄉先生賭棋山莊筆記載「閩縣馮笏軿縉舍人，居林吉人之室，游孟瓶菴之門，故來齋金石考、亦園亭全集皆其所刊刻。蓋當時鹽法未壞，業是者輒囊有餘資，或以供治游博進之費。而笏軿結納殖社諸君，喜談風雅，翩翩然以著述自任，有陶舫東窗拾慧十卷」云云，然尚不知其有金石著作。客歲，始聞另有金石紀存稿本無恙，百計求之，于今夏方獲全帙。蓋屬馮公原稿，繕寫明浄，毫無錯訛。全書繕楷精秀絶倫，且無一字之訛，尤所罕覯。仿萃編之類，悉録全文，起自夏，迄于宋，計收一百三十七種。中以昭陵各碑搜採尤備，文後各綴考證，並撰昭陵陪葬姓氏考附于卷末。

陳序曰：「乾隆戊申之歲，上海陸耳山憲副視閩學。一日，召鼇峰書院生萬虞臣、鄭人杰與余三人入使院，語之曰：『閩中金石，未有輯爲書者，生等其蒐討遺佚，吾將纂而考焉。』三人者唯而退，竟無所就。然是時余年甫十八，自是始知有金石之學也。踰二十餘載，林居之暇，獲林來齋金石考略及昭陵石蹟考略，于是始知吾鄉有講求金石之書也。既友人馮君笏軿録來齋書，輒引余爲同志，欣然從之。然余十餘載教授鄉黨，疲于文字之役，卒卒未暇及金石。而君篤嗜博搜，積十年，所藏碑版遂富，録全文，釋篆隸，疏證年代、月日與地名、職官，附以昭陵陪葬名氏考，裒然成巨帙。君所居即來齋、陶舫故廬，蘭話堂者，來齋弆金石之所也，故名其書曰『後金石紀存』。善哉！君之踵武前賢，將非若有數存焉者乎？君因校來齋之書，益收石墨，覈其異同，以傳奕世。起來齋于今日，未易爲軒輊也。且昭陵十九碑，視來齋之短衣匹馬，親從事于荒墟陵谷之間者，所得赢其十二三，此亦足以自豪矣。自今以往，好之不已，其所聚豈可限哉？而余自少逮老，卒莫能勒一編，以倣歐陽、趙、洪，既無以成耳山憲副之志，抑亦駑鈍自慚于馮君也。道光六年冬十二月，同里弟陳壽祺。」

梁序曰：「來齋金石考著録四庫，詳核比趙子函，廣博勝郭嗣伯，所列二百二十碑，論斷皆有依據。今馮君笏軿金石之好與來齋同，所居蘭話堂又即林同人昆季舊宅，蒐羅辨證，積有歲月，成後金石紀存一書，寄余吳中。凡録碑版文字一百三十六通，而附以昭陵陪葬考，大率以目見爲斷，又出己意以訂之，與來齋同。而來齋所收止于唐末，笏軿所録并及于宋，此其異也。金石之學，昉于歐、趙，厥後聚之者愈多，考之者亦愈核。笏軿生來齋百餘年之後，好古敏求，補其未逮，此如都元敬本隸釋之例而著金薤琳瑯，趙靈均本陳思、王象之書而成金石林時地考，例從乎因，義兼乎創，足與來齋原書媲美，可傳于世無疑也。近代金石家甄綜之富，莫過于王蘭泉先生之金石萃編，此則不務博而務精，各有所見。蓋碑板之傳，日遠日少，存者亦日益刓敝。今笏軿獨有此精拓百數十卷，爲習見之物而不可恒見之本，正不必廣搜遐隱，雜燕石于寶玉也已。余昔里居時，過笏軿齋，每遇有新得，輒相與鑒别其同異。服官以來，兹事荒落，讀是書，有曩時所論綴之于卷者，又不覺動鄉園之思，安得幡然歸來，日與笏軿晤對于鶴巢林亭之間，各出所藏以賞析之歟？因書以復之。是爲序。道光十年歲次庚寅閏夏，長樂梁章鉅書于吳中藩廨之篋白堂。」

馮氏自序曰：「金石文字之有集録，自宋歐陽文忠公始也。歐公所採，止于五代，後之著録者倣焉。顧自歐公上溯五代，僅及百年耳，若趙宋迄今，已歷八九百年之久，考古者未可援歐公之例，斤斤以五代爲斷明矣。第長安墨洞，幾與太華三峰争奇，曲阜闕里碑林，亦與泰山天門並峙。下至一鄉一邑，莫不各有瓌偉怪麗之文。或毁于兵燹，壞于牧豎，與夫湮滅于荒墟陵谷之間者何限。是知片碣流傳，神物有數，得之者不能强，而亦不能遍也。趙明誠金石録多矣，而漢僅十之一。洪文惠隸釋、隸續，楊用修金石古文，都元敬金薤琳瑯，趙子函石墨鐫華，諸所收録，苦未賅備。惟周益公、朱徽國則据其家之所藏，並彙而敘之，蓋恐物無聚而不散，俾後之人知吾今日搜輯之勤，裒集之富，其義例有足取者。余丱歲初不知金石之學，且習爲應舉之文，非篤好也。壯游京師，敝簏所收，雖稍有增益，然亦未嘗專意搜討。及嘉慶丙子校栞來齋金石刻考略，凡經史、小學、山經、地志、叢書、别集，日逐覈其異同，而審其詳略，于是始涉獵焉。然後知金石一書，浩浩乎文章之無涯涘也，淵淵乎學問之無止境也。夫太原、上黨，異地而同其名，漢壽、葭萌，改新而志其舊，則碑中之籍貫宜辨也。節度、樞密，建置不一，其稱銀青、緋魚，内外兼領其職，則碑中之官制宜審也。況履豨、削鐻，不少方聞，元尚、凡將，難資考證，『側』、『菑』

異本，任城辨于公羊，『戞』、『㫗』殊文，新安述于魯論，則碑中之字畫、音訓宜講也。匪經參考，何以正蘭臺漆書之譌，志氏族爵里之詳哉？家居餘暇，因仿周益公、朱徽國之例，取舊藏碑版，自周秦漢魏，下逮唐宋，共□□□□通，爲之甄録全文，解釋篆隸，疏證年代、月日。其漫漶不可辨識者，則缺之；其文字間見于他書者，則補之；其額之題字、陰之題名、兩側之有題識者，則詳載之。其昭陵十九碑，因曾輯有陪葬名氏考，則別彙爲一帙，而以名氏考附之。至前人題跋，已見于金石諸書，遂不複入。惟敝篋藏本之有題跋者，附載于後。末復不揣固陋，各加按語。成書二十卷，名之曰『蘭話堂後金石紀存』。蘭話堂者，余所居宅之西齋，即前來齋藏弆金石之所也。先生有金石考略，余今復有金石紀存，故後之也。然天下寶日出不窮，繼自今荒墟陵谷之間，尚有瓌偉怪麗之文，兵燹所不能侵，牧豎所未嘗毀，而復爲我所得者，行當踵成續金石紀存，以竢博雅君子訂定焉。道光五年歲次乙酉季秋望後，笏軿馮縉書。」

六・一六　續語堂碑録四册

續語堂原刊本。清仁和魏錫曾稼孫輯。自漢至宋各石刻，凡闕文、泐字、空格、跳行，皆以原碑爲准，鈎心鬭角，豪髮無遺。付梓時稼孫先生手自繕校，易簀之辰，尚未蕆事，其精絶殆未曾有。版心以干支爲次，時代錯亂。近聞原版蠹蝕，不堪再墨，殊爲惋惜。後又得藝風堂所藏殘本，收藏有「雲輪閣」、「荃孫」兩朱文長方印，足見當日隨刻隨印。余所獲零星之本，亦非一次，暇當彙次以目，庶成完帙也。

六・一七　陶齋藏石記四十四卷

原刊本。清湹陽端方午橋輯。前有龔錫齡序、午橋自序。按：宋以來言藏碑者，如墨妙亭孫氏、清代簠齋陳氏諸人，僅有數十通。而端氏所獲，自漢迄明，竟達七百餘品，其搜蓄之富，爲空前未覯。而各家著作，自歐、趙以次，大抵據墨本入録，非盡見原石。陶齋斯記，悉依所藏各石刻，仿王氏萃編之例，録文附考。且往昔作者輒忽，近代乾嘉諸老，如畢中丞沅、王侍郎昶，皆以天水爲斷，至儀徵阮氏、陽湖孫氏始推廣其例，至于元末。翁覃谿輯粤東金石略，兼收明碑，午橋亦然。故明初幽毳之文與漢唐石刻並蓄兼收，末卷録洪武七年程羽肅詩刻以次十餘種。其自序有云「此書出，海内譚石墨之學者，當詫爲奇特邁古，別涉一境」，洵無愧也。

六・一八　唐三家碑録三卷

雪堂原刊本。上虞羅振玉叔言輯。是編録唐代李、于、臧三家碑文，計李氏得三種，于氏得五種，臧氏得二種，附載碑之尺寸、行數、字數、書體、所在，不加考據。

六・一九　鼎録一卷

精抄本。梁會稽虞荔山披撰。據四庫提要載「其書不見于本傳，唐志始著録。然檢書中載有『陳宣帝于大極殿鑄鼎』之文，荔卒于陳文帝天嘉二年，下距臨海王光大二年宣帝嗣位時，首尾七年，安得預稱謚號？其爲後人所攙入無疑。又卷首序文乃紀『夏鼎』，應在『黄帝』條後，亦必無識者以原書無序，移綴其文。蓋流傳既久，屢經竄亂，真僞已不可辨，特以其舊帙存之耳。又按：晁公武讀書志别出『吴協鼎録』一條，通考與此書兩收之。然其書他無所見，疑『吴』字近『虞』，『協』字近『荔』，傳寫舛譌，因而誤分爲二也」云云。是本與龍威祕書、寶顔堂祕笈所刊無異。

六・二〇　古今刀劍録一卷

明新安程氏校刊本。梁秣陵陶弘景通明撰。是録所記帝王刀劍，自夏啓至梁武帝，凡四十事；諸國刀劍，自劉淵至赫連勃勃，凡十八事；吴將刀，周瑜以下，凡十事；魏將刀，鍾會以下，凡六事。然關、張、諸葛亮、黄忠皆蜀將，不應附入吴將中，疑傳寫誤佚「蜀將刀」標題三字。又董卓、袁紹不應附魏，亦不應在鄧艾、郭淮之間，均爲顛舛。據四庫提要載「弘景生于宋代，齊高帝作相時已引爲諸王侍讀，而書中乃稱順帝準爲楊玉所弑，不應以身歷之事謬誤至此。且弘景先武帝卒，而『帝王刀劍』一條乃預著武帝謚號，並直斥其名，尤乖事理。疑其書已爲後人所竄亂，非盡弘景本文。然考唐李綽尚書故實引古今刀劍録云『自古好刀劍多投伊水中，以禳膝人之妖』，與此本所記『漢章帝鑄劍』一條，雖文字小有異同，而大略相合。則其來已久，不盡出後人贋造，或亦張華博物志之流，真僞參半也」云云，所糾其僞誤者如此。唯所録歷代刀劍，盡詳縷紋、銘詞、尺寸及鑄冶年月，足資考古參證，亦不可盡廢也。

六・二二　御史臺精舍題名一卷

讀畫齋刊本。清錢塘趙魏洛生録。前有吴騫序。按：題名刻石，大抵昉於漢世。漢碑中往往以門生故吏姓名題于碑陰，至唐人則多列職官名銜，如御史臺精舍、郎官石柱之類甚多，與門生故吏有間。然後之論世者，猶得藉以考見，如司馬温公所謂「某也忠」、「某也詐」、「某也直」、「某也曲」，以視漢碑之出錢或數百數千，群然大書深刻于石者，其輕重又何如哉。御史臺精舍題名，石在西安府學宫，藏家所見拓本多闕不全。趙君親至關中，就碑下録文，一字不遺，較子函、亭林、竹垞諸先生所見多十之三四，各家所據以考者，大抵皆工人拓本，故往往遺漏不全。非特可補碑刻之闕，即自唐初至于宣宗之世，上下二百餘年，三院諸司姓名、爵秩，班班可考，殊有裨于史傳也。

六・二三　郎官石柱題名一卷

讀畫齋刊本。清錢塘趙魏洛生録。是編與御史臺精舍題名同屬洛生先生游關中時親至碑下，手摹其文，一字不遺，可補各家依據墨本著録者之遺舛也。

六・二三　九曜石考二卷

石洲草堂原刊精本。清北平翁方綱覃溪撰。是考附于粵東金石略後，計得二十八種，盡摹全文，並載所在，詳加考證。末附覃溪先生九曜石歌等二十首。

六・二四　九曜石刻録一卷

翠琅玕館刊本。清烏程周中孚鄭堂撰。前有鄭堂自序，末有其弟聯奎及張登瀛各一跋。周君從徐惺庵學使赴嶺南，遍搜九曜石刻，間有覃谿先生所未見者，計得宋刻二十二，元刻二，明刻五，凡二十有九種，以年代爲次，備録文字，並詳考證，復以石刻所在列目附後，又將翁氏金石略所載重摹米元章題字及時仲題名等五種舉目附入。

六・二五　古志石華三十卷

三長物齋原刊本。清寧鄉黃本驥虎癡撰。前有虎癡自序。按：墓誌濫觴于兩漢，浸淫于六朝，而波靡于唐宋，不自劉宋始也。漢魏遠矣，石刻斷泐，文集無徵。晉代禁用碑志，故所傳亦尠。南北二朝始見于集，唐宋以來則無集不登矣。其誌石之在士者，亦日出不窮。凡所稱述，往往與國史相參。史之所有，可拾其遺，史之所無，可補其闕。故誌墓之文，尤爲足貴。黄君就其所弆墨本，益以友朋所藏及金石家著録之確而可徵者，備録原文，並詳考證。其題爲「古志石華」者，所以别于文集選本也。計自漢迄元，共録二百八十有二種。各志不用原題，直書姓、名，按代排編，如晉「劉韜」、宋「劉襲」之類；有姓、字存而名缺者，書其姓、字，如隋「元智」、唐「張希古」之類；名缺而他志可互證者，仍據他志書其名，如北魏司馬景和妻孟氏，據景和自誌「君諱昞」書「司馬昞妻孟氏」，宋鹿伯可，據其子昌運誌「父何」書「鹿何」之類；名缺而可意揣者，據所揣書其名，如唐「盧鍇」、「崔瑾」、宋「李僑」之類；名、字俱缺者，姓下繫以「某」字，如唐「杜某」之類；字存而姓、名俱缺者，書其字，如唐「令賓」、「公都」之類；姓、名、字俱缺者，書曰「某君」，如五代「某君」之類；婦統于夫，冠以夫之姓、名，「司馬炳妻孟氏」、唐「段儼妻文安縣主」之類；女統于父，冠以父之姓、名，宋「張濟女推兒」、唐「太宗女汝南公主」之類；夫婦合誌，書其夫，隋翟賓暨妻陳氏、唐李文暨妻劉氏，原係合誌，止書「翟賓」、「李文」之類；婦人專誌，冠以夫之姓、名，夫名缺者，書其字，如「元智妻姬氏」之類；名、字俱缺者，以「某」字代，如唐「裴某妻賀蘭氏」、「折某妻曹氏」之類；姓、名俱缺者，專書婦氏，如唐「袁氏」、「杜氏」、「周氏」之類；誌稱「夫人」，詳其文義，非夫敵體者，加「妾」字，如唐「王察妾范氏」、「楊籌妾王氏」之類；誌爲保母而作者，冠以所保之子姓、名，如晉「王獻之保母李氏」、宋「蘇軾乳母任氏」之類，皆黄君特定之例。然第見其繁，不若各家之直署原題，尤爲明晰也。末附勸勿徙關中古誌石文一篇。

六・二六　慕汲軒誌石文録一卷

刊本。清苑吳鼎昌輯。是編所録誌文，多屬輓近新出土者，計得北魏六十一種，東魏二種，北周一種，隋十七種，計八十有一種，備録全文，不加考證。目下詳書體以及石之尺寸、行數、字數，唯出土所在、收藏姓氏間多缺載。

六・二七　慕汲軒誌石文録續編一卷

刊本。清苑吳鼎昌輯。是編續録誌文梁一種，北魏十種，齊二種，北周一種，隋十五種，計二十有九種，體例同前。

六・二八　地券徵存一卷

雪堂原刊本。上虞羅振玉叔言輯。後有叔言跋。按：地券傳世最先者，當漢之建初，近者訖于明之天啓。其刻辭雖有增損因革，而大指率相類。惟形製則古今頗殊。其以玉者形如方，以鉛者如簡，其以專者率先者小而後者大。或代專以石，然什一二而已。是編所輯漢三，吴六，晉二，魏一，唐二，南漢一，宋二，金一，元一，明四，高麗一，計十有四品。其中玉券一，鉛券二，他皆爲專與石。其出于鐫刻者十有八，書而未刻者一，昔有而今佚、昔完而今毁者三。各券悉録全文，並詳尺寸、行數、書體、收藏姓氏、出土地方，唯無考據。

六・二九　專誌徵存一卷

雪堂原刊本。上虞羅振玉叔言輯。後有叔言跋。跋曰「古無誌墓之文，傳世比干般銘及滕公墓銘，雖見前人著録，然以書迹斷之，始出後世肊造。葬時燒專造壙，于專上記姓氏、年月而已。其文皆在專側，或但施吉語，無刻字專面者。刻字專面，殆爲誌銘之濫觴。最先出者，爲許州魏陳禮等專，今已亡佚。逮光宣間，近畿多出半面刻字墓專，中州之彰德亦有之，或朱墨書，不鐫勒。關中唐以下諸誌，亦有刻專上者，予頗收集之。丁巳仲冬，乃出其所藏，手自編寫，得八十一通，成書一卷，顔之曰『專誌徵存』。校寫已完，復有所得，不及增入，當爲續編，期諸異時，爰書以竢之」云云。

六·三〇　褚千峰手輯古專録一册

稿本。清郃陽褚峻千峰輯。後有千峰手記，前有匡源手跋。褚氏此編未經刊行，所録起漢太初，迄唐天寶，悉摹全文，並以無紀年者附末，計著二百又一種，間綴簡明考據。

褚氏手記曰：「乾隆丙寅五月廿六日雨後彙録。」

匡氏手跋曰：「研丞司馬出示此册，是褚千峰所彙輯，成于乾隆丙寅，至今甲子兩星。千峰名峻，晉人，常游江淮間，足跡所至，殘碑斷碣，崩厓頹石，無不手自摹搨，常搜得古刻三十餘種，皆昔人所未見，所著有金石經眼録，今所傳金石圖亦其手製也。同治戊寅夏日，匡源借觀并識於碧梧翠竹齋。」

六・三一 百甓齋古甎録六册

稾本。清吴人陳璜寄蟠撰。前有顧千里廣圻手跋並序。陳君僑居滬上，癖嗜金石，搜羅極富，藏甎尤夥。據李氏金石學録載，寄蟠曾與武原黄椒升、張質明同輯金石萃編補遺、金石萃編校勘記諸書，惜皆不傳。即是録亦未付梓，余以重值得此手稿于申江。全書經仁和顧千里先生手校，眉間行裏，批訂殆遍，凡陳氏釋文之舛、援引之訛以及遺漏未盡之處，一一均加審正，丹黄觸目，倍足珍秘。收藏前有「雲卿秘玩」朱文方印、「王雲卿考藏」朱文長印、「雲卿小印」小方印、「柳蓉春經眼印」白文方印、「博古齋考藏善本書籍」朱文方印、「曾經東山柳蓉邨過眼印」朱文方印。序後有各甎記載四十餘則，亦出顧氏之手，略如校勘記。

顧氏手跋曰：「道光乙酉歲，滬上百甓齋主人示我，並屬點定一過。一雲散人顧千里記于邗江寓館。」下鈐「顧千里經眼記」朱文長方印。是跋係硃墨手書于書衣。

顧氏序曰：「甎之興也久矣，而有款識則昉于漢。洪文惠以永平、汝伯寧、曹叔文、謝君、永初五種入于隸續，又有北宫衛令邯君等數甎，因篆書不列。近時著録家，如嘉定錢氏、大興翁氏、青浦王氏、陽湖孫氏諸書，各就所得，不限篆隸，並載吉金貞石之間。其獨以塼埴文字爲一書者，聞海鹽張氏燕昌嘗從事焉，而未成也。今年，予■游海上，因右白段君識寄蟠陳君，過其所居，曰『百甓齋』，見其堆几積案，是物纍纍，若篆若隸，照耀心目。復出所撰古甎録一書相示，自漢元朔，至晉隆安，無年月者附末，前舉原文，後係跋語。省覽一過，知其嗜古之篤，討索之勤，故能元元本本，詳哉言之。抑又旁綜昔人著述中涉及此事者，凡范成大、施宿、潛説友、魯應龍之流，單詞隻義，披剔靡遺，于譚古甎者，幾欲歎觀止而，豈僅收藏之富、鑒賞之精已哉？別後書來，言將授削氏，且屬爲之序。予不能辭，答以宜用精拓墨版，乃不失真，庶乎同癖家置一編，咸若躬親摩挲古澤，固非寄蟠不能盡善至是矣。前予從常熟蔣大令伯生獲山左新出晉太康九年故掖令高平檀君墓甎打本一種，郵而貽之，並書于此，既廣異聞，且志墨緣往還之雅云。」

六・三二　甎文考略四卷

廣倉學宭刊本。清臨海宋經畬心芝撰。前有心芝自序。是編以年代分次，自吴至明，悉録專文，並載考證。末附失年號專、篆字專、吉語專、無年號專及專文考略之餘各種。

六・三三　千甓亭甎録六卷

十萬卷樓原刊本。清歸安陸心源存齋輯。前有存齋自序，次吴雲尺牘一通。

按：古専可以補隸書之缺佚，可以見字學之變遷，可以參史乘之異同，可以證六書之通借。志塼之有專書，肇于洪文惠之塼録，惜其書不傳，僅于隸釋、隸續考見一二而已。清代嘉興馮氏登府，合儀澂阮氏元、武進湯氏貞愍、錢塘黄氏昜、嘉興張氏廷濟、臨海洪氏頤煊、宋氏經畬、吴興陳氏經、徐氏熊飛、王氏獻、鈕氏重熙、海鹽王氏懋官、山陰杜氏寶辰、陽湖吕氏佺孫、海寧僧達受、桐城吴氏廷康十餘家之塼，成浙江専録。各家所藏，多者百餘，少者數塼，率多奇零殘斷，全者無幾。陸君藏磚，十倍于前人，輯成是録，按年排次，紀其緣起，詳其出處，考釋其文字，語無鑿空，事必徵實，洵屬専書中之傑作也。

六・三四　千甓亭塼續録四卷

十萬卷樓原刊本。清歸安陸心源存齋輯。前有楊峴序。存齋仿宋文惠之例，以存専輯成前録六卷，後又續成兹編，以補前書未備，體例亦如之。

六・三五　匋齋藏甎記二卷

匋齋原刊本。清浭陽端方午橋輯。前有午橋自序。匋齋撰臧石記，時以存專無多，併入「石類」。後以所得日夥，因復另輯此記。其已入「石類」者，亦不復移併。此記所載，悉臯人葬專，體例略殊。各專盡録原文，並詳高廣尺寸、字徑、書體，以及考證。其中譌舛至多，據恒農冢墓遺文訂正，其中如犂錯專，「元和四年」脱「元」字；左章專，「章和元年」脱「章」字；鄭□專，「□和二年正月」誤作「二月」，「重泉」誤作「□宗」，「鄭」字但存「阝」半，「在此下」脱「下」字；陳李專，「下」字上脱「此」字；吴顔專，「酸隶」之「隶」誤作「東」；畢通專，已折爲二，誤以上截九字入上卷，以下截十一字入下卷；杜倪專，「□元二年」脱「□元二」字；常山□□□□專，「永元元年十月」脱「十」字；邯鄲髡鉗□□專，「永元元二年」，「元」下脱「二」字，「邯鄲」上脱「國」字；倞升專，「完城旦」下脱「倞升」二字，專之上側有「倞升死」三字，誤列入下卷，又誤「倞」爲「哀」；魯伯專，「陳留尉是」之「是」字但存下截，誤録作「之」，「魯伯」誤作「嘗谷」；□膮專，失録上截右「無任」等八字，又半字一；張少專，羅叔言藏本但存下截，「張」字尚可辨，匋齋並有上截，專端「張少死」三字乃誤析爲二，又失録「張少死在此下」之「張」字。又如廬江太守髡鉗專，其文爲「永元四年三月七日，無任廬江太守髡鉗□□死在此」，考「髡鉗」之上，例著罪人籍里，安得有「廬江太守」之文，必「廬江六安」之譌，乃譌「六」爲「太」，譌「安」爲「守」也。此羅氏所定其訛，其説至當，匋齋雖博雅，而輯録出諸門生故吏之手，不免有所疏誤也。

石廬金石書志卷之七

閩侯林鈞亞傑

存目類

七・一　集古録目五卷

三長物齋刊本。宋廬陵歐陽棐叔弼撰。前有歐陽修序、叔弼記、黄本驥後序。歐陽文忠公撰集古録既成，命其子叔弼别爲集古録目。見叔弼自記。其書久已失傳，後世誤爲一書，故將公文集内所存集古録自序一篇移冠于集古録之首，且謂公自稱集古録跋尾爲集古録目，則誤會更甚。寧鄉黄本驥據南海吴荷屋先生所藏陳氏寶刻叢編抄本，摘其所引集古録目者，凡五百餘條，按立碑時代年月，釐爲五卷，以補叔弼原書之亡。原本十卷，據陳氏一家所引，僅存其半。而陳書凡二十卷，亡佚六卷，殘缺二卷，其存者亦復輾轉傳鈔，訛脱已甚，即一家所引，亦不能僅存矣。然是編一出，人始知跋尾與録目爲二書，黄氏有功廬陵父子爲不小矣。朱氏槐廬刊本與此本同。

七·二　寶刻叢編二十卷

十萬卷樓刊本，宋臨安陳思撰。前有鶴山翁序、孔山居士序、陳伯玉序，又不全失名序。是編蒐録古碑，以元豐九域志京、府、州、縣爲綱，其名刻地理之可考者，案各路編纂，未詳所在者，附于卷末，兼採諸家辨證審定之語，具著于下。以元豐九域志及宋史地理志互相參核，其中改併他名，往往未能畫一。即卷内所載與目録所題，亦不盡相合。如目稱「鎮江」而卷内稱「潤州」，目稱「建康」而卷内稱「昇州」之類，不一而足。至于所引諸蓋諸家著録，多據古碑之舊額，思所編次，又皆仍諸家之舊文，故有是譌異。又有稱其别說，不稱「某書」、「某集」，但稱其字，如「蔡君謨」、「王厚之」之類。然當號，如「碧岫野人」、「養浩書室」之類，茫不知爲何人者，尤爲宋元坊肆之陋習。南北隔絶之日，不得如歐、趙諸家多見拓本，而能紬繹前聞，博稽方志，于徵文考獻之中，寓補葺圖經之意，其用力可謂勤矣。且宋時因志地而兼志碑刻者，莫詳于王象之輿地碑目，而河淮之北，概屬闕如。是書于諸道郡邑，綱分目析，沿革釐然，較象之特爲賅備。朱彝尊先生嘗欲取所引隸續諸條，以補原書二十一卷之闕。今考所引，如曾南豐集古録、施氏大觀帖總釋序、集古後録、諸道石刻録、復齋碑録、京兆金石録、訪碑録、元豐碑目、資古紹志録諸種，今皆散佚不傳，猶藉是以見崖略。又汝帖十二卷、慈恩鴈塔唐人題名十卷以及越州石氏帖目，則他書所不載，而亦藉是書以覘其大凡，亦可云有資考證者矣。據四庫提要。末有「至正庚寅冬，得于武林河下之書鋪，歸置于竹江舊隱之凝清齋。俞子中父誌」一行，又「至順改元夏五月五日，收此書本。保居敬記」一行。

七・三　寶刻類編八卷

東武劉氏原刊本。宋人撰。宋史藝文志不載其名，諸家書目亦未著録，唯文淵閣書目有。然世無傳本，僅見于永樂大典中。核其編脅次第，斷自周秦，迄于五季，並記及宣和、靖康年號，知爲南宋人所撰。又宋理宗寶慶初，始改筠州爲瑞州，而是編多以「瑞州」標目，則理宗以後人矣。前有四庫提要。是編輯自永樂大典，爲類者八：曰帝王，曰太子諸王，曰國主，曰名臣，曰釋氏，曰道士，曰婦人，曰姓名殘闕。每類以人名爲綱，而載所書碑目，其下各系以年月、地名，且于「名臣」類取歷官先後之見于古刻者，臚載姓氏下方以備考。然其所分證之史傳，不盡可徵，體例踳駮，難資依據，故後人編著無依爲程式者。其中如書碑、篆額之出自二手者，即兩系其人，近于重複。又如歐陽詢終于唐，而系之隋，郭忠恕終于宋，而系之五季，祇就所書最初一碑爲定時代歲月，前後未免混淆，于體例皆有未密。據伍氏粵雅堂本跋云：「其中如萬年宫碑，據碑，永徽五年立，此作『六年』；徐州都督房彦謙碑，據碑，三月二日立，此作『二月』；贈太保郭敬之廟碑，據碑，十一月立，此作『五月』；右丞相宋璟碑，據碑，九月建，此作『四月』；嶽麓山寺碑，據碑，開元十八年九月立，此作『十九年七月』；鄭司農碑，據碑，閏十二月立，此作『正月』；諸葛武侯新廟碑，據碑，正月立，此作『二月』；圭峰定慧禪師傳法碑，據碑，十月立，此作『正月』；天寶祇十五載，而贈上黨故吏敕書注云『天寶二十一載』，是其年月不無誤著。又孫希範孔宣尼碑，據碑，是『孫師範』；左武衛大將軍乙速孤行儼碑，據碑，是『右武衛將軍』；李琚左輔頓僚西岳廟中刻石記，據碑，是『杜繹』；董簡撰昭義節度李抱真德政碑，是『董晉』，又史有『董晉』而無『董簡』，疑俱爲原書之訛。中州金石記大唐紀功之頌引此編云「顯慶四年八月立」，此本缺注年月，則傳寫之謬也。若卷三韓擇木書瑶臺寺新降大德碑，又書瑶臺寺大德碑。卷五左拾遺竇叔向碑，竇公直書之，竇易直又書之，疑非二碑。按：史有『易直』而無『公直』，而金石録以爲『公直』，此編兩存，猶見古人闕如之義。至于則天母孝明皇后楊氏碑，金石文字記云『正月立』，此作『六月』；王遂石門銘，關中金石記、金石萃編俱作『王遠』；奉先觀老君象碑，中州金石記作『奉仙』;陶德甄宣州刺史碑,寰宇訪碑録作『陶德凱』;張杭大忍寺門樓碑,金石録作『裴抗』,訪碑録作『張抗』;贈司空李楷洛碑,『大曆四年立』,關中金石記作『三年』;崔璵撰相國魏謩先廟碑,訪碑録作『崔絢』;羅洧修浯溪記,金石萃編作『羅涓』;楊岐山甄寂大禪師碑,金石萃編作『甄叔』,未定誰是。」又按:陸氏儀顧堂題跋云:「此書所載書人,以范式碑爲蔡邕書,時代不合;以華山碑爲郭香察書,未知『察』字之義。他如禮器碑爲金鄉師曜奴等書,衡方碑爲郭登書,武班碑嚴祺書,張遷碑爲孫興祖書,皆具本碑而反遺之,亦疏陋之甚者。」然金石目録自歐陽修、趙明誠、洪适三家之外,惟陳思寶刻叢編頗爲該洽,而又多殘佚不完。獨此書蒐採瞻博,敘述詳明,視鄭樵金石略、王象之輿地碑目增廣殆至數倍,前代金石著録之富,未有過于此者,尚足爲考據審定之資。末有東武劉喜海一跋。劉氏係據金陵陳雪峰宗彝所藏顧千里廣圻手校之本付刊,未經重校,僅就所見者碑下注一「存」字,非原文也。仍其原缺卷四「名臣十三」之「三」。收藏前有「竟陵鄭氏珍藏」白文長方印。又伍氏粤雅堂叢書本復據劉本覆刻,後多伍崇曜一跋。

七·四　金石略三卷

宋刊本。宋莆田鄭樵漁仲撰。總目後有漁仲自序。首列上代文字，次錢譜，次三代款識，次秦、兩漢、三國、晋、兩朝、隋、唐、唐六帝、唐名家各石刻，列目詳年月以及所在。此係宋刻通志本，原無分卷，余依學古齋諸本編釐，紀爲三卷。辛酉春間，得諸繆氏藝風堂，版本紙墨，古香可匊。曾經藝風堂藏書續記著録。

藝風藏書續記曰：「通志藝文、校讎、金石三略，八卷，宋刊本，宋鄭樵撰。半葉九行，行二十一字。高九寸六分，廣七寸八分。白口，單邊，上有字數，下有刻工姓名。明補甚少，惜止存八卷。」

又學古齋刊本，釐爲三卷，並編次目録于前。宋刊本只有總目刊于序前。

七·五　輿地碑記目四卷

粤雅堂刊本。宋金華王象之儀父撰。是目係從儀父所著輿地紀勝「碑記」一門録出單行。前有妙道人記、儀父自序、大雲山人兩記，後有翁方綱、伍崇曜各一跋。王氏按天下碑刻地志之目，分郡編次，而各注其年月、姓氏、大略于下，起臨安，訖龍州，皆南渡後疆域。據四庫提要載：「其中頗有考訂精確者，如鎮江府丹徒梁太祖文皇神道碑，辨其爲梁武帝父；成都府殿柱記作于漢興平初年，辨非鍾會書；嘉定府移水記有『嘉州』之字，辨其非郭璞書；台州臨海慶恩院、定光院、明智院、明恩院、婺州義烏真如院諸碑，福州烏石宣威感應王廟碑，並書『會同』，則證明吴越實曾用契丹年號，皆確有根據。至如上霄峰夏禹石刻，南康軍已載之，又載于江州。孔子延陵十字碑，鎮江府既兩載，又載于江陰軍，又載于昌州。又如徽州則載歙州折絹本末一事，澧州則載柿木成文『太平』字，皆于碑志無涉，頗屬不倫。又思州下獨載夏總幹墓誌略一篇，大書附入，體例更爲龐雜。然所採金石文字與他書互有出入，可訂正異同。」是本翁氏覃溪係據李文藻所存錢辛楣校本重抄校改，妙道人復據傳抄翁氏本取紀勝原書校正，伍氏又以益都李氏抄本、潢州吴氏抄本互校，吴本有誤，係據李本及番禺陳氏、海寧楊氏紀勝兩抄本更正，詳見伍氏跋内。刻成後，復得上元車氏據元和顧氏所訂刻本，復校勘不少，頗稱精審云。

陸氏儀顧堂題跋此書曾舉誤謬各節，此本全無，足見伍氏校梓之精。

七·六　輿地碑目唐前碑記四卷

稿本。高密鄭文焯叔問輯。前後有叔問先生手記三則。鄭公就王象之輿地碑目節録唐以前各碑，按照原目，分地排序，間亦參録唐刻。目後多附按語，考訂尤爲翔實。全稿出公手寫，展卷令人愛不釋手也。

鄭氏手記曰：「潘文勤公刻于功順堂續編中，却未之見，蓋續刊者，未通行耳。癸卯冬，得潘刻大字本，校坊刻，因記之。」按：此記所載「刻于功順堂續編中」一語，係指王象之輿地碑記目也。

鄭氏再記曰：「節唐以前諸碑録之，間亦列唐之存于今者，聊備考訂焉。」

鄭氏三記曰：「同治九年，滂喜齋據顧千里從趙晉齋、孫淵如兩家寫本及殘缺紀勝讎校，車秋舲持謙嘗爲刻之。今兵火之後，已無存矣。朱茉堂、劉燕庭鈔本皆不如此本之完善。今紀勝闕卷三十有一，此書則卅一卷之『碑記』一門耳。考浙江通志，象之字儀父，金華人，慶元元年進士。」

七·七　輿地碑記目見存諸石刻録一卷

稿本。高密鄭文焯叔問輯。前有叔問先生手記一則。是目就王象之輿地碑記之見存者録之，詳于漢、魏、六朝，唐以下不載，目後附記考據。此亦鄭公手稿也。

鄭氏手記曰：「唐刻之在僻遠者，當猶多有存跡，兹特詳于漢、魏、六朝焉。鶴道人記。」

七·八　寒山堂金石林時地考二卷

粵雅堂刊本。明吴縣趙均靈均撰。前有靈均自序，後有伍崇曜跋。靈均係趙宧光凡夫子，承其家學，喜搜金石。是編取東觀餘論、宣和書譜、金石略、墨池編、集古録、隸釋、金石總要、菉竹堂碑目、王世貞金石跋以及各家書目所載，與後代續出耳目所及者，仿陳思寶刻叢編之例，編次郡省，分别時代，以便訪求。其中如南直隸唐碑失載岑君德政碑等五種，頗有疏漏。福建玉枕蘭亭作褚遂良書之類，亦不免失于考核。然亦足訂他書之謁者，明代去今未遠，較陳思所記，尚可依據。據四庫提要。其凡例略見自序，所謂「以人係時，以時係地，若綱在綱，有條不紊」者，洵不誣也。

七·九　金石備考十四卷

舊抄本。明關中來濬梅岑輯。來君據前人所著録者，存其名目，以資檢括，非比歐、趙諸書薈萃論次者也。然既撮爲一編，則亦應略爲考證，俾存亡、真贋釐然可考，方足成書。而概無别擇，視于奕正之天下金石志詳則過之，而謁誤亦復不減。四庫提要糾其最甚者，如周穆王贊皇壇山吉日癸巳字誤爲史籀書，濟寧王安石詩碑誤爲黨懷英詩，慈恩寺塔褚遂良書聖教序誤爲臨王羲之書，釋夢英篆千文誤爲李陽冰書，此人名之舛也。皇象篆書吴紀功碑誤爲八分書，此字體之舛也。唐高正臣書明徵君碑誤爲宋人，辰州銅柱記誤爲晉刻，以謝靈運誤爲唐人，此時代之舛也。房玄齡碑在西安，魯峻碑在濟寧，而皆誤云在章丘；衡方碑在汶上，張九齡碑在韶州，而皆誤云在西安；又若漢周憬碑則湖廣桂陽與廣東樂昌兩載，房山隋石經、許州上尊號碑、嵩山徐浩碑、永州中興頌、長沙岳麓寺李邕碑，則一處而兩見，此地理之舛也。即其注于條下曰「今斷」、曰「今殘闕」者，亦是所據之書如此，非得自目見。雖備考不妨存疑，然于裒輯，亦太草略矣。是本得自繆氏，並經藝風手校。

七·一〇　古林金石表二册

舊鈔精本。清秀水曹溶潔躬撰。前有潔躬自序。曹君收藏頗富，是書雜列所蓄碑帖之目。其自序稱：「予行塞上，見古碑横茀草間，偶一動念，古人遺蹟歷千百年，自吾世而湮没之爲可惜。搜自境内，以至遠地，積五年，得八百餘本。」裝界精整，有一定之分寸，不稍參差。每册必手書其籤而校勘之，至今人稱爲「曹籤」。是目以碑爲經，以撰書者之姓名及所立之地與世與年爲緯，合而成表。然其書與他家碑目相等，無所謂「體仿周譜，旁行斜上」之式，定名爲「表」，殊不相稱。其間既不從歐、趙不分時代之例，而所列時代，不以年序，亦不以地序，六朝以前合而爲一，尤爲雜糅，似乎未經編次之本。且八百餘本之中，惟楊珣殘碑注「疑非是，再考」五字，餘皆不置一詞，亦不足以資考證。又王羲之曹娥碑、樂毅論諸條，下皆注「宋搨」字，是雜録古帖，並非金石之存于今者矣。據四庫提要。此本係陳簠齋藏本。前有「壽卿藏本」白文方印、「淡宜藏本」朱文長方印。

七・一一　金石目考覽二卷

舊抄本。朝鮮金秉善撰。全目專録朝鮮、高麗諸刻百九十餘種，詳年月、撰書人姓氏、所在，目後附綴考證，多出海東金石苑，所録較劉氏喜海爲多。是本經繆藝風先生手校。版心有「雲自在龕」四字。

七・一二　水經注碑目一卷

抄本。不知何人所輯。係由後魏涿鹿酈道元善長水經注摘録。按：四庫提要亦有水經注碑目，係出楊慎所輯。提要以隸釋嘗載其目，詆楊氏爲牀上之牀，且精密亦不及适云云。此本與隸釋所載不大出入，當非鈔自楊本也。

七·一三　金石萃編補目三卷

舊抄稿本。清長沙黄本驥虎癡撰。前有虎癡自序、郘亭手跋。虎癡幕南海吴荷屋中丞時，據吴氏所蓄墨本數千種，參以自藏拓本，爲編萃編補遺。凡萃編已有者，皆不再録。其所無者，自三代以下，按年編次，備録原文，加以考證，一照萃編成例，經六稔始成，卷帙多于王氏。惜中丞卒後，原稿莫知流落何所。虎癡又仿孫氏訪碑録之例，另次兹目，以爲搜羅前導，改顔「萃編補目」。曾經郘亭批校。藝風藏書記著録。收藏有「雲輪閣」朱文長方印、「荃孫」朱文長方印。

郘亭手跋曰：「咸豐庚申夏，大興劉子重銓福以寧鄉黄虎癡此目清本相示，云以未刻本，子重在湖南時手付者。亟命録副，以存吾亡友遺著一種。五月三日，寫者畢工，因校首卷記之。是日長至，又賤子五十生日。他日此稿，或因以傳也。郘亭眲叟。」

藝風藏書記曰：「金石萃編補目三卷，長沙黄虎癡本驥爲吴荷屋中丞編筠清館石文，意欲補萃編所未備，書成未刻，虎癡因次其目爲三卷。此從獨山莫氏所傳録者。」

七・一四　攈古録二十卷

原刊本。清海豐吴式芬子苾撰。此目就寰宇訪碑録補其未備，删其訛複，增入三代、秦、漢以來吉金，各注某氏家藏，如孫録收專瓦之例。惟不載璽印、泉幣，鏡銘只載有年月者，孫録未詳碑額亦並補之。自三代迄元，按代排録，計金文一千七百八十一種，石文一萬五千二百三十種，專瓦文一千一百零五種，木刻六種，玉文四種，磁刻文二種，都一萬八千一百二十有八種，誠金石目録之大觀也。

七・一五　寰宇訪碑録十二卷

槐廬家塾刊本。清陽湖孫星衍、階州邢澍同撰。前有孫氏自序。時邵學士晉涵纂書三通館，檄取海内石刻，進作續鄭樵金石略，以副本貽孫君，故所蓄特富。又益以四方搜訪，並據邢氏藏本補其不備，歷二十餘稔，始成是目。起自周，迄于元，得七千八百四十有九種。目下綴以書體、年月、撰書人姓氏、所在，輯録詳備，然多疏舛。上虞羅氏有刊謬之作，訂正三百餘條。紹興顧氏又補羅氏所未及者二十二條。見顧氏石言第二卷。聞東武劉燕庭先生亦有此録校本，不知流落何處，恨未得並几互正也。江蘇書局刊本，與朱氏本同。

七·一六　補寰宇訪碑録五卷

槐廬家塾刊本。清會稽趙之謙撝叔撰。前有自序並附記六則，南匯沈樹鏞跋。趙君後陽湖四十一年始著録茲編，增補千八百餘種，悉依孫氏之例，前録無年月古碑，次自秦迄元各石刻，末附失編。全目奪漏舛誤之處頗不少，曾經羅氏校正三百餘條，爲刊誤一卷，顧氏又復補訂數則，見石言卷二。足稱趙氏功臣也。

七·一七　補寰宇訪碑録失編一卷

槐廬家塾刊本。清會稽趙之謙撝叔撰。是編悉照前例補七十有三種，無年月古碑一，漢二，吴一，晉二，後魏八，後齊七，後周一，隋四，唐三十五，十國吴一，南唐一，北宋五，南宋四，末附橋亭卜卦研一種。

七·一八　寰宇訪碑續録殘稿二册

殘稿本。江陰繆荃孫筱珊輯。己酉，余在滬盡得藝風堂金石書，此稿參雜其間，係屬藝風先生原稿。其中補正悉出繆公手蹟，惜非完帙，亦不知全書計釐幾卷，殊爲悵憾也。

七·一九　歷代金石分域編三册

傳鈔稿本。清武進丁嘉葆頌孫撰。前有趙慧甫先生手跋一則。按：金石分地之作，如宋陳思之寶刻叢編，以元豐九域志京、府、州、縣爲綱，其名刻地理可考者，按路編録。王象之之輿地碑目亦就天下碑刻，分郡撰著。至若明于奕正之天下金石志及近代孫、趙之寰宇訪碑録，悉參其例。丁君此編，按省以府、州、縣爲綱，以時代爲目，體例之善，考訂之精，亦不讓陳、王、孫、趙諸子，惜未梓行，殊爲可嘆。此本爲趙慧甫先生編撰畿輔志時採録之本，惜非全帙，祇存直隸一省，餘均闕如，姑録入編，以彰名著。他日墨緣感召，劍合延津，亦弗可知也。

趙氏手跋曰：「丁嘉葆，字頌孫，武進人，道光戊戌進士，官侍講學士。此編共十八册，此直隸金石，乃弟一册也。」

七·二〇　考槃餘事一卷

舊鈔本。明屠隆撰。即考槃餘事首卷。前著宋代諸帖，次録歷代碑帖，目下悉詳書體、所在、撰書人姓氏，並附簡明考據。此編亦慧甫先生在蓮池時搜録之本也。

七·二一　葉氏菉竹堂碑目六卷

粤雅堂刊本。明崑山葉盛與中撰。趙靈均金石林時地考自序以東觀餘論、宣和書譜、金石略、墨池編、集古録、隸釋、金石總要等書與是目齊稱而著録，趙氏書提要引之，則亦頗重其書矣。第一卷僅兩葉，第六卷集帖，所藏重刻本均記之，搜羅亦云富矣。後有伍崇曜一跋。

七·二二　天一閣碑目一卷

文選樓原刊本。明鄞縣范欽堯卿天一閣收藏。目前有錢大昕序。按：丁未，竹汀先生復登天一閣，適海鹽張芑堂以摹北宋石鼓文寓范氏，而堯卿六世孫葦舟亦耽嗜法書，以天一石刻之富不減歐、趙而未有目録，乃相約撰次之。自三代，訖宋元，凡五百八十餘通，以時代前後爲次，並記撰書人姓名，明碑以近不録，仿歐、趙之例也。碑目雖編于後人，而收獲之勤，則出自前人，故仍以堯卿姓名登諸録。明代好金石者，唯都、楊、郭、趙四家，較其目録，皆不及范氏之富。若宛平于氏，率據方志，更難望其肩背也。

七·二三　竹崦盦金石目録五卷

傳抄稿本。清仁和趙魏晉齋撰。有淩霞手跋。晉齋少好遠游，搜訪古刻，藏碑數千通，雖值窮乏，寶而莫失。阮芸台積古齋鐘鼎款識曾徵引七十餘種，孫氏寰宇訪碑録凡稱「仁和趙氏」者，其著録皆始于先生。此目自三代至元，約録二千餘種，徧詳年月、撰書人姓氏、所在，間及考證。據石言云「書中所著録各目，如魏天平二年故秦州刺史司馬使君之墓誌銘實在孟縣，趙氏以原誌文中有『葬于西北二十里』之故，云在温縣，不知温城西北二十里在今已爲孟縣境矣。茲據孟縣志正之」云云。茲本經歸安淩霞子與朱墨手校。版心編注時代、朝號，極便檢討。不分卷，彙訂兩册。茲依吴氏絅齋刊本釐定，紀爲五卷也。

凌氏手跋曰：「仁和晋齋趙先生篤學嗜古，其所録御史臺精舍題名、郎官石柱題名已刻入石門顧氏讀畫齋叢書。此竹崦盦金石目録未有刊本，數年前曾假陽曲田氏斗檢封室所弆寫本，鈔胥録存此册。今又見儀徵吴氏瘦梅花館新獲盩屋路氏舊抄本，復又假得手校一過。憶亡友魏稼孫曾言：『沈韻初存有此書，空行甚多，不知何故。』此册接連書之，已不能復舊觀矣。」

七·二四　潛研堂金石文字目録八卷

龍氏家塾刊本。清嘉定錢大昕竹汀撰。竹汀先生學問無一不精，爲清代考據大家，所藏拓本二千餘通，著有跋尾八百餘篇。此爲金石目録，各載書體、撰書人姓氏以及所在，與歐氏集古録目同其命意也。末有瞿中溶一跋。

七·二五　話雨樓碑帖目録四卷

原刊本。清吴江王楠任堂輯。前有許梿序、錢泳序、張廷濟序、王鯤序，並摹鑑藏圖章于首，爲各家所未有。王君居吴江之盛澤，好古而善聚，自周秦彝器，以至歷代石刻，聞世有精善者，必羅而致之話雨樓。是目即就鑒藏之品，按代列目，附綴考跋。其子王鯤編次刊行。第一卷至三卷列三代至遼金各金石，第四卷專列帖目。後有徐楙一跋。末附許槤、錢泳、張廷濟、文鼎、楊澥各札。是本得自繆氏藝風堂。卷前有吴廣霈手記一則，與玉雨堂碑目觀款同出一時。全書曾經批校，細審筆迹，應出吴劍華之手。每册收藏均有「凌淦私印」白文方印、「麗生」朱文方印。

吴氏手跋曰：「光緒丙午春正月，皖涇吴廣霈叚讀一過。」下鈐「劍華道人」朱文方印。

七・二六　劉燕庭所得金石目一卷

舊抄本。是目未經編次，金類如鐘鼎彝器以及詔版符牌、鏡印泉笵之屬，石類自漢迄元，錯雜分列，中以經幢爲最多，昭陵各碑亦略備。版心有「怡怡草堂鈔書」六字，係出葉氏平安館，不知何所據輯録。按：劉氏所藏金石至富，此目所見，不過一鱗片爪耳。

七・二七　嘉蔭簃蒐古彙編四册

稿本。清仁和胡琨次瑶輯。前有次瑶序。是目係于劉燕庭喜海先生歿後胡君所編，雖未盡東武之儲，而嘉蔭簃藏弆之富，亦可藉見一斑。計録夏一，周三，秦三，漢一百十八，魏十二，吴五，晉五，前秦二，梁五，後魏十七，東魏十六，後齊三十七，宋一，後周十七，隋三十六，唐六百五十一，五代梁六、唐九、晉十一、漢六、周十四，南唐六，蜀七，吴越五，閩一，南詔六，吴二，南漢二，宋七百三十，僞齊七，西夏一，遼四，金一百二十六，綜計一千八百六十有八種，悉紀撰書人姓氏、年月、書體、所在。收藏有「雲卿小印」及「曾經東山柳蓉邨過眼印」朱文方印。

胡序曰：「去歲之秋，余爲方伯編金石苑目次，凡得十種，將畢，方伯謂余曰：『余尚有六種，葺而未成，其體例標目已定矣。東武爲吾桑梓之鄉，山左金石志采葺未備，思掇其逸文，爲東武懷古録一書。六朝三唐，篤信佛氏，造像鉅萬，蔚爲大觀，匯而存之，爲造象觀古録一書。余嗜金石，獨不甚愛古甎，然左弋瓦當、善業塔甎之屬，世不經見者，余獨搜之，合之宮殿年號甎瓦，爲寶甓甈古録一書。長安所得，京市所搜，承霤連環，金釭銅鋪，一切有可名狀之物，繪圖存之，以待後之識者，名曰捫槃説古録。金石之文，有補稽考，然一編之中，足資賞鑑者什九，有關典要者什一，余將擇其要典者，斷章摘句，寫爲一册，名曰要言汲古録。金石之事有誕妄者，其文有譎誑者，其形狀有詭異者，其創制有不經見者，從詩話之例，條而書之，名曰奇觚抉古録。要言、奇觚二種，須得阮文達太傅、徐君青方伯、葉崑臣中丞家藏之物，及吴子苾方伯所編分縣碑帖目録，合而採之，庶無遺憾。子能留都助我成之乎？』余未有以應也。今方伯已捐館舍矣，所藏金石，散置内外各齋，余得其碑目，以松日蘿月齋中拓本校之，補數十種，録副一通，朝鮮、龍門之碣，墓誌、造像之屬，皆不在是也。至于畸零拓本，庋之内室，喪紀之中，余不敢請，闕略之譏，所不免焉。兹聞維揚告變，密邇浙西，余有戒心，束裝就道，正不知何日得重到黄華坊，校補遺編，以酬延陵挂劍之願耳。癸丑四月既望，仁和胡琨書。」

七・二八　玉雨堂碑目四册

藁本。清仁和韓泰華小亭手稿。韓君道光中官四川潼川府，搜得武成三年經幢，移置琴泉寺，著有無事爲福齋筆記，考證金石者居多。是目以所藏墨本按代編目，書眉、行間，增補至夥，均出韓君之手。前有張德容、吴廣霈手跋兩則，後有韓君手記兩行。末附類帖各目。收藏有「雲輪閣」朱文長方印、「荃孫」朱文長方印。曾經藝風藏書記著録。

韓氏手記曰：「戊午立秋後二日記。共金石目三千六百三十一種。」

韓氏再記曰：「已未暮春，盈三千七百種。」

張氏手跋曰：「辛未八月，衢州張德容借讀一過。」下鈐「松坪過眼」朱文方印。

吴氏手跋曰：「光緒丙午春正月，皖涇吴廣霈借讀一過。」下鈐「劍華道人」朱文方印。

藝風藏書記曰：「玉雨堂碑目四册，仁和韓泰華手藁。後有記云：『戊午立秋後二日記。共金石目三千六百三十一種。』『已未暮春，盈三千七百種。』」

七・二九　仁民愛物齋手藏碑目四册

傳鈔稿本。武進丁紹基汀鷺撰。前有趙慧甫先生手跋兩則。此目起漢迄元，按代著録，並詳所在、年月、撰書人姓氏。目後附考，援證博洽，間亦綴録碑文。書眉批校各節，悉出趙氏之手，均足補訂遺譌。按：汀鷺先生所著求是齋碑跋已有刊本，唯曲陽碑目與此編未經梓行。丁君爲頌孫先生嘉葆子，家學淵源，藏弆稱富。依趙氏再跋所載，則此目所登，尚未盡其所藏。他日倘獲晚定之稿，補成完帙，亦一快事也。

趙氏手跋曰：「丁字汀鷺，武進人，頌孫先生子，官直隸知縣，與修志乘，在蓮池最久，先後將十年。精地輿之學，尤酷嗜金石，吉光片羽，愛惜甚至，考訂深切，丹鉛佈滿，不厭繁複，篤好可知。余分纂畿輔金石，恒與商榷，每爭執一事，輒至赤項，然益余良多。此其所藏目也。余南歸，將解維，録此爲贈，其所著識跋，則未能繕也，他日當函索之。」

趙氏再跋曰：「己丑之冬，先生以憂歸，余遇于吴門，詢所得，則又益二千通矣。可羨。」按：此目所著僅及千種。求是齋碑跋張鈞衡跋云「丁君收碑一千六百餘種」，則所舉之數，亦未盡其所藏也。

七·三〇　八瓊室金石補正目四卷

舊抄本。清太倉陸增祥莘農撰。陸君父子，兩世訪求，收藏特富。是目所録，輒多前賢未見，按代詮次，略注簡明考證，録三千餘種，唯唐、宋兩代，係屬節録，當未盡所藏也。原本未標卷次，以其時代彙分，當爲四卷，末附袪僞一卷。是本經繆氏藝風批校。收藏前有「誦詔覽夷之室」朱文方印、「繆印荃孫」白文方印。

七·三一　八瓊室金石袪僞一卷

舊抄本。清太倉陸增祥莘農撰。是目録僞造石刻，按條考證，計漢三種，魏一，北

魏一，北齊一，北周一，隋二，唐十六，計二十有五種，附前目之後。

七·三二　式訓堂碑目三册

藁本。清會稽章壽康碩卿手稿。章公酷嗜金石，所藏特富。乙酉，宰嘉魚，以玩視民瘼，日以刻書爲事，被劾解職。乃大困，舉所藏金石碑版、書板悉售之，見古拓，又借貸典質得之。嘗得唐子産斷碑硯。又得瘞鶴銘「也迺石旌」四字一石，名所居曰「小石山房」。所作碑跋，古雋可誦，有趙子函之風。是目按代編列，中多粘箋。收藏有「誦詔覽夷之室」朱文方印、「繆印荃孫」白文方印。經藝風藏書續志著録。

藝風藏書續記曰：「式訓堂碑目三卷，藁本，章壽康編。壽康，字碩卿，會稽人，隨宦四川。善讀書，金石書畫，靡不收藏。與余莫逆，余訪碑開單告君，君即令打碑人往拓之，分貽友朋。宜賓涪翁巖之五十段，奉節皇宋中興頌，無不致之。翠墨琳琅，堆滿几席。竢君去蜀，無此豪舉矣。君遇舊拓，見即購之，所得袁太守少南所藏居多。此編五千餘種，索序于余，即留余篋。展卷相視，如見故人矣。漢碑如丁房畫象、雙排六玉碑，今豈能再見耶？」

七・三三　藝風堂金石文字目十八卷

原刊本。江陰繆荃孫筱珊撰。前有筱珊自序。繆君少時即喜搜輯金石文字，足跡半天下，凡古刻所在，窮巖荒剎，無不命工訪拓，且韓小亭泰華、馬硯孫書奎、瑛蘭坡棨、崇雨舲恩、樊文卿彬、沈均初樹鏞諸家拓本，先後均被收藏，歷三十餘稔，去其重複者、破損者、模糊者、僞造者、摹刻者、無年月亦無官銜、地名可考者，按代編目，起三代，迄有元，共得一萬有八百餘種，釐爲十八卷。唯歷代墓志，彙列末卷，而塼瓦不與焉。視孫、趙訪碑録，均駕而上之。葉氏語石稱其「著述網羅宏富，冠絶古今」，洵非虛譽。此次過申，繆氏藏書悉行出貰，爲值二萬餘金。據書估云，尚有碑拓，亦將成議，索值倍之。繆老平生辛勤搜羅，一旦星散殆盡，披覽茲編，感愴繫之。

七・三四　雲自在龕金石分地編目殘稿一册

殘稿本。江陰繆荃孫筱珊輯。此係筱珊先生未完殘稿，原擬分地，按代列目，詳年月、書體、所在，惜非完帙，悵憾無窮，姑録入編，以待劍合也。

七·三五　至聖林廟碑目六卷

積學齋刊本。清曲阜孔昭薰琴南、孔憲庚經之同輯。前有孔子七十三代孫主鬯慶鎔序，後有孔子七十四代孫繁灝跋。按：山左金石志載闕里石刻最富，顧于林廟尚多未備。道光十八年，琴南君搜得漢周府君碑額殘石、唐御贊殘石等，移置同文門下。繼于廟中掘得宋、金、元、明人書百二十餘石，龕諸碑院。並同經之遍訪林廟諸石，編爲是目。首列御製各碑，次林廟聖蹟及大宗墓碑、歷代宗派碑，又次林碑、廟碑，均以時代爲先後，計得五百九十餘種。中西漢刻石三，東漢十有二。惟漢竹葉碑，雖金石萃編謂已移入廟內，實在顏氏樂圃，漢二石人亦在矍相圃中，均未入編。至魏以下碑碣，不可勝計。獨無晉石，琴南復以明人集王右軍字詩刻補其所缺。且趙、洪碑録中載有韓敕後碑、史晨祭冢碑，早已佚失不存。由此推之，林廟碑之殘失剥毁者，已不知凡幾。茲目所登，而今求之，當亦難期無恙也。

七·三六　佛幢證古録目一卷

藁本。清仁和胡琨次瑶撰。前有次瑶自序。輓近葉菊裳昌熾前輩搜羅經幢極博，顔所居曰「五百經幢館」，語石「經幢」類内載釋氏之幢，已存六百餘通。唯未見著録。胡君此編收録二百餘種，至墓幢、塔幢，均悉收入，亦屬未完稿之一，殊可惜也。

胡氏自序曰：「幢本旌旗之屬，佛氏書經于幡，亦謂之『幢』。後世因布帛易損，更以石柱爲之，觚其八面。一柱有八幢之用，因目之曰『石幢』，仍其舊名也。浮屠之説曰：『三十三天有善住天子，將入地獄，受畜生報，帝釋爲請于如來，説尊勝陀羅尼，善住天子持誦七日，罪皆消釋。佛言，此陀羅尼若人能聞者，一切惡道，悉皆清浄。若人書此經咒，安高幢上，有人見此，或與相近，其影映身，或風吹幢塵落在其身上，其人所有罪業，皆悉不受。』唐永淳二年，五臺山僧受文殊教，從西國取此經咒回國，上之高宗，翻譯流傳，遍于天下。自唐以來，傳受不絶。其建幢有六觚者、八觚者、塔形者，有片石如碑碣，刻幢八面于上，而書于幢形中者，有兼刻記贊者，有兼造佛象者，有并書他經者，有經文字句不同者，有咒書者。大都唐一代之幢，陀羅尼十居其九，宋以來之幢，陀羅尼十居其一。夫五金之中，金最耐久，鉄最易壞。閬中天寶四載之陀羅尼鉄塔，迄今垂千餘年，屹然植立，土花不蝕，鈎勒分明，豈真有佛氏所云『天神擁護，歷刼不壞』耶？即此足以證善果矣。爰承劉方伯之意，取其家藏拓本，比類録之，其墓幢、塔幢之類，亦并入焉，題曰『佛幢證古録』。幢不盡佛，書『佛幢』，舉其多也。凡隋一，唐一百六十六，五代二十四，宋五十九，遼十，金九，元九，其經文首見者録之，餘不録，間有異同，略爲按語。梵書皆存之，庶免挂漏之譏耳。」

七·三七　題名集古録目一卷

藁本。清仁和胡琨次瑶撰。前有次瑶自序。劉燕庭先生擬訪三巴舂古志之例，將題名圖而刊之。胡氏即就其目抄録，僅載姓名，無爵里，又多闕略，與佛幢證古録、海東擷古録、昭陵復古録、貞珉闡古録五種，同屬未完之稿。兹本余得自藝風堂，全目盡經朱墨校補，中有「曾經藝風勘讀」朱文方印。

胡氏自序曰：「唐人石刻，造象最多。宋人石刻，題名最多。唐人佛像題識以千億計，有一人而造象數次者。宋人題名亦然，有一人而題名數郡者。蔣之奇留題，幾遍各路。或特建豐碑，以誌勝賞，或依附古碣，以臚官銜，危巖斷崖，俱記爵里，石筍枯木，亦鐫姓名，非若唐人之御史臺、郎官柱有可記而記之也。然造象者多宦竪僧尼、村夫里婦之輩，題名者多名公鉅卿、文人學士之流，則『題名』一類，校之『造象』爲有用矣。嘗欲取唐以來題名，依其爵里、年月，録爲一册，以備史乘家稽考。見劉方伯家拓本最多，往請之，方伯曰：『余將依三巴舂古志之例，圖而刊之，今姑示子以目。』

爰録一通，藏之篋衍。其目僅載姓名，無爵里，又多闕略，不足以備稽覈，未饜余求也。」

七·三八　貞珉闡古録目一卷

藁本。清仁和胡琨次瑶撰。前有次瑶自序。是目以時代爲序，計録四百餘種，眉間增補頗多，亦屬胡君未完之作，詳見原敘。

胡氏自序曰：「世所傳唐宋碑碣，隊剥于風日，圮壞于瓦礫，有日減，無日增。惟『墓志』一門，古壙所藏，牧豎所發，新出土者日增一日。王蘭泉侍郎葺金石萃編時，較前人所見，已富過之。至今又近百年，宜乎劉方伯所搜，多于萃編十倍也。方伯居官數十年，輶傳所至，輒訪古刻，零磚殘碣有新出者，爲重貲求之，氈包席裹，載之以行，或不能得，則精拓藏之。今夏檢拓本示余，屬次其先後。所得唐人墓志最夥，亦最精。六朝以前之石，出土者少。五代以後之石，方伯不甚寶惜，故存者無幾。惟唐一代之志，獨收三百種，則世尟拓本，方伯所秘，爲卞和垂棘者也。今依其原石行數、款式録之，墓表家傳，亦附入焉。釐爲十卷，以待剞劂。按：古人文字咸有成式，惟墓志體例不一。其文有有銘者，無銘者，有銘無文者。其標題有稱『墓版文』者，唐左驍衛將軍陳義。稱『元堂』者，唐秘書省著作郎韋端。稱『壙記』者，唐王三孃，唐李氏。稱『石室銘』者，唐尼修梵。稱『真贊』者，宋成紀李公，宋宜人鄭氏。稱『塔銘』、『塔記』、『塔文』者，皆僧尼。有釋子援儒而稱『墓志』者，唐龍華寺韋和尚。有命婦佞佛而稱『龕銘』者，唐黄府君夫人劉氏。有二人而一志者，宋陳亮、王自中之類。有一人而二志者，唐陳士楝之類。有一志而二題者，蓋題與文題異文，唐孟友直女墓志之類。有一石而序、銘出于二手者，唐朱岱林墓志，子敬修撰序，姪敬範撰銘之類。參錯互異，不可殫述其體之變者。又有權厝之記，唐王夫人楊氏。有栖塋之記，唐李氏栖先塋記。有生壙之志，唐宫闈令西門珍。有自爲之志，唐襄州别駕韓昶。有瘞琴之銘，唐莊氏婦。有銘墓之幢，唐王氏夫人，刻墓志銘于幢。大都銘幽之文，出于家人私記，標題創格，隨所便安，本無定式，非若神道、碑闕之文，有關一代之制度也。至于額題稱謂，有爵書官誥，無爵書『故某』，男稱『公』，稱『府君』，女稱封號，此定例也。乃有直斥其名者，唐姚婆。有名字並斥者，唐王君諱留字留生墓志。有書官而失其名姓者，唐亡宫六品墓志。有女志而斥其父名者，唐孟友直女之類。有妻志而斥其夫名者，唐許洛仁妻宋夫人之類。有妾志而斥其夫名者，唐楊籌女母王氏之類。或子志而臚其父之秩，唐駙馬都尉息豆盧遜之類。或女志而臚其祖之爵，唐三十世可汗貴女雲中郡夫人阿郍氏。文中或述皈依，或附經咒，或贊姿色，或宣乳名，唐王嬀嬀及范氏「如蓮花」之類。是皆三唐陋習，不足以爲典要矣。

夫墓志之作，意在瘞埋以垂不朽，不在標牓以矜門閥，故晉魏六朝以後，文明、光宅以前，文簡意賅，辭無枝葉，書撰不必求通顯，唐初墓志多家人爲之。文字不必留姓名，唐初墓志，皆無書撰人名。惟志、銘二人合作者，特表出之。姓名不必冠勳爵，唐人神道碑，書撰人必書官銜，墓志書撰人無書銜者，宋人始有之。子可以志父，唐魏邈墓志，子匡贊撰之類。孫可以志祖，唐薛府君夫人裴氏墓誌，族孫裴良撰之類。姪可以志叔，唐張孚墓志，姪繟撰之類。弟可以志兄，唐王仲堪墓志，族弟叔平撰之類。夫可以志妻，唐張夫人墓志，夫孫珣撰之類。幼可以志長，唐張夫人墓志，外孫子聳劉釗撰之類。無溢美也，無避諱也，宋人始屬人填諱。豈若後世鋪張揚厲，借達官之齒頰而誣其先人者哉？夫埋石以待後世，有深慮焉，孝子所不忍言也，至宋而樹之墓前，則無異于墓表矣。墓志之度，不過三尺，便于瘞也，至宋而高至尋丈，則無異于神道碑矣。墓志之文，簡者二三十字，唐盧八孃墓志止二十字，張纂妻趙夫人墓志止三十字。長者數百字，至宋而多至數千言，東坡爲張文定墓志，正本七千一百字，銘詩一百六十字。則無異于行狀矣。世愈降而文愈濶，故五代以後之石，不如唐石之可貴也。然乾谷而求珠，必有以魚目應者。鄭夫人崔氏之志有二，其夫之姓名，一作『鄭遇』，一作『鄭桓』，其志則皆秦貫之文也，何姓名之差池若是耶？宣城李夫人賈氏墓志，志後題云「後一千三百年爲劉黃頭所發」，道光壬午，元氏人劉黃頭犁田得之，何古人之前知乃爾耶？余竊疑後人訪而爲之，未必當時原石耳。昔吾杭梁曜北先生作誌銘廣例一書，極意蒐羅，兼及古人集中文字。今以此録證之，尚有遺殊之憾。惜乎前修已遠，不得與先生參考而討論之也。壬子冬日，胡琨識。」

七·三九　趙氏金石録今存碑目一卷

結一廬精刊本。江陰繆荃孫筱珊輯。是目係附重刻趙氏金石録之後，計今存碑目二百八十有二種，校之趙氏所見，僅餘十一。末有繆氏所題二絶，曰：「歸來堂中二千卷，今石止存二百餘。煙雲過眼易磨滅，可憐石壽不如書。」「本朝金石分兩派，蘭泉覃溪稱大師。若論著述分軒輊，德父終勝黄伯思。」

七·四〇　古誌新目一卷

金佳石好樓刊本。紹興顧燮光鼎梅輯。前有鼎梅自序並跋。是目及補遺録自魏至明墓志五百餘種，均輓近新出土者。顧君嗜金石，搜訪碑刻，不遺餘力。凡各家已著録，概删不收。目下悉詳書體、年月、撰書人姓名，並何地出土、何氏收藏，分注明晰。此本即顧君所貽也。

七·四一　古誌彙目二卷

金佳石好樓刊本。紹興顧燮光鼎梅輯。前有鼎梅自序。辛酉春間，顧君以新撰此目見寄。按：自黃虎癡先生著古志石華，言墓志者始有專書，撰所著録僅二百餘品，殊病其略。顧君曾輯新出土墓志，成古志新目一書。此則博採各家著録，凡涉冢墓遺文者，胥録茲目，自周迄隋，計録三百餘種，成初編兩卷，足爲考古之資也。

七·四二　積古齋藏器目一卷

靈鶼閣刊本。是目係就儀徵阮元芸臺積古齋藏器，據翁方綱所著積古齋圖後記及瀛舟筆談内所載入録，未据拓本，計七十有四種。經鄭文焯叔問先生校批。前有朱墨手跋一則。

鄭氏手跋曰：「光緒戊戌之年十月，靈鶼閣主見貽。」

七·四三　平安館藏器目一卷

靈鶼閣刊本。是目係就漢陽葉志詵東卿平安館藏器，録目百六十又一種。此本曾經鄭叔問先生批校。首有鄭公手跋一則。

鄭氏手跋曰：「廉生云：『平安館器，贋鼎泰半，造象無一真者。』」

七·四四　清儀閣藏器目一卷

靈鶼閣刊本。是目係就嘉興張廷濟叔未清儀閣藏器，録目六十有四種。經鄭叔問先生批校。江氏係依福山王氏抄本付梓也。

七·四五　清儀閣集古款識目一卷

涵芬樓景刊本。清嘉興張廷濟叔未手寫。中爲顧云美所輯目、吴侃叔藏本目、朱竹垞藏本目、寶墨齋古器物銘。元、亨、甲、乙、丙五册目，均出叔未先生手寫。目下附注如行數、字數、收藏姓氏、何人題跋以及器物流轉，簡明記載。

七·四六　懷米山房藏器目一卷

靈鶼閣刊本。是目係就吴縣曹秋舫載奎懷米山房藏器，録目五十有四種，並詳銘文行數、字數，當據拓本著録。經鄭叔問先生校過。

七·四七　兩罍軒藏器目一卷

靈鶼閣刊本。是目係就歸安吴雲平齋兩罍軒藏器，録目六十種。江氏係據福山王氏抄本付刊。前有鄭文焯手跋一則。

鄭氏手跋曰：「按吴退廔所藏兩罍，頗失于考證。其文後數行有『命作兩壺八鼎于南宫』，是所謂罍者，蓋靁壺也。古『罍』从『木』作『櫑』，説文云『象雲雷形』，可知『罍』字爲後起字矣。」

七·四八　木庵藏器目一卷

靈鶼閣刊本。是目係就歙程振甲木庵藏器，録目五十有四種，凡宋仿僞刻，目下悉行注明。

七·四九　梅花草盦藏器目一卷

靈鶼閣刊本。是目係就歸安丁彦臣筱農梅花草盦藏器，録目三十有七種。

七·五〇　簠齋藏器目一卷

靈鶼閣刊本。是目係就濰縣陳介祺壽卿藏器，録目二百六十有四種。前有鄭叔問先生手記，曰「此非足本」四字。

七·五一　簠齋藏器目第二本一卷

靈鶼閣刊本。是目係陳簠齋藏器目第二本，按類計一百七十有九種。

七·五二　簠齋存古册目並題記一卷

仿宋聚珍版本。杭州鄒安適廬校録。前有姬覺彌序，末有鄒安記、跋各一則。此本鄒君得自中江李香巖家，乃當日香巖索録之本，即由簠齋先生屬胥所抄者。其中題記聃敦、陳侯敦、齊太公田和區諸篇，考證古制，别有心得，雖屬簠老隨意之記載，已非輓近學者所能企及。是本經鄒君重加校訂，眉間批注，均出其手。

七·五三　愙齋藏器目一卷

靈鶼閣刊本。是目係就吴縣吴大澂清卿愙齋所藏，按類列目，共得二百一十有一種。第一行注「光緒十三年六月編」八字。全書經鄭叔問先生校過。

七·五四　選青閣藏器目一卷

靈鶼閣刊本。是目係就諸城王錫棨戟門藏器，按類録目五十有五種。

七·五五　嘉蔭簃藏器目一卷

靈鶼閣刊本。是目係就諸城劉喜海燕庭嘉蔭簃藏器，按類録目七十又九種，均詳銘文行數、字數，並注名稱異同。

七·五六　東武劉氏款識册目一卷

涵芬樓景刊本。清濰縣陳介祺簠齋手寫。是編係東武劉氏款識册目，分鐘、鼎、敦、尊、卣、壺、罍、簠諸類，目下附注簡明考證。

七·五七　愛吾鼎齋藏器目一卷

靈鶼閣刊本。是目係就諸城李方赤璋煜愛吾鼎齋藏器，分類録目，計二十有三種，注明銘文字數。

七·五八　石泉書屋藏器目一卷

靈鶼閣刊本。是目係就利津李佐賢竹朋石泉書屋藏器，録目十有八種。

七·五九　雙虞壺齋藏器目一卷

靈鶼閣刊本。是目係就海豐吴式芬子苾雙虞壺齋藏器録目，分類排編，計七十有七種，詳銘文行數、字數，並簡明考證。

七·六〇　金石書目一卷

葉氏刊本。仁和葉銘葉舟輯。前有葉舟自序兩篇。葉君就平日聞見所及，録金石書四百餘種，並載撰人、卷數。凡各家專著，或省志抽印，或諸家叢刻，其版佚而僅有傳抄及稿本者，悉行列舉。唯非出自專家，散見書畫帖跋之中，悉摒不録。此目遺漏滋多，如名著之趙明誠金石録，竟至失收，他更可想。且所載又復謌舛疊見，如畿輔碑目誤爲畿輔石刻，金石文鈔誤爲金石文編，江寧金石記誤爲江寧金石考；此略舉其標目之訛者。河内金石志出于方彦聞而誤爲袁氏，濟南金石志出于馮雲鵷而誤爲王中峰，攈古録出于吴式芬誤爲劉喜海，漢印分韻出于袁日省誤爲謝雲生；此略舉其撰人之訛者。江寧金石記「八卷」誤作「十二卷」，偃師金石遺文補録「十六卷」誤作「四卷」，補寰宇訪碑録「五卷」誤作「十二卷」。此略舉其卷數之訛者。他如濟南金石志、金石録補、鐘鼎字原、薛尚功款識、蘭亭續考、寶刻叢編、吉金待問録諸書，同一標目，同一作者，前後兩收，尤爲疏極。至于闕紀卷數，不載撰人，更難枚舉。全目曾經校正一過，誤脱之處，幾十之六，當屬少見原書，多根耳食也。余另輯金石書目一編，增收千數百種，他日當繼此志，整理付刊，以備同好稽覽焉。

七·六一　印譜目一卷

鉛印本。仁和葉銘葉舟輯。是目著録百五十有八種，詳卷數及作者姓氏、里居。附刊于金石書目之後。

七·六二　葉氏印譜存目二卷

西泠印社聚珍本。仁和葉銘葉舟輯。上卷自秦漢印統以次録一百二十有餘種，悉著提要，間及考據，序跋不録全文，第載作者姓氏；下卷存目二百三十餘種，僅紀卷數暨作者姓名、里居，較之前著，更增詳備。

石廬金石書志卷之八

閩侯林鈞亞傑

圖譜類一

八・一 考古圖十卷

亦政堂刊本。宋汲郡吕大臨與叔撰。前有焦竑序、陳才子序、與叔自序、黄晟重刊序，後有吴萬化跋。吕公輯御府以外三十六家所藏古器物，繪圖摹銘，而成兹編。圖後所附辨證，係出羅默齋補採。陳序有云「吾弟翼備又廣吕公好古素志，囑羅兄更翁臨本，且更翁刻以傳世，並採諸老辯證附左方」云云。故藏家姓氏目後有「考訂，默齋羅更翁」一行。是圖自原本刊行後三百餘年，茶陵陳氏曾更梓之。乾隆十八年，天都黄晟曉峰重刊此本，又距茶陵四百餘年。較四庫所載内府藏本，卷一缺孔文父飲鼎圖一，銘十四字，説五十一字；卷三邢敦圖缺一蓋圖；卷四開封劉氏小方壺圖乃秘閣方文方壺圖，秘閣方文方壺圖乃開封劉氏小方壺圖，此本互相顛倒；卷八缺玉鹿盧劍具圖三，説一百五十五字，又缺白玉雲鈎、玉環、玉玦圖各一；卷九缺京兆田氏鹿盧鐙圖二，説文四十七字，又犀鐙第二圖與此本迥別，又内藏環耳鼒缺一蓋圖；卷十新平張氏連環鼎壺無「右所從得及度量銘識，皆闕失無可考，惟様存于此」二十字，又缺廬江李氏鐎斗圖一，又獸鑪第二圖後缺説三十五字，又卷末缺邛州天寧寺僧捧敕佩圖一，説四十六字。其餘字句行款之異同，不可縷舉也。

八・二　續考古圖五卷

陸氏高鼎慶刊本。不知何人所撰。前有陸心源序。宋史藝文志、文獻通考、郡齋讀書志、明文淵閣書目、焦氏經籍志、高氏百川書志皆未著録，始見于錢曾遵王讀書敏求記。遵王所藏南宋刊本，與考古圖並行，得之無錫顧詢遠，後歸季滄葦，延陵書目所載是也。滄葦没，歸于徐健菴。遵王復從健庵借歸，倩工影摹。圖繪之精，自稱過于宋本，即天禄琳瑯所藏、七閣所據以著録者也。書記所見藏器之人，惟李明仲誡南宋尚存，若王晉玉玠、張仲謀詢、榮詢之咨道、榮子邕輯、姚毅夫雄，皆徽宗時人，作者姓氏雖不可考，其必生長北宋而終于南宋無疑也。陸氏據潘伯寅所存翁覃溪手抄過録之本付梓，後有三跋。覃溪所據即遵王影摹之本，第一跋即四庫提要之底藁也。其中卷一圖二十器，卷二二十二器，卷三二十六器，卷四二十器，卷五十二器，先後不以類從，蓋隨見隨録，故第五卷所載獨少，或有銘而不摹其文，有文而不釋其讀者。其收藏名姓，皆載圖説之首，云「右某人所得」，與前圖注姓名于標目下者，例亦少殊也。

八·三　宣和博古圖三十卷

亦政堂刊本。宋祥符王黼將明輯。前有洪世俊序、蔣暘序，後有吴萬化跋。案：晁公武讀書志稱宣和博古圖爲王楚撰，而錢曾讀書敏求記稱元至大中重刻博古圖，凡「臣王黼撰」云云，都爲削去，殆以人廢書，則是書實王黼撰，「楚」字爲傳寫之譌矣。曾又稱博古圖成于宣和年間，而謂之重修者，蓋以採取黄長睿博古圖説在前也。考陳振孫書録解題曰「博古圖説十一卷，秘書郎昭武黄伯思長睿撰。凡諸器五十九品，其數五百二十七，印章十七品，其數二百四十五。長睿没于政和八年，其後修博古圖頗採用之，而亦有删改」云云，錢曾所謂良信。然考蔡絛鐵圍山叢談曰「李公麟，字伯時，最善畫，惟喜古，取生平所得及其聞睹者，作爲圖狀，而名之曰『考古圖』。及大觀初，乃倣公麟之考古作宣和殿博古圖」，則此書踵李公麟而作，非踵黄伯思而作，且作于大觀初，不作于宣和中。絛，蔡京之子，所説皆其目睹，當必不誤，陳氏蓋考之未審。其時未有宣和年號，而曰「宣和博古圖」者，蓋徽宗禁中有宣和殿，以藏古器、書畫。後政和八年，改元重和，右丞范致虛言犯遼國年號，案：遼先以重熙建元，後因天祚諱禧，遂追稱重和。徽宗不樂，遂以常所處殿名其年，且自號宣和人，亦見鐵圍山叢談，則是書實以殿名，不以年號名。自洪邁容齋隨筆始誤稱「政和、宣和間，朝廷置書局以數十計，其荒陋而可笑莫若博古圖」云云。錢曾遂沿以立說，亦失考也。條又稱「尚方所貯至六千餘數百品，遂盡見三代典禮文章，而讀先儒所講說，殆有可哂者」，而洪邁則摘其「父癸匜」、「周義母匜」、「漢注水匜」、「楚姬盤」、「漢梁山鋗」及「州吁」、「高克」諸條，以爲詬厲，皆確中其病。知條說乃回護時局，不爲定評也。據四庫提要。是圖各類首冠總說，每器繪形摹銘，附以考釋，其間舛誤疊出。然考證雖疏，而形模未失，音釋雖謬，而字畫俱存，讀者尚可因其所繪，以識三代鼎彝之製、款識之文，以重爲之核訂。當時裒集之功，亦不可没。其支離悠謬之說，不足以當駁詰，置之不論不議可矣。

八·四 嘯堂集古録二卷

明景宋本。宋任城王俅子弁撰。前有李邴序、曾機後序。是録後于吕氏考古圖、宣和博古圖、薛氏鐘鼎款識、王氏復齋鐘鼎款識諸書刊行，而文最備。所録凡三百四十五器，以鼎、尊、彝、卣、壺、爵、斝、觚、卮、觶、角、敦、簠、簋、豆、鋪、甗、錠、印、鈎、槃、匜、洗、鋗、杅、鐸、鐘、鏡爲次，後又重出洗、鼎、鐘、彝、匜、尊、爵、敦、槃及權、甬等器，此邴後敘所云「續于卷末」者也。是編所載，皆商周之物，僅附秦代一器、漢代十二器。此外漢印三十七，中雜晉印一，漢鑑十五，中雜唐鑑、蜀鑑各一，且闌入滕公墓銘，于例不協，或屬後人增益，亦未可知。據四庫提要曰：「古印中有『夏禹』一章，元吾丘衍學古編謂係漢巫厭水災法印，世俗傳有渡水佩『禹』字法，此印乃漢篆，故知之。衍精于鑒古，當得其寔。衍又謂滕公墓銘『鬱鬱』作兩字書，與古法疊字止作二小畫者不同，灼知其僞。則是書固真贋雜糅。然所採摭，尚足資鑒，不能以一二疵累廢之。蓋居千百年下，而辨別千百年上之遺器，其物或真或不真，其説亦或確或不確，自考古以下，大勢類然，亦不但此書也。」是本係明景宋槧，故「讓」字、「敦」字闕筆，然猶存宋版面目。惟脱干文傳一跋，李序係抄補。收藏每册前均有「上海徐氏寒木春華館道光壬午後所藏」朱文方印，末有「曾爲徐紫珊所藏」朱文長方印。

又醉經堂校刊精本。前有李邴原序，後有曾機後序、嘉興張蓉鏡校李序跋。蓉鏡尚有考異二卷附後。收藏前有「周氏一般園藏書」朱文大方印、「古營浦周立喬家藏」朱文長方印、「雲輪閣」朱文長印、「荃孫」朱文長方印，每卷均有「寶研齋藏」朱文方印。

又百一廬景刊南陵徐積餘藏本。與余所得徐紫珊所藏明刊本同。積餘假涇陽端匋齋宋槧本摹録干文傳一跋，爲明刊本與醉經堂覆本所無。

又景宋淳熙本。此係涵芬樓所刊續古逸叢書之一。前有李邴序，後有元人補書曾機跋，書尾有元統改元干文傳手題墨蹟，爲天水原槧。向與王復齋鐘鼎款識同庋阮氏小嫏嬛仙館，前後有翁覃溪、阮芸臺兩先生題記數則。後歸隨齋，隨齋復舉以貽匋齋。末有隨齋、黄紹箕、鄭孝胥各一跋。即徐積餘所據傳録干跋之本也。影梓傳神，無異原蹟，較百一廬影本遠勝良多。

八·五　歷代鐘鼎彝器款識法帖二十卷

宋刊殘本。宋錢塘薛尚功用敏撰。薛氏集古器，鈎摹銘詞，爲之箋釋，訂譌考異，具有辯證。藏家所見，大抵宋刊完本極少，即明刊本、舊摹本亦不易覯。阮中丞開府浙中，曾以宋刻板本校梓行世，頗屬精善。孫淵如先生官東省，曾見繭紙舊寫本，有元明人印章題跋，較之摹本篆體，審正釋文，字句增多，可以訂正別本之訛，疑爲薛氏手稿，曾臨摹全帙。嚴可均爲其摹篆，蔣嗣曾手寫釋文，擬刊未果。是本後歸藝風堂收藏，貴池劉氏即據其本覆刊。余此次過申，盡收繆氏金石書，獨此帖與明朱杜村手抄隸釋均已先爲他人所得，百計轉求，終不償願，至今思之，猶覺耿耿。此係宋刻殘本，曾爲晉府收藏，最後歸吾閩李蘭卿鄉前輩，余于丁巳秋間得諸李氏後人。曾經漢陽葉東卿志詵、莆田郭蘭石尚先、平湖朱右甫爲弼手跋。收藏前有「小雪浪齋鑑存金石文字」朱文長方印。尚有白文「審定」一印，蠹蝕姓名二字。後有「晉府圖書」朱文大方印、「敬德堂圖書印」朱文方印、「子子孫孫永寶用」朱文方印、「志詵之印」白文方印、「蘭卿審定」白文方印。按：宋槧零本，球璧同珍，余之抱殘守缺，亦足自雄也。

葉氏手跋曰：「道光四年四月望日借校一過。葉志詵記。」下鈐「志詵之印」白文方印。

郭氏手跋曰：「右金石款識第十八卷，以明朱謀垔刊本校之，悉同。惟彼本『秦璽』，向巨源本第一，畢景儒傳本第三耳。郭尚先記。」下鈐「郭印尚先」白文方印。

朱氏手跋曰：「三代鐘鼎彝器，至宋而成書，自宣和殿博古及考古諸圖，王嘯堂集古録等書，指不勝屈。惟吾浙薛氏尚功款識蒐羅既富，辨釋亦博，皆自書上石，不特篆法渾成，隸法奇古，即楷書亦上逼顏、柳，題爲『法帖』，良不誣也。惜石刻入元代毁以累塔，摹本多亥豕，而搨本絶少。余于三十年前得清吟堂高氏舊藏此刻一册，惟漢器武安侯鈁以下數種耳。秦器已失，何論周以前耶？今觀蘭卿先生所藏十七、十八兩册，墨色入古，篆畫精妙，定爲初拓善本，洵吉光片羽也。先生好古不勌，他日得全本見眎，愈增眼福矣。右甫朱爲弼記。」下鈐「朱印爲弼」白文、「菽堂」朱文兩方印。

又貴池劉氏玉海堂刊本。是本係據繆氏所藏入梓，首版刊有「荃孫」朱文長方印。孫星衍序前有劉世珩跋曰「嚴鐵橋孝廉爲五松老人臨影是書，並作封面，在嘉慶丁卯，當時未及開雕。今年鋟版絶手，在一百一年以後，五松老人其亦懽慰于九京耶？仍用原題刻裝書首，是存舊觀之意耳」云云。後附劉氏校刊札記一卷。

又古書流通處精景本。有朱謀垔序、林漫序、陸亮跋、阮元跋、孫星衍序。是本係康熙己亥虞山陸友桐亮手寫，爲藝風老人銘心絶品。藝老所藏凡兩本，晚年以平津館抄本出貰，即貴池劉氏玉海堂據刊之本。此帙則珍爲秘笈，不輕視人。陸氏曾據田志山校補程氏焚餘本、明萬岳山人刻朱印本、明朱謀垔刻本校勘，藝老又依宋石刻祖本、士禮居舊藏，存十二卷。阮氏文選樓刻本、黄蕘翁校補顧云美鈔本、從吳興張氏借校。倪闇公舊藏景鈔本、從泉唐丁氏借校。周櫟園舊藏景鈔本、從仁和朱氏借校。平津館鈔本重讎，允推薛書第一善本。余當日未獲繆氏此書，抱恨無極，今得景本，亦可少慰。原帙係羅紋紙鈔寫，精潔可愛，余曾于古書流通處一見之。景本尚不失真，展卷如覩原迹也。

八·六 王復齋鐘鼎款識一卷

積古齋精刊初本。宋諸暨王復齋厚之輯。前有松雪題首四篆字。計録款識五十九種，内畢良史戕識十五器，皆秦熺之物。此外朱敦儒一器戕識數行，以詞意推之，亦似熺筆。他若周師旦鼎、楚公鐘、虢姜鼎，爲一德格天閣中之物。其餘數十種，乃劉炎、張詔、洪邃等人所藏。至方城范氏古鐘及末葉楚公鐘，係石公弼所藏北宋拓本，芸台先生認爲復齋得之，續于册後，錢竹汀先生則疑爲松雪增入。各器均有復齋題識，阮公增補考釋，則以隸書别之。其中題跋、觀款、收藏印章，不勝詳舉。據拜經樓藏書題跋記載「周叔姬鼎首一字，舊疑作『唯』，何夢華先生釋作『孟』字，又審『萬』字下應有『年』字，疑爲青緑所蝕」，其説可資參訂。按：原本係趙王孫松雪齋故物，明隆慶間爲項子京所得，清代轉入檇李曹倦圃家，倦圃没，歸于潛采堂朱氏，竹垞以贈馬衎齋，又轉贈汪晉賢。乾隆時，儀徵相國從吴門陸氏得之，始爲摹刻。宋人著録金石，如考古、博古、薛尚功款識等書，皆屬摹刻。獨此爲原器拓本，數百年來，屢經名人收藏題跋，尤爲足貴。收藏有「鍾祖壽」白文小方印。申江百一廬有縮影本，不及阮刻遠甚。而此本係原刊初印，更屬難得也。

八·七　宣德鼎彝譜八卷

墨海金壺本。明臨潼呂震克聲等奉敕編次。前有楊榮序，後有文彭跋。據四庫提要載：「文跋稱：『出自于謙家。宣德中，有太監吴誠司鑄冶之事，與呂震等彙著圖譜，進呈尚方。世無傳本，謙于正統中爲禮部祠曹，從誠得其副本，彭復從謙諸孫假歸鈔之。』蓋當時作此書祇以進御，未嘗頒行，故至嘉靖中始流傳于世也。始宣宗以郊廟彝鼎不合古式，命工部尚書吴中採博古圖録諸書及内府所藏柴、汝、官、哥、均、定各窑之式更鑄，震等纂集前後本末，以成此書。一卷、二卷載所奉敕諭及禮部進圖式、工部議物料諸疏；三卷載工部請給物料疏及禮、工二部議南北郊至武學武成殿鼎彝名目；四卷載太廟至内府宫殿鼎彝名目；五卷載敕賜兩京衙門至天下名山勝蹟鼎彝名目、工部鑄冶告成及補鑄二疏，並褒獎敕一道；六、七、八卷通爲詳釋鼎彝名義，凡某所某器倣古某式，皆疏其事實，尺寸、製度，一一具載之。宣爐在明世已多僞製，此本辨析極精，可據以鑒別，頗足資博雅之助。末附項元汴宣爐博論數條，亦見考證。惟文彭原跋有『命工繪圖，敷采裝潢』之語，而此本無之，殆傳抄者佚去歟？」

八・八　西清古鑑四十卷

邁宋館銅鐫精本。前有乾隆十四年上諭，後録奉敕編纂諸臣職名。監理，允禄、弘瞻二人；編纂，梁詩正等數十人。所録皆内府庋藏古鼎、彝、尊、罍之屬，案器爲圖，因圖繫説，詳其方圓圍徑之制，高廣輕重之等，併鈎勒款識，各爲釋文。據四庫提要載：「其體例雖仿考古、博古二圖，而摹繪精審，毫釐不差，則非二圖所及。其考證雖兼取歐陽修、董逌、黄伯思、薛尚功諸家之説，而援據經史，正誤析疑，亦非修等所及。如周文王鼎銘之『魯公』，斷爲伯禽，而非周公；周晉姜鼎銘之『文侯』，據『虎賁』云云，與書文侯之命合，斷爲文侯虎，而非文公重耳；漢定陶鼎，據漢書地理志『濟陰郡』注『宣帝甘露二年，更名定陶』，斷此鼎爲宣帝中定陶共王康作，而非趙共王恢，皆足正博古圖姓名之譌。又如商祖癸鼎，博古圖謂『我之字從戈者，敵物之我也』云云，則斥其雜用王安石字説；王氏銅虹燭錠，博古圖謂是薦熟食器，則于周素錠引説文以『錠』爲『鐙』正之，亦足糾其訓釋之舛。其他如周召夫鼎、周魚鼎之屬，辨駁尤多。又如周單卣銘『爵』字、『景』字從博古圖，『豐』字則從鐘鼎款識，于兩家皆取所長，銘首『凶』

字，則證其不當作『冏』，于兩家並訂其失。商瞿卣舊無實證，則引竹書紀年注定『瞿』爲武乙之名，並能參考異同，補苴罅漏。至周象尊，據器訂周禮司尊彝注『飾以象骨』之非；周犧尊，據器訂鄭注『飾以翡翠』之非；周虎錞，引周官鼓人『以金錞和鼓』鄭注，證南史『灌之以水』及『以器盛水于下，以芒莖當心跪注』之非，則尤有裨于經史之學。又周邢侯方彝銘『十八月乙亥』，證以管子『十三月，令人之魯』、『二十四月，魯梁之民歸齊』、『二十八月，萊莒之君請復之』數語，以破歐陽修、蔡襄、劉敞輩不解洛鼎銘『十有四月』之疑，尤從來考古者所未到。蓋著述之中，考證爲難，考證之中，圖譜爲難，圖譜之中，惟鐘鼎款識義通乎六書，制兼乎三禮，尤難之難。讀是一編，而三代法物恍然如覩也。」

八·九　西清續鑑二十卷又附録一卷

涵芬樓景刊本。西清古鑑書成三十年，復諭編纂内府續得諸器爲續鑑，歷十三年始校補繕繪成書。一仿古鑑之例，凡著録古器，計九百七十有五件，釐爲二十卷，附録一卷，是爲甲編。其藏之盛京者，另釐乙編。其中如元水、黑水可以核地理，司成、司土可以察官制，兕觥、和鐘可以印經説，釋「曾鼎」、「毛叔」而氏族可辨，釋「師䥍」、「伯䎹」、「杜嫣」、「龔姞」而遺佚可補，因周錢笵以知圜府之法，因漢方鈚以追儀衛之式，因漢素鼎、大官鍑以品古今權衡之輕重，皆有關學問典制。他若周伯鼎，博古圖疑其爲王之伯父，則考伯爲五等之爵，又禮王制州有伯，王伯或諸侯入事王朝者，如傳有「王人」之稱，皆以尊天子，不必泥同姓曰伯父之說。周友史鼎，博古圖定爲商器，而又引成王稱「太史友」之說，自相矛盾，力辯其非。周父己尊，銘文「虎」字證爲名，不泥宋人召虎之說。又如考周宰女鼎，定『宰』爲姓，轉證薛尚功欒女鼎釋爲宋景公之名「女」者爲穿鑿，于周父己彝亦轉訂薛氏雙弜角銘直以「弜」爲人名之訛。餘如周鼎尊銘文有「乃生考」，定爲人後者稱其本生父，足證後世改稱本生爲伯叔之誤。而所收之周姬姞鬲一器，銘稱兩姓，亦古器中所僅見之品。後有編纂王杰、董誥、彭元瑞等一跋。每卷分二册，各卷前有「寧壽宮寶」大璽印、「天子古希」朱文圓印、「乾隆御覽之寶」朱文橢圓印，後有「養性殿寶」大璽印、「天子古希」朱文圓印。

八·一〇　寧壽鑑古十六卷

涵芬樓景刊本。是編著録之器，以漢唐以前者爲斷，較西清續鑑體例更爲謹嚴，計録七百零一種。其中如考周伯鼎，定「伯」爲爵名，正薛尚功指爲伯仲之非；周齊史尊，證薛氏齊莽史鼎考爲農官之誤；商父己尊，博古圖、鐘鼎款識皆以雍己實之，博古圖又誤以雍己爲小甲之父，則正爲十干紀日及紀器之次第，而不概指爲人名。他若周母戊甗，鐘鼎款識所載母乙卣、母辛卣相類，考爲作以享母，以十干爲器之次第，定宋人必舉商君之號爲穿鑿，諸類頗多辯證。涵芬樓本係據内府所藏寫本，與西清續鑑同時影刊。每卷亦各分兩册，卷前均有「寧壽宫寶」大璽印、「乾隆御覽之寶」朱文楕圓印、「天子古希」朱文圓印，後有「養性殿寶」大璽印、「天子古希」朱文圓印。

八·一一　積古齋鐘鼎彝器款識十卷

原刊初印本。清揚州阮元芸台撰。前有文達自序，並商周銅器説上、下二篇，商周兵器説一篇，次朱爲弼後序。是編與薛氏同其體例而精博過之，分商器款識、周器款識、秦器款識、漢器款識爲四類。薛尚功所輯共四百九十三器，而積古齋有五百六十器之多。宋代宣和博古圖、薛氏鐘鼎款識悉屬臨寫，其筆畫皆與今所出之款識異，其自舊刻本已如是，更無論展轉繙抄也。阮輯一一皆從原拓本鉤摹，遂駕各家圖譜之上矣。是書原版漫漶，初印難獲，蜀中重刻已失其真，楚中書坊更從蜀本重雕，愈爲草率，滬上石景本尤爲弗堪。惟華亭林長慶據宜都楊惺吾所藏原刊覆刻，頗屬善本。後多林氏一跋。

八·一二　從古堂款識學十六卷

同文原景本。清嘉興徐同柏籀莊撰。前有阮元、何紹基、葉志詵三跋，陳介祺一札。是編依拓鉤摹，填廓精審。自來各家考據款識，輒多傅會强解。徐公詮釋確切，義理具足，不愧爲清代金石考據大家。其中訓釋周無專鼎、毛公鼎、盂鼎、企鼎、齊侯罍、虢季子盤、史頌敦、頌敦、卯敦、不箕敦、陳侯敦諸篇，尤具辯斷。趙氏仰視千七百二十九鶴齋叢書曾刻徐氏款識一卷，祇周虢叔大林鐘、無專鼎、諸女方爵、史頌敦、頌敦、史頌盤、曾伯簠、漢建昭鴈足鐙諸器，非完帙也。是本仁和吴伯宛從姚鴻史購得完本十六卷，係出籀莊之子穀孫手繕就稿，景刊尤見精善。後有張鳴珂一跋。

八·一三　懷米山房吉金圖二卷

日本文石堂重刊精本。清盤涇曹載奎秋舫輯。前有張叔未序、秋舫自序。曹公以所藏鐘、鼎、尊、彝、敦、匜之屬五十九事，圖其形象，摹其款識，釋其銘文，注其尺寸，量其輕重，而成是編。有吴榮光、施稻香兩跋，又日本文石堂主人重刊記一則。

八・一四　筠清館金石文字五卷

吴氏原刊本。清南海吴榮光荷屋輯。前有荷屋自序。原分款識、碑碣爲兩類，兹編所輯，祇金文五卷，石刻尚未付梓，蓋未完之書也。所録金文，自三代迄于唐，錢笵、印笵則附款識之後，泉刀、專瓦不録。積古齋已著録者不收，其積古齋字畫間有異同或原銘未全者，悉爲補入。考釋精確，凡原文難辨、剥蝕不存者，概爲空出，無强解附會之弊，撰著頗自矜重也。

八・一五　敬吾心室彝器款識二册

景刊本。清平湖朱善旂建卿輯。建卿爲茮堂先生子也，稟承庭訓，學有淵源，而金石文字，于楊、薛、吕、王諸家所論定及吴侃叔、錢獻之、江秋史、阮芸台所蒐輯，均能一一悉其流傳，遇古文奇字人不能讀者，輒援經立解，互證不窮，曾出山陽李宗昉之門。是編首有阮文達、湯金釗題字，次戴醇士、查青華識篆圖兩幀，再次李宗昉、張叔未、葉志詵序，後繫陳昆玉宋公戈歌。款識闕。所録商、周、秦、漢四代之器，凡三百六十有四，以類相次，盤、鐘、洗、鼎、尊、敦、簋、甗、甑、盉、匜、壺、彝、觶、爵、卣，爲類者十六，漢器別出鼎、鐘及鬲，爲類者三，均有詮釋。末有朱之榛一跋。之榛係據浭陽端匋齋所藏稿本景刊行世，葉氏金石書目標爲朱爲弼所著，誤也。

八・一六　攈古録金文三卷九册

遯盦刊本。清海豐吴式芬子苾撰。凡九册，爲卷有三，每卷又各分三册。集成周以降鐘鼎彝器款識，多據原器精拓本及相傳舊摹本收入，出阮氏積古齋、吴氏筠清館二書後，尤爲賅備。體例則以各器自具之字定爲名數，每一字爲一文，由文一、文二以迄文四百九十又七，少者皆象形、指事，記日干支之屬，多者可敵真古文尚書百篇之一。字各爲釋，釋各成文，又間附以各家之説，雖所釋互有短長，要皆以根據禮典、採討六書、推闡經義爲主。漢儒許慎説文敘首「郡國往往于山川得鼎彝，其銘即前代之古文」，是以許書所收，自籀文及壁中經古文外，所謂鼎彝古文者，厥惟此種。蓋自宋明以降，諸家譜録集摹古文之夥，無逾于此者。前有王懿榮進呈文一篇，末有吴遯闇兩跋。

八·一七　藝海廔金石文字一册

景刊本。清元和顧沅湘舟輯。後有沈兆霖、惠兆壬、楊澥、曾熙、李健題跋。湘舟先生篤學嗜古，考據覃精，藏弆之富，舉世無儔。是編所集吉金文字數十種，悉有各家手寫題釋，墨蹟燦然。沈跋謂「編次曰鐘鼎，曰泉幣，曰塼甓，曰瓦當，曰艁象，裒爲十二册」，楊跋亦云「集成金石文字，裝册十二」，足證此本當屬未完殘稿無疑也。

八·一八　攀古廔彝器款識二册

滂喜齋精刊初印本。清吴縣潘祖蔭伯寅撰。前有伯寅自序。潘公收藏古器數百品，盂鼎、克鼎、齊侯鏄爲宇内重寶。是編繪圖精緻，考釋詳審，惜未完成，只收四十七器。其中如邵鐘，咸豐時河岸出土，爲向來著録家所未見，齊侯鏄係同治時山西出土，亦吉金大器，均歸潘氏，故對此兩種考釋特備。按：清代阮氏積古齋款識、吴氏筠清館金文號爲最富，唯其所録真贋雜出，又其訓釋往往踳誤。考證之學，椎輪難工，潘公自敘所舉七厄三蔽，誠爲吉金定論。細讀其書，確非吴君妄自誇張也。

八·一九 兩罍軒彝器圖釋十二卷

兩罍軒精刊初印本。清歸安吴雲平齋輯。前冠兩罍軒主人小像、沈秉成題贊，次馮桂芬序、俞樾序、退樓自序。平齋先生收藏至富，舉其所得鐘鼎尊彝之屬，上自商周，下逮五季，凡百有餘器，而商周之器居十之六，摹形録銘，詳加考釋。其中敔、𠦪兩器，即顧命「七兵」之二，歷三千餘年，鄭、孔諸大儒所不能言者。而齊侯兩罍爲吉金大器，乃公所以名其軒者，故爲説均特詳。至于大小、輕重，悉權度而並載之，誠阮氏積古齋後又成一鉅觀也。

八·二〇 簠齋吉金録八册

風雨樓景刊本。清濰縣陳介祺壽卿鑑藏。前有褚德彝序、章炳麟題詞。陳公生青齊之故墟，爲古物所萃，生平抱傳古之高志，老而彌篤。其所藏弆，實集古今吉金之大成，然因過于矜慎，及身竟未成書，好古之士，僉引爲憾。其椎拓款識，精妙絶倫，爲向來所未有，非同好者不輕贈與，偶見于藏家者，一鱗片甲，鮮窺全豹。順德鄧氏風雨樓以所收拓本，並假褚禮堂、鄒適廬兩家所有，依江氏所刊簠齋藏器兩目補其未備，增入秦權量刻辭及漢器弩機、泉笵、造像等，共得三百八十九器，較之江目，突過百二十六器，簠齋所藏，可略備矣。

八・二一　鼎堂金石録二卷

雲南圖書館石印本。清保山吳樹聲[redacted]輯。此録所收，繪圖附考，頗爲詳備。是本係壬戌夏間友人所貽，適有南昌之游，治裝匆迫，弗及詳覽，祇存其目，未擕行篋，致無從詳舉大要也。續志當另補之。

八・二二　恒軒所見所藏吉金録二册

恒軒精刊初印本。清吳縣吳大澂清卿撰。前有清卿自序。是録係就吳公所見、所藏隨手摹圖，積百數十器，分爲二册。版心别以所見、所藏，仿長安獲古編之例，而不爲一家言。其不注某氏器者，皆潘伯寅先生所藏。全書未加考釋，而繪圖摹銘，並皆佳妙，與攀古樓相伯仲也。

八·二三　愙齋集古録二十六卷

涵芬樓景刊精本。清吴縣吴大澂清卿輯。前有吴昌碩書首、羅振玉序、葉昌熾序、清卿自序。所録計一千一百四十有四器，其數與攈古録相埒，而甄别精嚴，考釋確當則過之。其中如邵鐘、齊侯鎛、毛公鼎、盂鼎、曶鼎、克鼎、頌敦、師虎敦、齊侯罍、散盤、虢季子白盤、和子區、陳猷區諸器，詮釋尤爲詳審。愙齋前輩自定十四卷，其漢以後一卷則未成書，其子訥士重加整釐，析十三卷爲二十六卷，各繫子目，分别部居，不相雜厠。按：吉金文字，自宋以來，吕大臨、薛尚功、王俅各有專書，而吕刻、薛刻不甚精，王復齋鐘鼎彝器款識阮刻雖依原拓本，而陰款覆刻，未能神似。阮刻積古齋、吴刻筠清館改陰款爲陽文，仍未能纖毫畢肖。此編精印，視墨本不爽銖黍。上虞羅氏敘内推是録爲盡美且善，確屬定評。後有王同愈跋一篇。

八·二四　陶齋吉金録八卷

匋齋景刊本。清浭陽端方午橋輯。前有午橋自序。端氏收藏金石爲清代巨擘，所藏彝器數百品，中以陝西鳳翔府寶雞縣鬭鷄臺出土之銅柉禁，上置卣、尊大小各一，觚一，斝一，爵一，觶一，盉一，角一，大卣内有勺，共酒器十有二件，爲自來言彝器者所未見。又得陳簠齋所藏毛公鼎、諫敦、番生敦蓋、王孫遺鐘、克鐘，二鐘共刻一文。均奇品也。此録特繪諸器之形，並摹文字，量度尺寸，最三代器爲三卷，秦漢以下器四卷，又南北朝以來造像一卷，通三百五十九事。清代私家藏彝，當推端氏爲第一也。

八·二五 匋齋吉金續録二卷

匋齋景刊本。清湏陽端方午橋輯。凡未收前録者續補，計八十八器，編例同前。

八·二六 奇觚室吉金文述二十卷

劉氏原景本。嘉魚劉心源幼丹撰。前有吴光耀序、陶鈞序，目後有幼丹跋。是書集所得吉金拓本，自鐘鼎以至刀劍、泉鏡之屬，無不博采，先三代，次及秦漢，一一櫛次，詳加詮釋，考訂精審，援引有據。陶序有云「先生酣志篆籀，瑩矚訓詁，膾炙滂喜、凡將諸篇，蜕影鳥跡、蠏匾各體，疏一字則千言未已，析一惑則層霾頓開。又復坐六經以亭疑，會諸史而盟信，折時流群訌之獄，躡往哲未闢之畦。點畫偶殊，覃恩積歲；形體或闕，罙幡群書。輾轉輟其餐眠，鬼神贊于魂夢。鐵撾手析，斗室恢于八荒；金鑑胸懸，寸睫明于二曜。識力之大，劈華斧嵩；旁櫟之精，鏤塵雕影。簹鸞鳴而群吭寂，騏驥嘶而萬馬暗，洵足空前古、絶來今矣」云云，頗非過譽，誠足補攈古録之弗備，而正阮、吴二書木刻之譌訛，爲輓近吉金之鴻著也。

八・二七　夢郼草堂吉金圖三卷

雪堂景刊精本。上虞羅振玉叔言輯。前有叔言自序。按：自來譜録，半皆鋟木，間有刻石，類多失真。輓近玻璃版影印之術昌明，裨益藝林，誠非淺鮮。羅君即以所藏古器，并續得盛氏意園、端氏匋齋、陳氏簠齋以及吴、陸、劉諸家藏器，計一百五十有一種，影刊成編，靡特各器鬚眉畢肖，而銘之大小，雖剥泐皴染，筆墨所不到之處，亦無不傳神阿堵。余曾得羅氏全拓，展圖互對，不差累黍。其中以商之句兵，秦之虎符，鏤金之雕戈，異文之短劍，鷄鳴之戟，夜雨之鎛，均屬吉金奇品，爲諸家譜録所未見也。

八・二八　夢郼草堂吉金圖續編一卷

雪堂景刊精本。上虞羅振玉叔言輯。前有叔言自序。是編以續得之品，益以舊藏之未入前録者，分秦以前、漢以後爲兩類，共得六十有八品。其中以昆瓶之鐘，鼪庫之鑰，列國之弩機，新莽之水槃，均人間所僅見而古器之殊尤也。

八·二九　雙玉鉩齋金石圖録一册

景刊精本。杭州鄒安適廬輯。是編首冠二王鉩印，次拱鐘、鄭邢尗鐘、虢侯鐘、旂鼎、尊形父丁鼎、史獸鼎、中伯御人鼎、鄫諸子鼎、齊陳曼鼎蓋、伯敦、虢季氏子緝盤、單子白盤、啓匜、曾大保盆、王宜人甗、虢季子組壺、叉尊、郘王耑、西周大泉、或云泉權。古明器、秦一升量、秦詔版、董昌洗、漢洗、鄧氏龍虎鐸鈁、漢鬼竈、晉鐵洗、宋刻洮河緑石大研等數十種，器形銘文，景印極精，未有考證，亦無序跋。

石盧金石書志卷之九

閩侯林鈞亞傑

圖譜類二

九·一　求古精舍金石圖四卷

求古精舍精刊本。清烏程陳經抱之輯。前有梁同書題首、阮元序、潘世恩序、吴雲序、黄丕烈序、倪倬序、施國祁跋、許宗彦、吴翌鳳、施嵩題詞、抱之自序及先生小像，後有林從炯跋、楊傳九跋、陳鑾後序並跋、抱之自跋。前圖古器，縮本精工，并及刀布、鑑印、剛卯之屬，中間所載銅劍、周尺，尤徵考據，後摹瓦專款識，考證亦詳。原稿本有鐵如意一種，阮芸台以屬宋以後之物，與各器不相稱，囑其删去，故後印本未列是物也。

九・二　張叔未金石文字二册

鶴緣齋景刊本。清嘉興張廷濟叔未輯。前有嚴根復序。嚴氏得清儀閣所藏拓本，彙集刊行。上卷自鼎彝以及符、權、古泉、泉笵之屬，下卷悉收瓦當、殘石、古研、印章諸種，不少希覯之品。叔未手跋考釋極爲精審，間有各家題記。收藏每册均有「盱台王錫元蘭生收藏經籍金石文字印」白文方印。

九・三　隨軒金石文字四册

寒木春華館原刊本。清上海徐渭仁紫珊輯。後有其子徐允臨跋。計録周一種，漢七種，隋一種。石鼓文係據海鹽張芑堂手摹范氏天一閣所藏趙松雪家北宋本雙鈎入録，並及各家題跋。又建昭鴈足鐙，繪圖摹銘，並録各家考證及題咏，成鐙考一卷附之。楊統、楊馥、楊著、楊震四碑，係據雙鈎舊本晉府藏本。重鐫，足資鑒家考核。後有紫珊一跋。趙君碑視洪氏所釋少十八字。顧南原云：「所得寒山趙氏舊本，比隸釋所載，『斯詠』上多『其蓋』二字。」此本「蓋」字尚微近髣髴。碑云「以毖後昆」，廣韻「毖，告也」，漢隸分韻以爲「畀」字，非是。後有翁方綱跋及顧千里、梁章鉅觀款。樊敏碑碑中「飲汶」

二字，洪氏釋作「飲汝」；「光和之末」作「光和之中」；「刊石勒銘」脱「石」字；「故敕天選」闕「敕」字，「天」作「大」；「渾元垂像」作「演元」，闕「像」字；「岳瀆」下闕二字，此本「瀆」下一字疑是「濬」字，再下一字則顯然「仁」字；「火佐」作「大佐」；「遭遇」作「遭偶」，斯皆洪氏之誤，足據訂正之也。後紫珊跋大業塔盤題字。據徐跋云「乾隆癸卯火，此刻遂亡」，則原拓雙鈎亦屬足貴也。此本係兵燹後其子允臨補刻之本也。

九·四　二百蘭亭齋金石記三卷

吴氏精刊初印本。清歸安吴雲平齋輯。是記計録三種。號季子白盤銘後有釋文並跋，是盤道光間爲徐氏所得，吴氏手拓其文，復依器之形製縮摹于册，參以陳介祺、吕佺孫、張穆、翁大年、瞿樹寶五家考證，及其所見，逐句復爲詮釋。又惠山聽松石牀題字，鈎摹全文，後附考證。此刻昔人未見著録，始載于竹雲題跋，定爲李少温書，並云「有楷跋十數行，磨滅不可復識」。吴君此本並附張回仲題名于後，足正孫氏寰宇訪碑録録「聽松」二字于卷四，又載張回仲題名于卷八，並不指爲一石之譌。又温虞公碑，蘇齋所録計二千字，不過辨其形似而已，欲見廬山真面，非宋拓莫窺其妙。吴氏係據蘇州汪鑑齋藏本雙鈎入録，後綴考證一篇，尤有各家未道之語。收藏有「莫友芝圖書印」朱文長方印、「莫印繩孫」白文方印。

又得惠山聽松石床題字單行本，册末多獨山莫友芝一跋，屬吴氏刻後補鐫。前有「莫友芝圖書印」朱文長方印、「莫印繩孫」白文小方印。此本與二百蘭亭齋金石記同係初印，爲吴平齋所貽莫氏者，尤爲足珍也。

九・五 金石契四册

聚學軒重刊本。清海鹽張燕昌芑堂輯。前有王杰序、朱琰序、杭世駿序、錢大昕、魏成憲題詞。是編以宫、商、角、徵、羽爲册數，首册例言、序目，餘載器物銘跋，所圖款識悉依原形，惟彭城郡王鐵券用縮本，計録金五十三，石二十二，附録金三，石一，續録金二，計八十有一種。各器跋尾，乾嘉間文章鉅公詞筆具在，如游閬圃而窺積玉。後有楊建、劉世珩各一跋。此書前印本祇兩册，即例言所謂「弱冠付梓」之本。晚年重加删定，釐爲四册，即後訂足本。又曰「石鼓文曾集北宋本刻石于家，今復雙鈎，并拙著釋存一卷附後，即出」云云，而此本尚未附入。按：先生卒年七十有七，爲嘉慶甲戌，此書自序作于乾隆四十三年戊戌，下距甲戌凡三十七年，是刻此本時方四十也。前爲弱冠付梓之本，故較後本爲略，則既附石鼓之書，又必後于重訂本而加詳。前輩心血萃于一書，二十一刻，四十再刻，此後三十七年未必遂輟鉛槧，則定本之外抑尚有待本而今失傳耶？或石鼓文與金石契分爲兩美另行耶？後劉君世珩曾得張公石鼓文音釋重爲校梓，而雙鈎之石鼓文則未得見也。

客歲，又于滬市得張氏原刊初印本一部，極爲精善。

九·六 金石苑二册

古鐵齋原刊精本。清雲間馮承輝少眉輯。馮公以所存三代至宋，凡盤、敦、鼎、鑪、戈、鏡、專、瓦之屬，有文字可資考證者，悉照原本仿摹上版。唯古泉歷代甚夥，僅録刀布之品。圖後附綴各家跋語，以「某某記」別之。其無「某某記」等字，即係馮君自考。是集不分卷次，不計頁數，所録不過其所藏十之一二耳。收藏有「莫友芝圖書印」朱文長方印、「莫印繩孫」白文方印。

九·七 金石索十二卷

邃古齋精刊初印本。清崇川馮雲鵬晏海輯。前有辛從益序、趙懷玉序、鮑勳茂序、賀長齡序、梁章鉅序、景慶序、徐宗幹序、晏海自序，後有平翰一跋。馮君酷嗜金石文字，見收藏家銅器有款識者，輒繪録之。取三代至元鐘鼎、戈戟、度量、鏡盤、璽印、泉刀之類，爲金索六卷，碑碣、專瓦之類，爲石索六卷，皆圖其形而摹其文，並詳考證。惜愛博不精，後人頗有訾議。吉金間據博古圖而摹齊侯鎛，據復齋而摹楚公鐘，據考古圖而摹好畤鼎，據西清古鑑而摹綏和鐘，銘文譌誤，詮釋未精。而石刻亦依汝帖模之罘殘石，依淳化摹李斯書，依古刻叢抄模郫縣刻石，展轉沿襲，尤易乖舛。然所集廣博，考訂間有足取，不能一蔽其善。原刊版本寬大，與西清古鑑相埒。滬上縮景之本繆訛滋甚，難以卒讀，而馮公益增謗議，亦有以致之也。

九·八　金石聚十六卷

二銘草堂精刊初印本。清衢州張德容少微輯。前有潘曾瑩序、陸增祥序、潘祖蔭序、少微自序及後序。按：自來言碑刻者，僅録文字，不見古人精神。即鈎撫原文，間多贋本，或據叢帖轉摹，或緣鈎仿舛誤，輒難盡善。張氏此編選輯頗博，多取原拓雙鈎，自周秦、兩漢、六朝石刻，凡一百四十八通。碑目之下，其已見著録者，一一條舉，並詳言尺度及出碑之郡縣，且加考證。其中如石鼓，則謂字皆古籀，并謂許祭酒所采皆與古籀相合之篆文；婁山石刻則辨沈氏考爲石趙之非；漢孔林壇墳刻石考祝其並無隸泰山郡之萊蕪，足正各家之誤；漢朱博殘石既非墓碑，又非德政去思之屬，疑爲詔令褒策之文；延光殘碑考爲諸城是吾殘刻，不爲無見；據衡方碑轉證王氏所收楊統之訛；因石門頌正趙一清水經注釋謂張鳴鳳西遷注所載「惡蟲蔽獸」、「安危所繫」等字爲所親覩，可補隸釋之遺，而未見原碑，自爲瞽説，迷誤後人，力詆其非。唯泰山秦刻主潘伯寅之説，疑非原石，以無字碑爲原刻，則屬臆斷。他若褒斜道碑、三公山神碑、祝三公山碑、嵩山太室闕、少室闕、開母廟石闕、是吾殘碑、裴岑碑、景君碑、武斑碑、武氏石闕、百石卒史碑、李孟初碑、孔謙碣、韓勑碑、鄭固碑、蒼頡廟碑、張壽碑、史晨碑、五瑞圖、楊淮碑、魯峻碑、耿勳碑、校官碑、孔褒碑、張遷碑、高頤碑、竹葉碑、受禪碑、郃陽殘碑、范式碑、國山碑、潘宗伯碑、齊太公表碑諸考證，其中校訂各家譌脱，難以縷舉。至如鳳凰刻石、朱博殘碑、三老忌日碑、永建食堂刻石、沙南侯獲碑、文叔陽食堂刻石、何倣趙武畫象、洪福院畫象、兩城山畫象、石廧郙刻石、楊君之銘、曹真碑、郛休碑、蕭績神道、陳寶齊造象諸石刻，悉爲張氏以前所未著録。惜鐫梓未精，弗能無憾，而版本寬大，尚足資藏家鑑賞也。又據仁和譚仲修先生廷獻所著復堂日記中載：「金石聚十六卷，衢州張德容松屏鈎刻漢魏六朝拓本，考釋文字，亦頗精采，學識中下，未云詣極。證石鼓爲古籀語最確。至婁山刻石定趙武靈王，文字皆不類戰國時，未可信也。近出之麃孝禹表，遒峻既書勢最古，年地亦合紀載之體，疑非所疑。即楊量買山記，亦非後人所能僞造。張君以景君碑筆鋒如折刀爲精鑒。所撫古蹟，一以平方之執入紙，間入鐵側，古來渾穆遒厚之法殆盡，亦可云妄作。人言太守于近世所出如吹角壩、沙南侯諸刻，皆以意增入不可見之字，以爲欺炫，未免心勞日拙之誚。」又元和楊序東先生寶鏞邃盦金石跋尾載金石聚書後云：「雙鈎碑版，自以海内孤本爲貴。如王司寇之宋搨楊氏四碑，黄秋盦之石經殘字、稚子二闕，劉燕庭之華山碑，必其流傳人世希有之品。他若遐陬異域，搨不易致，如日本、高麗及新疆劉平國刻石種種，薈萃鈎本，足以沾丐學人，爲筆墨之娛，考据之用。若就前人已録加以引證，莫如標目而刻自著之跋，亭林、竹垞體例具在。余讀張氏金石聚而病其著録疏率焉。按其所收，蓋近時通行墨本，川陝碑賈捆載可致，鈎刻既復惡劣，編次僅迄六朝，其見于金石萃編者又十之八九，謂宜單刻一百四十餘通題跋足矣，不必影摹原文，爲高文典册觀也。今三衢頗以是書珍祕刷印，且索厚值，余但選存出土稍後並零殘冷碑，凡已叠見各家著録者，删三之二，自謂較全書爲勝耳。」又曰「此書首載張仲医一器，余曾借觀手拓，其器如盆，與趙氏金石録所載有蓋之説不合，文字薄弱拙滯，殊乏古意，當是後人因舊銅器無銘，僞刻此識。原跋亦謂其銘與集古録等所著復有小異，形製與考古所圖亦不同，已露端倪，不斥其贋者，想以姓氏偶合，取數典之義，失考核之實。今此器並金石聚原拓，其家盡携往吴門覗售矣」云云。于張氏均有微辭，姑録于後，以資參訂。

九·九　金石屑四册

原刊精本。清嘉興鮑昌熙少筠輯。後有少筠自序。鮑君與張叔未同里，交游有素。其後清儀閣藏物散布人間，半爲少筠所獲，遂輯是編。起自秦漢，迄于元明，計六十八種，金少石多。其中如西漢元延銅尺，爲各家未經著録。即若晉孫登鐵琴、蜀韓文範、唐大中銅磬、元宣課所權以及秦漢各石刻，間多拓本罕見。仿刻精工，所摹各家手跋儼同原蹟。鮑君考證亦頗詳塙。末有附編，又增三種。

九·一〇　金石摘十册

不求甚解齋刊本。清郴州陳善墀丹皆輯。前有梅根居士序、賀祥麟序、何燮序。是編起自三代，迄于明清，凡石刻、法帖，摘取選刊，或數字，或數十字不等，鈎摹草率，喜博不精，亥豕魯魚，層見叠出，靡特斷錦碎金，難稱善本，而武斷摘删，漫無標準，殊爲棃棗呼冤也。

九·一一　小蓬萊閣金石文字五册

原刊本。清錢塘黄易小松輯。前有翁覃谿題跋並詩、錢竹汀序。秋盦先生以所藏宋拓舊本之石經殘字、武梁祠畫像、漢靈台碑、魏君碑、趙君碑、譙君碑、朱君碑、三公山碑、王稚子闕、范式碑等十種，雙鈎全文，考證詳審，並采各家題跋附録于後。其中如武梁祠畫像「榆母」前十六字，足補洪氏隸釋之闕，「范且」之名，足證胡身之所注通鑑之非。漢魏君碑，較洪氏釋文少二十五字，翁覃谿釋「逝」、「謚貆」、「察」、「不」、「之」、「軌」七字，辨正「徂」、「牧」二字，張石公釋「春秋」下是「六」字，孔繼涵釋「沛國」下是「公丘」二字，申鐵蟾釋「東萊黄」下是「李」字，孫淵如釋「以謚」下「貆」字是「貌」字，非「貇」字，小松疑爲「藐」字，計補洪缺者十有一字。趙君碑額與文俱隸書，是正顧南原隸辨以額爲篆之訛，洪氏隸釋録文共一百五十六，此缺「積」、「芬芳」、「長」四字，「纂」、「而能」、「暢」、「事司徒」、「公」、「辟」等字僅露筆蹤，顧南原據寒山趙氏本釋出「其」、「蓋」二字，小松又辨第八行「穌其」二字，第九行有「戍」字，洪釋所未有也。譙君碑此本字體與洪氏隸釋悉合，惟「儀」作「儀」，「喆」作「話」，「幸」作「丰」，「焰」作「焰」，「而」作「而」，「直」作「亘」，小有不同，洪云闕字，翁覃谿補出「氏」、「乃」二字，又辨正「廿」字是「十」字，則是本亦可貴也。朱君碑係據宋紙舊拓，雖重刻，亦希有之迹，惜存字無多，洪氏隸釋缺四百十二字，此本存一百六十四字，惟「書惠」二字洪釋所無也。范式碑洪釋五百二十七字，拓本只存三百四十八字，此據宋拓本，較新出斷碑多一百八十餘字，實海内希有之品也。三公山碑第一行首一字翁覃谿定爲「元」字，第十九字似「衆」字，三行第十二、三字定爲「鬲并」二字，第二十三、四趙晉齋釋爲「敬奠」二字，五行第十六字李鐵橋釋爲「土」字，八行第十三字似「浮」字，十行第二似「洪」字，均足補各家闕誤。靈臺碑字數與隸釋同，無額與陰，惟筆畫間有小誤，「輔助」下「仲」字旁作「申」，「祈祠」下「獲」字作「獲」，乃重摹之誤。翁覃溪、江秋史釋出「不頽」、「哀平」、「荆」、「詠」、「奏」、「未」凡八字，小松又證「飭五」上是「兹」字，皆足以補洪氏也。

九・一二　葉氏平安館金石文字六册

葉氏精刊本。清漢陽葉志詵東卿輯。據叢書舉要載退舟云「此書無總名，無目録，當時隨刊隨印，傳本至希，據藏本録之」云云。余收是編亦仍叢書舉要所標之名。秦泰山石刻一種，係據常熟蔣氏因培所得十字殘碑雙鈎，並縮臨廿九字于前，有翁方綱序，阮元、廷鏴、汪汝弼、梁章鉅、葉志詵各跋，後附翁、孫、陳、梁、李、宋、郭、孫諸題詠。收藏前有「北平張岱山珍藏金石文字之印」朱文長印、「岱山珍藏金石文字印」朱文方印。又婁壽碑一種，翁覃谿有雙鈎，本華氏本，後有豐道生、馮敏昌及覃谿三跋，并羅聘等觀款一則，乾隆乙卯刻于蘇齋，後版漫漶。道光丙午，葉氏復以翁刻初印本重翻，益以嘉慶甲戌所得章美跋七行、真賞齋題籤一行附入，並東卿跋一篇。收藏前有「岱山珍藏金石文字之章」白文長印，後有「張氏伯子」白文方印、「致爽軒珍藏」白文方印。輓近涵芬慶有景刊本，較雙鈎遠勝良多，且題跋亦較翁刻有增。前有釋六舟、郭麐、何紹基、秦光第、劉與權、楊峴署籤，潘祖蔭一跋、光第題首，後抄附集古録、隸釋二篇，並豐道生、章美、朱彝尊、何焯、錢大昕、釋達受、龔自珍、何紹基諸跋，其餘名人觀款十三則，另文鼎一記。又廟堂碑唐本存字一種，此覃溪得元康里氏舊藏真唐石本，尚存千四百許字，以校城武、西安兩本，多所是正，因摹其異文爲一卷，考釋極精，翁跋後尚有孫星衍等題名。道光丙午，葉氏以舊藏初印本重刊，另有附記一則于末。收藏前有「岱山珍藏金石文字之章」白文長印。又虞恭公碑一種，按温彥博碑字，自明以來諸家著録所記字數頗有增益，石墨鐫華得五百餘字，墨林快事亦云「存五百餘字，舊本存八百二十字」，醴泉縣志得四百二十字，昭陵石蹟考得三百餘字，雍州金石記得四百字，金石萃編得千十四字，昭陵碑考得九百餘字。此本係翁氏依整本精拓考釋，得二千八十六字，遠過各家。後蔣生沐得陸白齋釋文一千四百餘字，參以翁釋，録入東湖叢記，凡一千九百餘字。魏稼孫碑録復取整本，證以蔣録，得二千百二十字。近羅氏昭陵碑録參證各家考釋，得二千一百零九字，半字二十有六字。而温碑先後經諸家考釋，應無遺憾矣。此本後有覃溪跋記三則。收藏前有「岱山珍藏金石文字之章」白文長方印。又日本殘碑一種，後有葉志詵題跋。跋云「此文首尾殘闕，似係題名，書勢雄偉，類上皇山樵瘞鶴銘字，相傳日本人平鱗得于土中，拓本流入朝鮮，爲成氏所藏。廿年前，翁覃溪師以雙鈎本見貽」云云。考傅氏雲龍日本金石志載：「此係日本建多胡郡辨官苻碑，在東山道群馬縣上野國多胡郡，碑高三尺九寸，寬一尺九寸，正書六行，第一、第二兩行並十三字，三行、四行、五行並十四字，六行十三字。」翁氏稱爲「日本殘碑」，實未之殘。葉氏以爲題名，亦屬失考也。前有「北平張岱山珍藏金石文字之章」朱文長方印，後有「致爽軒珍藏」白文方印。尚有漢劉熊碑一種，前爲友人假去遺失，迄今尚未覓補，故缺録之。

九・一三　古均閣寶刻録一册

古韻閣原刊本。清海寧許槤叔夏撰。前有叔夏自序。此録刻夏承碑一種，依明孫仲墻藏本鈎摹，並以華中父、伊墨卿兩藏本及翁覃谿雙鈎成化本互相參訂，凡孫本闕字，即取各本擇善補足。是編首列碑圖，次碑文及釋文，唯碑文字體輒有通借，並系各家之説，綴以訓釋，條列于後，且將華、伊兩本與孫本及隸韻互有乖違者亦摹録附編，足資考鏡。按：是本刊成不久即厄兵火，流傳極罕，近有嘉興沈氏景摹本，末多沈衛一跋。

九・一四　石林一册

要无咎齋初印精本。清宜興路廷佺補之輯。前有李兆洛序、儲徵甲題詞。李序云：「路君集周秦以來碑碣文字，詳其制度，摹其筆畫，備其考據，謂之『石林』。」則宜廣搜希品，如平安館、小蓬萊閣兩家所刊之金石文字，方稱佳作。而此編僅摹吴國山碑與漢司農劉夫人碑兩種，按：國山碑所載考證，悉出吴兔床先生國山碑考，而未登其名，尤爲不解。而二碑悉出吴興，豈路君志彰桑梓古物，不涉他方石刻耶？收藏有「莫友芝圖書印」

朱文方印、「莫印繩孫」白文方印。

九·一五　攀古樓漢石紀存一卷

滂喜齋精刊初印本。清吴縣潘祖蔭伯寅輯。據沙南侯獲刻石足本，屬吴清卿鈎摹付梓，並以張之洞、吴大澂、王懿榮、潘祖蔭諸人考證釋文附焉。末又雙鈎原文，以資考訂。

九·一六　望堂金石初集六册

飛青閣原刊本。宜都楊守敬惺吾輯。目後有惺吾自記一篇。按：金石家嘗病洪氏隸釋，以今存原碑校之，多不合，良由展轉翻刻，致多譌誤。楊君有鑒于此，舉其所得，以碑之不存者爲先，次最舊拓本，次荒徼希覯之本，自周石鼓以次，雙鈎二十九種。目之所登，尚非此數，蓋楊君未完之作。凡已見于黄氏小蓬萊閣、徐氏隨軒者俱不録。碑後遍詳考據。其中如石鼓文係據阮刻參校張本，視徐氏隨軒所刊有過之無不及也。漢華山碑據武原陳南叔雙鈎本，精審出諸本之上，惟「柴祭燔燎」，「燎」作「燎」，與他本異。楊氏依南叔本，參以翁本重摹之。王純碑以隸釋校之，

「宣茲惠和」釋「茲」作「慈」；「奮筆憲臺」釋作「舊筆」；「皇邊」釋作「直邊」；「徵刑輕尤」釋作「輕笑」；「縻」釋作「縻」；「復郎拜敬北」，「復郎」者，與前「除郎」相應，「拜敬北」者，又拜敬北某官也，釋作「復拜郎」；「發仁」釋作「發政」；「十二月」釋作「十一月」，皆足糾正其誤。張表碑以隸釋校之，如「鏤金石兮夐不亡」、「萬子孫兮永烝嘗」二句互倒，未知孰是。他如「德」作「德」，「屬」釋作「属」，「臧」釋作「藏」，「岀」釋「岳」，「染」釋「梁」，筆畫少有異同。唯「畔桓利貞」釋作「盤桓」，據集古録本作「畔」，顯屬洪釋之誤。戚伯著碑，碑云「而姓焉」釋作「性焉」；「調官近土」釋作「沛土」；「考卜罔營」釋作「叔卜」；「來略胥通」，即「七略」，釋作「才略」；「宗緒」上「泯」字釋作「隕」；「伊唯」釋作「伯著」，均足訂洪氏之失。又「劝」乃「功」字，「捐爾」即「捐璽」，「而乎」即「天乎」，洪氏亦未及言。餘如秦漢諸刻，悉據善本入録，更難縷舉也。

九·一七　望堂金石二集六册

飛青閣原刊本。宜都楊守敬惺吾輯。初集刻自同治庚午，迄光緒丁丑始竣。

二集係宣統庚戌續刊于鄂城，計録十八種。漢禮器係據宋拓「廟」字不損本，唐道因碑、聖教序亦屬宋拓。他如漢東海廟碑、前秦廣武將軍碑、魏鄭文公碑、崔敬邕碑、隋啓法寺碑、姚慕公墓志、唐孟法師碑、李思訓碑、王宏範碑、法華寺碑，均依舊拓入録。唐李秀碑則據舊拓未斷本，並參陳萬璋重刊本補其殘缺。末有日本佛足跡碑、道澄寺鐘銘、銅鐙臺銘三種，高麗真鑒禪師碑一種，悉屬中土鮮見之品。間有題跋考證于後。

九·一八　金石經眼録四册

原刊初印精本。清郃陽褚峻千峰撫圖，滋陽牛運震階平集説。前有何堂序、牛運震序、褚峻自序，後册首有褚峻後序。褚氏以己所親見之碑縮于邊幅而摹勒之，自太學石鼓以下，迄于曲阜顔氏所藏無名碑陰，共四十有七種，斷趺殘碣之形，雨蝕苔侵之迹，無不在目，自有金石書以來未有此製，千峰實爲創體。牛氏爲之集説，詳其高卑、廣狹及所在之處，其假借、通用之字，亦略訓釋，復仿岳珂之例，于説後各贅以贊，殊爲蛇足。後得巴里坤新出裴岑紀功碑，改名「金石圖」。運震未至西域，僅得模糊拓本，所摹失真。後二册益以魏吳以下迄于唐六十圖，但于一碑之中約取數十字而具説于其上，大不比前刻之精，尤病糅雜。按：吴縣鈕樹玉匪石日記載「五月五日，假得顧抱沖所存郃陽褚峻千峰手摹金石經眼録觀之，滋陽牛運震階平爲之説。卷首有王澍、徐葆光、何堂、牛運震等敘文。始石鼓，迄李翕頌，凡列碑圖五十有三，碑陰及側不數，末三碑有圖無説。其碑式圖畫字形作縮本，毫髮畢肖，宜爲諸公嘆賞」云云。原本缺王、徐二序，而碑數與鈕氏所舉又不相同。又以四庫提要所載之數及劉氏聚學軒重刊本互對，則無軒輊，不知鈕氏何以誤爲五十有三碑也。原本無「經眼録」標字，唯何序有見斯名，而四庫總目以及各家目録多載爲經眼録。余編是目，特沿舊名，亦足以便查檢。是本余于辛酉得于吾鄉龔氏烏石山房，每册均有少文鄉前輩署箋，裝裱四本，係原刊初拓，墨色古雅，盎然可珍，較重刊本不啻有霄壤之判也。

九・一九　金石圖説四册

聚學軒重刊初印本。清褚峻撫圖，牛運震集説，劉世珩編補。是編即金石經眼録，前有貴池劉世珩序，次褚氏序，又次牛氏序，再次褚氏後序、何堂序。劉氏據徐氏積學齋所藏原拓本覆刻，凡未經原刊詳考者，復加訂正增入，如孔林兩墳壇、泰室闕、孔褒碑、麃君石人等闕字。惟延光殘碑、五瑞圖、西狹頌三種，原書均未系説，復補考證，並編次目録。劉氏增補者，均以「世珩案」三字别之。後有茅謙後序、劉世珩跋尾。劉氏重刊，頗屬精確，然較原刻，神采已失。現時滬市所流行之本，尤不及劉氏初印。余曾舉原刊以及劉氏先後印本並案互校，大有愈趨愈下之勢。原版精印之可貴，宜世人球璧同珍也。

九・二〇 百漢碑硯一卷

景本。清南昌萬承紀廉山輯。前有楊見山書首、唐光照、楊見山、高邕、毛承基諸跋。按：自徠撫釋漢碑者，有隸韻、字原、隸辨等書，均分韻散系。唯宋洪氏隸續刻碑圖，始著古碑形式，然尚莫睹全碑。嗣是有牛、褚金石圖，乃鋟木，未甚精。是圖萬氏以精拓漢碑囑太倉王應綬子若縮摹于硯石之背，歷七稔始成，古雅絶倫，形神畢肖。即碑之剥蝕處，亦與原本絲毫不爽。惜甫蕆事，緣官累，取抵負項，所以流傳極少。嗣復遭亂，聞已久燬。唐光照鋸華得精拓原本，景刊以傳，與原本不差累黍，亦可爲續命之湯也。余曾得原本于贛中，惜有短缺數種，他日當覓補之。

九·二一　百漢碑縮本二册

原刊初拓本。清金匱錢泳梅溪輯。按：宋洪氏隸續摹刻碑圖，嗣後如牛、褚之金石圖，萬氏之百漢碑硯圖，相繼師仿。牛氏鋟木，故未甚精。萬圖鐫石，丰神完足，石惜久毁。錢氏所摹百漢碑，字小如豆，鬚眉畢現，各碑均如原式製之，其趺、額追琢精妙，頗爲世重。然夏承諸法從唐碑出，豐贍有餘，遒古不足，與石門、梅溪隸碑尤鑿枘，仍是我行我法，殊爲美中不足也。錢氏尚有攀雲閣臨漢碑十六册，計五十有一種，分爲四集，集分四册，每集均冠目次，各册均有「錢氏寫經樓金石圖書記」朱文長方印、「攀雲」朱文長方印、「寫經樓印」朱文方印，以其類似法帖，故摒不録也。

九·二二　寰宇貞石圖六册

望堂景刊本。宜都楊守敬惺吾輯。楊君以現存古碑打碑人輒省紙不肯全拓，付工裝剪，又難見古碑形式，取自周至唐舊拓精本，共四百餘種，縮景全形，足與牛、褚金石圖、萬氏百漢碑硯、錢氏百漢碑齊名。

九·二三 思古齋雙鈎漢碑篆額三册

思古齋原刊初印本。清山陰何澂竟山輯。前有俞樾序、楊浚序、龔顯曾序。按：秦漢作篆，隨筆高下，自成結構，古趣盎然。而秦六刻石已佚其四，瑯琊、泰岱殘缺過半。降求漢篆，厥惟碑額。何君鋭志搜輯，悉心鈎摹，或訪原碑，或得舊拓，自太室石闕銘至司農公共三十有二種，益曹魏上尊號奏、受禪表、孔子廟碑、范式碑四種，計三十有六種，摹輯兹編。其未得者，附待訪目于目録後。末有竟山跋。

九·二四 蒿里遺珍一卷

雪堂景刊精本。上虞羅振玉叔言輯。前有叔言自序。是編選湮陽端氏藏漢建初玉買地券、黄縣丁氏藏漢建寧鉛買地券、望江倪氏藏吳黄武買地瓦券、山陰童氏藏晉太康買地瓦莂、羅氏自藏之齊天保上官長孫氏玉冢記，計五種，或久佚人間，或傳本至罕，均珍異之品也。附釋一卷于末。前有「東山學社校刊書籍記」朱文長方印。

九・二五　蒿里遺珍拾補一卷

廣倉學宭景刊精本。杭州鄒壽祺適廬輯。前有適廬自序。序曰「壬子旅滬，得晉楊紹買地莂于道州何氏，又得黄武甎券于餘杭褚禮堂同歲，遂相約有幽契録之輯。乙卯春，羅叔言參事函索楊莂甚力，不得已讓之。十一月至滬，則蒿里遺珍出版，余等前願已代償矣。惜祇五品，並其自藏之中平鉛券亦未續録，使讀者留憾。兹將幽契録中可信者一一拾補，宋元以後則從略焉」云云。

九・二六　古石抱守録三册

廣倉學宭景刊精本。杭州鄒壽祺適廬輯。適廬自跋曰「自周秦，迄唐宋，凡屬殘闕，一律收録，新出土及已佚者，尤爲注重，全碑間及一二而已。以小易大，以古爲新，立此先竿，必裁僞體。惟隨時增益，不能序年代後先，原石未見，並難度尺寸長短，是所憾也，讀者恕之」云云。

九·二七　古器物笵圖録三卷

廣倉學宭景刊精本。上虞羅振玉叔言輯。前有叔言自序。按：古器物笵見于著録者，自秀水朱氏之莽泉笵始。他如嘉定錢氏、海鹽張氏，均傳其墨本于十六長樂堂古器款識及金石契中。治泉幣之學者，莫不知有泉笵，而他器物之笵，則無聞焉。及嘉道間，嘉興張叔未先生始見衛字瓦笵、尚方鏡笵、弩笵三品，爲出泉笵之外者。羅君此編所録，上卷爲諸器物笵，中録弩機笵、矢鏃笵、銅斧笵、小鏡笵、瓦當笵、犂笵諸品；中卷爲古泉幣笵，中録方足布笵、尖足布笵、空首布笵、齊刀笵諸品；下卷爲漢以後至六朝泉幣笵，中録半兩笵、五銖笵、契刀笵、貨布笵、小泉笵、壯泉笵、大泉笵、布泉笵、貨泉笵諸品。各編附説，考證頗詳。

九·二八　歷代符牌圖録二卷

雪堂景刊精本。上虞羅振玉叔言輯。前有叔言自序。符牌著録最先者，爲續考古圖之漢濟陰虎符、唐廉州魚符。明顧氏印藪、吴氏印統亦著録二符，清代則頗散見于錢、翁諸家之書。而爲之專者，則始于瞿木夫先生集古虎符魚符考。然諸家著録，顧、吴所載，並是贗品，翁、瞿所考，頗多疏失。羅氏得秦代虎符，復聚藏本，輯爲專書，以補各家未備。由秦逮金，得符五十有二，又遼金至明之銅牌，亦巡符、佩符類也，得墨本十有八，皆就原拓精影，纖毫畢肖，可徵信傳後。至于考證，則別爲一録云。

九・二九　歷代符牌録後編一卷

雪堂景刊精本。上虞羅振玉叔言輯。前有叔言自序。是編就六舟上人及秀水王氏、虞山趙氏所藏符牌拓本並續得各品，凡已見前録者不録，又得符八，牌三十有一。後附唐和川府魚符，前録已收，因其精拓「右」字可辨，故復重載于末。

九・三〇　殷虚古器物圖録一卷

廣倉學宭景刊精本。上虞羅振玉叔言輯。前有叔言自序。羅君得殷虚古獸骨骼、齒角以及系璧、彫象殘器、雕犀殘器、彫骨殘器、珧殘器、骲族、彫鯊殘尾、石磬、彫玉磬、彝器殘耳、殘玉之類，輯成兹録，並撰各器物考證附圖之後。

九·三一　古明器圖四卷

廣倉學窘景刊精本。上虞羅振玉叔言輯。前有叔言自序。按：前人記古明器者，僅宋岳珂撰古冢槃盂記，博古圖載一陶鼎而已。羅君景其所得中州、磁州、山西各處出土之明器，以人物、鬼神爲先，田宅、車服、井臼次之，家畜又次之，而古畫專爲之殿，都百八十有一品，足爲考古之資，亦屬空前未有之著録也。

九·三二　金泥石屑録二卷

廣倉學窘景刊精本。上虞羅振玉叔言輯。前有叔言自序。羅君遴選其所藏古器小品，始于有周，終于近代。其物皆世所罕覯，或已亡佚，其打本亦均一時所難致者。上卷金類收印子金、古矢鏃、鷹符、古銅鍵、錞于、房桃枝買地鉛券、鉛守宫、斜道銅量、大中銅磬、吴越投龍銀簡、元淮安路學銅鍘、奉化銅漏、安陽鐵獅、淮安路學銅爵諸品，下卷石類收古塤、霸陵過氏瓴、瓦當筒、撲滿、吴始寧陶器、唐多寶塔專象、吴越投龍玉簡、泥塔、日晷、石鼓硯、明建文瓷筆格諸品，並編附説于後，足供考證。

九·三三　藝術類徵四册

廣倉學宭景刊精本。是編原附廣倉學宭所編之藝術叢編之後，其中所録，約分金、石、書、畫、玉、陶、甲骨、版本、文玩、雜器十類，所收各拓，多屬海内藏家少見之品，頗有足取。

九·三四　逸岡雜器圖説一卷

原刊本。清會稽孟麟逸岡輯。是編本附泉布統志之後，未有定名，姑以「逸岡雜器圖説」標之，非原名也。中録周瑑圭、琢璧、鹽圭、琮節、工節、龍節、璽節、旌節、珈、觿、韘、玉印、漢冠玉、旌節、隋虎符、唐宋環、唐宋佩、唐硯、印盒、宋官窑、上山紅以及諸葛鍋、諸葛鑪、十六國銅器諸圖，悉附考證，唯末十六國銅器一種未考。

九·三五　浣花拜石軒鏡銘集録二卷

錢氏原刊精本。清嘉定錢坫獻之輯。目後有獻之記。鏡銘古無專書，然其鏤刻之精，文字之古，足與鼎彝並重。錢氏此録，所藏漢唐鏡凡二十五，有銘文者僅二十品，附存奇紋五種，摹圖釋銘，並詳考證。錢氏自記曰「右鏡二十五種，皆向所藏弆者。近世指海獸葡桃鏡爲秦鏡，龍鳳、雀花、瓜瓞、菱葵等式，並指爲唐竟，而漢鏡必以銘文定之，其例並遵宣和博古圖，亦或然或不然之論也。余所置前人舊物，每重其文字，故但有花紋無銘識者，概不著録。惟八卦以下五種，則以製造標奇存之。二十年秦贅，所見商周下至唐代器物，幾數千餘件，然皆雲煙過眼，瞥而不留，所守者僅此耳，豈不可慨哉」云云，則先生之篤好，可想見矣。

九·三六　古鏡圖録三卷

雪堂精刊景本。上虞羅振玉叔言輯。前有叔言自序。按：吉金之中，刻畫精巧，文字瓌奇，辭旨温雅，一器而三善備者，莫鏡若也，博古圖、洪氏隸釋、西清古鑑、錢氏鏡銘、馮氏金石索諸書均有著録。是編凡有紀年者最先列之，由漢之元興迄明之洪武，得三十餘品，其無年月者，可據此參證，而得其時代與其製作變化之迹。中卷以後則選文字刻鏤精好者，其但有彫文無銘辭而不習見者，亦遴選一二，都一百五十有七竟，不詳考證。影刊精工，視墨本不殊銖黍，以較往昔巧工所鐫，超勝奚啻倍蓰也。

九・三七　遯盦古竟存一卷

遯厂精本。山陰吴隱石潛輯。是編集古竟二十有二種，悉由原器椎拓而成，首列天紀二年竟，餘多漢唐有文字者，未詳考證，亦無序跋。

九・三八　古玉圖譜一百卷

康山草堂精刊本。宋龍大淵等奉敕編纂。前有歙人江春序、大淵進呈原序，後詳編纂諸臣姓氏。是譜頗有考據，繪畫亦工，歙人江穎長春據進呈四庫全書館原本校定付梓。是書分國寶部、壓勝部、輿服部、文房部、薰燎部、飲器部、彝器部、音樂部、陳設部爲九類，卷末有「文林郎翰林院修撰兼攝太常禮儀院使賜緋魚袋臣錢萬選奉勅書字」正書一行，又「宋淳熙三年三月，臣龍大淵等奉勅編纂古玉圖譜一百册」篆書二行。據四庫提要「譜録類存目」所載：「此書宋史藝文志不載，他家著録者亦未之及。遂初堂書目有『譜録』一門，自博古、考古圖外，尚有李伯時古器圖、晏氏辨古圖、八寶記、玉璽譜諸目，亦無是書之名。朱澤民古玉圖作于元時，亦不言曾見是書。莫審其所自來。即以前列修書諸臣職銜，以史傳考證，舛互之處，不勝枚舉。」提要曾詳列可疑之點十有二端，斷爲後人僞托。

九·三九　古玉圖二卷

亦政堂刊本。元睢陽朱德潤澤民輯。前有澤民自序。是圖悉輯秘府以及各家所藏之古玉，繪圖注說，足見古人製器之妙，可與博古圖相表裏。周禮考工有考金之工，有玉人，宗伯有典瑞，博古圖則考金之工，此圖則玉人及典瑞所掌，足供考古參證。後有吳寬題咏及吳萬化跋。

九·四〇　古玉圖考二册

吳氏景刊精本。清吳縣吳大澂愙齋輯。前有愙齋自序。按：宣和古玉圖蕪雜不精，吕氏考古圖雖有古玉一卷，惜又無所考正。朱澤民所撰古玉圖寥寥數十器，相沿舊説，多無證據，于圭、璋、琮、璜典禮之所關闕如也。愙齋每有一玉，必考其源流，證以經傳。其中于鎮圭、青圭知「天子圭中必」、「抒上終葵首」之義；于黄琮、組琮足證許叔重「琮似車釭」之説、鄭司農「外有捷盧」之説；于玉觶、玉散知明堂位之「璧散」、「璧角」與内宰之「瑤爵」皆以玉爲器，而非以玉飾口；于白玉古韘知

「决拾」之「决」用棘，用象骨，亦有時而用玉，足證毛公訓「玦」之義爲不誤；于白珩、蔥珩知珩、璜、琚、瑀、衡牙之制。又知世俗所傳「昭文帶」即「鞘鞘佩璲」之「璲」，舊説以「璏」，則非也。玉琥爲六瑞之一，即漢虎符之所本。大璜與佩玉之璜，名同而制不同。若此之類，皆足以資詁經之助，而補金石家之所不及。圖繪精工，亦遠過吕、朱諸圖。凡玉鉩、玉印、玉押，其有文字可據者，亦并附焉。

九·四一　江秬香得碑圖一册

景本。清錢塘江鳳彝秬香得晉任城太守孫夫人碑于新甫山下，鴻文寶畫，傾倒一時。此册前有王學浩、鄭士芳、朱壬、唐晟、徐鉽、黄易、奚岡、程庭鷺等所作之得碑圖，次碑文，又次黄易之釋文，其餘阮元、朱文藻、桂馥、武億、奚岡、陳鴻壽、孫星衍、翁方綱、余集、伊秉綬、梁章鉅、賀長齡、趙魏、張叔未、張井、何紹基等題跋者姓名繁多，不備舉。諸跋，援證史書，辨論字體，極爲詳盡，可作碑考觀也。

石廬金石書志卷之十

閩侯林鈞亞傑

圖譜類三

一〇·一　泉志十五卷

照曠閣精刊本。宋鄱陽洪遵景嚴撰。前有景嚴自序，末有沈士龍跋。是編分正用品、僞品、不知年代品、天品、刀布品、外國品、奇品、神品、壓勝品爲九類。據四庫提要云：「自皇王、偏霸以及荒外之國，凡有文字可紀、形象可繪者，莫不畢載，頗爲詳博。然歷代之錢，不能盡傳于後代。遵自序稱『嘗得古泉百有餘品』，是遵所目驗，宜爲之圖。他如周太公泉形圜函方，猶有漢食貨志可據。若虞、夏、商泉，何由識而圖之？且漢志云『太公爲圜函方形』，則前無是形可知。遵乃使虞、夏、商盡作周泉形，不亦謬耶？至道書『天帝用泉』，語本俚妄，遵亦以意而繪形，則其誕彌甚矣。是又務求詳博之過也。」

一〇·二　錢譜一卷

翠琅玕館刊本。宋東平董逌彦遠撰。後有馮兆年跋。馮君考是書係明人董遹所著，余據翠琅玕館原刊姓氏，故仍署宋人董氏。馮跋曰：「右董氏錢譜，宋史藝文志：『錢譜十卷，董逌著。』張端木按：逌字彦遠，徽宗時官書學博士，著廣川書跋，爲考古者所尚。元陶九成輯説郛有宋董逌錢譜，與此略同，説郛所載，尤多錯譌。余客申江，得與張君子祥結交，偶于過從，見案頭有董氏錢譜，乃前明沈禹文大謨寫本，因得借鈔。至云漢初莢錢一當百，陳文帝鑄布泉，周宣帝鑄永通泉貨，隋文帝鑄小五銖，南唐鑄永安五銖，皆誤。如聖宋元寶，徽宗鑄，誤以爲太祖鑄；皇宋元寶誤以爲寶祐元寶；又收明太祖大中通寶，誤爲宋大中祥符時錢，仍有種種錯譌。首篇書『宋董逌』。余按：望江倪氏古今錢略載有刊本董遹錢譜一卷，明人所著，諒即此書。若宋董逌譜，乃十卷，不止此數頁。况書中并引董逌錢譜之語，豈得云董逌譜歟？蓋以『遹』、『逌』字形相近，訛『遹』爲『逌』，由來已久，郎仁寶、張端木亦不詳加考訂，不知一宋人、一明人，迥不相涉，非作者託名，乃刻書者誤矣。」按：郎仁寶不疑其非董逌譜，而疑不應載于説郛，不知説郛經後人重訂，讀説郛所載諸書，多明人著録，何庸疑也。然首篇依舊作「董逌」，不敢改其廬山面目，仍俟考據者自有定見耳。

一〇・三　錢録十六卷

邁宋館銅鐫精刊本。清錢塘梁詩正薌林等于乾隆十五年奉敕撰。卷一至卷十三詳列歷代之泉布，自伏羲氏迄明崇禎，以編年爲次；第十四卷列外域諸品；第十五、十六卷以吉語、異錢、壓勝諸品殿焉。據四庫提要載「考錢譜始見于隋志，不云誰作，其書今不傳。唐封演以下諸家所録，今亦不傳。其傳者，以宋洪遵泉志爲最古，毛氏汲古閣所刊是也。然所分正品、僞品、不知年代品、奇品、神品諸目，既病淆雜，又大抵未睹其物，多據諸書所載想象圖之，如聶崇義之圖三禮。或諸書但有其名，而不言其形模文字者，則概作外圓内方之輪郭，是又何貴于圖耶？至所箋釋，率多臆測，尤不足據爲定論。是編所録，皆以内府儲藏得于目睹者爲據，故不特字迹、花紋一一酷肖，即圜徑之分寸毫釐，色澤之丹黄青緑，亦窮形盡相，摹繪逼真。而考證同異，辨訂真僞，又皆根據典籍，無一語鑿空」云云。

一〇・四　續泉志十二卷

稿本。清平原陸虎岑古愚撰。前有童玫序、徐國城序、古愚自序。陸君是編爲續鄱陽泉志而作，唯稍變其義例，就其所藏所見以及簡畢之可徵信者，增輯宋、元、明三朝。至若竊號以及外國品、壓勝諸類，咸附于後。洪志品目原分爲九，陸志則以天品、神品無徵删之，僅存七類。至泉之大小、輕重，亦不紀載。蓋以原泉印樣，觀其形象，大小自見，直紀幾錢幾分，而輕重亦已瞭然。第摹繪未精，美中不足。他如贗品之大足、大啓、大聖、天昌諸泉，概削不收，鑑別頗嚴。其中考證博采諸説，並紀援引所自，凡屬己見，悉冠『岑按』二字。一卷至四卷爲正用品，五卷爲僞品，六卷爲不知年代品，七卷爲刀布品，八卷爲外國品，九卷爲奇品，十卷爲福慶品，十一卷爲洪氏泉志質實，十二卷爲外國品。是本係海寧吳氏拜經樓舊藏，曾經兔牀先生騫手自批校，丹黄滿帙，至堪珍閟。其中如至正錢批曰：「乙丑冬至日，張叔未解元在海寧城買得至正大錢一枚，兩面文，與此無異，而色澤甚古。是夕，攜過予耕煙山館，圍爐夜話，出以共玩，惜未及檢此誌示之。」又于「童維菴」條批曰：「此段又似釋後元國書者，與權鈔無涉。」又三魚錢批曰：「吳毓春有雙魚錢一，與洪志不合，而與此同，但止二魚耳。」又藕心錢批曰：「乾隆乙卯冬，平湖宗人毓春贈余藕心錢一，色澤甚古，式正與第四品無異，分寸亦同，惟重杭平五錢，豈宋平較今重一倍耶？當更考之。」又壓勝第五錢批曰：「予昔年于武林亦得此品，至今藏之，蓋即樊榭先生所見而詠詩者也，首微損。」又寬永錢，原圖下以硃墨增繪「足」字泉圖一，批曰：「予友松陵楊慧樓得寬永通寶，錢面有一『足』字，疑即七經孟子考文中所云『足利』也。」又藍墨增補「元」字、「長」字兩泉圖，又批曰：「乙亥[redacted]亦得一枚，時簡莊徵君以所作論語集證跋見示，序内述高麗使臣朴齊家説，謂正大係日本年號，徵君論語古訓以正大爲高麗本，尚須追改。」又曰：「有『文』、『元』二字者外間最多，頃又得『長』字一枚，因並補入。」獨此二則以藍墨所書。日本錢批曰：「周煌琉球國志謂『琉球所行者寬永錢則約編』云云，未必有據，陸氏蓋未之深考耳。」諸節校語之下間蓋印章，全書尚多訂正。是志未經刊梓，鴻著久湮。辛酉暮冬，余以兼金得諸滬市，狂喜無量也。收藏前有「拜經樓吳氏藏書印」朱文大方印、「寶靈通」朱文方印、「兔牀山人」白文長方印。

童序曰：「人各有好，而雅俗迥别，此不繫所好之物，亦存乎其人耳。即如錢也，蕭宏成愚，和嶠致癖，可謂俗矣。及閱鄱陽洪遵泉志，繪形釋義，蔚爲藝林勝覽，又何雅也。由斯以觀，人之嗜泉，不可同日語。而泉之爲道，豈必存而不論哉？第洪公爲宋高、孝間人，故所載止于後周，由宋而來，尚爲闕典。近得南軒陸子作續志，而其事始全。南軒爲㠑山學士裔胄，傳家博雅，生平無他好，唯沉酣于經史。而間情所寄，時在圜法。跡其歷時所儲，既備且嘉，凡有見聞，務考徵真確。積之已久，因仿洪氏義例而變通之，自宋而元而明，逮我皇清，上下今古，披卷釐然，殆所謂日月星辰，明燦列矣。其餘若竊號，若外譯，以及厭勝之類，靡不附焉。故玩其常則，如布帛菽粟，嗜而不厭，觀其異則，似江河之渾浩，魚鼉蛟龍，萬怪惶惑，蒐羅若此，不亦廣哉？今之嗜古泉者所在多有，而精于鑒別惟高士莫秉清，獨惜其不留譜釋嘉惠後學。今南軒毅然起而爲之，豈非文安之遥得同心，而葭士之近有知己者歟？乃世罕索解，非哂所藏之清約，即訾作譜爲不急之務，盍思不尚清約，則必取貴重而華美。大臨考古之圖，法物具載；廬陵集古之目，遺刻可徵。有力者自致之，未嘗禁人之不好也。若論當務爲急，則闡義理之微旨，討經濟之實用，學者自有心得。而游藝之功，固聖賢所不廢者。苟不窺其本而輕議其末，則以洪文安之宏辭，上第歷至樞密要職，豈無所事事而只庸心于阿堵物者耶？然則南軒續志之作，具有雅人深致，閲者不參以俗見，而領會于意言之表，庶乎其可耳。非然者，農賈百工，早作夜思，自有職業，于斯二譜，即不過而問焉，亦各安其所之道也。南軒笑而頷之，因書爲序。康熙壬辰冬至月上澣，同學弟童玫石樵氏草。」

徐序曰：「乙未，予館于申浦東之高行，因得交于古愚陸先生。先生之爲人，予景仰久矣。自前朝萬曆初，先生之祖清江公，與余高祖文定公，以道德、經濟、文章相砥礪，有金蘭之雅。嗣後平原東海，世爲婚姻。先生，予之尊行也。先生生平以古道自持，爲文章尤有嗜古之癖，不諧于俗。好蓄古名人書畫，間于讀書之暇，喜聚古泉以自娛，聞有異品，不憚多方求之，既當意，不惜重價購之。已而博考古書傳記，作泉志以傳之。蓋先生之嗜古，天性然也。是歲之冬，先生携志與泉示予。余閱之，自元明以上，逮秦漢相傳五銖、半兩、金刀、貨布之屬，靡不畢備。其色陸離光怪，不可名狀。其文籀、篆、行、楷，無不工絶。其體製大小、輕重、圓方、長短，歷代所尚，約略具見焉。如觀古圖書、法物，流連玩味，令人忘倦。如游山陰道中，崇山峻嶺，茂林修竹，步步引人入勝。如縱覽二十一史，數世代興亡理亂，歷歷如在目前也。嗚呼，備矣！先生之嗜此，可謂至矣！昔歐陽公集古録，自三代以來，金石之文，怪奇偉麗、工妙可喜之物，莫不皆有，蓋本于心之所好，而又有力以聚之，雖象犀珠玉，必不以易，從來好奇嗜古之士，類皆然也。今先生之嗜古泉，與歐公之集古，意豈異哉？或曰：君子之于物，可寓意而不可留意，況泉者流俗所趨，宜非有道者之所屑。余曰：不然。先生之所嗜，不於時而於古，此足以見先生之梗概矣。且泉志之作，上自秦漢，下至元明，廣徵博引，典核精詳，可與宋洪鄱陽泉志並傳不朽，是亦好古多聞之一助也，安得謂爲玩物而少之哉？予既重先生之持古道，又喜古泉、泉志之廣余見聞也。敢以不文之辭爲之記，因以志予與先生之世誼淵源云。康熙乙未季冬，同邑晚學徐國城序。」

陸氏自序曰：「泉志何爲而續也？憶己巳仲春，岑讀先宗伯文裕公外集有云：『吾鄉姚氏盡裒歷代之錢穴紙譜之奇形異狀，無所不有，而各疏時代由來，亦博古之清玩也。』余思錢惟函方旋員已耳，何居乎異狀奇形歟？亟求其譜，無從得見，由是不釋于懷者久。一夕，夢得泉于窖中，其數不計，俱非旋員函方者，覺而自思，吾生得有此泉，詎不樂乎？既而自笑以夢爲真，痴亦太甚，然猶未免時一念及也。迨夏初，葭士莫先生適過余齋，偶談九府圜法，因舉夢見者爲質，先生曰：『有之。』蓋其自幼蓄貯，兼亦積聞，習見其有也。隨問嗜此云何，曰：『是亦一朝之典制，或歷千年，或歷數百年，古色精純，實堪秘玩，乃寒士之文王鼎也。』余聞言恨晚，曰：『以購錢爲事。』而同里之聞風興起者，遂多至十餘輩。是時錢之聲價頓高，而予如市駿骨，曾不少恡。因之形式殊異者，亦自遠而來。爲日無幾，萃古泉九十餘品，然猶未詳其制自何時。復多方求譜，僅有抄本，其從練川來者，缺佚乖舛，得之松郡者，真僞錯雜。最後獲洪氏泉志，鐫繕精良，注釋明晰，始知某錢爲某朝某君之所造，且得披圖而識所謂刀也，布也，百金三品也，藕心、蟻鼻、厭勝以及外國諸泉也，方信夢𥧌之非妄，莫説之有據，奇形異狀之言爲不虛也。從此留意廿年，總得一百二十餘種，遍覽諸同好之舊有與新得者，亦合計一百二十餘種。夫自虞夏迄五季，其泉已備載洪氏志中矣。至趙宋以來，竊料亦有編纂成書，步武乎鄱陽，如孟堅之繼子長者。而廣稽載藉，祇表大略，俱不足詳證。仍汲汲求吾鄉之姚氏譜，則藏書之家罕有，即詢老成宿學，亦未之前聞。因思事必求之古人，則今人何不能自我作古也；如必讓能古人，則何以有『恨古人不見我』之語也。爰不自量，就敝篋所貯，與凡目之所曾見，以及簡畢之信而可徵者，增補宋、元、明三朝，而其時之僭僞與外國等品，咸附其後，名爲『續泉志』。志將成，或謂玩物喪志，事屬可已，抑知泉在當時，固爲經國一典，垂諸奕世，足繫幽人賞鑒。列諸左圖右史間，而博古之清玩始全。苟非搜羅悉備，考据無遺，亦何足與議錢幣，而成上下古今之弘觀也哉。此泉志之不容已于續也。顧余僻處海壖，見聞孤陋，未遑盡核近古鼓鑄之名，接軫洪志品類之盛，貽譏識者，固所難免。而吾同好諸君子，豈無有志于圖繪其形象而尋究其由來者乎？不妨取斯册爲始基，踵增美備，而擠予草創之拙焉可矣。時康熙四十七年歲次戊子一陽月，南軒陸虎岑古愚氏題于等身書屋。」

一〇·五　古金録四卷

景抄本。清錫山萬光煒子昭輯。前著錢幣考，末有吴紹澯、汪鳴珂各一跋，團維墉詩一篇。是録專紀刀布，而秦漢及莽泉附焉。末有瑚戈、古戈四品，雖屬古金，似不應並列也。

一〇·六　古金待問録五卷

後知不足齋刊本。清杭州朱楓近漪輯。前有近漪自序。朱君得封氏所貽古幣，各爲圖記。卷一列太昊幣六品，葛天幣一品，神農幣三品，黄帝貨四品；卷二列少昊金一品，當金貨一品，五二金三品，高陽金十三品；卷三列三代以上幣五十五品；卷四列古刀二十五品，即墨貨一品，太公刀一品；卷五録餘一卷，頗有考證，附補遺三代以上幣二品于末。

一〇·七 古今錢略三十四卷

兩彊勉齋原刊精本。清望江倪模迂存輯。前有孫衣言序。是書綱領者二，曰形，曰制，編子目十有六，曰幣，曰布，曰刀，曰圜法，曰副品，曰僞品，曰外國品，曰奇品，曰雜品，曰存疑，曰存異，曰範，曰流源，曰譜録，曰制錢，曰附録，而以題贈敘傳終焉。倪君爲乾嘉間鑒藏名家，其嗜古泉尤篤，又得江秋史、瞿木夫、翁宜泉、嚴鐵橋諸人相與商榷，故考釋極爲精審，所收雖不及李氏古泉匯之富，而援據詳博殆過之。卷首列清代錢法，于金布令甲，綜緝無遺，歷朝錢制諸篇，則又博徵前代法制因革，旁及于飛錢、會子之屬，而考訂文字多列前人，辨證同異，使覽者得以審其是非，皆足補諸家圖譜之缺。末有迂存自跋、姚觐元後序。

一〇·八 泉幣圖說六卷

香雪山莊原刊本。清涇縣吴文炳柳門、吴鸞鳳白同輯。前有柳門自序。是編刀布只一卷，餘則自秦至明歷代錢，共録四百九十餘種，不載奇異諸品，考集諸史百家之説，摹繪形式。首列太昊、葛天諸幣，不免穿鑿傅會之譏。又以平陽、安陽諸幣專屬秦製，新莽十布亦依洪志爲之，皆未確當。此書刊本流傳頗少，余于辛酉春間得諸都門廠肆，以重值收之。

一〇·九　吉金所見録十八卷

古香書舍原刊本。清萊陽初尚齡渭園輯。前有翟云升序、浦日楷序、周春序、黄如瑀序、牟房序、王晉泰序、初彭齡序、渭園自序。次總目，次凡例，次古香書舍圖，次題詞，次古圜金刀布文字考諸篇爲首卷。二卷以次，自周至明，按次彙編，十五卷專列外國品，十六卷壓勝品，計錢一千二百十種。末附考古瑣言、延君壽、初渭園二跋，是録辨別文字同異，考證世次先後，具繪圖詳注。至于制度之沿革，用法之輕重，採輯群書，參以諸譜，頗稱允當。惟以刀布盡屬列國，亦未免武斷也。收藏前有「黄氏春恒」白文方印、「與古爲徒」朱文方印。

一〇·一〇　錢志新編二十卷

酌春堂原刊本。清雲間張崇懿麗瀛輯。前有湯軺序。是編上溯金刀，下逮泉布，以及蕩心、蟺鼻、馬跡、鳥文，唐人撒帳之形，宋代壓陵之用，悉圖原形。其泉文篆籀分楷，一肖本文，且博徵史册，旁搜稗官，于泉圖之前，志帝王之賢否，歷朝之修短，以及興世僭竊，罔有略遺，直謂之泉史可也。據古泉滙云「中如唐錢有顯慶、長慶、寶曆，五代錢有開平、鳳曆、保大、永和、大有等品，近代藏泉家所未見者，不免令人滋疑」云云。末有婁尹湘跋。

一〇・一一　泉布統志九卷

原刊本。清會稽孟麟逸岡輯。全書有馮清聘、史致光、陳卜年、陳升之、張繼輝、張文煥、邱輝亭、鍾沅、高榮、高敉、商廉、蔣玉潤、屠榮諸序，以及逸岡自序及跋。是編撰例條理弗清，故所分卷數亦不明晰。所録自三代迄有清，繪圖附考，頗有足資考訂者。末附雜器一卷。

一〇・一二　古泉滙六十四卷

石泉書屋原刊初本。清利津李佐賢竹朋輯。前有鮑康前後序、竹朋自序，次鮑康、鍾淦、鮑瑞駿、周士澄、張銓諸題辭，後有鮑康、竹朋兩跋。是編計元、亨、貞集各十四卷，利集十八卷，益以首集四卷，共得六十有四卷。而元爲布，亨爲刀，利爲圜法正品，貞爲異泉雜品。又于四集之中各從其類，如布則有方足、尖足、圓足、空首之別，刀則有齊刀、明刀、尖首、列國異刀之別，圜法則有正品、附品、外國之別，雜品則有無考、變體、壓勝、仙佛、花紋、馬錢、泉笵之別，分門別類，極爲明晰。另以凡例、目録、歷代著録、古泉臆説、諸家泉説爲首集。李君生古泉極盛之時，又遍識海内藏泉家如劉燕庭、劉青園、戴醇士、吴我鷗、吕堯仙、鮑子年、陳壽卿、吴子苾、顧湘舟、李古農、韓渌卿、鍾麗泉、張半痴諸人，故所見極多。兹録計得泉五千餘種，薈萃衆説，詳加考釋，決擇精審，搜羅宏富。其中如方足幣、尖足幣、磬折刀，背文紀數，自一至十及「廿」、「卅」諸字，多爲他家所未及見，空前一語，信足以當之矣。羅氏俑廬日札有曰「古泉譜録佳者至少，自李氏古泉匯出，而壓倒以前諸家。予謂古泉學家當具小學、歷史、鑒別三長，然能兼此三者甚少。近來諸譜之佳者，馬若軒昂之貨布文字考、蔡鉄耕雲癖談明于小學，馬氏則兼明歷史，翁宜泉樹培古泉彙考明于歷史，初渭園尚齡吉金所見録、戴文節古泉叢話、李氏古泉匯精于鑒別。三家之中，初氏較疏。鮑子年觀古閣諸雜著，當與李書方駕，殆亦古泉之鑒別家也，而卒無一書能具三長者」，洵屬確論也。此本係福山王廉生懿榮先生所藏原刊初印本，並經歙鮑子年康先生兩加手跋，後歸歸安楊藐翁峴。鮑跋有「初印本彌足珍」一語，可見當日即已重視，何幸今獲歸諸吾齋，能不珍弆之耶？收藏前有「一知半解齋」白文方印、「雅亭藏書」白文長方印、「錫佩」白文方印、「藐翁」朱文方印，後有「孫氏藏書印」朱文長印、「孫春山審定」白文小印、「孫達」朱文小印、「大興孫春山」朱文長印、「孫印汝梅」白文方印、「孫達考定鑒賞記」朱文方印。

鮑氏手跋曰：「古泉譜録至泉匯歎觀止矣。廉生農部所藏初印本，彌足珍。竹朋復有續泉匯十四卷，余請爲刊行，乃藁本，寄余經年，尚未遑從事，對是册輒赧赧然。廉生屬題數語，爲異日雪泥左證，爰走筆志之。鮑子年漫識，時甲戌二月既望。」

鮑氏再跋曰：「胡石查農部亦曾以是書屬題，但前後序跋已詳言之，無復可説，姑記歲月而已。又識。」下鈐「臆園野人」朱文方印。

又原刊初印本，係吾閩楊雪滄浚鄉前輩收藏，前有「平湖」白文方印、「陳」字白文姓印、「次翁」朱文方印、「緑蘿館」白文方印、「鴻業審定」朱文方印、「次翁」白文小長印、「陳業」白文聯印、「陳業次翁」白文方印、「侯官楊浚」朱文方印。

一〇·一三　**續古泉匯十四卷**

石泉書屋原刊本。清歙鮑康子年、利津李佐賢竹朋同輯。前有鮑康兩序。是編元、亨、利三集各三卷，貞集五卷，並補遺，共補九百八十有四品，體例同前。

一〇·一四　**古泉匯補遺二卷**

石泉書屋原刊本。清歙鮑康子年、利津李佐賢竹朋同輯。是編又補方足布、尖足布、圓足布、空首布諸種，釐爲二卷。末有竹朋一跋。

一〇·一五　**大錢圖録二卷**

觀古閣精刊本。清歙鮑康子年撰。前有子年自序，曰「咸豐三年，軍務日滋，滇銅不能繼。壽陽相國權户部議，請鑄當十大錢，兼增鐵冶，以供度支。旋推及當五十、當百錢。巡防王大臣續請鑄當五百、當千兩種，並以銅當五暨鉛、鐵當一制錢相輔而行。初亦公私稱便，未幾私鑄蠭起，利之所在，雖頻置重典而不畏，因之各錢漸廢，僅銅、鐵當十尚暢行。户部復請遣員赴山西購鐵，分局鼓鑄，鐵錢滋益多。七年正月，忽訛言遽遍五城，一日而鐵錢頓廢。官役比户曉諭，民不信從，遂只存銅當十一種。都城以外雖仍行銅制錢，鉛、鐵錢未久則罷。而城中市肆，廿餘年行使當十，已習爲固然。第銀直日以昂，銀一兩可易銅當十錢六七百。各直省或鑄而未行，或行之不久，或僅頒母錢，僅呈樣錢，迄未開鑄。余時窮而在下，所收亦弗能遍，特略存梗概。儻更百十年，必無有能述其制作者。光緒紀元乙亥，殘腊無事，姑檢舊藏，摹載之未備者。繼幼雲振復爲補卅餘拓，並互相定正，遂成是編。至一應奏議，及行使章程、錢制輕重、卯額增減、省局開停、采辦艱易，具在國史。余則但詳形製，等于不賢識小，其得失利病，亦不復贅説。寶鈔、官票各附載一式，與閻丹初論鈔書並列于後，實事求是，用紀一朝之掌故焉」云云。末有子年一跋。

一〇·一六　廣錢譜一卷

世楷堂刊本。清宣城張延世鈍夫撰。是編采輯史乘所載，間有足資考泉參訂也。

一〇·一七　江建霞古泉選存一册

尺五樓本。清元和江標建霞輯。是編考證多引李竹朋、鮑子年、王廉生之説，建霞所按，頗有考據。册末手跋曰「光緒辛卯八月十五日，距挈眷屬入都已九月矣。讀鮑子年刻李竹朋續泉説記呂堯仙中丞語曰：『過節搌擋俗務，爲京宦所同苦。余過節，索債者紛集，無以應之。惟將古泉玩賞，便可萬慮皆空，攤泉之案，即屬避債之台也。』標自媿菲材，後先同揆，日來疋于俗塵萬斛中，就矮鐙殘墨，審釋古泉拓本，宵漏既沉，猶不自已。債券積案頭，不肯一寓目，不覺自笑又自嘆也。偶成二絶，即題于此，惜不能起中丞而語之曰『數十年後，尚有此痴人也』」云云。前輩風雅，令人景仰不置也。

一〇・一八　王廉生古泉存一册

尺五樓本。清福山王懿榮廉生輯。是編係文敏所輯古泉精拓數十種，並附潘碩庭泉拓，間有考證。

一〇・一九　泉貨彙考十二卷

景刊精本。清琅邪王錫棨戟門著。前有盛襄序、樊彬序、戟門自序，末有王懿榮兩跋、子維樸一跋。是編自古幣以迄明末，兼及外國、厭勝、詩牌、馬錢諸品，凡肉好面幕，一一從刀幣貨泉摹拓而來，援證精詳，折中頗當。此係就墨蹟原本以玻璃版精景，較之往昔諸譜摹刻失形、傳寫訛謬者，超勝滋多。

一〇·二〇　蒙古西域諸國錢譜四卷

振綺堂刊本。是譜係英文原本，歸安陳其鑣駿生譯，鄞縣張美翊讓三勘。後有汪康年跋。洪文卿出使時，欲補正元史，乃廣求西籍之關涉蒙古者，詳爲採擇。駿生隨往，得茲譜譯之，其所附世次表尤費心力，足資存泉家之考訂。

一〇·二一　四朝鈔幣圖録一卷

雪堂景刊精本。上虞羅振玉叔言輯。前有叔言自序。計録金代三合同十貫大鈔銅版，又山東東路十貫大鈔銅版，又二貫鈔陰銅版，又貞祐五貫寶券銅版，又興定寶泉二貫銅版等五種，元代至元二貫鈔銅版，又一百文楮鈔，又三十文楮鈔等三種，明代一貫楮鈔一種，清代二千寶鈔，又户部一兩官票，又三兩官票，又五兩官票，又十兩官票，又一千五百寶鈔，又一千寶鈔，又五百寶鈔等八種，共十有七種，另撰考證一卷附後。前有「殷禮在斯堂」白文方印。

一〇·二二　遯盦古泉存八卷

吴氏原刊本。山陰吴隱石潛輯。前有石潛自序。按：各家著録，其于泉文，皆據拓本撫刻于木，間有失真。此編吴君以所藏泉幣數百品椎拓成書，各以類從，如布則有方足、尖足、圓足、空首之别，刀則有齊刀、明刀、尖首、列國異刀之類，有一種數品或十數品者，或字體小有異者，兼收並採，唯圓銖不録。幣文悉注，間有考釋。

一〇·二三　千甓亭古專圖釋二十卷

陸氏景刊原本。清歸安陸心源剛甫輯。前有凌霞序。陸君撰千甓亭專録之後復輯是編，俾得相互而行。按：金石文字之可貴，以其可以考古事，證異文，故學者多嗜之，而于古甓亦然，往往于殘斷剥蝕中，于地理、官制藉以訂訛補闕，而姓氏之稀異，亦時一遇之。若夫字迹之瑰奇，尤覺變態不窮，雖間出匠工俗手，其古致亦可喜也。諸家纂輯，或有考而無圖，抑或有圖而無考，未臻盡善。陸君圖、考並備，且考釋極精。

一〇·二四　遯盦古專存八卷

吳氏精本。山陰吳隱石潛輯。前有張祖翼序。張序有云「吳君嗜古成癖，篤好金石，手輯古今印譜數十種，又輯鐘鼎、泉刀拓本數十冊，莫不考釋精詳，足裨後學。前年湖州野人發古冢，得漢末、三國、晉魏古專數百品，吳君以重值盡購之，命工精拓其文字形式，且詳考其時地、姓氏，■爲好古之家所藏。塼瓦之屬，大半鏤版，而附于鐘鼎之後，雖間有塼瓦專集，而亦非拓自原器者。自吳君以拓本代剞劂，俾一望而見古物真面目，實收藏家之創格，嗜古者之豪舉也」云云。是本考釋均係手書，每拓輒有印章，唯序文鐫版。

一〇·二五　專門名家四冊

廣倉學宭精景本。睢寧姬佛陀覺彌輯。前有羅詩序，目後有覺彌跋。是編所輯古專，非工于書畫者不録，已入近刊各家著作者不録。中如潘文勤數巨專，陳簠齋十殘專，皆屬不易得之品。即大字方專、畫象橫專，近時發現，前人所未及見者也。景刊頗工，儼若原拓。

一〇·二六 廣倉學宭專録二册

廣倉學社景刊精本。杭州鄒安適廬輯。是録即續專門名家所未收者，補編而成。

一〇·二七 秦漢瓦當文字二卷

程氏精刊初印本。清歙人程敦彝齋輯。目後有彝齋自序，附致孫淵如尺牘並鄭耘門覆書。是編共輯瓦當文字一百一十有二品，異文者三十有四，同文者畫少有不同亦并著焉，各詳考證。其釋王莽時八風壽存當瓦，以正朱排山釋爲「益壽存當」之誤。又延壽萬歲瓦，黄伯思據所見瓦文，證史記封禪書「益延壽」之爲一觀，其論至精。程氏乃謂今有延年益壽、延壽萬歲，以爲即二觀之瓦，疑黄説爲不可據。福山王氏有「益延壽」三字瓦，則程氏于目之所未見不能闕疑，而轉詆古人，頗嫌失據。此書瓦文始用棗木摹刻，較諸原字終有差池，後以漢人鑄印翻沙之法，取本瓦爲笵，鎔錫成之，獨長毋相忘、有萬憙二瓦猶爲仿本耳。

一〇·二八　續秦漢瓦當文字一卷

程氏精刊初印本。清歙人程敦彝齋輯。目前有彝齋自序，曰「著録成于乾隆丁未，維時得瓦爲至多，但其中往往有仿本未獲原文者。自敦稽留于此，又踰七年，每加搜録，漸次更换，始無一瓦仿。所至所得之地，可以考證瓦文，有初不知而後知之者，亦于説中著明年月而改正之。外此更得異文之瓦二十有餘，爰爲續目于左，不重加編録者，以後此能續若干，尚在不定之數也」云云。

一〇·二九　秦漢瓦當圖記四卷

朱氏精刊初印本。清朱楓排山輯。前有排山自序。朱君長子宦醴泉，隨任關中，親訪甘泉、阿房、未央諸故宫遺址，獲瓦當三十，其中文同而書法小異者十有五種，又補甘泉宫宜富當貴瓦、長樂宫溝瓦長樂未央兩種，末附咏瓦諸詩。是記頗有考證，其釋八風壽存當瓦，誤爲「益壽存當」，曾經程氏訂正其非。書衣有莫友芝手跋一則。收藏前有「莫友芝」白文方印、「莫繩孫」白文方印。曾經莫氏宋元舊本書經眼録著録。

莫氏手跋曰：「朱排山此記特就其在關中蒐訪所獲録之，殊不備，且皆習見，唯末一事，溝瓦之當有『長樂未央』字者，是昔人所未及。戊辰中伏，郘亭識。」有「莫氏子偲」朱文方印、「友芝私印」朱文方印。

一〇·三〇　琴歸室瓦當文鈔一卷

象罔樓原刊景本。黄中慧輯。前有黄君自序。是編舉其所藏瓦當文字數百事，遴選百紙景刊，悉詳釋文，未加考證。敘中有云「如桂未谷以飛鴻延年爲秦鴻臺瓦，朱排山、程勉之因始皇蘭池逢盗，遂皆以蘭沱宮當爲秦物，今以原拓審定，皆漢物也。黄小松以億年無疆爲王莽妻億年陵瓦，尤屬附會。但學者震于桂、黄諸子之名，未敢輕議其後耳」云云，不爲無見。收藏前有「瑯環山房」朱文方印。

一〇·三一　唐風樓秦漢瓦當文字五卷

唐風樓景刊精本。上虞羅振玉叔言輯。前有叔言自序，目後又有一跋。按：自澠水燕談録載羽陽宮瓦，黄伯思東觀餘論據益延壽瓦以訂小顔漢書注文之誤，爲瓦當著録與以瓦當文字考古之始。至林同人、朱排山、申鐵蟾諸氏作，而瓦當始有專書。至翁氏兩漢金石記、畢氏關中金石記、王氏金石萃編，于金石刻外兼收瓦當，于是瓦當文字乃爲金石學之支流。其收藏家，乾嘉以來，林、朱、申三家外，曰趙氏魏、錢氏坫、俞氏肇修、張氏塤、宋氏葆醇、王氏昶；嘉道以後，則張氏廷濟、王氏福田、吴氏式芬、陳氏介祺、潘氏祖蔭、吴氏大澂、王氏懿榮、端氏方、高氏鴻裁、劉氏鶚。其著録，乾嘉以前，程氏敦爲詳，道咸以後，則僅王氏竹里瓦當文存一書而已。吴清卿中丞欲續諸家之書而未之就，端氏則以一家所藏勒爲一書，附刊于石録之後。羅氏兹編，就其所藏拓本，分宫闕、殿署、關倉、屯冢等瓦爲一類，吉語瓦爲一類，畫瓦爲一類，末附補遺，凡百四十有八，合重文者計之，總得三百十有九。其收藏家之可知者，二百三十餘，其不知者，約八十餘。其剞劂之精，較舊譜之鑿甎鎔錫，轉勝良多。圖後不别著考證，惟分注出土之地、其收藏姓名于目録之下而已。

一〇・三二　遯盦秦漢瓦當存二卷

遯盦精刊本。山陰吴隱石潛輯。前有石潛自序。吴君就其所藏瓦當三十六種，椎拓成書，並附考釋。其中如衛字瓦，考爲衛尉寺并宫内周垣下區廬瓦，而正朱楓爲秦作衛國宫室瓦之非，頗有考訂也。

一〇・三三　愙齋專瓦録一卷

簑籀簃原刊精本。清吴縣吴大澂清卿輯。前有吴隱序。是編計録瓦當九，瓴一，甎八，並皆文字瑰瑋，制作樸茂，間有未經著録之品。跋文則依據形聲，辨析翔碻，手書各跋，尤爲可愛。其中如九字瓦爲世希見之品，且「萬」字从「口」，足補六書之缺。漢高帝園陵瓦，其中「甍」字从「瓦」，足補許書之遺。宜富當貴瓦，中有「千金」二字，程敦誤釋爲「劉」，據此足證其非。漢瓴審爲屋上注水之具，亦可證漢書注之誤。他若未央殘專、石鎮西畫專，皆屬古甓中之奇品也。潘文勤稱其金石彝器文字之好，不止如吕大臨、翟耆年、趙明誠、薛尚功、王俅，此專瓦拓本跋文，特麟之一角、鳳之一苞也。

一〇・三四　封泥考略十卷

原刊景本。清海豐吴式芬子苾、濰縣陳介祺壽卿同輯。按：古封泥初發見時，藏家僉認爲印笵，後以出土日多，始知爲古封泥也。是編係就吴、陳二家所藏詳加考證。翁叔均大年曾著泥封考二卷，惜書未見。

一〇・三五　鐵雲封泥存一卷

抱殘守缺齋景刊本。清丹徒劉鶚鐵雲輯。前有吴昌綬序、鐵雲自序。按：封泥在昔未見著録，道光初葉始出土于巴蜀，劉燕庭先生盡得之。以後山東之臨淄亦稍稍出土。長安獲古録曾著録數十種，尚未明封泥之用。吴荷屋、趙益甫亦收録于筠清館、寰宇訪碑録，均稱之曰「印笵」，誤以爲鑄印之笵。封泥之有專書，係從陳、劉二編始也。

一〇・三六　鄭厂所藏泥封一卷

石印本。清吴縣潘祖蔭伯寅所藏。前有羅振玉序。計官、私印三百有四種，原拓本藏羅氏處。

一〇・三七　齊魯封泥集存一卷

雪堂景刊精本。上虞羅振玉叔言輯。前有王國維序、叔言自序，目後有國維、振玉各一跋。羅君舉其所藏封泥拓本輯成兹編，足補濰縣陳氏、海豐吴氏、丹徒劉氏之闕者甚多。計録漢朝官印封泥二十有一，諸侯王屬官印封泥五十有五，列侯屬官印封泥三十有九，郡縣官印封泥二百五十有一，無考封泥三，新莽僞官封泥六，私印封泥五十有四，都四百四十有九。内重文者二十，其出于丹徒劉氏者七十有四，皆不見于吴、陳二家著録中者。其有文與吴、陳考略同而印笵殊者，及考略所載已殘損而此完好者，亦有百之一二。此則小變考略之例，凡文出一笵者雖多，但著其一，所著重文二十，則均文同而笵異者也。此編以玻璃版精印，濃淡逼真，不異出之氈墨，遠勝吴、劉諸家之上。其考正古代官制、地理，盡詳王序之内，足資考證。

一〇·三八　銕雲藏陶四卷

裒殘守缺齋景刊本。清丹徒劉鶚鉄雲輯。前有鉄雲自序。按：輓近出土匋器，多三代之古文，品駕彝鼎而上，海内名家尚未顯諸著録。劉君此編，可謂爲著匋之先導。計拓其所藏五百餘片，又益以陳壽卿先生拓本七十餘種，彙輯而成，欲考篆籀之源，大有取焉。

一〇・三九　遯盦古匋存四卷

吴氏景刊本。山陰吴隱石潛輯。前有吴昌碩序，後有吴孟涵跋。考匋器制作，最爲質樸，三代以上，文字本少，大率假借，匋人信手模型，留製器者名，或主祭者氏，並或志其里居，字簡而意遠，直可令人玩索不置。吴君此編，搜輯頗多，椎拓原文。據余所藏各家匋拓互校，似此書非從原器拓出，當屬以歐西金屬版景鐫氈墨者，確否未敢肊斷也。

石廬金石書志卷之十一

閩侯林鈞亞傑

石經類

一一·一 石經考一卷

朱氏槐廬刊本。清崑山顧炎武亭林撰。考石經七種，裴頠所書者無傳，開元以下所刻亦無異議。惟漢、魏二種，以後漢書儒林傳之譌，遂使一字、三字爭如聚訟。歐陽修作集古録，疑不能明。趙明誠作金石録，洪适作隸釋，始爲核定，以一字爲漢，三字爲魏。然考證雖精，而引據未廣，論者尚有所疑。炎武先生此書，博列衆説，互相參校。其中如據衛恒書勢以爲三字石經非邯鄲淳所書，又據周書宣帝紀、隋書劉焯傳以正經籍志「自鄴載入長安」之誤，尤爲發前人所未發。至于洪适隸續，尚有漢儀禮一碑、魏三體石經數碑。又開封石經雖已汩于河水，然世傳拓本尚有二碑，炎武偶然未考，竟置不言，是則千慮一失耳。據四庫提要。

一一·二　石經考異二卷

元尚居刊本。清仁和杭世駿大宗撰。前有厲鶚序、全祖望序、符元嘉序。上卷標十五目，下卷標三目。鶚序稱其「五經、六經、七經之核其實，一字、三字之定其歸，二十五碑、四十八碑之析其數，堂東、堂西之殊其列，自洛入鄴、自汴入燕之分其地，駁鴻都門學非太學，魏石經非邯鄲淳書，直發千古之蒙滯」，而又引何休公羊傳注證漢石經爲一字，引孔穎達左傳疏稱魏石經爲三字，以補世駿所未及。祖望序亦引魏略、晉書、隋志證邯鄲淳非無功于石經，引魏書崔浩高允傳證魏太武時未嘗無立經事，與世駿之説互存參考。而汪祚、趙信、符曾諸人復各抒所見，互相訂正，今並列于書中。蓋合數人之力參訂成編，非但據一人之聞見，其較顧炎武之所考，較爲完密，亦有由也。然尤袤遂初堂書目所列成都石刻，稱論語、九經、孟子、爾雅，較晁公武、曾宏父所記少一經，亦當爲辨正，世駿乃偶遺不載，是則失之眉睫之前者，亦足見考證之難矣。

據四庫提要。

一一·三　石經補考十一卷

元尚居刊本。清嘉興馮登府柳東撰。馮氏自序曰「嘉慶庚午春，余既著漢石經異文考二卷，辛未，又成魏石經考二卷，蜀石經考二卷。夫中郎石刻，漢學之最古者也。厥後傳刻既繁，古今文亦少羼雜。惟開成去古未遠，猶爲純備，然幾經後人之手，一誤于乾符之修改，再誤于後梁之補栞，三誤于北宋之添注，四誤于堯惠之謬作，遂失鄭、唐之舊，肰尚可以校勘之功分別之，至俗所傳裝潢本，取明版本剪綴爲之，乃不可復別矣。顧氏亭林曾客西安，親撫石本，校正其誤字，乃文異義同者，著于金石文字記中，其間所摘誤字，有不盡誤者。乾隆五十六年奉詔刊立石經，多從唐石經以正監本。佗如錢竹汀、王西莊、翁覃溪諸先生，亦以顧氏所勘未盡，朁有訂定，未見成書，爰搜羅附益，會最此卷，屬我友李君貽德校勘焉。非敢妄議前人，亦聊以存愚者一得云爾」云云。

一一·四　石經考文提要十三卷

退廬刊本。清南昌彭元瑞芸楣撰。石經始于漢，而殘字僅存。唐石經雖在，然以後人改補，轉失其真。乾隆五十六年刊立石經，其時校勘諸臣，據欽定、御纂本及内府所存宋元舊刻以訂監本之譌。刊石既竟，彭芸楣先生仿唐張參五經文字例，別撰考文提要，每經爲一卷，凡十三卷，使學者未見原刻，據其書，不至爲坊本所惑也。末有許宗彦、胡思敬各一跋。元尚居刊本同。

一一·五　歷代石經略二卷

海豐吴氏刊本。清曲阜桂馥未谷撰。前有吴重熹序。未谷先生此編，乃據石經考、金石文字記及經義考諸書，附以當時儒者之説而論次之，上下七代，爲書二卷，學者即不得見石經各本，讀此亦能洞徹根由，而識三代經傳流傳之故實。當時北平翁氏欲刻未果，道咸間許印林先生瀚校定是書，將同説文解字議證刊行，以兵燹而罷，海豐吴仲飴重熹先生復囑丁君艮善又加校定付梓，益成精本。後有丁艮善一跋。收藏有「雲輪閣」朱文長方印、「荃孫」朱文長方印。

一一·六　儀禮石經校勘記三卷

七録書閣本。清揚州阮元雲臺撰。前有雲臺自序、焦循後序。阮氏充石經校官時，所勘儀禮十七篇，總漢石經殘字、陸明德釋文、唐石經、杜佑通典、朱熹經傳通解、李如圭集釋、張淳識誤、楊復圖、敖繼公集説、明監本、欽定義疏、武英殿注疏諸本，以及内廷天禄琳瑯所收諸宋元本、曲阜孔氏宋本，而加考核，經文字體，擇善校正，反覆經義，審證得平。收藏有「莫友芝圖書印」及「莫繩孫字仲武」兩印。

一一·七　漢石經殘字考一卷

元尚居刊本。清大興翁方綱覃溪撰。前有馮登府序。馮序曰「漢熹平四年，詔立石經于太學。據靈帝本紀及儒林、宦者二傳，皆曰『五經』，蔡邕、張馴傳以爲『六經』，隋經籍志又以爲『七經』，俱非也。中郎以小學八分書丹，使工鐫石，儒林傳序以爲古文、篆、隸三體者，亦非也。三體乃魏所建，清顧亭林、朱竹垞、萬季野、全謝山諸先生言之詳矣。翁覃溪閣學石經殘字考亦備載原委，而于古今異同之辨，則俱略焉」云云。

一一·八　漢石經考異補正二卷

適園刊本。清嘉定瞿中溶木夫撰。前有木夫自序。按：漢石經一字，魏石經三字，唐代史家已有定論，清代經師更爲考證詳塙，殊無疑義。而顧亭林石經考爲衆説所混，不能自決，杭堇浦石經考異且反其寔而爲之説。是編係舉洪氏隸釋、隸續，兼採衆書，互相證明，爲後學讀經之一助。末有張鈞衡一跋。

一一·九　**漢魏石經考一卷**

世楷堂刊本。清鄞縣萬斯同季野撰。按：石經之沿革異同，唐宋以來論者齟齬不一，崑山顧炎武始輯諸家之説，爲石經考，寔爲刱始之功。斯同是編悉采顧氏之説，又益以吴任臣、席益、范成大、吾丘衍、董逌諸家之論，并及炎武所作金石文字記，亦間附以己見，雖不若杭世駿石經考異之詳辨，而視顧氏之書已爲較備。又斯同雖在世駿前，而世駿作考異時未見此書，故兹編之所詳者，考異或轉未之及。要之，各家之作，互有考據，均未可偏廢也。

一一·一〇　**魏三體石經殘字考一卷**

平津館刊本。清陽湖孫星衍淵如撰。前有淵如自序。按：宋蘇望氏得魏三體石經數紙，其石斷剥，字多亡缺，取其完者摹刻之，題曰「石經左傳遺字」，載隸續第四卷，雜糅顛倒，了不可知。孫公理而董之，分别尚書大誥等篇，證以經典字書，爲之音釋，瞭如指掌。末有顧廣圻跋及孫公傳。

一一·一一　魏石經考二卷

廣倉學宭刊本。海寧王國維静安撰。上卷分漢石經經數石數考、魏石經經數石數考、漢魏石經經本考、魏石經古拓本考、魏石經經文考、魏石經篇題考六篇，下卷分魏石經古文考、魏石經書法考二篇，末附隸續魏石經圖五幀。

一一·一二　正始三體石經記一卷

仿宋聚珍本。新安王廣慶、無錫俞復合撰。前冠新舊出土石經拓本。按：正始三體石經于光緒乙未三月發現于洛陽龍虎灘黄氏牛舍瓦礫中。龍虎灘位伊洛會流處之北岸，洛水未北徙以前，當係古開陽門附近，地去漢時太學故址不遠。此石初歸山東黄縣丁氏，越數年，又轉他姓，今在合肥周氏家。石鐫尚書君奭篇，背面尚有春秋經文，缺泐不可見。民國十一年十二月，洛陽鄉人朱姓等取蔓根製藥，掘地四五尺，又得大小二石，表裏刻尚書、春秋文，其發見之地，在碑樓庄朱家圪塔大橋間，北臨洛水，與龍虎灘隔岸，亦古洛陽附郭地也。未幾，此石即歸謝姓，以石重不便密載分售，令石工乘夜鑿以爲二，尚書毀君奭篇目三體六字，春秋毀三體二十五字。事聞于省大吏，檄洛令提取，遂移置于洛陽縣署。此編王記詳于出土先後及流轉之記載，俞記則于考證之外並舉行字存泐，讀兹兩篇，于正始石經悉得梗概矣。

一一・一三　正始三體石經考一卷

鉛印本。餘杭章炳麟太炎撰。前冠石經拓本六，尚書多士、無逸、君奭。春秋僖公經、文公經。各三紙。按：宋皇祐時，蘇望所摹三體石經名爲「春秋左氏傳」者，至南渡，洪氏録入隸續，古文、篆、隸八百有餘字，洪氏考水經注，乃知正始所刻與熹平蔡邕所書異事。孫星衍辨其文句，始識爲尚書、春秋二經，尚書則大誥、吕刑、文侯之命，春秋則桓公經傳、莊公經、宣公經、襄公經也。自洪氏以下，未有親見石本者。輓近洛陽發現三體石經，悉出隸續之外，爲蘇望所未見。古文、篆、隸幾二千字，視隸續一倍而羨。其篆文嚴整有格而古文旖施舒卷，自然妍美，蓋其始成于豪翰，一筆書之，刻成而不愆于素，故與銅器之文先爲型腸，合土成體，直施鏨鑿，鋒利失制者異法。經文專取先秦故書，説文所未録，經典釋文所闕者，于是乎可考。斯乃東序秘寶，天球河圖之亞。章君博稽群書，詳其本末，斷爲邯鄲淳所書。並據六書理其文字，凡石經古文，去石質甐蝕、摹拓不精者未釋。正借異同，條加詮釋，考訂悉精，與王、俞合撰之正始三體石經記同觀，則于洛陽出土之石經已考載鮮遺矣。

一一·一四　蜀石經殘字考一卷

元尚居刊本。清青浦王昶蘭泉撰。是編以後蜀毛詩石經殘本定正譌舛，詳校同異，而論列之。

一一·一五　蜀石經毛詩考異二卷

拜經樓刊本。清海寧吴騫兔牀撰。前有兔牀自序、陳鱣序。按：石經自漢東都太學始立，迨唐宋不下六七刻，中惟後蜀孟氏廣政中寫刊允稱善本，故朱子注論語亦嘗引以爲説。顧自益都淪覆，石久散佚，後世獲其殘篇斷拓，不翅珍爲秘笈。昔錢塘厲鶚見蜀石經毛詩殘本于南華堂趙氏，賦詩以紀其異，自後此帖不知流落何所。吴公此編係據仁和魏禹新所獲，旋歸吴中黄紹甫之本，遍加考據，以證近本之失。原帙卷首周南以下闕，至召南鵲巢之箋始，迄于二卷終二子乘舟止。兔牀自序有云「予細爲讎校，經文字句不同者，已不下十餘，合之厲詩所舉「惄如輖饑」之「輖」字，未審皆在晁公武所舉四十七科之内者否。至毛傳、鄭箋，更不勝更僕數。雖其間衍脱譌舛要亦不免，然究優于世本遠矣。即如小序下注本無「箋」字，據七經孟子考文云云，案「箋云」二字，鄭申毛傳，所以别之也，毛不注序，無可辨嫌，故序注本無「箋」字，後世諸本不知而妄加，非亦甚矣。其詳見于孔穎達正義、陸德明釋文，必如古本爲是。今此本獨否，即其合古之一端也。晁氏作蜀石經考異，而張奐又作注文考異四十卷，惜今皆不可見。輒因誦習之暇，爲校其同異，附石經之末，以俟留心古訓者」云云。

一一·一六　蜀石經校記一卷

風雨樓刊本。江陰繆荃孫筱珊撰。石經七刻，只蜀石兼注，所以學者重之。石燬六百餘年，拓本存者亦稀如星鳳。廬江劉氏先得周禮秋官兩卷，左傳襄公二年一卷，穀梁十九行，後又得周禮考工記廿二葉，公羊廿二葉，爲之取阮本注疏，考訂異同，辨證訛闕。後有藝風三跋。

一一·一七　唐石經校文十卷

四録堂原刊精本。清宛平嚴可均鐵橋撰。前有丁溶序、鐵橋敍例。嚴公治經學至精，恐經石有時而泐譌，舉凡唐石經全部，逐一校勘，凡點畫形迹，靡不搜抉，並據史傳及漢唐人所徵引者爲之左證，而石臺孝經附其後。末有姚文田後序一篇。此本係四録堂原刊，板歸歸安吴氏二百蘭亭齋。收藏有「河間龐氏珍藏金石書畫」朱文方印。

一一·一八　唐石經考異二册

涵芬樓景刊本。清嘉定錢大昕辛楣撰。按：熹平以後所立石經今悉不存，惟唐太和石壁二百廿八石尚在，後唐雕版實依之句度鈔寫，爲近世板本之祖，乃閲宋、元、明未有過而問者。顧氏炎武始一讀之，然誤以王堯惠等補字爲正本，又惑于裝潢者所顛倒舛錯，且剌取亦多未備。嘉慶間，嚴氏可均撰唐石經校文十卷，發凡起例，極爲詳盡，不知錢氏之書已開其先，如斥旁添字之謬誤，辨磨改字之異同，又據石本以正版本，皆精審不苟，發前人所未發。其書未經刊行，流傳絶少。此本涵芬樓係據袁又愷手寫本，復經臧鏞堂、顧千里、瞿木夫諸人籤校，洵爲祕帙。原本夾籤殘闕失序，幾不可讀，無錫孫毓修董而理之，爲唐石經考異補，附于卷末。大約易、詩、書出臧氏手，三禮以下則未詳其名，俱有顧、瞿二氏按語。顧氏于臧氏語頗多詆諆，由所見有不同也。

一一·一九　唐開成石經圖考一卷

藕香簃精刊本。清仁和魏錫曾稼孫撰。稼孫據吾鄉子安孝廉秀仁所藏足本，于字數、年月、銜名之外增多最後敕狀，嘉慶以前未見著録。其各經字數，雖以零楮摹拓，而前後經文明白可辨，始知周易尾石即尚書首石，毛詩承書，三禮承詩，蓋書石時每以一卷均分八列，石之廣不容列者，併後石跨書，既于後石前段書畢上列，復于前石後段接書下列，列盡卷盡，界綫提寫，經之承經，猶卷之承卷，蟬聯而下，不可離析。工人于兩經聯合之石分摹二紙，取便題耑，經後字數適在其間，餘墨膠漬，遂至失拓，或又零拓而彙裝之，沿譌滋久。稼孫先生既得兩經聯石確據，復就各紙石理諦審分合，依次爲圖，以訂王氏萃編之誤。

一一·二〇　唐石經考異二冊

藁本。毛際盛手稿。辛酉春，余得毛君所撰説文徐氏新附考義一卷，並此考兩冊，與嘉定錢竹汀撰考異無甚出入，且非完帙，禮記以下均闕未考。中有毛氏手跋一則。毛氏手跋塗乙殆遍，莫辨句讀，故未録入。

一一·二一　唐石經考異補一卷

涵芬樓刊本。無錫孫毓修撰。孫君因董校錢氏竹汀唐石經考異，自成茲編，即附于錢考之末。後有自跋一篇。

一一·二二　唐宋石經考一卷

世楷堂刊本。清鄞縣萬斯同季野撰。按：炎武之石經考詳于漢、魏而略于唐、宋，此編則于唐、宋石經引據特備，足補顧氏之略。

一一·二三　北宋汴學二體石經記一卷

原刊本。清山陽丁晏儉卿撰。按：北宋汴學石經久已佚遺，丁氏于咸豐丁巳五月得宋拓本于淮安書肆，即玉海藝文所云「仁宗命國子監取易、詩、書、周禮、禮記、春秋、孝經爲篆、隸二體石經，刻石兩楹」，周密癸辛雜識所云「汴梁太學，九經石版，一行篆字，一行真書」是也。是記覈對諸經，詳正異同，足補史籍之闕。末有何子貞、丁儉卿詩二篇，次葉名澧一跋，又次儉卿讀經說一篇。元尚居校本無讀經說，餘悉同。

一一·二四　漢熹平石經殘字一卷

陳氏刊本。三山陳宗彝雪峰藏本。按：孫北海得宋拓漢石經殘碑，詫爲銘心絕品，翁覃溪曾題之，以得時在後，未及載其事于兩漢金石記也。黃小松嘗模置關中，覃溪亦刻于北平，其鐫木者，則自三山陳氏始。漢石經于經典爲最古，視宋元版書更爲珍祕，允以爲語石者之冠。前後有唐中冕、陳宗彝、朱琦、盛大士、汪燀、丁晏、顧千里、袁廷吉、宋翔鳳諸跋，考證盡見其中。

一一·二五　魏三字石經尚書殘石一卷

吉石盦景刊本。上虞羅振玉叔言藏本。按：正始石經尚書君奭篇殘字百廿二言，全字百有十，半字十有二，光緒中葉出洛陽，尋歸黄縣丁氏。三體石經流傳人間，僅此片石耳。羅氏此編，前縮全拓，以存原形，次復分綴全文，以便審覽，所附考證，亦足以資參訂。

一一·二六　蜀石經殘字一卷

陳氏刊本。三山陳宗彝雪峰藏本。前有醒翁老人序，後有顧千里、陳雪峰各一跋。按：蜀石經毛詩殘卷爲黄氏士禮居藏本，即十三經校勘記所據，有武林廣仁義學印者。左傳殘卷嘗著録于潛揅堂跋尾，取校今本，字句互異，而多與古本合。漢、唐石經皆無注，有注者當以此爲最古也。

一一·二七　蜀石經春秋穀梁傳殘石一卷

吉石庵景刊本。上虞羅振玉叔言藏本。蜀石經穀梁傳殘石存字十有九行，楊幼雲先生舊藏。楊公曾撰蜀石經考異三卷，鮑子年爲之跋，見觀古閣續叢稿，此考不知尚在否。是編前景全拓，次附考證，雖屬一鱗片甲，亦可珍也。

一一·二八　**北宋嘉祐石經周禮禮記殘石一卷**

吉石盦景刊本。上虞羅振玉叔言藏本。前景石經原文，後附考證一篇。

一一·二九　**北宋二體石經禮記檀弓殘石一卷**

吉石盦景刊本。上虞羅振玉叔言藏本。前景石經原文，後附考證一篇。

石廬金石書志卷之十二

閩侯林鈞亞傑

記載類

一二·一　金石史二卷

學古齋刊本。明關中郭宗昌胤伯撰。前有四庫提要、王弘撰序、劉澤溥序。郭公平生喜談金石之文，與同時盩厔趙崡皆以搜剔古刻爲事，崡著石墨鐫華，宗昌亦著此書，而所載止五十種，僅及趙書五分之一。上卷起周，迄隋唐，下卷唐碑二十餘，而以宋絳州夫子廟記一篇間雜其中，殆仿原本集古目録不敘時代之例歟？其論石鼓文主董逌廣川書跋之説，據左傳定爲成王所作，已爲好異，又謂以石爲鼓，無所取義，石又不類鼓形，改爲「岐陽石碣文」，則乖僻更甚矣。其論嶧山碑一條，引唐封演説，謂「其石爲曹操所排倒，而云拓跋燾又排倒之，何一石而兩遭踣」云云。考封演聞見記云「秦始皇刻石，李斯小篆，後魏太武帝登山，使人排倒之」，無「曹操排倒」之語，殆宗昌所見之本或偶脱「太」字，因誤讀爲「魏武帝」，遂謬云「兩次排倒」，其援引疏舛，亦不足據。然宗昌與趙崡均以論書爲主，不甚考究史事，無足爲怪。觀其論衡岳碑、比干墓、銅盤銘、季札碑、天發神讖碑、碧落碑諸條，皆灼指其僞，頗爲近理。其論懷仁集聖教序勝于定武蘭亭，蓋出于鄉曲之私，自矜其關中之所有，不爲定論，故後來孫承澤深不滿之。然承澤作庚子銷夏記，其論列諸碑，實多取此書之語，則固不盡廢宗昌説也。惟其好爲大言，冀以駭俗，則明季山人譎誑取名之慣技，置之不問可矣，故本志姑爲列入「記載」之類。收藏前有「看雲館珍藏」朱文長方印。

一二·二　金石學録四卷

舊鈔本。清嘉興李遇孫金瀾撰。前有李富孫序。按：閻百詩先生潛丘劄記舉古之爲金石學者七事，犧尊、象尊、律曆志、儒林傳、地理志、銅棺、秦權是也。王西沚先生作錢詹事金石跋尾序，續舉十一事，讒鼎銘、考父鼎銘、孔悝鼎銘、嘉量銘、柏寢銅器、美陽鼎銘、金人銘、丹書銘、始皇刻石、大邗城碑、柏人城西門碑是也。李君本兩先生之説而推廣之，博采經史，自漢迄唐五代列爲一卷，蓋金石之學至宋而盛，唐以前所説者不過一鱗片甲，王西沚謂「閻君所舉王肅、劉杳、孟康皆無文字，則精確者唯四事耳」，其言誠然。所以李君于王氏所引左氏傳二條外，僅增「禮至殺國子銘」一條、「晉語商銘」一條，其餘左氏所載鐘鼎之屬頗不少，以無文字，均不入録。祭統「孔悝鼎銘」外，增大學「湯盤銘」。史記「柏寢銅器」、漢書「美陽鼎」外無所增，唯後漢書補「仲山甫鼎」一條。史、漢以後，史書多載寶鼎出之文，銘俱不傳。唯開元十三年，萬年人獲寶鼎四，有「垂作尊鼎」銘十二字；咸平三年，乾州獻古鼎，有「維六月初吉」銘二十一字，以無所證，亦不録。北宋以後搜獲甚多，皆見之金石書，更無庸專録一器之存亡矣。宋代爲金石學之萌芽，歐陽氏始集其成。文忠以還，長睿、德甫、景伯、順伯諸公繼之。金元寥寥數人。至明之元敬、升庵、子函、允伯出，俱聞歐氏之風而興起者，故自宋迄明爲一卷，得百數十人。清代通儒輩出，人才特盛，金石之學益昌。亭林、竹垞倡于先，竹汀、覃溪、授堂、雲台諸先生繼于後，有清一代，計得二百餘人，遂超軼宋、金、元、明。溯自三代以降，至漢、魏、六朝、唐、宋、元、明、清，凡爲金石之學者，綜得四百餘人，並有著作以傳于世，即志一隅，説一事，無不備見于録。唯僅以詩歌傳者，與評法帖以及專輯錢譜、印譜者，均摒不收。其附見之人，或師或友，或子姪，或同釋一物，同居一地，概牽連書之。據歸安陸氏心源儀顧堂題跋云「是書有道光四年阮元序」，此本未見。又云「如蔡珪，字正甫，松年之子，靖之孫，金史有傳，而列于宋人蔡絛之前；陳思孝，名登，明史文苑有傳，工篆籀，究心金石之學，楊東里稱其收蓄之富，爲歐、趙以後所僅見，是録于鄭文寶下既引其語，而不列其人；李燾，字仁甫，號巽巖，四川丹稜人，著有通鑑長編，宋史有傳，史繩祖學齋佔畢載其建武中元治道記跋，今既誤『燾』爲『壽』，又有『李燾傳』，于李壽則著其號巽岩，于燾則不著其字號，皆疏舛之大者。此外，宋、元、明人掛漏不少」云云，所搜雖有疏漏，然體例至精，言金石者亦不可廢。此本得自繆氏藝風堂，曾經校過，當日傳本至罕，海内學者每讀歸安陸氏之金石學録補，而以未見此書爲憾。嗣後，風雨樓曾據凌子與前輩抄本印行，流傳始廣。嘗取互校，印本間有訛誤，足正之處甚多。

一二·三　金石學録補四卷

十萬卷樓刊本。清歸安陸心源剛甫撰。前有剛甫自序兩篇。陸君以李氏所輯遺漏尚多，就其見聞所及，初補自漢至清凡一百七十人，繼復搜采群書，証以聞見，又續一百數十餘人，重加編次，綜得三百七十九人。合之李氏原書，都八百餘人。體例一仿李書。唯李兼及同時，陸則斷自已往，懼涉標榜，頗稱矜慎。其中以『夏寶晉』誤作『夏晉』，『陸增祥』誤『陸』爲『陳』之類，及其他訛舛，間亦略有。然著作難免疏失，不足以病之也。

一二·四 金石學録續補二卷

石畫樓刊本。餘杭褚德彝禮堂撰。前有楊鍾羲序。是書增補李、陸二家未備，計録二百三十二人，均屬清代，並依李書之例，遍收近人。唯其人在清代以前物故者，或尚生存，均未區别，與余之斯志標載作者時代，對于近人，亦坐斯病。就余所藏金石書，其中作者爲三家所遺漏，尚有百數十人。如毛師沅、著郟縣金石志。董作棟、著魯山金石志。周永年著歷城金石考。諸子，著述顯世，刊本流傳亦廣，三家均遺弗收。而李、陸二家或有未及聞見，而褚氏寄身滬上，南北書估聚會之區，而海内藏家畢集之處，何至見聞亦斯之隘。間如著作未刊，如陸繼輝、著龍門山釋文。陳棨仁、著閩中金石記。胡琨、著海東擷古志等數種。馮縉著蘭話堂後金石紀存。諸家，名因而晦，遺亦有道。至如于粤西金石略序文而得朱小岑、張石綺，于東甌金石記而得戴玉生之類，尚難縷舉。他若海内治斯學有著作而有藏弆者，就余所知，亦復不少，擬再續三氏之遺，或綜三家之書，訂其譌誤，益以所得，彙爲一編，繼是志而入手，當亦海内同好所樂許也。

一二·五 印人傳三卷

海虞顧氏刊本。清櫟下周亮工減齋撰。前有錢陸燦序。櫟園先生精深六書之學，四方操是藝以登其門者，往往待先生一裁別以成名。是編大要次其印學之所以然，而其人之生平亦附傳，然書固未完也。末附列印人姓氏六十餘人，蓋欲爲立傳而未果者。後有子在浚一跋。

一二·六 續印人傳八卷

翠琅玕館刊本。清古歙汪啓淑訒菴撰。前有王鼎序。秀峰癖嗜印學，刊譜最多，藝林爭重。茲編本櫟園先生之旨續輯而成，得印人一百二十八，各系小傳，視周書多至一倍。

一二·七 印識五卷

西泠印社刊本。清婁縣馮承輝少眉撰。前有楊秉杷序、少眉自序二篇。馮君先集自秦至明印人二百餘人，後復增續清代諸家，以及與其同時鐵書著名者，又得三百餘人。唯已見周、汪兩家印人傳者，亦悉録入，自秦至明爲一卷，又補遺一卷，國朝三卷，共得五卷。

一二·八　再續印人傳三卷

葉氏刊本。仁和葉銘葉舟撰。前有吴石潛序。葉君以印人自周亮工、汪啓淑、馮承輝之後未有著録，乃搜輯史傳，旁采志乘，以及私家紀載，上起元明，下迄近今，得五百五十餘人。附印人姓氏一百三十餘人，收羅頗廣，記載極略。

一二·九　再續印人傳補遺一卷

葉氏刊本。仁和葉銘葉舟撰。是編補前書所遺者，又得五十餘人。

一二·一〇　石師録一卷

精鈔本。餘杭褚德彝禮堂輯。按：撰書、鐫勒，各題姓氏，造碑之匠，亦間附名。是編專録各石刻之石師姓氏，于漢得十九人，吴二人，宋一人，梁一人，魏二人，唐百二十人。其中有稱「工」以及「刻」者，「石師」、「賃師」、「工師」、「石工」、「碑師」、「良匠」、「巧工」、「刻工」、「石匠」、「大匠」、「刻字」、「都料」、「匠石」、「治師」、「勒碑人」、「鐫字人」、「刻字人」、「造碑人」、「書碑人」、「書崖師」諸名稱，間有「居士」、「博士」、「刻玉册官」等名目。或姓名上冠以職銜者，以余所知，如唐戒珠寺經幢有「郢人應成」，少林寺唐同光禪師塔銘有「造塔博士宋玉」，後唐行鈞塔銘有「造塔博士郝温」之類，不一而足，均屬兹録所失收。他若淡山巖熙寧七年楊巨卿題名末有「梓作石永洪」，遼憫忠寺舍利石函後有「閣殿砌匠作頭蔡惟亨」，金重修漢太史公墓記石匠之外有甎匠，亦宜推廣及之。

一二·一一　寶素室金石書畫編年録二卷

風雨樓刊本。清南屏釋達受六舟撰。前有吴式芬、鹿澤長兩序、六舟自序，末有汪士驤、管庭芬兩跋。是録自記游蹤，并羅列其見聞，所歷甚富，考訂亦詳，可作上人之年譜觀，亦可作上人之訪碑録觀，爲金石著録之别剏一例也。

一二·一二　顔書編年録四卷

翠琅玕館刊本。清長沙黄本驥虎癡輯。前有虎癡自序。按：魯公書在唐人中别樹一幟，歐、虞、褚、薛、裴、柳諸家石刻之存于世者，皆不若魯公篇幅之巨，碑版之多。黄君不忍令其剥蝕于風霜榛莽之地、敲火礪角之餘，檢其所藏石刻三十餘種，按年編次，取各家跋語，稍爲删補。他若乞米帖、寒食帖、與蔡明遠、盧八倉曹等帖，尉遲迥廟碑、祭豪州伯父文、會合聯句，非其目見，暨不入録。凡碑文中石泐而文存者，補注其旁。其文爲他人所撰，及文爲公撰而非公書者，皆不録，以是編專爲顔書而作也。卷端又附魯公世系表及官履考、桐城闕氏題魯公像記、畫像未刻。書碑年月表等，均足以資參証也。

一二・一三　袁氏藝文金石録二卷

漸西村舍刊本。清袁芳郭、袁渭漁合輯。前有鈍叟序。是編凡袁氏著録以及碑刻，以代編次，爲「藝文志」、「金石録」二類，「金石録」自漢國三老袁良碑起，迄清石門縣袁獻書去思碑，止計九十種，末録「藝文」附之。

一二・一四　瞿木夫先生年譜二卷

傳抄本。清嘉定瞿中溶木夫自訂，江陰繆荃孫校删。木夫爲錢竹汀先生之婿，篤嗜金石，精于考據，十歲即耽古泉之好，二十歲入錢少詹之門，研治益力，五十五歲解組以後，專事搜訪金石，著述極多。是譜按年敘其所見所得諸金石，與寶素室金石書畫編年録同一用意。玆帙經繆筱珊前輩校删繕正，版後有「藕香簃抄」四字。藝風藏書志著録，至足珍也。

藝風藏書續記曰：「瞿木夫先生年譜一卷，傳抄本，荃孫重訂過。」

一二·一五　徐籀莊先生年譜一卷

藁本。清嘉興徐士燕穀孫編。穀孫繼父志，亦精篆隸。籀莊能識古文奇字，四方之酷嗜金石者，每得一器，必屬籀莊審釋，故其所見至夥，穀孫按年編入，述爲年譜，不啻一吉金小史也。此本余得自繆氏藝風堂，經藝風藏書續記著録，較風雨樓刊本增出極多。全書硃墨删改殆遍，附録詩札諸篇，間有刊本所無，尤爲足珍。前有「藝風審定」朱文方印、「墨汁因緣」朱文方印。

藝風藏書續記曰：「徐籀莊先生年譜一卷，藁本，其子士燕編。」

一二·一六　語石十卷

精抄本。長洲葉昌熾菊裳撰。前有菊裳自序。是編上溯古初，下迄宋元，玄覽中區，旁徵島索，制作之名義，標題之發凡，書學之升降，藏弆之源流，以逮模拓、裝池，軼聞瑣事，分門別類，不相雜厠，既非歐、趙之目，亦非潘、王之例，非考釋，非輯録，但示津塗，俾學者毋域方隅，毋旁皇于歧路，此即葉公著書之本旨也。是本經藝風前輩手自批校，其中如「碑陰」論褒斜道石刻條下批曰「荃孫同治甲戌親訪是刻，碑在最高處，釋文刻于下，並不連，取稍平處磨治刻之。漢碑不磨，宋則磨矣」云云；又「石經」條下批曰「荃孫在大足觀張淳父書古文孝經在北山，輿地碑目已載之，家人卦寶慶三年刻在中江銅山巖」云云；又于「字書小學」類第一則下批曰「荃孫見滋陽韓詩外傳拓本，上數行即衝波傳九曲珠事，非外傳也」云云；「經幢」條下批曰「昌平學宮元加封可配二程誥敕」云云；「造象」條下批曰「丙午四面象，西魏恭帝時造，都中所見太平真君、神廳皆僞品。樊文卿之嘉興，陳壽卿以金大安爲吕光之大安，欺人即自欺也」云云；又「碑文襲舊」條内所引唐龍朔元年雷大岑造象批曰「此僞造，不足論」云云；「施石」條内所引唐叱干公三教道場文批曰「此文摹厓在北周文王碑之次」

云云」；又「石經」條下廣州高宗真草孝經，葉載「嘉慶末，平陽儀克中搜得之，書刻年月別爲石，已亡」，繆正「已亡」爲「今存」。他若「墓志」條内「李黼」正作「李輔」；「浮圖」條内「魏刻若暉法、凝禪在陝中」正爲「在澄城」；「經幢」條内「天寶四年成都鐵幢」，正「成都」爲「閬中」；「題名」條内「施南」正爲「宜昌」；「刻字」條内所引中興軍中書劄子，正「中興」爲「永興」諸類，更難枚舉，皆足正刻本之譌。茲帙當屬稿本傳抄，故序後有「癸卯初秋緣督又記」一則，刊本無此記，而多己酉三月一跋。

一二一・一七　石言三卷

夢碧簃石印本。會稽顧燮光鼎梅撰。前有范壽銘序，目後有鼎梅自序。顧君嗜金石，搜訪之勤，不讓前輩，以其餘緒，輯録是編，凡石墨故實，舉其所見所聞，一鱗一爪，並蓄兼收，不分時代，不析門類，與葉氏之語石體例各殊，用心則一。其中所紀「化成巖題名」、「河陰存石記」、「開封圖書館隋唐墓志」、「浄士等石窟造象目」、「磁州魏齊各刻」、「伊闕龍門造象」、「越中石刻」、「寶漢齋摹刻各漢碑」、「元氏志録目」、「山東圖書館存石目」各節，堪供訪碑參考。他如校正寰宇訪碑録諸條，不特補苴孫、趙，而且彌益羅氏之不及。其餘考證石刻，摘採諸著，均足爲審訂石墨之資也。

石廬金石書志卷之十三

閩侯林鈞亞傑

考證類一

一三·一　集古録跋尾十卷

舊鈔本。宋廬陵歐陽修永叔撰。前有永叔自序、子棐記。據四庫提要載：「修採摭佚遺，積至千卷，撮其大要，各爲之説。至嘉祐、治平間，修在政府，又各書其卷尾。于是文或小異，蓋隨時有所竄定也。修自書其後，題『嘉祐癸卯』。至熙寧二年己酉，修季子棐復摭其略，別爲目録，上距癸卯蓋六年，而棐記稱『録既成之八年』，則是録之成，當在嘉祐六年辛丑。其真蹟跋尾，則多係治平初年所書，亦間有在熙寧初者，知棐之目録固承修之命而爲之也。諸碑跋今皆具修集中，其跋自爲書，則自宋方崧卿裒聚真蹟，刻于廬陵。曾宏父石刻鋪敘稱有二百四十六跋，陳振孫書録解題稱有三百五十跋，修子棐所記則曰『凡二百九十六跋』，修又自云『凡四百餘篇有跋』。近日刻集古録者又爲之説曰：『世所傳集古跋四百餘篇，而棐乃謂二百九十六，雖是時修尚無恙，然續跋不應多逾百篇，因疑寫本誤以三百爲二百。』以今考之，則通此十卷，乃正符四百餘跋之數。蓋以集本與真蹟合編，與專據集本者不同，宋時廬陵之刻今已不傳，無從核定，不必以棐記爲疑矣。是原本但隨得隨録，不復詮次年月，故修之自序曰：『有卷帙而無時世先後，蓋其取多而未已也。』近來刻本乃以時代先後爲序，而于每卷之末附列原本卷帙次第，轉有年月倒置，更易補正之處，故錢曾讀書敏求記以爲失其初意。然考毛晉跋是書曰『自序謂上自周穆王以來，則當以吉日癸巳石刻爲卷首，毛伯敦三銘是作序目後所得，宜在卷末，即子棐亦未敢妄爲詮次，蓋周益公未能考訂』云云，據此，則周必大時之本已案時世爲次，其由來固已久矣。今刻修文集者，但序時代，不復存每卷末之原次，則益爲疏耳。」是本係經章丘謝啓光校過，足正他本之訛。序後、卷末有校記兩篇，並校正數十條，未署姓名，應出謝氏。余于辛酉仲春以兼金得于滬市，係天津王子梅先生鵠所藏孔研農手抄舊本。前有王鴻手跋。

王氏手跋曰：「此册孔研農先生手抄，王子梅所藏，世世寶諸。道光己亥秋九日，誌于曲阜之槐應堂。」下鈐「王鴻珍藏」白文方印。

校記曰：「右集古録序成于嘉祐末年，其云『有卷帙次第，無時世先後，蓋取多而未已』，故隨其所得而録之』，此公述千卷不以世代爲序之意也。又云『撮其大要，別爲録目，因載夫可與史傳正其闕謬者，以傳後學』，此公述録目跋尾之意也。至熙寧二年，公之子叔弼記其後云：『公命棐曰：吾跋諸卷之尾者，二百九十六篇，若撮其大要，別爲録目，則吾未暇。棐乃盡發千卷，著其大略。』自今觀之，公序明言別爲録目，而棐乃記公未暇之語，世傳集古跋十卷四百餘篇，而棐乃謂二百九十六篇，雖是時公尚無恙，後三年方薨，然續跋纔十餘耳，不應多踰百篇，得非寫本誤以『三百』爲『二百』，或棐記在熙寧之前耶？棐又云『爲十卷，附跋尾之後』，今録目自爲一書，乃二十卷，不過列碑石所在及其名氏、歲月，初無難者，何未暇之有？是皆可疑。姑以棐所記附公本序之後，而自周秦至于五季，皆隨年代爲之序，庶幾時世先後，秩然不紊。間有書撰出于一手，其歲月相邇，則類而次之。又于每卷之末，備存當時卷帙之次第，既以便今，亦不失其初云。」

又校記曰：「集古碑千卷，每卷碑在前，跋在後，銜幅用公名印，其外褾以緗紙，束以縹帶，題其幟曰『某碑卷第幾』，皆公親蹟，至今猶有存者。按：公嘗自云四百餘篇有跋，今世所傳本是也。其間如唐鄭權碑乃熙寧辛亥歲跋，又至明年正月方跋鄧艾碑、李德裕山居詩，四月題前漢鴈足鐙銘，後數月而公薨，殆集録之絶筆也。方崧卿裒聚真蹟，刻版廬陵，得二百四十餘篇。以校集本，頗有異同，疑真蹟一時所書，集本後或改定。今于逐篇各注何本，若異同不多，則以真蹟爲主，而以集本所改注其下。或繁簡遼絶，則兩存之。謂如後漢樊常侍碑，真蹟作『永壽四年四月』，而集本改作『二月』，訪得古碑，『二月』爲是。至於以始元爲漢宣帝年號，又稱『後周大統十六年』、『唐大足二年』之類，乃公一時筆誤，不敢有所更改。集古跋既刻成，方得公子叔弼目録二十卷，具列碑之歲月，雖朝代僅差一二，而紀年先後頗有倒置，已具注其下。」

一三·二　金石録三十卷

舊抄精本。宋東武趙明誠德甫撰。據四庫提要載「是書以所藏三代彝器及漢唐以來石刻，仿歐陽修集古録例，編排成帙。紹興中，其妻李清照表上于朝。張端義貴耳集謂清照亦筆削其間，理或然也。有明誠自序並清照後序。前十卷皆以時代爲次，自第一至二千，咸著于目，每題下注年月、撰書人名。後二十卷爲辨證，凡跋尾五百二篇，中邢義、李證、義興茶舍、般舟和尚四碑，目録中不列其名，或編次偶有疏舛，或所續得之本未及補入卷中歟？初鋟版于龍舒。開禧元年，浚儀趙不謭又重刻之，其本今已罕傳。故歸有光、朱彝尊所見皆傳抄之本，或遂指爲未完之書。其寔當時有所考證，乃爲題識，故李清照跋稱『二千卷中，有題跋者五百二卷耳』。原非卷卷有跋，未可以殘闕疑也。清照跋，據洪邁容齋四筆，原爲龍舒刻本所不載。邁于王順伯家見原稿，乃撮述大概載之。此本所列，乃與邁所撮述者不同，則後人補入，非清照之全文矣。自明以來，轉相鈔録，各以意爲更移，或删除其目内之次第，又或竄亂其目之年月。第十一卷以下，或併削每卷之細目，或竟佚卷末之後序，沿譌踵謬，彌失其真。顧炎武日知録載章丘刻本，至以後序『壯月朔』爲『牡丹朔』，其書之舛謬可以概見。近日所傳，惟焦竑從秘府鈔出本、文嘉從宋刻影鈔本、崑山葉氏本、閩中徐氏本、濟南謝氏重刻本。又有長洲何焯、錢塘丁敬諸校本，差爲完善。今揚州刻本皆爲採録，又于注中以隸釋、隸續諸書增附案語，較爲詳核。别有范氏天一閣、惠氏紅豆山房諸校本，皆稍不及。故今從揚州所刊著于録焉」云云。此本係四明盧氏抱經樓藏本，前有德甫自序，後有劉跋、李易安後序兩篇，並趙不譾一跋。全書抄寫頗精，足以訂正刊本之處良多。每卷均有「四明盧氏抱經樓藏書印」白文方印。

按：輓近流行刻本，當推雅雨堂盧校本爲最精，而三長物齋、槐廬諸刻，亦有可取。仁和朱氏結一廬重刊汲古本，附有繆氏札記，足與雅雨本相頡頏，末多葉仲盛、歸有光兩跋。

一三·三　墨池編二十卷

就問堂精刊初印本。宋吳郡朱長文伯原撰。前有王澍序、伯原自序。是書敘述歷代字學，備窮原委，末附文房器用。十七、十八兩卷專敘碑刻，自周秦迄李唐止，不下千通，其書撰人及年號、地址系注碑下，而唐碑又以類相從，分墓銘、讚述、佛家、道家、祠廟、宫宇、山水、題名、藝文、傳模，凡十門。第伯原此書以書法爲主，是以第十六卷雖專録集古跋尾，而亦不全録，自云有議論及書者則録之，可知其用意所在。余以各家書目皆編是書入金石類，故亦仍之。末有朱之勵跋。收藏有「抱經樓藏善本」白文方印、「吳興抱經樓藏」朱文方印、「德壽閟笈之印」朱文方印、「授經樓藏書印」朱文方印。

一三·四　廣川書跋十卷

適園精刊本。宋東平董逌彦遠撰。前有孤弅序，末有毛晉、吳岫、何焯、張鈞衡各跋。是編皆載古器款識及漢唐以來碑帖，論斷精確。又據左氏傳成王「岐陽之蒐」，以石鼓爲成王時作，辨證特詳。是書前有津逮本流傳，而舛譌寔多。康熙中，何屺瞻得吴方山、秦季公、譚公度、錢叔寶各家鈔本，而以王伯穀本爲最佳，經何氏校正。此係張鈞衡據何本付雕，比津逮大爲改觀。其中訂正頗多，詳見張跋之内。

一三·五　考古圖釋文一卷

陸氏刊本。宋趙九成撰。按：四庫提要以此書亦出大臨所撰。考籀史下卷有趙九成著吕氏考古圖釋，據此則屬趙氏所作無疑。翁方綱跋續考古圖亦主是説。此書宋以後無刊本，著録家亦復罕見。趙氏取銘識古字，以廣韻四聲部分編之。其有所異同者，則各爲訓釋考證。疑字、象形字、無所從之字，則附于卷末。體例謹嚴，足資考訂。又據四庫提要云：「釋文所舉諸器，皆在前十卷中，所釋『榭』字、『析』字之類，亦多與圖説相合。惟『弡』字圖説釋爲『張』，與歐陽修集古録同，而釋文則從闕疑，稍相牴牾。或大臨削改未竟，偶爾駁文歟？至其題詞稱『古器銘識，不獨與小篆有異。有同一器，同一字，而筆畫多寡、偏旁位置不一者，如伯百父敦之百字、寶字、䵼字，叔高父簋之簋字，晉鼎之作字。其異器者，如彝尊壽、萬等字，諸器筆畫皆有小異。知古字未必同文，至秦始就一律，故非小篆所能該』，亦通論也。」

一三·六　元豐金石跋尾一卷

學古齋刊本。宋南豐曾鞏子固撰。是編計跋茅君碑、常樂寺浮圖碑、醴泉碑、石井欄記、徧學寺禪院碑、興國寺碑、韓公井記、晉陸禕碑、郎官石記序、桂陽周府君碑、卧禪師浄土堂碑銘、江西石幢記、辱井銘、西狹頌等十四則。史言其嘗集古今篆刻，爲金石録五百卷，惜其書不傳。類稿中存一序，不能與趙氏金石録並爲不朽。書之顯晦，誠有不可思議也。後有毛晉二跋。收藏有「看雲館珍藏」朱文長方印。

又明汲古閣刊本，即學古齋所據覆刻者。全書悉同，惟書名各異。毛氏題曰「元豐題跋」，學古齋改顔「元豐金石跋尾」。此本收藏有「淮海世家」朱文、「高郵王氏藏書印」白文兩大方印。

一三·七　東坡題跋六卷

明汲古閣刊本。宋眉山蘇軾東坡撰。後有毛晉跋。據李氏金石學録云「東坡賦鳳翔八觀，有石鼓歌、詛楚文二篇。紫桃軒雜綴載『東坡有手鉤石鼓文，篆籀全，音釋備，遠勝潘迪等所録』。案：此即楊升庵僞托之本，不足爲東坡述也。宋人自宛陵、東坡、欒城賦石鼓，後作者不絶，唯東坡直繼昌黎作，定爲周宣王物，殊有關係」云云，足見蘇公于金石之學頗覃考據。此跋如辨法帖、題蘭亭、歐陽帖、魯公帖、晉人帖諸篇，亦有辨證。

一三·八　山谷題跋九卷

明汲古閣本。宋豫章黄庭堅山谷撰。後有毛晉跋。黄公題跋，論書居多，如廟堂碑、争坐位、蘭亭敘、瘞鶴銘、樂毅論、洛神賦、絳帖、麻姑仙壇記之類及評釋長沙法帖諸篇，均有考訂。又稱「石鼓文如圭璋特達，非後人所能贋作」，亦具見解。收藏有「淮海世家」朱文、「高郵王氏藏書印」白文兩大方印。

一三·九　海岳題跋一卷

吴氏刊本。宋襄陽米芾元章撰。前録題跋數則，後附寶章待訪録。其中題跋名帖、真蹟最多，間及碑碣。如汝南公主墓志、越州兩碑、道林柳尊師墓志。末有毛晉、吴頤各一跋。

一三·一〇　攻媿題跋十卷

適園刊本。宋鄞縣樓鑰大防撰。是跋間及碑帖，而法帖居多。如余襄公題崖碑、唐石淙詩序、廟堂碑、洛神賦諸篇，略有考據。末有張鈞衡跋。

一三·一一　无咎題跋一卷

明汲古閣本。宋南陽晁補之无咎撰。後有毛晉跋。所題化度寺碑、蘭亭敘諸篇，頗有記載，少及考據。收藏前有「淮海世家」朱文、「高郵王氏藏書印」白文兩大方印，「沈印似蘭」白文、「敬齋」朱文兩小方印。

一三·一二　淮海題跋一卷

明汲古閣本。宋高郵秦觀少游撰。後有毛晉跋。秦公所著法帖通釋一書，依其所見潭、絳二郡、劉丞相家、潘尚書師旦家、劉御史次莊家、宗將世章家六本，考證異同，審定真僞。其書不傳，唯跋内尚存一序，然紀載官帖原流，尚足以資參考也。他如論倉頡書引魏襄王家簡書、楚王冢竹簡，證係古書，定爲倉頡遺法，並辨古文非即科斗。又論吴季子墓銘題字，證仲尼平生未至吴中，引史記世家，尤徵考據。餘若論史籀、李斯、鍾繇、懷素、蘭亭諸篇，亦有可採。

一三·一三　**鶴山題跋七卷**

明汲古閣本。宋臨邛魏了翁鶴山撰。後有毛晉跋。其中題帖最多，如跋魯公争坐位諸篇，亦足以資參證。收藏有「淮海世家」朱文、「高郵王氏藏書印」白文兩大方印。

一三·一四　**放翁題跋六卷**

明汲古閣本。宋山陰陸游放翁撰。後有毛晉跋。陸公所跋瘞鶴銘、秘閣續帖、蘭亭敘、樂毅論、東方朔畫贊諸篇頗有記載，其中跋唐昭宗賜錢武肅王鐵券文尤詳考據。又精抄本，與汲古本同。

一三·一五　**姑溪題跋二卷**

明汲古閣本。宋趙郡李之儀姑溪撰。後有毛晉跋。中跋東坡、山谷、元章書帖爲多，他如瘞鶴銘、蘭亭敘、樂毅論、魯公帖諸篇，亦涉考據。收藏有「淮海世家」朱文、「高郵王氏藏書印」白文兩大方印。

一三·一六　石門題跋二卷

明汲古閣本。宋沙門德洪石門撰。後有毛晉跋。其中所跋蘭亭、東坡、山谷諸帖，無甚考訂。又精抄本，與汲古閣本同。

一三·一七　西山題跋三卷

明汲古閣本。宋建安真德秀西山撰。後有毛晉跋。是編所題，以真公同時書帖爲多，無甚考據。收藏前有「淮海世家」朱文、「高郵王氏藏書印」白文兩大方印。

一三·一八　水心題跋一卷

明汲古閣本。宋永嘉葉適水心撰。後有毛晉跋。葉公所跋桑世昌蘭亭博議及朱晦庵、韓尚書、端信師諸帖，略有記載。

一三·一九　益公題跋十二卷

明汲古閣本。宋廬陵周必大弘道撰。後有毛晉跋。周公跋顔魯公杜濟神道碑，獲見全文，證歐陽集古録謂爲「殘缺不能成文」之非，且考杜濟墓志亦出魯公之手。又獨孤延壽碑考爲于志寧製文，證趙氏金石録謂「無書撰人姓名」之疏。又後漢礬常侍碑，考立碑在延熹二年十一月，訂趙氏金石録作「元年八月」，以贈官爲立碑年月之舛。又李西平神道碑，校證江、浙、閩唐文粹刊本傳寫碑文之譌。又王獻之保母墓碑，考銘墓三代已有，引薛氏款識比干墓銅槃爲證，並考志銘自銅易甎，自甎斵石之變遷，亦有援據。又廬山西林道場碑，證亦歐陽率更所書。諸篇悉邃考據。他若題跋南唐牒訴、孔仲良告身石刻、禊帖、唐子西帖、赤箭帖、蘭亭敘等，亦多斷制。收藏前有「淮海世家」朱文、「高郵王氏藏書印」白文兩大方印。

一三·二〇　後邨題跋四卷

明汲古閣本。宋興化劉克莊潛夫撰。後有毛晉跋。是編所題閩王帖、蘇子美帖、焦山帖、林井伯帖、米南宫帖、東園方氏帖、聽蛙方氏帖，均有記載。其跋林竹溪禊帖，所論斷石本、定武本、三段石本，亦極明晰。至跋舊潭帖，辨證異同，評騭精劣，尤徵翔實。收藏有「淮海世家」朱文、「高郵王氏藏書印」白文兩大方印。

一三·二一　**止齋題跋二卷**

明汲古閣本。宋永嘉陳傅良止齋撰。後有毛晉跋。是編所跋歐王帖、張無垢帖、王荆公帖諸篇，略有可資參考。收藏前有「淮海世家」朱文、「高郵王氏藏書印」白文兩大方印，「九畹花居藏書畫之印」白文方印。

一三·二二　**魏公題跋一卷**

明汲古閣本。宋温陵蘇訟魏公撰。題枯樹賦引徐浩書品，定爲褚河南所書。又跋右軍帖等，略有考據。

一三·二三　**晦庵題跋三卷**

明汲古閣本。宋新安朱熹晦庵撰。後有毛晉跋。據李氏金石學録載「朱子少好金石文，自恨家貧不多得，出先世所遺，益以己所搜，不過數十種，爲横軸，懸之壁，凡循行卧起，恒不去目，以爲樂。又以石鼓文有似車攻、甫田詩，推爲宣王時作，見詩傳遺説」云云，足見朱子耽嗜金石，精覃考據。所藏歐陽金石録序真蹟，跋見此編。又題歐陽集古録真蹟，録韓元吉跋尾，訂正印本舛譌極多。且證華山碑「仲宗」字，洪丞相隸釋辨之，乃石刻本文假借用字，非歐公筆誤。他如東坡帖、荆公帖、樂毅論、蘭亭敘、鍾繇帖、曹操帖、右軍帖、龜山帖、山谷帖、端明帖、十七帖、秦篆譜諸跋，亦多記載，足供援證。每卷均有「淮海世家」朱文、「高郵王氏藏書印」白文兩大方印。

一三·二四　容齋題跋二卷

明汲古閣本。宋鄱陽洪邁景盧撰。後有毛晉跋。毛跋云：「題跋似屬小品，非具翻海才、射雕手，莫敢道隻字。自坡仙、涪翁聯鑣樹幟，一時無不效顰。鄱陽洪容齋，升蘇、黄之堂而嚌其胾者也。」推譽極崇。是編所跋歐陽率更帖、蔡君謨帖、顔魯公帖、趙德甫金石録諸篇，亦有考據。收藏前有「淮海世家」朱文、「高郵王氏藏書印」白文兩大方印。

一三·二五　秋澗題跋一卷

丹徒劉氏刊本。元汲郡王惲秋澗撰。前後無序跋。其中跋蔡中郎隸書中興頌、郎官石柱記、麻姑仙壇記、魯公書臧氏碑、米書曾夫人墓志、張嘉貞北岳碑、政和鼎款識等篇，均以評書爲主，考證尚略。

一三·二六　石墨鐫華八卷

明刊初印本。明盩厔趙崡子函撰。前有陳組綬序、康萬民序、子函自序。趙君以所藏石墨拓本二百五十三種，每系一跋。其間多漢唐名書，爲歐、趙諸子所未見。原欲悉録全文，以力不足供匠氏，故祇刻其跋尾。又于碑目之下各注撰書姓名及所在。金、元國書，爲世罕見，乃仿各家摹載鐘鼎之例，鈎勒原文。體例詳備，惟所跋多詳于筆法而略于考證。後附録訪古游記三篇，詩三十二首，足見其求索之勞。四庫提要以其考證「岣嶁碑、比干墓銘之類皆持兩端，而所論筆法，于柳公權、夢英、蘇軾、黄庭堅皆有不滿，亦僻于一家之言。然一時題識，語有出入，自集古録以下皆所不免，不能獨爲崡咎也」云云，評斷頗爲得當。是本係明萬曆戊午初刻本，每半頁八行，行十八字。

唯陳序行書，每半頁五行。收藏有「雲輪閣」朱文長方印、「荃孫」朱文長方印。藝風藏書記著録。又學古齋刊本，前有四庫提要一篇，收藏有「看雲館珍藏」朱文長方印。

藝風藏書記曰：「石墨鐫華八卷，明萬曆戊午初刻本，有趙崡自序、陳組綬行書序。」

一三·二七　蒼潤軒碑跋一卷

風雨樓景刊本。明秣陵盛時泰仲交撰。前有仲交序。此書于漢唐各碑無甚發明，獨于金陵六朝諸蹟爲多，宋元以下少見之品，未經前人著録者，率皆借觀于人，非盡己所庋藏。又多據墨本，不復詳考原石。四庫提要載「如孔廟漢史晨碑，後有武周時諸人題字，乃疑爲于别刻得之，則並未見全碑。又如唐元和六年刻晉王羲之書周孝侯碑爲陸機文，陸機之文既不應羲之之書，且其中于唐諸帝諱皆缺筆，其僞可不辨而明，而是編乃信爲羲之所書，則于考證全疏矣」云云。是本前有「錫曾校讀」白文印、「稼孫」朱文印。魏氏合丁、周二本手校者，朱墨稠叠，所校非止一次。序前鄧實一跋，後抄附稼孫兩跋。風雨樓照原本景印，凡朱改之處，均以紅墨套印，所有塗改增删，一仍舊觀，不啻如覩原迹。傳刊前人之校本、稿本，當以是法爲最良，亦足以表前哲勘著之苦心也。

一三·二八　蒼潤軒碑跋續記一卷

風雨樓景刊本。明秣陵盛時泰仲交撰。此記續跋蘇帖等八篇，後有仲交後序。

一三·二九　紅雨樓題跋二卷

峭帆樓刊本。明閩縣徐𤊹興公撰。興公鄉先生，題跋精確，惜多散逸。此本藝風先生乃合林吉人所抄、鄭昌英所刻，分經籍及碑帖、書畫，以類相從，共得一百二十二條。末各有年月，起萬曆十三年乙酉，訖崇禎十五年壬午，前後計五十八年，亦可見收藏之富、搜討之勤矣。碑帖諸跋，僉以評書爲主，鮮有考據。後有林佶、鄭杰、繆荃孫、惠安鄉農各一跋。

一三·三〇　金石林緒論一卷

風雨樓刊本。明吴郡趙宧光凡夫撰。是編分篆籀、款識、符印、分隸、小楷、真書、大書署書、章草法、行楷、行草、狂草、二王全帖、字義、書法、評敘、千文、類聚諸部，持論頗有所見。

一三·三一　金石文字記六卷

借月山房刊本。清崑山顧炎武寧人輯。前有亭林自序。是記由漢以次，共録三百餘種，以時代爲次，每條下各綴以跋，其無跋者，亦具其立石年月、撰書人姓名。全書以碑文證諸經史，不爲鑿空之談。其自序云「抉剔史傳，發揮經典，頗有歐、趙二録所未具者」，確非誇張。後附諸碑别體字，亦猶洪适隸釋每碑之後摘録古今異文某字爲某之遺意。四庫提要載：「潛研堂金石文跋尾嘗摘其舛誤六條：一曰齊隴東王孝感頌，炎武未見其碑額，臆題爲『孝子郭臣墓碑』。一曰唐寂照和上碑，本無刻石年月，炎武誤記爲開成六年正月，且未考開成無六年。一曰後唐賜冥福禪院地土牒，趙延壽、范延光皆押字，炎武視之未審，誤以爲無押字。一曰周中書侍郎平章事景範碑，本行書，而炎武以爲正書，本題『孫崇望書』，而炎武失載其名，皆中其失。一曰後漢蕩陰令張遷頌，炎武誤以『既且』二字合爲『暨』字。一曰後漢州從事尹宙碑，書『鉅鹿』爲『鉅鏕』，證以廣韻注、後魏弔比千文及北史，皆作『鉅鏕』，炎武誤謂『不當從金』。案：張遷頌碑拓本『既且』二字截然不屬，炎武誠爲武斷，然字畫分明，而文義終不可解，當從闕疑，金石文跋尾所釋亦未爲至確。至于『鉅鹿』之『鹿』，自史記以下，古書皆不從『金』，說文亦不載『鏕』字，自玉篇始載之，其爲顧野王原本，或爲孫强所加，或爲宋大廣益會玉篇所竄入，已均不可知。然其注曰『鉅鹿，鄉名，俗作鏕』，則從『金』實俗書，具有明證。北朝多行俗字，顏氏家訓嘗言之，此書亦頗摘其謬。北魏人書，似不可據爲典要。廣韻注尤不甚可憑，如開卷『東』字注謂『東宮，複姓，齊有大夫東宮得臣』，亦可據以駁左傳乎？是固未足以服炎武也。惟其斥石鼓之謬，謂『不足儕于二雅』，未免勇于非古。釋校官之碑，謂東漢時有校官，亦未免疏于考據。是則其失之臆斷者耳。然在近世著録金石家，其本末源流，燦然明白，終未能或之先也。」

一三・三二　金石文字記補遺一卷

借月山房刊本。清吴縣潘耒稼堂輯。前有稼堂自序。潘君曾受業于亭林先生之門。是編補遺二十餘種，出歐、趙、顧三家之外，體例與顧氏同。唯其中中岳嵩陽寺碑，天平係東魏年號，誤爲北齊，爲一小疏。又潘所録本以補顧氏之闕，此碑顧已收録，而複載之，亦失于檢點也。

一三・三三　曝書亭金石文字跋尾六卷

槐廬刊本。清秀水朱彝尊竹垞撰。前有朱記榮序、陳其榮序。竹垞先生金石著録未有專書，朱氏槐廬仿沈碻士刊竹雲題跋之例，從曝書亭集中關於金石各跋彙集成帙。朱公生平長于考證，精博遠邁前人，足與亭林抗衡。其中如考溪州銅柱記，審正楚世家之誤。孔廟百石卒史碑，正通典譌「百石卒史」爲「百户吏卒」之非。金鄉守長侯君碑，碑末書「夫人以延熹疾終」，考爲祔葬，足補潘昂霄金石例、王仲止墓銘舉例之未及。天發神讖，亦主周雪客之説，亦不信出于皇象手蹟。他若闡發幽隱，證明經史之處，難以條舉。唯五鳳二年石刻認爲專文，各家僉證其非。而阿育王寺常住田碑記在碑末，並非碑陰，亦有微舛。類此小疵，皆不足以病之也。末附檢討墓志銘。

一三・三四　來齋金石刻考略三卷

陶舫原刊本。清侯官林侗于野撰。前有宿松朱序、林佶序、陳壽祺序、馮縉序、于野自序並唐昭陵碑考略序。是編乃總録古今金石刻，凡夏商周七，秦漢二十四，魏二，吴一，晉八，梁一，後魏三，北齊一，後周二，隋八，唐一百八十，皆據目見者書之。中間辨證，大抵取之顧氏金石文字記，而以己意折衷，多所考據。四庫提要有云：「其中録唐諸帝御書碑十四種，獨斥武后不與。首列夏禹岣嶁碑，載其友劉鼇石説，謂當在祝融峰頂，未免失之好奇。又于各碑後載入賦咏詩篇，亦非歐、趙以來題跋之體也。」是本經馮笏軿縉鄉前輩校刊，其校正處，均注「縉案」二字，益臻精審。輓近馮刻原本至不易得，此係初印，尤爲可珍也。

一三・三五　金石續録四卷

原刊本。清襄城劉青藜太乙撰。是編即其家藏金石諸刻各爲題跋，自夏訖元，計一百四十五則。據四庫提要載：「是録既乏奇祕，所跋亦罕考證。」然中如漢鄭固碑補釋集古録之缺，並正碑陰歐氏以「循行」爲「脩行」之非；漢魯相史晨饗孔廟後碑以趙子函所云「自出俸錢，以供禋祀」，顧亭林直以「史晨請出家穀祀孔廟」標目，均爲未當；又唐修孔子廟詔表正子函以太宗爲高祖之訛諸類，亦有考訂足取也。

一三・三六　金石録補二十七卷

舊抄本。清崑山葉奕苞九來撰。前有錢⿰山叚序、九來自序、魏禧題詞。是書補趙氏金石録之所未備，採摭甚廣，考據頗精。末列集異、碑題、碑立處、傳疑、雜記五門，爲著録者另啓一例。是本遍經日照許印林瀚批校，眉行之外，尚有附粘紙籤，審訂極多。前輩校讎之勤，令人景仰。余得此書于都門廠肆，驟覯莫知校語出于誰氏，細加審閲，于七卷十六葉梁永陽太妃王氏墓志銘上有粘籤曰「此碑全文載古刻叢鈔，瀚曾得見宋拓本，校正數字」云云，並以先生手録晉齋李白酒樓題跋二則，與全書批校墨蹟均屬一律，乃知確出印林先生之手。其中如晉銅滲槃銘批曰：「案：『滲』當『漆』，即『⿰氵呆』字，隸變如此，釋爲『滲漉』之『滲』，非也。器見隸續，彼固作『漆』。又『泰始九年』作『元年』，『治將作府』作『治御府』，『第云』作『第二』，洪氏既列其文，跋中又複述之，惟『第二』作『第一』爲小異，餘皆同。度葉氏不及見此器拓本，亦惟據隸續收入。但葉氏時汪刻隸續尚未出，則未知孰得其真耳。」又漢路君闕畫象批曰：「『後小字一行，存馬皆食三字，爲趙録所遺』云云，隸續未言及此，不知葉氏何據録入，豈親見此拓本歟？抑見隸續有畫象，與今曹、汪二刻異歟？案：隸續卷十三目録于藁蒲闕、路君闕、范皮闕皆注『并畫象』三字，是洪氏原本兼有畫像，今曹、汪二本皆云『畫象未録』，不知泰定本删歟？抑曹、汪删歟？」又漢鄧君闕畫象批曰：「按：隸續鄧君闕畫象有目無跋，葉氏此條原原本本，既非親見拓本，必是本之洪書。然則葉氏所見隸續果非泰定本，與曹、汪二刻迥異也。」又魏大饗記殘碑批曰：「『餼定五經』，今汪刻隸續作『三經』，恐非。大饗碑『繇文爲書』，汪刻隸續『繇』字全非。」又漢石經批曰「案：隸釋于『萬方有』下注云：『缺一字。』板本有兩罪字。」此不言『缺一字』，誤。刻本正文經補『罪』字，注云『有罪下，今多一罪字』，乃以意改，非葉氏原文，又不合洪氏」云云。所校諸條，糾正悉確。他若漢長樂塼字校云「刻本作『共三行十四字』，大誤，此本亦似有誤」；又漢延年益壽題字，校云「刻本作『卅』，汪刻隸釋作『世』，此作『廿』，疑誤。隸釋無『向』字」；漢米巫祭酒張普題字校云「刻本作『六十三字』。案：隸續是『六十七字』，『三月』下有『一日』二字，『延』下有『命道』二字，此本皆誤脱。刻本不檢隸續，就已脱本數之，輒改『七』爲『三』，甚誤」；漢張景題字校云「刻本作『朕』。案：洪作『眹』，而董廣川目驗其石，寔是『眹』字」等節，亦有考據。至如史伯碩父鼎引東觀餘論證「伯」字之衍，並糾「而名」當作「而各」，據博古圖、薛氏款識正「者」之衍；又周姜敦據集古録正「受」作「變」，據考古圖、廣川書跋正「百」作「𦣻」之類，不一而足，難以縷舉。其間足訂印本之訛者，尤爲繁多。此本爲黃氏小松易小蓬萊閣舊藏，倍足珍弆也。收藏前有「東海上人」白文方印、「丁印見善」白文方印、「少山」朱文方印，卷一、卷四、卷七、卷十一、卷二十、卷廿三、卷廿六均有「小蓬萊閣金石文字」朱文長方印。

又盛批李校舊抄本。此帙係同好長興王君季歡修以所藏見寄，經素黻盛麟參訂，諸城李禮南硃校，與刻本迥異，較許印林所批，亦各具所見。惜袛三卷，前只九來自序一篇。其中如商父乙鼎銘、周南仲鼎、漢延光壺、漢啓封鐙、漢犧尊象尊、漢元嘉刀、夏大禹衡山碑、漢尹宙碑、漢舜子巷義井碑陰、漢校官碑、漢曹全碑、漢魏鍾繇賀尅捷表、漢處士金恭闕、漢平原東郡門生蘇衡等題名、蜀漢張飛刁斗銘、宋臨澧侯劉使君墓志銘、梁孝敬寺刹下銘、北齊造石像記、隋李淵爲子祈疾疏諸條，均有盛麟按語，照葉氏原文低一字，首冠「麟按」二字別之，並于各跋文内夾行批注極多，弗可縷舉。每卷之末盛氏悉記參訂年月等兩行。諸城李禮南復加手校，訂正譌舛不少，咸本六書爲依歸。至眉間所批，附籤所載，亦均出自李氏之手。收藏前有「禮堂校本」白文方印、「修之審定」白文方印、「王修之印」白文、「楊蓉」朱文兩小方印、「長興王氏校藏經籍碑版印記」朱文長方印，後有「楊龕」朱文圓連印、「楊弇眼學」白文方印、「東武李氏收藏」朱文長方印。

按：是録首刻于海寧蔣氏涉聞梓舊，而槐廬重刊本末多海昌蔣元煦一跋。

一三・三七　金石後録六卷

舊鈔本。清崑山葉奕苞九來撰。按：是本即附金石録補之後，分爲六卷，即金石萃編所載金石後録也。唯朱氏槐廬刊本分爲七卷，此則併第一、第二爲一卷，故祇六卷。朱本前有蔣光煦跋，後有周錫瓚跋。朱本標名爲「金石録補續跋」，此作「金石後録」，亦互不同。此本同前録均屬黄氏小蓬萊閣舊藏之本也。

一三・三八　金石小箋一卷

世楷堂刊本。清崑山葉奕苞九來撰。是編所録金石三十則，足資考訂。九來先生家世收藏，亂後散而復聚，築優然室貯之。此箋所録，或皆其庋弆之物，考據頗精。末有沈楙悳一跋。

一三・三九　觀妙齋金石文考略十六卷

觀妙齋精刊初印本。清嘉興李光暎子中撰。前有金介復序。據四庫提要載：「嘉興之收藏金石者，前有曹溶古林金石表，後朱彝尊吉金貞石志。彝尊所藏金石刻又歸于光暎，遂裒輯所得，集諸家之論，而爲此書。前有雍正七年金介復序，稱其不減曹氏古林之富。然古林金石表間有參差揩拄，且無論説，不及此書之有條理。而吉金貞石志久無成帙，或疑彝尊當日本未成書，然此書内乃有引吉金貞石志一條，則或存其殘藁之什一，未可知也。所採金石之書凡四十種，文集、地志、説部之書又六十種，可謂勤且博矣。惟于瘞鶴銘不引張弨釋文，于天發神讖碑不引周在浚釋文，蘭亭序不引俞松續考，是爲漏略耳。自昔著録金石之家，皆自據見聞，爲之評説。惟宋陳思寶刻叢編，則雜取金石録、復齋碑録諸書，薈萃爲之。是書亦同此式，每條下各注所出之書，間有光暎自識者，什一而已。金石著録之富，無過歐陽、趙、洪三家，而是書于隸釋所引，不及十之一，于集古、金石二録所引，亦不甚詳，至隸續暨婁機漢隸字原，則皆未之及。蓋諸書以考證史事爲長，而是書則以品評書蹟爲主，故于漢隸則宗鄭簠之評，于唐碑則取趙崡之論。雖同一著録，而著書之宗旨，則固區以別矣。」李氏金石學録云「李君輯是書時，延同里金心齋介復佐其排編，王華邨爲之繕寫。心齋爲竹垞太史高弟，華邨爲邁人方伯曾孫，皆老儒宿學，有所師承」，所以是書頗爲世重。收藏前有「葛祚增」白文方印、「香士」朱文方印、「長洲張氏藏弆」朱文方印、「小睡足寮中長物」白文方印，每卷前均有「林屋秦嘉樹散之珍藏」白文方印、「洞庭葛祚增香士氏珍藏」朱文長方印、「紹仁之印」朱文方印，後有「散叟耄年遺興」朱文方印。

石廬金石書志卷之十四

閩侯林鈞亞傑

考證類二

一四·一　授堂金石一跋四卷

授堂原刊本。清偃師武億虛谷撰。虛谷先生學問淹博，尤深考據。此編所跋三代至隋各石刻，考訂靡遺，足補史乘之略、諸家之譌。凡各碑異文之字，僉釋附之。又仿寶刻叢編之例，目下各注撰書人姓氏、所在，以資考訂。如漢少室闕于銘詞釋出「菆」、「綿」兩字，並正顧亭林以連「張」、「詩」爲一行之誤。孔德讓碑釋「年卅四」，足正集古録、洪氏隸釋之訛。樊毅華嶽廟碑以樊府君爲謝陽之孫，足補史牒未備。後漢碑陰題名引前、後漢書百官志證「議曹」、「功曹」、「騎吏」、「鄉有秩」等名號，又于漢人闕銘證少府非宦者，均足以糾永叔之疏。又漢秦君碑釋「罩」爲「皋」，正竹垞作「嶧」之失。魏封孔羨碑據碑文證史記正義以「廿一代」爲「廿二代」，又誤「宗聖侯」爲「崇聖侯」之乖。諸如類此，不一而足。其斷制之精審，亦潛研之流亞也。

一四·二　授堂金石二跋四卷

授堂原刊本。清偃師武億虛谷撰。二跋四卷，專屬唐代各金石，計録一百零四種。其中考證唐國子學石經一篇，推闡特備，補正亭林之失者尤多。他如唐孔子廟堂碑正宋史于彦超管内觀察處置著使之略；唐梁公房玄齡碑正世系表誤玄齡字「喬」作「喬松」及第三子作第二子之訛；于唐漁陽郡李龕銘「轘轅府」考在唐洛州，正地理志作「軒轅」之誤；于唐上柱國任恭碑正顧氏指「牗」爲誤之未當；于唐李英公勣神道碑考爲高宗御書者，可糾王著淳化閣作太宗書之舛，而補黄伯思法帖刊誤之疏等篇，考訂悉確。

一四·三　授堂金石三跋二卷

授堂原刊本。清偃師武億虛谷撰。三跋多宋元各石刻，計録三十種，體例同前。其中如晉王基二殘碑，考證精博，補正竹垞之疏者不少；宋范文正公碑據刻本轉證碑文之誤；宋賜教忠積慶禪院額牒考「推誠」正史作「推忠」之非諸類，足見非若他家忽于考據而率書流轉者所可比也。

一四・四　授堂金石文字續跋十四卷

授堂原刊本。清偃師武億虛谷撰。續跋自周至元，計三百七十六種。其中均依據經史，與碑文互相訂證。北嶽神廟碑陰考爲開皇二十三年，正金石文字記列入無年月之失；又如左拾遺孔紓墓志考誌内「出將」句旁注「去聲」，又「始知有病」旁注「句」字，「甚矣」旁注「句」字，皆金石例所未及；又河南府司録盧公夫人崔氏誌銘誌夫人書其伯叔及兄，正金石例冗濫牽附，詆難爲式之類，其補正各家疏誤，亦復不少也。

一四・五　平津讀碑記八卷

舊鈔精本。清臨海洪頤煊筠軒撰。前有翁方綱序、李鑾軒序、許宗彦序、筠軒自序。洪君出孫星衍先生之門，嘉慶十六年，館于孫氏，取平津館所藏碑，凡前人題跋未盡者，輒加考證。所録雖僅一家之藏，然海内流傳石刻略備，考經證史，贍博簡覈，拾遺補罅，頗爲盡力。覃谿先生序中有云：「錢詹事金石跋尾用意之精，庶其匹矣。王司寇金石萃編雖廣摭，而精密或不逮此也。」其推許可見。中有覃溪先生附注數則。石鼓文條下批曰：「『𡚁』字作『𢍏』，説極是。或因戊鼓有『𢍏』字，亦疑此條。愚謂甲鼓『遊』字與庚鼓『我』字何妨並見，此即『𡚁』與『𢍏』一字而丁鼓、戊鼓並見之例也。」又夫子廟堂碑條下批曰：「乾明元年孔廟碑，北齊樊員外遜書，後來雜帖採此碑，乃作『南齊樊退書』，誤也。」又葉慧明碑條下批曰：「葉慧明碑，李邕撰，韓擇木書。石久泐，其撰、書系銜皆半泐，是以有誤爲李邕書者。」又吴文碑條内批曰：「此碑『公諱文』上是『矣』字，蓋其上文泐失其句尾。『矣』字形與『吴』近，顧亭林不考，乃誤爲『吴文碑』。」又唐儉碑條下批曰：「碑三十八行，行八十四字，久無全拓本矣。嘗與錢辛楣所藏拓本對之，敝篋所藏，尚較多百數十字。其二十六行末云『春秋七十有八』，金石萃編不足據。」所正諸節，均足爲洪書參訂。全書並經藝風先生重校。收藏前有「雲輪閣」朱文長印、「荃孫」朱文長印。

一四・六　平津讀碑續記一卷

舊抄精本。清臨海洪頤煊筠軒撰。洪君既成前記八卷，又益自得各碑，于前編所未見者，約六十八種，遂成續記一卷，體例同前。全書經繆藝風先生校過。收藏前有「雲輪閣」朱文長方印、「荃孫」朱文長方印。

一四·七　平津讀碑記再續一卷

舊鈔精本。清臨海洪頤煊筠軒撰。洪君成前二記，後復將續得各碑成再續一卷，雜收七十有三種。是書經藝風先生校過。按：平津館讀碑記，朱氏槐廬祇刊前八卷并續一卷，再續一卷尚未收入。陸氏金石學録補載洪君有三續平津館讀碑記二卷，他日當訪補之。

一四·八　筠軒文鈔金石跋一卷

舊鈔精本。清臨海洪頤煊筠軒撰。是卷係從筠軒文鈔抽録，爲前三記所未收者，繆氏藝風堂輯抄之本也。

一四·九　鐵橋金石跋四卷

聚學軒刊本。清烏程嚴可均鐵橋撰。是編題跋三代至金各金石，考證精審。如龍興觀道德經，校勘至三百四十九條之多，李遇書陀羅尼呪并大悲呪幢校釋亦詳。他如各跋，參證史事，審訂僞誤，足補各家著録之未備者，更難枚舉也。

一四・一〇　潛研堂金石文跋尾二十卷

龍氏家塾刊本。清嘉定錢大昕竹汀撰。前有王鳴盛序、胡元常跋。錢公于史事横縱鉤貫，援據出入，既博且精，而以緒餘治金石，其精博輒軼前賢。王西莊先生稱其「盡掩永叔、德父、元敬、子函、亭林、竹垞、虚舟七家而出其上，遂爲古今金石學之冠」，殆非過譽。中如北海相景君碑糾王元美以益州不當言太守之非，而正洪文惠謂景君嘗刺益都之誤。楊孟文石門頌考「詆」作「氐」，正洪氏釋「詆」爲「抵」之非。白石神君碑正洪氏移「長史」于「元氏令」之前爲誤，並考「幽讚」爲「幽贊」，「無畺」爲「無疆」，亦隸釋所未舉也。曹全碑考中平二年、三年朔日甚詳，證「丙辰」碑文不誤，本紀之非。張遷碑正都元敬金薤琳瑯以「籌策」爲「蕭何」、「美」釋作「莫」二者並訛，且訂顧亭林讀「既且」作「暨」亦屬非當。孫秋生等二百人造象正黄氏中州金石考誤「秋生」爲「狄生」、「顯慶」爲「顯楷」。太公廟碑正竹垞誤爲二碑及爲子容所書之舛。栖霞寺明徵君碑正竹垞以爲梁處士山賓之誤。奉先寺大盧舍那像龕記正竹垞誤「咸亨」作「咸淳」之非。虢國公楊花臺銘考爲內侍楊思勖，正亭林爲虢國公主之謬。沁州刺史馮君碑正各家題爲「池州」之譌。舜廟碑正輿地碑目、天下金石志撰書人之互誤。他若補正史乘，考訂諸家未見之碑，尤爲難以悉舉，至宋以下石刻題跋亦詳。唯唐儉碑跋云：「儉傳：『祖邕，北齊尚書左僕射。父鑒，隋戎州刺史。』宰相世系表『儉父義，字君明，隋應州刺史、安富公』，與傳不同。此碑儉父名已闕，『州刺史』之上亦闕一字，惟碑稱『晉昌郡公』而表云『安富公』，則表誤矣。」案：表云：「儉父鑒，隋雍州太守、晉昌公。鑒兄義，字君明，安富公。」碑之「晉昌公」與表正合，錢公誤以義爲儉父而云表誤，則略疏耳。是書經門弟子刊行，分元、亨、利、貞四編，凡二十五卷。二集七卷，餘均六卷。長沙胡子彝元常仿孫氏重訂古刻叢抄之例，以編年體釐爲二十卷，各編標題，增白文之「元」、「亨」、「利」、「貞」諸字于上，以存舊觀。

一四·一一　古墨齋金石跋六卷

聚學軒刊本。清涇縣趙紹祖琴士撰。後有趙繩祖一跋。是編凡金薤琳琅所已刻者，不復重録。中如嵩高諸闕，昭陵陪葬諸碑，以及殘碣斷石之偶存于世其文不可讀者，反覆詳考，引經據史，頗有前人未及之説。自夏迄唐，比次其年月，詳記書體并書撰人姓氏，頗稱翔實。

一四・一二　古泉山館金石跋四卷

適園刊本。清嘉定瞿中溶木夫撰。木夫先生著有金石文編百餘卷，張鈞衡作「百六十卷」，藝風藏書續記作「百二十卷」。稿成未刻，藏太倉陸星農先生處。潘文勤在都借閲，後寄還陸公，不知佚遺何所。張跋「潘文勤擬開雕，以卷帙繁重不果。陸公復專人取歸，行至洞庭湖覆舟，書遂湮没」，繆記則謂「潘文勤寄還湘中，爲人乾没」，二説不知孰是。兹編係就楚南通志金石門所載數十篇及陸邵聞之續金石萃編、陸莘農之八瓊金石記、金石拓本跋語等摘録成帙，編成四卷。後有張鈞衡跋。按：藝風前輩亦曾搜訪瞿跋數十則，況夔生先生抄湖南通志以益之，釐成二卷，見藝風藏書續記。余此次盡得繆氏金石書，檢藏書記核對，竟無此書，再三訪求，亦終弗獲，不諗與此本異同若何，至今莫釋也。

一四・一三　古泉山館金石文跋殘本一册

舊抄本。清嘉定瞿中溶木夫撰。按：是本與張氏適園所刊多有軒輊，且書名互異，故未敢併于一目之下。瞿公原稿早佚，世傳諸本，悉屬後人搜輯各書所見彙録而成，篇數多少各不相同。此編原帙自萊子侯贍族戒石以次，迄于懷素帖，計六十有九種，後附河間龐芝閣抄補朱岱林墓志、令長新誡、成君墓志、怡亭銘、司馬宗夫人孫氏墓志、杜行力墓志等六種，共得七十有五種。後有龐芝閣澤鑾、鄒適廬安手跋三則。余于壬戌得諸鄒氏行篋，未攜適園刊本，無從互校異同。前有隸書署箋，不知出于何人之手。收藏有「適廬目存」白文方印。

龐氏手跋曰：「右古泉山館金石文編，爲嘉興瞿木夫先生編輯。原書久付刼灰，傳本絶少，同好者罕有寓目，僅陸氏金石續編略有援引，亦復東鱗西爪，及唐而止，甚憾事也。丁未秋，忽得是册于邗上舊家，殊爲忻慰。惜亦殘矣，亟取續編細校，續編有而此册缺者，凡六種，此册有而續編所無者，則不可勝數。陸氏當金石家甚盛之時，所得僅此更殘之本，則是書之難得更可概見。爰將續編内六種録諸册後，亦得尺則尺、得寸則寸之意。或者墨緣感召，全璧之珍，一夕來歸耶？跂予望之。」

龐氏又跋曰：「此册迄于南宋紹興，而殿以懷素帖一跋，豈是書實如此而止乎？恨不得全書一快讀之。」

鄒氏手跋曰：「此嘉定瞿木夫古泉山館金石文跋尾殘本，題籤不誤，目曰『文編』，誤。後行書跋稿乃河間龐芝閣所擬，是册即自其家出，已爲書賈劉某買去，旋倍原值得之。時戊午四月十五日，適廬記于廣倉學宭。」下鈐「壽祺」白文方印。

一四·一四　鐵函齋書跋六卷

世楷堂刊本。清山陰楊賓可師撰。前有可師自序，末有沈楙悳跋。李氏金石學録稱大瓢「深于考古，其論列皆有證據」。按：績語堂題跋載「是編論書多自道甘苦之言，敍明以後新摹碑本亦詳晰，足資考證。其以智永千字文爲薛氏臨摹，及推東陽蘭亭在諸刻上，尤具真識。獨于褚聖教序進同州而黜慈恩，尚沿前人之誤，竊未敢附和」云云。

一四·一五　石經閣金石跋文一卷

槐廬刊本。清嘉興馮登府雲伯撰。是編跋金石四十餘種，如商丁父尊、周虢叔大林鐘、戎都鼎、遣小子敦、瞿癸敦、吴彝諸跋，均有詮釋。他如地節二年買山碑正洪氏隸釋作「元年正月」之舛。又吴大安寺鐵香爐銘正江西通志以「太和」爲「赤烏」之誤，而定萃編之疏。又唐阿育王等常住田碑考屬萬齊融撰，正浙江通志作「齊萬融」之誤，且糾竹垞跋是碑記在碑陰之失。又唐新羅國石南山國師碑考有「表來孫」之稱，爲潘昂霄諸家金石例所未見。又宋陶真人靈驗記考爲明刻，正兩浙金石志爲北宋刻之非。唯五鳳二年石刻，朱竹垞爲磚，金石家皆以爲誤，獨馮氏引葉氏金石録補之語，證爲是刻非一，或原刻是磚，後易爲石，竹垞所見是磚本，今所傳非其真，不斷爲誤，亦屬一説也。附書天一閣事六則于末。

一四·一六　秋盦金石跋一卷

鈔本。清錢塘黄易小松撰。是編係就小松先生遺稿内摘抄關于金石題跋並詩二十餘則，旁搜碑版、法帖所見者附益之，彙爲一編。暇當重加編次，付梓以傳。

一四·一七　清儀閣金石題跋四卷

觀自得齋刊本。清嘉興張廷濟叔未撰。前有吴受福序並吴札一通。叔未先生鑑賞精博，以品騭爲主，考訂亦間及焉。其收羅古器，足與阮氏積古齋、吴氏筠清館頡頏。庚申兵燹，閣毁而彝器碑版蕩失無存，即先生手著，若金石奇緣、金石文跋尾諸稿，亦不知尚在人間與否。魏氏稼孫曾輯清儀閣題跋，排比梓行。後陳氏桂廎留意鄉邦文獻，以魏集未備，復爲旁甄博采，增益幾倍，先生題記金石之文，當得十之六七。鉛槧未畢，陳君遽歸道山，徐子静繼之，始刻成書，故有「徐刻」之稱。前一卷多屬吉金諸跋，詮釋精審，且詳流轉以及收購之值。二卷以次，盡石刻諸跋，如漢光孝寺二鐵塔記、開母廟石闕、孔褒碑、曹全碑、衡方碑、吴天璽紀功碑、北周西嶽華山神廟碑諸篇，考訂隸釋、金石文字記、金石萃編、兩漢金石記之誤舛者，不可縷舉，其餘法帖諸跋，亦多考據。

一四·一八　退庵金石書畫跋二十卷

原刊初印本。清長樂梁章鉅茝林撰。前有茝林自序。退庵鄉先輩精考據，嗜金石，與伊墨卿、吴荷屋、朱茮堂諸子游，討論金石，互相辨識。後入蘇齋之門，尤益精究。此編係跋其自藏之品，凡寓目者，概不入録。前五卷盡屬金石，六卷以次皆屬書畫，引證頗博，具有考據。

一四·一九　宜禄堂收藏金石記六卷

遯盦刊本。清寶應朱士端銓甫撰。前有銓甫自序。是編朱君本以所存上自夏商，下至宋元，各金石墨本，録文附考，共六十卷。後以節省刻工，衹删定跋尾六卷，其夏周鐘鼎、漢世碑碣，以前賢俱有考證，均從簡略。

一四·二〇 陶齋金石文字跋尾一卷

雪堂刊本。清吴江翁大年叔均撰。叔均先生以金石考訂之學，與張叔未、韓履卿、吴子苾、許叔夏、劉燕庭諸先生並著稱于道咸間，顧其書不傳于世。此本羅氏係據先生手稿彙録十七則，大率非精意之作。然其中如光和量銘，正徐籀莊釋文「稱尺」作「衛人」、「黄鍾」作「筭鍾」、「周齊」作「以齊」，吴荷屋釋「淳于」作「游于」之誤。吴黄武買地券，正洪氏魏疆域志以「九江」作「淮南」之非。諸如類此，亦多考訂，雖屬一鱗片甲，亦足珍也。後有羅振玉一跋。

一四·二一 朗齋碑録二卷

舊鈔本。清錢塘朱文藻朗齋輯。前有朗齋跋。上卷輯自圖書集成，計録一百八十七則。下卷録自太平寰宇記，計一百二十三則。其中如曹仁記水碑，朱氏注曰：「按：水經注『樊城西南有曹仁記水碑，杜元凱重刊，其後書伐吴之事』，即此碑也。而樊城、魯城彼此互異。」又起義堂碑注曰：「按：前段屬并州總敘，後段屬晉平縣條下語。前云『開元十三年』，後云『十一年』，未詳孰是。」又麻姑仙壇碑注曰：「按：太平寰宇記『魏夫人仙壇』條下云『壇在臨川縣西北六里二百步』，此云『爾本州南六里烏龜原有魏夫人舊壇』，彼此互異。」又粟山石株象字注曰：「按：此條是杭州錢塘縣西之山，今抄本寰宇記有錯簡，誤列于蘇州吴縣。」又吴偏軍凌統墓碑注曰：「按：此條今抄本寰宇記錯簡，臯亭山當在杭州仁和縣，誤列于蘇州吴縣。見在吴縣東北並無山，其誤顯然。今姑依原本録之，俟再考定。又『吴興餘杭人』，据三國吴志本傳作『吴郡餘杭人』，考杭州自東漢至吴並稱『吴郡』，至吴主皓寶鼎元年始分吴丹陽爲吴興郡，在吴大帝時尚稱『吴郡』，統碑是大帝時所立，從『吴郡』是也。」諸條頗有斷制，非唯抄録原文已也。他如朱跋眉上注有「錫曾按：『歲』上疑有脱字」，係出稼孫手批。其餘楊元卿德政碑注曰「原校云：『奉』疑是『奏』」；又汶水石橋碑「原校云：是否即洛水石橋」；又底柱山碑銘「原校云：『去』字疑」；又岳牧上考詞石表「原校云：『損』字當是『揚』字」；又晉征南將軍胡奮碑「原校云：『曾』字未詳」；又上饒縣走石説石刻「原校云：此二行内不可曉，似有譌脱」；又青城山黄帝刻石「原注云：是否即『黄帝祠宇』四字」諸注，以末「道光己丑鈔録」、「次年四月，復校清吟閣寫本」兩記證之，則所注「原校」者，當出于清吟閣。至若陳子昂旌德碑眉間硃墨注曰「按：『而』字疑誤」；又靈覺太師碑注「按：『太』字疑『大』之誤」；又岳牧上考詞石表注「『勤』疑『勒』字之誤」；又後魏射臺碑注「『成』下疑脱『帝和』二字」諸條，以字迹證之，當出藝風先生手校，並經藝風藏書續記著録。

藝風藏書續記曰：「朗齋碑録一卷，傳抄本，朱文藻撰。文藻，字朗齋，浙江錢塘人。」

朱氏自跋曰：「乾隆壬寅夏，青浦少司寇王述庵先生居内艱，來武林，重修西湖志，文藻始獲謁見先生。明年癸卯，先生奉恩命起復，秉臬關中。公餘之暇，蒐羅金石，刱藁爲金石萃編一書。其時嘉定王濤定山在幕中，專司編排碑拓之事。先生貽書文藻，謂諸藏弆家凡志乘、説部、文集中有論及金石者，悉爲采録。緘寄關中，以備編入碑跋。適吾友鮑渌飲以知不足齋藏書六百餘種進于朝，充四庫全書采擇，高宗純皇帝賜以古今圖書集成一部，俾尊藏于家。内有『金石』一門，雜采史志及諸家説集，爲人間罕見之祕笈。文藻因得借出，逐條手録，彙成一册，寄之西安。繼又見汪氏振綺堂藏書中有太平寰宇記一書，向祗鈔本流傳，未有刻本，復細加檢閲，凡言有碑處所，悉采其説，亦續寄之。未幾，先生移節滇藩，道遠不及再寄，其從前兩次寄陝之本，皆歸定山，檢查有碑可系者，則抽出録之，無碑者存以備考。此碑録二種之原委也。迨甲寅春，先生年已七十，由刑部侍郎蒙恩予告歸。里居多清暇，迺發篋中所藏金石䰍文，詳加考訂。嘉慶辛酉歲，先生來武林，主講敷文書院，因招文藻分任編校之役。壬戌以後，迺招寓青浦珠家角三泖漁莊，是爲先生之居。帀歲，定山亦來同寓，聚首一年，檢故篋得此二種，尚是文藻手録原本，仍畀文藻收藏。蓋自癸卯迄于癸亥，閱歲二十有一年，此二種者，自浙寄秦，自秦移滇，移江右，移京師，輾轉幾萬里，而今日者復得入文藻之手，若非珍惜如定山，則此册不知棄之何所矣。甲子，定山歸課鄉塾，暇時來漁莊，必過寓齋劇談。乙丑，歸道山。文藻乃取此二種，編聯成帙，藏之敝篋，以示後人，俾知良友珍愛予書，得以久而不遺。而予之勤筆寫書，數十年如一日，于此可見一斑矣。書無可名目之，曰『碑録二種』云。嘉慶丙寅暮春，碧溪居士朱文藻識于三泖漁莊，時年七十有二。」

一四・二二一　朗齋金石雜録一卷

舊抄本。清錢塘朱文藻朗齋輯。是編係集自資治通鑑、新齊諧、全浙詩話、柳亭詩話、憶舊游詩話、隸釋、隸源、隸辨、廣川書跋、攻媿集、松隱集、虛谷金石跋、歸震川集、西山集、山堂肆考、曝書亭集、説嵩諸書，注明抄録所自。余數年來擬將各家文集、雜記關于金石記載彙爲一書，以便檢覽，不謂前人已先我爲之也。

一四・二三　寶鐵齋金石跋尾二卷

滂喜齋刊本。清仁和韓崇履卿撰。前有嚴保庸序、董國華、潘曾沂、潘曾綬題詞。是編題跋約而能賅，中如周登叔簋銘、漢敦煌太守裴岑紀功碑、唐右鷹揚衛温陽府印等跋，皆援據詳明，斷制確鑿，而宋王一娘造橋記及明長史王公墓志二跋，議論尤爲正大。

一四・二四　寫禮廎讀碑記一卷

王氏原刊本。清長洲王頌蔚蒿隱撰。王君績學多聞，以經訓考訂金石。兹編所記各碑，援證賅博，不讓前人。

一四・二五　金石餘論一卷

風雨樓刊本。清嘉興李遇孫慶伯撰。李君著有芝省齋碑跋及隨筆，此編即從隨筆中摘録關于金石者，另爲一卷。李君碑跋未見刊本，不知原稿流落何所也。

一四・二六　香南精舍金石契二卷

景刊本。清長白覺羅崇恩仰之撰。是本係據手稿景刊。禹舲先生就其所藏三代至宋諸石刻，各系一跋。其中考證，多有足取。

一四・二七　漢石經室金石跋尾一册

稿本。清川沙沈樹鏞韻初撰。前有吴大澂序，後有鄒安手跋。韻初先生收藏金石甲冠海内，鑑别精審，考據亦長。所得漢石經尤爲希世之寶，即以顔其室。其子肖韻毓慶録其所題金石跋尾，輯成兹編，未分卷，稿紙版心有「漢石經室」四字。辨訂拓本之先後，記載藏轉之源流，悉極詳備。中如嵩山泰室石闕銘額考爲三行九字，正王良常謂止六字、牛空山摹作雙鈎皆誤。又漢嵩山太室石闕銘，翁覃溪所釋第二行「冢」、

「土」、「休」、「氣」諸字，第四行「鴻」字，第二十三行「陽」字，均證未確。又漢校官碑「稟資南□之」下一字，洪云「闕」，單釋爲「禱」，翁釋作「神」，證均未確。「衆」之下一字，洪云「闕」，單釋爲「儁」，翁釋作「推」，證單釋爲當。又漢吹角壩古摩崖考係建安六年，正各家作「盧豐碑」爲誤。晉太康楊紹瓦莂，證錢少詹養新録以是券爲石刻之失，並考「四時爲任」之「任」字引説文「保也」，釋名「莂」字，「別也，大書中央，破別之也」，證即如市井之合同，古文爲「八」，周禮爲「別」，説文云「別，分解也」，廣韻爲「莂」，「分別也，分契也」，又分竹也，且引周禮鄭注、急就章定券契多書于竹木之上，故从竹从木，又有从艸者，是章草分隸之體。援據均極翔確。又北魏王子晉碑考水經注偃師南緱氏山有王子晉祠，證是碑當在斯山，補武氏偃師金石志、黄氏中州金石考所未及；又東魏李仲璇脩孔廟碑釋碑側「王長孺書碑」一行，爲從來著録家所未及，均具斷制。全書悉經吴窓齋（大澂）手加批校，删訂極多。書名署簽，亦係窓齋墨蹟。舊藏河間龐芝閣（澤鑾），故于安陽漢碑跋上有芝閣先生手寫粘籤。最後歸杭州鄒適廬，復經校訂，益增精審。癸亥始得適廬讓歸吾齋。末附書畫心賞目録，亦沈公所著也。前有「沈氏金石」白文方印、「漢石經室」朱文方印、「鄒安」朱文方印、「適廬目存」白文方印。

吴序曰：「數十年來，大江以南言金石之學者，前有嘉興張叔未，後有川沙沈韻初。韻初收藏之精且富甲于海内，尤非張氏清儀閣比。其生平瓌寶尤爲著名者，漢石經殘字、王稚子雙闕、劉熊殘碑、羅鳳墓闕、華陽觀王先生碑，皆當世金石家求一見而不可得者。所獲宋拓精本多至數十種，萃翁、黄之遺珍，補歐、趙之未録，終日劬劬，覃思精索，可謂好之篤，集之勤，遇之奇，不脛而走，不期而至，夫豈偶然哉？余嘗戲謂韻初曰：『君專收石刻，我癖嗜金文，猶南田之不畫山水以避石谷也。』今韻初殁十五年矣，余甥肖韻茂才恂恂好學，克守楹書，録韻初所題金石跋語，屬爲校定，將以壽之黎棗，因識數語歸之。喜沈氏之繼起有人，而藏本不致散失，爲韻初幸，爲金石寶刻幸。惜乎愙齋所集三代彝器，韻初不及見也。光緒十有三年歲次丁亥冬十二月，愙齋吴大澂。」

鄒氏手跋曰：「咸同以來，東南講碑版之學者，曰會稽趙撝叔、績谿胡甘伯、仁和魏稼孫、川沙沈韻初。沈、趙同續寰宇訪碑録，魏自爲績語、非見齋兩碑録行世，惟胡氏遺著闕如。而收藏之富，則首推沈氏。漢石經，其最著者也。其餘如李昭、王先生等碑，散在吴門各藏家，悉載于是書。書自河間龐氏出，已爲滬劉賈所得，余以重值易之，擬影印，未果。石廬索讓至再至三，乃跋而與之。吴中丞序謂『韻初專收石刻，我癖嗜金文，猶南田不畫山水以避石谷』，是書之聲價可知。石廬盍以原稿付印，庶幾我等得附驥以傳乎。癸亥新春，杭州鄒安。」下鈐「壽祺」白文方印、「鄒安」白文方印。

一四·二八　**石泉書屋金石題跋一卷**

房山山房刊本。清利津李佐賢竹朋撰。其中所跋金石文字，考訂極爲詳核。且于山東之泰山、尖山、小鐵山、岡山、葛山、金螺山諸摩崖，各家罕有記載，此編考據尤詳。末有陳洙跋。

一四·二九　**觀古閣叢稿二卷**

觀古閣精刊初印本。清歙鮑康子年撰。前有子年自序。是編于泉説之外，凡涉序跋以及題詠泉幣者，彙録之。上卷屬于題跋各家泉冊及自藏本，下卷均屬詠泉之作。考據精審，遠過各家。

一四·三〇　**觀古閣續叢稿一卷**

觀古閣精刊初印本。清歙鮑康子年撰。是編所録不獨題跋泉幣之作，如跋盂鼎、毛公鼎、陳氏十鐘、潘氏九鐘、秦詔版、秦瓦當、龜符、鏡拓、專拓、唐泥造像、古兵、貞祐寶券、古印諸篇，考證亦極精確。

一四・三一 觀古閣叢稿三編二卷

觀古閣精刊初印本。清歙鮑康子年撰。每卷各有子年自序。是編題泉數十則之外，尚有盂鼎、遂啓諆鼎、高麗鐘、虢盤、焦山鼎、瓦當、印集、專拓以及金輪寺舍利塔銘、唐畢公志、化度寺碑、福建樹刻、魏曹真殘碑、鳳泉寺舍利塔銘諸跋，均有考證。下卷專録題詠金石各詩。

一四・三二 東洲草堂金石跋五卷

遯盦刊本。清道州何紹基子貞撰。是編卷一專跋金文十九則，其中如齊侯罍文堇字考、秦公華鐘、雁足鐙諸條，詮釋詳審。卷二校定阮氏積古齋款識釋文一百五十四則，足補芸臺疏謬。第三卷以次，均跋各石刻以及法帖，凡一百零六則。何氏精于鑒賞，各跋均以評書爲主。然如裴岑紀功碑、校官碑、漢司徒殘碑、劉熊碑、晉孫夫人碑諸篇，間亦不廢考據也。

一四・三三　枕經堂金石跋三卷

遯盦刊本。清懷寧方朔小東撰。前有宋祖駿序、潘祖蔭序、宗稷辰序、沈兆澐序，後有遯盦跋。是編援引甚博，折衷亦當，足以補諸家之缺。其中以八濛立馬勒銘定爲僞作，最有識見。他如所論南宮中鼎、魯伯將父簠、黃龍鐎斗、日熹月富鏡、嘉禾紀瑞刻石、魯孝王刻石、元初三公山碑、武氏石闕銘、嵩山石闕銘諸篇，曲引旁通，亦多考據。

一四・三四　冠悔堂金石題跋五册

傳抄稿本。清侯官楊浚雪滄撰。雪滄鄉前輩癖嗜金石，所藏極富，與陳恭甫、馮笏軿、陳鐵香、孟瓶庵齊名，有冠悔堂文集行世。余先後得其手跋拓本不少，惟未覩公之金石著述。壬戌夏間，友人陳君大彌敬知余所好，爲求楊氏後人，轉假茲編，適有南昌之行，僅録逾半，弗及卒業。陳君復爲續成，不一月即攜本歸于吾盧，並以書告。方擬修函謝之，而陳君病歿之耗傳來，展覽茲帙，回念故交，殊爲愴悒不置也。是書前後無敘跋，並未序次，證以書衣希滄記曰「乙未秋日，摘抄碑帖跋語」云云，自非楊公手定之稿，故于同一拓本先後題跋均不彙録，且有闕目諸篇，亦未補寫。其中于吾閩金石紀載頗多，考據亦備。如李少温之般若臺，保福院之師子鑪，雪峰寺之枯木庵，東嶽廟之蓮花盆，宋代四盆牡蠣刻字，唐下邳郡林夫人墓志、陳讜墓志、尊勝陀羅經幢、宋李十二孃鐘銘、劉奕墓志、陸侃墓志等跋，悉極博洽。他如金文之散盤、虢季子白盤、盂鼎、鐂金鼎、康侯鼎、彭旅敦、⿰阝鬳尊、秦度量、漢龍虎銅節、長安尺、平津侯竟等，詮釋均具精義。石刻如漢群臣上壽刻石定在豬山，正各家指爲狗山、婁山皆誤；又漢禹陵窆石題字正趙氏金石録目曰「窆石銘」爲非；又漢裴岑紀功碑不主覃溪之説，以作立海祠爲是；又漢無極山碑考漢無極縣以無極山得名，即今之元氏縣，非今之無極縣，正亭林誤以山隸今縣之失；又漢郭巨石室泰山高全明題名定淵如訪碑録亦有舛訛；又漢楊宗闕正隸釋牧爲太守之疏；又西魏秦從造象四面碑正趙氏補寰宇訪碑録以東面記文「三年丙子」誤爲「丙午」，又以「東面象主王銀堂」以「王銀堂」標目，亦屬未當；又汝南周君碑額定爲唐刻，以各家作漢之誤；又黄石崖法義造象考即張神龍等造象，正趙氏補寰宇訪碑録誤爲二石諸類，均足補訂各家遺舛，博徵繁引，索隱探頤，非泛泛題跋者所可比。他日當彙次兹稿，勘校付刊，以廣其傳也。

一四·三五　**有萬憙齋石刻跋一卷**

遯盦刊本。清大興傅以禮節子撰。節子博聞多識，長于考訂，自歷代典章制度以及故書雅記、金石譜録、逸史稗乘，靡不綜參稽討，析其同異。同時交游若杭州丁丙、歸安陸心源、會稽趙之謙、仁和魏錫曾、祥符周星詒諸子，聯鑣郵問，往來無虛日。此係所題各石刻跋尾，其中考訂石鼓文、三老忌辰碑、曹全碑、玉版十三行，最爲精審。

一四·三六　**藹廬金石題跋一卷**

刊本。清大興傅栻子式撰。子式，以禮子，承家學，考證頗精。是編所跋周叔氏寶林鐘以次二十三種，附于華延年室題跋之後。

一四·三七　**香禪精舍金石文字跋尾二卷**

香禪精舍刊本。清長洲潘鍾瑞麐生撰。是編即香禪精舍集内之十九、二十兩卷。吉金如虢叔簋、邢伯鼎、鳳卣、父甲彝、史寏敦、曾伯霥簠蓋、山陽鐙、駘蕩鐙、散盤、寰盤、叔朕簠、太祝禽鼎、師酉敦、齊侯罍、鄦咎彝、中雝父敦、表彝、史賓鈃、格伯簋以及仁壽銅權、臨安府銅牌、銅造象、大德編鐘、景初帳構、古幣、古竟諸類，考釋精審。石刻如石鼓文、唐廎銘、溪州銅柱記、焦山題名、新驛記、鄭羲碑、李苞通閣道題名、龍門造象、晏袤閣道題名、圓妙觀石闌畫象、嵩山石刻、武氏石室畫象、點頭石題名、玄妙觀石柱題名、楊陽神道碑、光福寺殘刻、六祖墜腰石以及景明、天保、保定、大足、長安、大業、神龜、建平、大同諸造象並磚瓦等篇，亦多考證。

一四・三八　裒岷精舍金石跋一册

傳抄稿本。清烏程李宗蓮懷青撰。前有凌霞序。李君曾佐陸存齋先生撰金石萃編補，且爲潛園校勘群書。是編考據精詳，不同恒泛。昔洪筠軒得見平津館所藏，因作平津讀碑記。瞿木夫爲潛揅堂錢氏館甥，耳濡目染，乃撰古泉山館金石文跋。李君佐于陸氏有年，得觀秘籍，其所儲墨本，靡不寓目，故涉筆所及，自然學有根源，語無鑿空，與輓近敷衍成文、徒事鋪張者，寔有天淵之判矣。

一四・三九　求是齋碑跋四卷

適園刊本。武進丁紹基聽彝撰。後有張鈞衡跋。丁君收碑一千六百一十二種，跋者只六百五十種。其中如魏暉福寺碑之「巖昌公」爲鉗耳慶時，豆盧通造象之「世子僧奴」爲豆盧寬，元氏乾符經幢之「楚國夫人」爲王景崇之母張氏，光啓經幢之「國太夫人」爲王鎔之母何氏，又以金石録漢司空殘碑爲王基碑之下截，以棲巖舍利塔碑「陳公竇慶」爲先封永寧公，後封陳公，均未經前人道及。而魏楊宣邸珍兩碑、唐段公祈雨頌，釋文亦極明塙。其搜采之廣，考訂之精，與葉奕苞金石録補相埒。

一四・四〇　壬癸金石跋三卷

觀海堂原刊本。宜都楊守敬惺吾撰。前有惺吾自序。序曰「余少好金石文字，每有所得，必爲之考證，積久成數百篇。又玩其書法，成平碑帖記四册。庚辰，攜之東渡日本，竟并失之。歸後，爲黄岡校官，同好者絶無其人。以是興致索然，所有拓本俱支閣不復理。光緒壬寅，今匋齋制府巡撫吾楚，間以所藏屬余題識，不免見獵心喜。兩年間，合自藏本，又得數十篇。老年日月不欲輕棄，乃即藏稿付之梓人，題曰『壬癸金石跋』，以志吾兩年摩挲故紙之迹。若以概兩家所藏，則九牛一毛也」云云。其中如魏三體石經殘字考屬衛敬侯所書，爲從來各家未道之語。于天發神讖碑評其創造筆法奇而不詭于正，前無古人，後無來者。其斷制之精，可概其餘。他若補正史乘，參訂地志，尤難備舉也。己庚、丁戊二跋，即附于後。

一四·四一　九鐘精舍金石跋尾二册

吴氏原刊本。仁和吴士鑑絅齋撰。前有絅齋自序。吴君存金石文字甚富，得魯原九鐘，遂以顔其居。每得一碑，輒參稽史事，各系一跋，而于疆域之建置，官制之沿革，尤爲詳悉，足補前人考訂之疏。其中吉金如魯邍編鐘、曶鼎、齊侯罍諸篇，詮釋精審。石刻則如漢孟琁殘碑、魏張君殘碑、晉南鄉太守郛休碑、苻秦鄧太尉祠碑、北魏李璧墓志、東魏晉寧縣公鄭君碑、北齊乞伏君墓誌、隋淳于儉墓誌、僞鄭韋匡伯墓誌、唐閻好問墓誌諸篇，考據亦詳。

一四·四二　篴盦金石書畫跋尾四册

稿本。元和楊寶鏞序東撰。前有世善序、黄書霖序、序東自序，又世善一跋。是稿余于辛酉春間無意得諸都門廠肆，初審姓氏，似曾熟耳，歸寓默憶，始悟即己酉殘冬同好郯子適廬所云其友楊篴盦下世，遺物出貰，爲收初拓南越木刻全套，册面有楊君手署之箋，與此稿筆迹相同。其中凡屬吉金，間附原拓文字，所跋頗有考據，擬爲編次付梓，俾不没篋盦考訂之勞，亦余與楊君一段古緣也。

世善序曰：「蘭亭聚訟，石鼓傳疑，方聞綴學之士，探秘搜奇，從容稽考，趙宋以來，無慮百家。本朝乾嘉之際，著録如林，號稱極盛。兵燹後，名蹟日亡日少，金石之學遠遜于前，非無好事者而成書未易多覯。如陸氏增祥之篤好精識，僅附碑目于金石續編，他可知矣。元和楊君序東博雅好古，平生鑒藏金石書畫，用力甚勤。此編爲其嚆矢，具見辨覈精審，足爲嗜古之助，無謂今人不逮古人也。光緒甲辰秋日，長白世善識于三衢郡齋。」

黄序曰：「漢學主博，宋學主敬，■各樹一幟。然本朝自徵鴻博以考藝，闢四庫以攬賢，一時矜稽覈，尚考据，嗜奇綴瑣，敝心思材力于■頤。海内承平，魁儒碩士，得優游好古以號淹雅，抑甚盛事。今則内訌外侮，匡捄需才，詔開經濟特科，知必有通古今、貫中西起而應之者，殆天將大吾學歟？夫稽金石者囿諸寔，談性理者遁諸虚，余學無門徑，不知經世宰物之奚自。楊子序東鬱鬱下位，不得志于時，借是編爲鏡古之資，夫豈詡詡于一名一物也哉？光緒癸卯暮春，舒城黄書霖謹注。」下鈐「書霖」朱文方印、「峙青翰墨」朱文方印。

楊氏自序曰：「歐陽文忠云『物嘗聚于所好』，又云『凡人于事，不可一概，有知而好者，有好而不知者』，至哉言乎！然物之所聚，在有力者皆優爲之，而精識蓋寡，稱破鑽爲黄花，比比然也。予少好讀碑，比長，促寸刀，習繆篆，橅秦仿漢，寢饋有年。繼而耽嗜書畫，聽鼓淛中，貧不能懸重金，乃損衣節食得之，護如頭目腦髓。揭來三衢，所見故家市肆舊蹟，無慮千百本，真贋雜糅，好事者鬨相購，各挾以去。予以新舊儲藏，亦幾盈篚，晴窗展對，朗朗神王。凡晉蹟之墨瀋昏淡，宋畫之絹素黴爛，稍涉疑似，概屏置之，釐存唐宋以下若干種，並舊拓金石墨本，意有所會，輒爲跋以系之，迄于壬寅。嗣有所得，別著續編。雖未能如李春湖不出户庭之戒，亦以續湯允謨雲煙過眼之録云爾。篴盦楊寶鏞識。」下鈐「寶鏞」白文方印。

又有世善手跋曰：「高江村消夏録載前人金石名物胥卒其中，允爲證古之書。元和楊君序東博雅好古，平生考藏金石，載之於編，曰『金石跋尾』，是其搜羅之富，鑒賞之真，于此可見矣。因覩是書，特爲之記。光緒癸卯上元，長白世善拜識。」跋首鈐「怡壽堂」白文長方印，下鈐「善」朱文方印。

一四·四三　循園金石文字跋尾二卷

石印本。山陰范壽銘鼎卿撰。前有顧燮光序。范君好古，且精考訂，官安陽時，創立古蹟保存所，及擢河北道，又復修纂河朔古蹟志，其風雅亦輓近所罕覯。跋中如建寧元年正月馬衛將笷文考「衛」、「万」爲當時民間俗體，笷側畫象證漢代著幘之制。又建寧元年二月馬衛將笷考「番延壽」之姓引史記、漢書、路史、攈古録諸書，旁徵金石文字，證「潘」、「番」古無通用，糾各家均以即「潘」之省爲未確，且于笷側畫竿旛蓮花之飾主爲佛教入越最先之證。又建寧元年四月馬笷證當時越人即以善騎著聞，更足爲越騎之左證，並考「五風里」即今之安昌，亦確。又晉袁君殘碑正各家作「陳君」之未當。又晉石尠墓碣，史傳以「石尠」爲「石堪」之誤，並正所稱「表請幽州刺史石堪爲右司馬，以右司馬和演代堪」，則石尠召爲河南尹，和演以滎陽太守往代，均非「右司馬」，亦史之舛，可據碣文訂正之也。又齊故儀同公孫脂墓志考脂爲其祖儀同公之孫，正匋齋藏石記、楊氏壬癸金石跋以「公孫」爲姓之誤。又北齊西門祠碑考及碑側，補金石萃編之遺。彰德郡齋石盆銘亦可補安陽金石録之失。他若題古鉨、匋罌、匋梧、魚符、鐵鐸、銅印、古専、鐵錢諸篇，考釋亦精。顧序稱其「奥雅典博，竹汀後一人」，洵非過譽也。

一四·四四　綴學堂河朔碑刻跋尾一卷

石印本。象山陳漢章伯弢著。是編就范鼎卿所藏河朔新出土石墨數十通，爲姚氏中州金石目所失收者，遍加考證。如漢劉熊碑釋「書佐尹雄」，正隸釋作「雒」之誤；又魏維那楊要光等造象記考有甲子，並引正光都邑主許道等造象碑有月日，證顧亭林所云「漢碑多系月朔日子，後魏造象諸碑止記月日」均不盡然；又東魏武猛從事汲郡□□率邑義五百人造象碑考碑稱「永熙二年歲在甲寅興建，至武定元年歲次癸亥功成」，證甲寅爲永熙三年，非二年，其二年寔癸丑歲，且永熙三年即東魏天平元年，「永熙二年」不誤，而「甲寅」字誤也；又東魏田邁等大造象，象旁日輪中作烏形，月輪中作蟾蜍形，博證諸書，以此碑日月形不用佛説，並不圖兔及桂樹，以見北俗篤實，勝於後世以新學而盡廢舊説者；又東魏安村道俗一百餘人造象記，碑題「天平四年歲次丁巳七月甲午朔廿五日戊午」，正今本通鑑目録是年長厤作「十月甲午朔」之誤；又齊齋主暢洛生造象記考「堪」字引説文「龕」、「堪」聲同義異，不主説文徐鉉注「堪」與「龕」同義之説；又齊香泉寺華嚴經摩崖考金石文字記有太原風谷華嚴經石刻列于天保二年，金石萃編跋云「全經八十卷」，不知北齊摩崖刻此經時尚止六十卷，無唐譯八十卷之本；又隋河東桒泉□君殘碑正「桒泉」舊題作「梁泉」之誤；又唐相州臨河縣井李村大象碑頌正地理志「相州臨漳縣」誤「河」作「漳」之舛諸類，其考訂史事，補苴前人，悉有識見也。

一四・四五　**唐風樓金石文字跋尾一卷**

羅氏刊本。上虞羅振玉叔言撰。是編跋吉金五十五種，碑帖五十種，考訂精審，于吉金詮釋尤爲詳盡。中如秦瓦量銘，考爲雕版之濫觴，且證爲聚珍版之原始，亦各家所未發之語也。

一四・四六　**碑帖題跋一册**

抄本。南海羅惲原覺撰。其中所跋陳智永真草千文、隋王夫人墓志、唐趙模集王書千文、宋張温夫佛遺教經、唐玄秘塔碑、唐懷仁集王書聖教序、唐李思訓碑、宋重建轉運使院題名記、明黎民表重書蘇軾衆妙堂記、漢石經殘字、宋傅二娘造石水筧記、元張弘範殘碑、黃山谷墨蹟諸篇，悉舉各碑釋文，並録各家跋語，後附羅君考據。其訂正舛謁，辨正異同，頗極詳確。

石廬金石書志卷之十五

閩侯林鈞亞傑

考證類三

一五・一　隱緑軒題跋一卷

小石山房刊本。清海寧陳奕禧子文撰。中如跋十三行、蘭亭敍、曹全碑、孔彪碑、張猛龍碑諸篇，多以評書爲主，少有考據。

一五・二　砥齋題跋一卷

小石山房刊本。清華山王弘撰無異撰。李氏金石學録載「王氏爲一時講金石學者所宗，其著述未顯，因與青主先生同列，以待訪求」云云，蓋此書當時尚未刊行耳。其中如華嶽碑、醴泉銘、孔季將碑、武含和碑、鄉飲酒碑、吴將軍碑、雲麾碑、聖教碑等跋，雖偏論書，亦間及考據也。

一五·三　湛園題跋一卷

小石山房刊本。清慈谿姜宸英西溟撰。後有黄叔琳跋。跋曰「湛園姜太史博雅嗜古，以書法名當代，殘碑遺拓，悉能溯其源流，品其甲乙。所藏題跋數十條，適留故篋，爲發而梓之，不特考訂精覈，足資證據，亦時有弦外之意，虛響之音，覽者當自得之，不徒作煙雲過眼觀也」云云。昭代叢書曾刊是編，互校微有弗同。昭代本後有沈楙悳一跋。

一五·四　義門題跋一卷

小石山房刊本。清長洲何焯屺瞻撰。此編于天璽紀功碑、衛景武公碑、夏承碑、道因碑諸跋，頗有考訂。又昭代叢書曾收是編。唯昭代本多内府顔魯公多寶塔、宋徽宗樓觀帖、蘇東坡宸奎閣碑、松濤菴蘇米帖四篇，並附與曹仲經書九通。中均討論金石碑版。末又補録皇甫府君碑、褚登善聖教序記、宋拓禊帖、唐摹十三行四跋，爲小石本所無。而小石本則有東陽蘭亭序、董思翁摹争坐位兩跋，可補昭代本之闕。此兩書相校，互有不同也。昭代本末有沈楙悳一跋。

一五·五　盧舟題跋十卷

楊氏精刊本。清金壇王澍虛舟撰。前有馮浩序。是編所跋碑版法帖，考核詳確，鈎玄洞徹，雖以論書法之優劣爲主，然于史書之闕謬，亦多辨證，則又同于歐、趙之用心也。中如唐歐陽詢皇甫府君碑考爲高祖時書，正趙氏金石録、顧氏金石文字記均載貞觀之非；唐昭仁寺碑考無年月，正金石文字記以爲貞觀之誤，則于同異考證亦詳。唯龍藏碑寫「何」爲「河」，虛舟詆爲舛謬。按：詩「景員維河」箋：「河之言何也。」可見隋人作字，猶存古義，虛舟一時失考之所致也。

一五·六　竹雲題跋四卷

錢氏精刊本。清金壇王澍虛舟撰。前有沈德潛序，末有陳焯跋。是編據陳跋斷爲虛舟先生歸休後所作，由博返約，盡存精粹，訂譌考異，具有辨證。據四庫提要載「如論西岳華山廟碑『郭香察書』爲校勘刻石，鍾繇薦季直表『祝希哲』誤作『焦季直』及繇結銜與史異，蘭亭序派别，聖教序始末，王羲之裹鮓帖釋文誤作十九字，瘞鶴銘非顧況亦非陶弘景，同州聖教序稱『龍朔三年』，時褚遂良卒已五年，魏栖梧善才寺碑僞題遂良名，遂良高士贊誤題永徽二年爲甲寅，岳珂跋寶章集誤以『竇臮』爲『竇泉』，朱巨川誥非徐浩書，李陽冰縉雲城隍廟碑篆文僞字，靈飛經非鍾紹京書，裴耀卿等奏狀非耀卿書，唐明皇批答中『桓山之頌』乃用王獻之事，顔真卿宋廣平碑考異，乞米帖所稱『太保』是李光弼非光顔，争坐位帖年月顧炎武金石文字記未考，祭姪文、告伯父文結銜與史異，江淮帖爲集字僞作，李紳告身與史異，葉慧明碑非韓擇木書撰，皆引據有根柢。惟謂褚遂良書出于曹全碑，則殊臆度。此碑近代始出，明以前未有言之者也。又排鄭簠、蔣衡，而自稱『腕有元章鬼』，亦未免文人相輕之習焉」云云。

一五・七　蘇齋題跋三册

遯盦刊本。清大興翁方綱覃谿撰。蘇齋先生爲清代金石大家，題跋散見各墨本，未聞集有專書。此本係錢塘何方穀所輯，計録四十八則。其中跋華山碑、蘭亭序諸本輒至數千言，辨斷層出不窮，而淳化閣全帖考訂亦至詳備。他如漢王稚子二闕定「雒陽稚子」一題爲額，並正「置」爲「靈」；漢魏君碑釋「逝」、「鹽」等七字；漢靈臺碑「下應」下第二字釋爲「刑」字，「服之延壽」下釋是「哀平」，「崇如」下釋是「不頳」；漢譙君碑「優游」下釋爲「氏」，「喪亡」上釋爲「乃」。諸如類是，均足補洪文惠之未及而正其非。至于魏范式碑，跋中議論，竟伸李嗣真千百年不白之冤，非公識力之宏，曷克有此斷制？舉此一端，可概其餘矣。公跋素多評騭書品，然于考據亦極周審，不讓竹汀、授堂諸子。據余所見，翁氏題跋出于是編所未録者尚復不少，暇擬輯補，俾成完帙也。

一五・八　拙存堂題跋一卷

房山山房刊本。清金壇蔣衡湘颿撰。蔣公工書法，嘗手寫十三經，勒石國學。余曾摩挲其石，嘆爲鉅觀。此編所跋碑帖，多以評書爲主，間及考證。末有陳洙一跋。

一五・九　半氈齋題跋二卷

功順堂刊本。清甘泉江藩節甫撰。是編如五鳳二年十三字碑、禮器碑、北海淳于長夏君碑、武梁祠堂畫像、孔子見老子畫像、天發神讖碑、瘞鶴銘、祈疾疏、十七帖、符公碑、南宋石經、禹跡圖、義士左軍專、許浦都統司專、長樂未央瓦諸跋，頗有考據。

一五·一〇 退庵題跋二卷

鄭氏小琳琅館刊本。清長樂梁章鉅茝林撰。是編所跋石鼓文、泰山秦刻、曹全碑、西狹頌、裴岑碑、華山碑、黄初三碑等，均見于退庵金石書畫題跋之内。此本所載無多。首葉鐫有「福州梁氏校刻本，版今歸杭縣鄭氏小琳琅館」云云，可證是書係屬前刻之本也。

一五·一一 星伯題跋一卷

精抄本。清大興徐松星伯撰。星伯先生以博雅名重當時，所著新疆賦、漢書西域傳補注、西域水道記皆自刻，唐東西京城坊考刻于連筠簃叢書，漢地理志集釋刻于會稽章氏，唐登科記考刻于江陰南菁書院，明氏實録注刻于會稽趙氏，宋元馬政考刻于上虞羅氏，宋會要輯本刻于吳興劉氏，元河南志刻于江陰繆氏，唯題跋未有專書。此編係從繆氏所刊文集内摘録。中如跋載碑圖、曹真碑、王仲堪墓志、尋陽長公主墓志、高貞碑、于孝顯碑、白鶴觀碑、唐太原王公夫人張氏合祔墓志、索勳紀德碑、宋小天童山東谷無盡鐙碑諸篇，均多考據。此本得于都門廠肆，抄繕極精。

一五·一二　容甫題跋一卷

精抄本。清江都汪中容甫撰。此編係從容甫先生述學中摘抄。中如古玉釋名、石鼓文證、鴈足鐙釋文、釋印以及跋王基碑、鶺鴒頌、朱巨川告身、雲麾碑、懷素千文、高府君墓志、定武禊帖諸篇，考證悉具特義。孫淵如主馬定國之説，以石鼓爲宇文周時物，汪君著以五證，力辨其非，尤極精確。

一五·一三　芳堅館題跋四卷

翠琅玕館刊本。清莆田郭尚先蘭石撰。目録後有龔顯曾跋。蘭石鄉前輩工八法，精鑒别，所跋金石，不稍率意。其中如以漢少室神道石闕猶有秦碑餘勢；孔宙碑結體寬博緜密，爲貞觀諸家所祖，褚中令所濫觴；魯孝王刻石、鄐君開道尚有秦人餘勢；乙瑛、西岳駸駸乎爲大饗、封羨導先路；至魏王基碑則又下啓唐法，而爲受禪之一變；唐至中葉分隸始有漢意，明皇之力也。又曰：「子游碑結體在韓勑、鄭固之間，東京初年書類如是。觀其古澹，足正魏晉之後矯强之失。」所論均以許鷺書品别其高下，自唐以次，更以論書爲主。歷代書學變遷斷制，尤具識力。他若于安陽殘碑正寰宇訪碑録行數錯誤之類，亦間及考據焉。

一五·一四　**校經廎題跋二卷**

遯盦刊本。清嘉興李富孫既汸撰。是編多題經籍跋尾，間如漢五鳳三年甎、北宋二體石經周禮殘碑諸篇，頗有考據。

一五·一五　**績語堂題跋一卷**

績語堂刊本。清仁和魏錫曾稼孫撰。稼孫藏碑極富，考訂亦精。其所著碑録早爲世重，此編係題跋各石刻法帖等四十八則，其中書跋佔十之八，多屬金石著述，而碑跋如郎官石柱題名、漢三老碑、聖教序、十三行、元祐黨籍碑諸條，亦具考訂。

一五·一六　**華延年室題跋三卷**

刊本。清大興傅以禮節子撰。上卷悉屬經籍題跋，中卷多金石碑版，下卷附殘明大統曆。

一五・一七　儀顧堂題跋十六卷

潛園刊本。清歸安陸心源伯剛撰。前有潘祖蔭序。是書綜經籍、墨蹟、碑版諸跋爲一編，其中如唐相州鄴縣天城山修定寺碑正安陽金石録誤題「前太子較書金崇文兼左衛率府兵曹參軍張伯仁」分一人爲二人之誤；于唐故三十姓可汗貴女賢力毗伽公主雲中郡夫人阿史那氏墓志正黄本驥跋是碑疑子懷恩即僕固懷恩之訛；而糾正萃編尤爲特多，于臨淮王李光弼碑正萃編以光弼母議史爲「李」之誤爲不當，並訂魯公文集之譌。其他考證經史，補苴各家者，亦復不少也。

一五・一八　儀顧堂續跋十六卷

存齋刊本。清歸安陸心源伯剛撰。前有伯剛自序。體例同前。其中如高句麗廣開土大王談德紀勳碑、魏劉懿墓志、王僧墓志、崔敬邕墓志、北齊鄭子尚墓志、文崇殘墓志、北周賀屯公墓志、隋李富娘墓志、蘇慈墓志、韋玄貞墓安鎮土府碣諸跋，于史事頗多考證。

一五・一九　鄰蘇老人題跋二卷

觀海堂景刊本。宜都楊守敬惺吾撰。後有李瑞清跋。楊君好古博學，藏碑甚富，鑑別古刻，凡字畫之齾缺沿革，無不精究。是本手跋各石刻法帖，考證頗稱精審。其中如隋元公墓志、元公姬夫人墓志、董美人墓志、吴公李氏女墓志、漢甘露萯陽銅鋈、姚辯墓志、廣武將軍碑諸跋，援據史乘，參證地理，辯斷靡不入微。

一五・二〇　永觀堂海内外雜文二卷

廣倉學宭刊本。海寧王國維静安撰。上卷多各書序文，下卷題跋如商三句兵、楚公鐘、鑄公簠、秦陽陵虎符、新莽四虎符、隋虎符、僞周龜符、元銅虎符、新莽銅權、裴岑紀功碑、劉平國治□谷關誦、毌丘儉九都山紀功刻石諸篇，引經據史，考證頗精。

一五・二一　面城精舍金石雜文二卷

抄本。上虞羅振玉叔言撰。是編係由面城精舍雜文内抽抄關于金石序跋，多出唐風樓金石跋尾所未載。

一五・二二　金石瑣碎二卷

風雨樓刊本。甘泉謝堃佩禾撰。前有佩禾自序。其中所載建初銅尺、銅鼓、銅戈、銅洗、銅鐸、帶鈎、古劍、銅造像、錢笵、古竟、古印、古專、古瓦各條，頗有考證。

一五・二三　金石筆識一卷

莫氏原刊本。清獨山莫友芝子偲撰。莫公于蒼雅訓詁，六經名物制度，靡不探討，旁及金石目録家之説，尤極究其奥竅。此編係附刻宋元舊本書經眼録之後。中如漢鹿孝禹碑考「平邑」即「平陰」，假古文「霒」之「侌」而筆迹小異，「庑里」即「廣里」、「光里」之别體，諸字書所未收，並證「鹿」姓姓書所逸，引漢刻、史記證「鹿」姓漢前已有之，漢後未聞耳；又漢三公山碑釋文以小松爲善，唯八行「閻祐」正釋「閻格」之非；又漢劉曜殘碑考「無鹽」乃其里縣，正各家爲無鹽太守之失；又梁蕭秀西碑考碑陰「蕥」姓爲姓苑、字書所無；又梁蕭憺碑釋文較王氏金石萃編增繹千二百二十字，訂其誤釋十六字，並正以安成西碑陰爲即此碑碑陰尤其疏誤；梁蕭宏神道二石柱題額爲元明以後金石家所未及，舉「楊州牧」「楊」字从「木」，補王懷祖所考「楊州」隋前從「木」、唐後从「手」增一確證；又魏靈藏薛法紹造象考古刻無「花」字，始見于此碑；又北齊西門君碑頌釋文考較王氏萃編多出百許字；又南唐妙因塔柱所題佛語正嚴觀江寧金石記乃以塔爲隋建、其題刻爲陀羅尼經語之兩誤；又宋元祐黨籍碑于各家所考立碑之先後、人數之舛誤，均有補訂。舉此諸端，足徵莫公考據之精確不磨也。

一五·二四　校碑隨筆六卷

遯盦刊本。定海方若藥雨撰。後有吳隱跋。按：自來考訂碑刻，詳及字數完泐，向無專書，即散見各家題跋者，亦復甚鮮。是編所校，由周秦迄隋唐各石刻不下數百通，考闕字之多少，定拓本之後先，雖半字及字之一角一畫，或存或泐，或明晰，或漶漫，皆剖析入微，足補考據之弗及，是于金石另創一例。輓近碑估，作僞日工，尋常拓本，輒以裝潢充舊，居爲奇貨，士之寒素而嗜古者，幾節衣食，廑致一二，稍一失察，每受其蔽。得方氏是書而尋繹之，一碑到手，新僞真贋，了然心目，洵言石墨者資爲圭臬，有功藝林，誠非鮮淺也。紹興顧君鼎梅襟堪墨話有糾正方氏數條。如漢敦煌太守裴岑紀功碑，方云「摹刻有二，一爲新疆游擊劉氏本，一爲長洲顧氏本，則在山東濟寧。據王氏金石萃編謂又有申氏本」，顧按「西安碑林亦有翻刻本，與會仙友刻在一石」；爨寶子碑，方云「趙之謙嘗謂京師有木刻本」，顧按「湖南長沙亦有石刻本」；劉韞墓志，方云「武虚谷任偃師縣令時所得」，顧按「武虚谷係偃師人，並非偃師縣令」；劉根造象，方氏未詳所在，顧按「現在河南開封鄭清湖家」，均足補苴藥雨之疏也。

一五·二五　校碑隨筆僞刻一卷

遯盦刊本。定海方若藥雨撰。是編録僞刻五十六種，間詳考據，計夏一種，漢十三種，魏三種，晉三種，陳一種，北魏九種，東魏一種，北齊二種，北周五種，隋三種，僞許一種，僞鄭一種，唐十三種。末有方君跋曰「以上僞刻諸種，乃捏造，非摹刻也。只就近出與常見者録之耳，未敢云即此略備。至造象僞刻，尤多不勝舉，其舊象無字而後人補鑿者亦不少，概勿録焉」云云。

一五·二六　續校碑隨筆二卷

石印本。定海方若藥雨撰。余素欽遲方君校碑隨筆之精審，允推近代不易覯之著述。客歲聞有續集問世，喜慰莫名，亟馳書滬友求之，展卷遍讀，殊失所望，蓋續集兩卷悉出葉氏語石，且摘抄原文，一字不爽。余意方君博聞碩學之士，當弗致獺祭他人著述而自辱，其屬僞托無疑也。按：海上書局輒有割裂著作，託名付梓，以冀牟利而欺世者，比比皆是。此編任意摘選，極其剌謬。如録「碑額」而不及「碑陰」、「碑側」各條，録「墓志」而不及「塔銘」、「造象」諸篇，斷章節取，不能貫通，尤可明證非出方君之手，狗尾續貂，不難判别也。

一五·二七　讀碑小箋一卷

唐風樓刊本。上虞羅振玉叔言撰。其自序曰「夙嗜金石之學，每循覽碑版，遇一名一義有裨考證者，輒隨筆疏記，歲月既積，弋獲頗多。今夏逭暑餘閒，删薙舊稿，繕存什一，雖瞽説膚聞，見嗤都雅，而考文訂誤，或資壤流。其有紕繆，來哲匡旃」云云。

一五·二八　集古求真十五卷

石印本。泰和歐陽輔棠丞撰。首冠緒言，次分小楷、真書、行書、草書、隸書、篆書、彙帖爲七類，末附餘論。歐陽君收藏碑帖八千通，聚金石書三百種，遍加考訂，綜核臬説，芟繁薙蕪，採菁擷華，而成是編。于碑帖之真僞、優劣辨識最精，且于前人訛誤虚妄，糾正亦復不少。如詆康南海廣藝舟雙楫爲炫博市奇，虚誕不精，尤于卑唐之説，力闢其非，並以何子貞、魏稼孫所主童子宜先學篆，亦攻弗當。諸如類是，散見編中，悉具精義。他若泰山秦刻十字與廿九字諸本，謂非原石所出，其説殊鮮徵證，未足以爲信斷也。

一五・二九　焦山古鼎考一卷

世楷堂刊本。清新城王士禄西樵釋，林佶增益，寔則張潮所輯也。前後有張潮題詞及跋。是編摹銘繪圖，附以釋文，博引諸家考釋以及題詠，足資考據。

一五・三〇　焦山鼎銘考一卷

原刊本。清大興翁方綱覃谿撰。前有覃谿自序，後有錢大昕、謝啓昆各一跋。

按：焦山鼎銘在鼎腹，拓工每艱致之，徐興公、顧亭林、程穆倩、汪鈍翁諸先生皆有釋文，而所釋輒不相同。若新安張氏、滋陽牛氏，則僅據石本爲之，尤多訛舛。蘇齋先生從其門人謝蘊山得拓本，遂集諸家考釋，折中而論定之。其辨「僉」字爲「内門」

二字合寫，最爲精審。徵引博洽，可以羽翼經訓。錢竹汀跋稱「足與汪中允瘞鶴銘並千古」，洵不過譽也。又景刊本，末多徐乃乾抄附之顧廣圻跋一則。顧謂「佑」、「侑」古今字，非「左右」之「右」，其説亦足以資參訂也。

一五・三一　焦山周漢鼎銘考二卷

天真館景刊本。清嘉興張廷濟叔未、徐同柏籀莊合考。前有叔未序，次焦山周鼎全形拓及銘文，又次叔未考證。其中審正吴侃叔東發、阮芸臺元、孫淵如星衍、嚴鐵橋可均、錢竹汀大昕諸條，究穴經義，頗有論斷。末有籀莊釋文並考據一篇，就張考引申，幾無剩誼，足補翁氏周鼎考之缺。下卷焦山漢鼎前有叔未題跋，次全形圖，又次器蓋銘文。末有褚德彝一跋。

一五・三二　焦山周鼎解一卷

稿本。清嘉興徐同柏籀莊撰。此本係籀莊手搞，呈政于叔未先生。全編繕録極爲精工。首有手篆「焦山周鼎解」五大字，下鈐「徐印同柏」朱文、「壽如金石」朱文兩方印。次敘記各一則，下鈐「壽如金石」朱文方印、「徐印同柏」白文方印、「籀莊」朱文方印。次銘文，下鈐「徐印同柏」朱文、「壽如金石」朱文兩方印。次釋文，下鈐「徐印同柏」、「壽如金石」朱文兩方印。次「格廟」、「旛」、

「右」、「南中」四解，每篇前鈐「籀莊」朱文方印，後有「徐印同柏」白文方印、「文章大吉」朱文方印。中多各家未道之語。天真館所刊焦山周漢鼎銘考所載考證極簡，弗及兹解之詳。當日徐氏係擬輯爲專書，所以次序井然，按：徐籀莊先生年譜載「道光二年壬午夏，著焦山周鼎解」，足證當日係爲專書也。似以從古堂款識已録，故未單行。此帙爲先生手寫精藁呈政叔未者，尤足珍弆也。

徐氏自序曰：「焦山周鼎，自國初諸老著録，後爲古鼎之舄奕者。銘中多周家舊典禮經，如易象、春秋，見者知爲周禮，爰寫其文，作四解附于後，比之昔人經説之意云。道光二年壬午夏五月，嘉興徐同柏籀莊識。」下鈐「壽如金石」朱文方印。

又徐氏手記曰：「丙戌九月初吉，録于從古堂，敬請叔未夫子老母舅鑒定。受業徐同柏惶恐并記。」下鈐「徐印同柏」白文、「籀莊」朱文兩方印。

一五·三三　周無專鼎銘考一卷

抄本。清甘泉羅士琳茗香撰。前有阮元序。按：焦山無專鼎，舉世雖知爲真古鼎，然終莫定爲何代之器。羅君據鼎銘「惟九月既望甲戌」七字，以四分周術，又證以漢三統術，參覈異同，進退推勘，得文王自受命元年丙寅，迄九年甲戌，皆不得甲戌既望之九月，獨宣王十六年己丑既望得甲戌，爲九月之十七日，豪無所差，使世之懷疑莫定者一旦遽釋。其考證之精，洵無倫比也。

一五·三四　金塗銅塔考一卷

錢氏原刊精本。清金匱錢泳梅溪撰。前有翁方綱序、謝啓昆序。錢君重修表忠觀，復輯吴越金塗塔事并詩而爲之考。書分考、圖、詩三類，考則遍采志乘，圖則臨摹諸拓，並證異同，詩則録周文璞、周篔、徐旭旦、周震榮、翁方綱、何飛熊、程晉芳、朱琰、朱珪、沈景熊、黄洙、米澍、陳廣寧、阮元、關槐各題詠。

一五·三五　齊侯罍銘通釋二卷

一鐙書舍精刊本。清晉江陳慶鏞乾翔撰。是書分上、下二篇。編端鈎摹阮、曹二家拓本，末有何秋濤跋。跋中有云「先生自言，曩儀徵阮相國師示是器，相國既拓厥文，貽朱氏茮堂、吴氏子苾，俾考釋。戊戌之春，復以蘇州曹氏拓本，合二家釋文裝成卷，並訂『紹』字爲『詔』，示令審覈。先生迺爲作釋文一篇，與朱、吴説頗異。既念所釋未盡，方暑雨，閉户數日，成此二篇。歲丙午，先生將出都，家子貞太史乞爲手録一帙。先生因復改訂，秋濤逡謄籀釋，見其蒐穴倉史，苴典制，拾名物，諞析鐘律、地域、系族、音韻，遠紹淹中、泲南、汝潁之墜緒，契若合符，豁若發矇，爲功于經傳至鉅」云云。此本余得諸繆氏藝風堂，又以楊見山所存蜕本影本附入，以資參訂。收藏前有「雲明館」朱文方印、「■原鑑藏」朱文方印、「藝風審定」朱文方印。

一五・三六　建昭鴈足鐙考二卷

精鈔本。清上海徐渭仁紫珊輯。前摹建昭鴈足鐙圖，次銘文，又次遍録張燕昌、趙魏、武億、翁方綱、阮元、徐同柏諸考證，以及王昶、趙魏、翁方綱、汪照、余鵬飛、史善長、楊之灝、金式珪、吴騫、朱文藻、汪大經、陳鴻壽、張開福、李兆洛、顧槐三、徐楙、姚燮及渭仁諸題詠。

一五・三七　集古虎符魚符考一卷

原刊本。清嘉定瞿中溶木夫撰。按：魚符、虎符，傳世甚尠，形制久湮。説文解字云：「符，信也。漢制以竹長六寸，分而相合。」蓋因「符」字從「竹」，故但主竹使符言之，而不詳銅符。清代考古輩出，散見于翁、張、錢諸家之書，唯僅録數品，以爲金石之附庸。而爲之專書者，則始于木夫先生。此考其有裨于歷代典章甚鉅。羅氏叔言自序其所輯歷代符牌圖録有云：「兩漢金石記載騶男虎符，文曰：『□□與騶男爲銅符第五。』翁氏謂魏晉始有五等之封，而晉則伯子男以下不置軍，定爲魏物。瞿考謂歷代虎符背文皆止云『與』，則『騶男』上不當有漫滅二字。今詳視此符拓本，『與』上是『晉』字，與丞邑男符之稱『晉與丞邑男爲虎符』正同，是爲晉而非魏也。又『與』上加朝代，新莽諸符皆然，晉符蓋沿莽例。高平虎符稱『詔與高平太守爲虎符』，其例又異。惟漢符『與』上無字。瞿氏乃謂『與』上不當有字，歷代皆然，此考之未審也。惟『與』上乃一字而空二格，則翁氏之誤耳。此朝代及制度之混淆也。」又曰：「瞿氏謂漢虎符稱『與□□太守爲虎符』，而騶男虎符作『爲銅虎符』，蓋魏晉始有之。今觀騶男符拓本明明無『銅』字，乃翁氏誤釋，非魏晉有之也。又瞿考載右武衛和川府魚符，其文作『武衛和川府』，云『唐有左右武衛，隋百官志有武衛』，定此爲隋符。然此符寔是『右武衛』，『右』字在『同』字上，嘗見精拓本有之，尋常拓本往往失拓，此爲唐符而非隋符，瞿氏所見本亦失拓『右』字耳。此著録辨釋之未確也。」舉此兩端，均足以正瞿氏之疏。

一五·三八　古兵符考略殘藁一卷

雪堂刊本。清吴江翁大年叔均撰。前有羅振玉序。是編爲翁氏未完之初稿，目録所列，計符十有五，牌三十有二，而有考證者，符五、牌十六而已。其中金奉御從人牌録錢少詹及胡氏虔跋，滁州太陽翼萬户木牌録萬國賢跋，磐石衛指揮使司夜巡銅牌録孔繼涵跋，又不盡自作。間有跋具而目無者，若朗州魚符、新浦縣印牌、敬字牙牌，並目所未載，視此不但考證爲未竟之作，即目録亦非定本矣。目中列酒泉太守、高平太守兩符于漢代，考酒泉符明署「大涼」，誤作「天漢」，高平符制同魏晉，一見可别，均屬之漢，不免疏失。至諸牌則考證頗詳，蒐集亦富，惜未將拓本黏附録中。如宋敕驗鐵牌、明守衛金牌及欽頒送往敬字忠字諸牌，且爲輓近所不克見矣。

一五·三九　權衡度量實驗考一卷

上虞羅氏景刊精本。清吴縣吴大澂窓齋撰。前有羅振玉序、窓齋自序。按：窓齋曾撰古玉圖考，根據禮經，證以實物，復據古圭璧以求古尺度，其精密已爲世重。是考則廣徵周秦、漢唐之古器、古兵、古權、古尺、古量、古泉確有可據者，以證權衡、度量，分類圖列，使古代器物制度晦而復顯，其精審可稱造極。所惜者，全目雖備，而書之後半量以下缺焉。蓋窓齋此書作于撫湘時，殺青未竟，而值日韓之役，先生整師鞠旅，枕戈疆場，及師衂于外，賫志而没，致弗克完此鴻著也。其中尺之類凡十，曰周鎮圭尺、黄鐘律琯尺、古劍尺、漢慮傂銅尺、王莽銅尺、蜀漢建興弩機尺、晉前尺、唐開元尺、宋三司布帛尺、清工部營造尺，皆依黄鐘律琯尺較其長短也。權之類凡十，曰黄鐘律琯、古幣、古矢鏃、秦半兩泉、八兩權泉、斤權、三十斤鈞權、百二十斤石權、王莽泉刀、唐開元泉，各較其輕重，均依輓近庫平爲準也。而尺、權兩類圖考悉備，唯量祇存九目。窓齋尚擬就黄鐘律琯、古豆、齊陳氏銅鋘及銅釜、秦量、漢銅鼎、銅梧、銅鐙、銅斛諸器之所容，以黑秬黍之多寡較之。書雖莫完，而典模足據，海内方聞碩彦，其亟起而續成之。

一五·四〇　毛公鼎考釋一册

稿本。清道州何紹基子貞撰。前録鼎銘，次録釋文，又次録疑釋以及不可識之字，後附考證。何公主嘉興徐同柏先生之説，毛公厝即毛叔鄭，引「文侯名仇，字義和」推之，毛公名鄭，而「厝」乃其字也。復據鐘鼎文「鄭」直作「奠」，不从

「邑」，説文「奠，置祭也」，詩生民傳「歆，饗也」，證以古人名字相配亦合。又以「奠」或本有此地名，或宣王封鄭國後始加「邑」。名「奠」字「厝」，「厝」即「歆」字，甚合王命之體。若稱名則不稱「父」，若稱「父」則不得稱名，證「父厝」正與「父義和」一例。且考他器首書年月日，此則「王若曰」起，直是册書之體，與康誥、文侯之命相類。末著「毛公厝對揚天子皇休，用乍尊鼎，子子孫孫永寶用」，又自成銘器之一格。所論悉具精義。此編係出子貞先生手寫之稿，臨摹銘文，盤曲深厚，蜿蜒滿紙，無一懈筆。釋文以次，草書飛舞，酣暢淋漓，不特得其鴻著引以爲幸，而獲覩公之籀、草二體，美并一編，尤極痛快。球璧之珍，當不爲過也。後有友人周鴻襄、董井各一跋。收藏有「念翁」朱文方印、「鉼齋審定」朱文方印、「楊氏吉金樂石」白文方印、「楊鈞小印」白文方印、「重子」朱文方印、「楊鈞私印」白文方印。

周氏手跋曰：「猨叟毛公鼎釋文，辨析精審，于徐氏舊釋多所是正，間有闕其所疑，不妄穿鑿，益見前輩爲學虛心之處。石廬官居南昌，于無意中得之，物固聚于所好，蓋亦石廬平日肆力金石之學，有因緣契合之應耳。借觀累日，獲益不淺，時將有九江之行，雨館敲燈，敬識數語，願石廬永寶藏之。癸亥二月二日，鴻襄同客南州。下鈐「周印鴻襄」白文方印。

董氏手跋曰：「毛公鼎釋文有陳簠齋、徐籀莊、孫詒讓諸家，蝯叟釋文，世未經見。石廬博通精鑒，得此環寶，亟宜刊行，與原器共垂天壤，豈不盛哉？癸亥春中，鄒人董井。」下鈐「堅叔」白文方印。

一五·四一　毛公鼎銘考釋一卷

廣倉學宭刊本。海寧王國維静安撰。前有静安自序。三代重器，以盂鼎、克鼎爲最鉅，文以毛公鼎爲最多。毛公鼎首歸濰縣陳氏，一時學者競相考釋，嘉興徐籀莊、海豐吴子苾、瑞安孫仲容、吴縣吴清卿先後有作。徐氏首釋是器，有鑿空之功，吴氏矜慎，孫氏閎通，吴氏于古文尤有縣解，于是此器文字可讀者十且八九。静安復就前人之是者證之，可疑者闕之，不備者補之，益臻周備。

一五·四二　不𡢁敦蓋銘考釋一卷

雪堂刊本。海寧王國維静安撰。是編遍徵諸説，詮釋確當。

一五·四三　散氏盤銘楚風廔釋文一卷

石印本。湘陰周正權鐵山撰。首冠散盤拓本，照嵩竺山原本縮印十分之八。次釋文，又次考釋。是編集十餘家釋解，重加審定，考訂極詳。銘語分爲六節，首行至六行「琟莫」爲第一節，「賁井邑田」至第八行「降棫二封」爲第二節，「矢人有𤔲」至十二行「辛德父」爲第三節，「散人小子賁田」至十四行「有𤔲十夫」爲第四節，「唯王九月」以下爲第五節，末行爲第六節。阮芸臺先生謂是周器，周君則疑出商代。如「矢王」二字引輓近秦中出土矢王作寶彝證十八行「矢王」二字當連讀，不當自「王」字起別爲一句，頗具見解。他若糾正各家釋文舛誤，繁徵博引，悉極確協，頗鮮穿鑿肊斷之說。

一五·四四　唐鐘考一卷

抄本。清臨川李夢松歉夫撰。前圖鐘形，次摹款識，並詳高徑尺寸、行數、字數以及形製。按：撫州唐鐘當唐趙國魏公奏請勅建寶應寺，大順元年鑄此鐘，至明嘉靖壬辰寺燬，丁酉改建學宮于其址，鐘遂歸于學宮之樹聲樓。天啓辛酉，改名三元樓。清初樓圮，移鐘于廣壽寺。乾隆壬戌，毘陵唐松巖守撫州，治北承春閣，懸鐘于上。此編紀載流轉，悉具時序，足補臨川金石志祇録款識之疏也。末附和翁覃谿先生唐鐘歌及李君原倡。

一五·四五　金天德年大鐘款識一卷

抄本。清山陽丁晏儉卿撰。前有毛夢蘭序、黄爵滋題辭，次録鐘文，後附考證。

按：道光壬寅，淮郡修治舊城，丁君等任其事，于北門城樓舊有大鐘，重加拂拭，審出金代山陽金石之文。唐楚州石柱外，當以此鐘爲最古。石柱在山陽學戟門，吴山夫先生修志曾載之，而此鐘未及甄録。丁君廣徵史乘，詳加考證，靡特是鐘得以顯著，亦足正舊志「古蹟門」不辨款識，漫云「靈鐘」之疏也。附大鐘歌一篇于末。

石廬金石書志卷之十六

閩侯林鈞亞傑

考證類四

一六·一 積古齋鐘鼎款識藁本四卷附題記一卷

景刊本。清平湖朱爲弼茮堂撰。是稿第一卷原題「鉏經堂金石跋」，第三卷題「伯右甫吉金古文釋」。第一卷題名經阮文達改書「積古齋續鐘鼎款識」八字，故其從孫之榛景刊是編，即從文達定名。其諸家題跋另釐一卷附後，不與原稿雜次。第一卷與第二卷前有其子善旂各一跋，卷末又有從孫之榛一記，附卷載葉志詵、張廷濟、徐同柏、路慎莊、金釗、陳慶鏞、莫友芝、俞樾、吴雲、黄彭年諸跋記。據俞跋云：「其中有先生原文而文達改定者，亦有文達草稿即附入先生之書者，蓋文達當日本以編定審釋屬之先生，積古齋序固明言之，則兩家之書即一家之書，不可得而别矣。故如商舉己卣抹去『謂』字，改作『平湖朱某云』，此固采取先生書之明證。而如周季娟鼎引朱云「王疑是王子朝」，至積古款識竟云「案：周王無徙居楚麓事，此王疑是王子朝」，不復明其爲先生之説，可見兩家之不分彼我矣。其中亦間有異同者，如無專鼎第二行第四字，阮作「燔」，此作「烝」；第五行第五字，阮作「遺」，此作「貸」；第七字，阮作「虎」，此作「弗」；第六行第六、七字，阮作「帶束」，此作「東帶」；第十行第一字，阮作「割」，謂借作「匃」，此作「周」，謂「裯」之省。又周叔夜鼎第二行第八字，阮作「羹」，此作「鬻」。周公華鐘第二行第三字，阮作「羼」，此作「擇」。周邢叔鐘第二行第一字，阮作「辥」，此闕；第四行第三、四字，阮作「得屯」，此作「頓手」。周諸女匜「諸女」下一字，阮作「舉」，此作「作」。周般仲盤第四字，阮作「宋」，此作「午」。又如阮本商西宮父甲尊，此作「西言父甲尊」；周魚冶妊鼎，此作「魚召妊鼎」；漢龍虎銅節，此作「周龍節」，其所釋文亦不同，阮本第四字「惠」，第五字「賃」，第七字「榗」，此則作「道」，作「寶」，作「棓」。如此之類，殆偶未商定者乎？然如商雕伯癸彝「雕」下一字，阮作「伯」，此作「祖」；商單父辛彝「作」下一字，阮作「好」，此作「民」；周姬單匜第一字，阮作「龙」，此作「奕」，觀其筆跡，實是文達手書，殆初説如此，而後又改易之也。周伯據敦有文達手書，謂非「據」字，當作「木」旁「虎」，「椃」下一字爲「虘」，乃「櫨」之省文，

『梡』、『樝』爲作器人名字，及觀積古齋款識，則仍作『據』字，而以『虘』字爲『祖』之叚字。周正考父鼎，先生用錢獻之、吴侃叔説云蔡宣公名考父，并述文達説云『孔子七世祖不當作文王尊彝，定爲蔡侯器，良是』，及觀積古款識，則仍主孔子七世祖説，而以文王爲商之文丁。蓋古人著書，不厭反復詳求，文達筆削之精意，非先生此書則不可得而見矣。惟如丁師卣『𢿋』下一字，先生作『霥』，謂見集韻，阮則作『䨓』，謂即『靈』字，而又疑其詞，然則不如竟從先生作『霥』矣。子荷貝父乙，先生云「未詳何器」，據阮本則是商彝，或先生當日但見其文，未見其器乎？然亦有此有而阮無者，如商己癸、商戊己、商父辛、商父乙、商父甲諸鼎，商尊綦壺、周斉尊、周主父乙彝、漢啓封鐙之類是也。諸器按語多有阮筆增損字，不知積古齋款識何以遺之。然則此書也，不特可見文達之精意，并可補積古之缺遺，後世講求吉金文字者，讀積古齋書，尤不可不觀先生此書也。」又黄彭年跋中又復校阮書，于俞跋所舉外剌取數十條。「有先生摹器可補阮者，周叔臣彝也。有器形雖佚款字可補阮者，商父庚、父丁壬、父丁諸鼎，周弫爵、范氏古鐘、漢槃也。有阮藁可補今刻器者，商雕祖癸、單父辛二彝，後漢建武鼎也。有先生説可補今闕者，如商母乙鼎二十七字，子孫父癸爵後引吴説是也。有今刻不別白可證阮所本者，如商觽尊下『觽首一字當是『医』字古文，皆爲吴侃叔説是也。有此釋文視阮爲詳者，商父辛卣、周伯據敦是也。有釋文視阮爲略者，商鹿鐘、周周公華鐘、乙公無專二鼎是也。有摹文視阮爲略者，周東明尊三行一字，阮作「彝」，四字作「年」，四行四、五字作「用亯」；父舟斝二行一字作「乙」，此皆闕是也。有與阮刊異而是者，商祖辛壺一字，阮作「丙」，此作「内」；周無專鼎五行八字，阮作「方」，此作「作」，八行「休」下阮無「用」字，此有；鬲攸从鼎九行一字，阮作「相」，此作「召」之類，今審銘言，皆當以此説爲長。有與阮刻異而非者，周季娟鼎五行六字「貝」下多「錫」字；張仲簠一行八字「金」下此多「鏖」字，二行一字，阮作「鈇」，此作「鈗」，二字，阮作「鈗」，此作「鏖」，三字，阮作「鈇」，此作「鑪」，三行「用盛」下，阮作「朮稷」，此作「諸受」，又「穛」下，阮作「粱」，此作「米」，四行「正」下，阮作「歆」，此作「音」，「王」下，阮作「賓饌」，此作「寘餖」，五行「福」下，阮作「諸」，此作「必」，六行一字，阮作「叉」，此作「共」，五字，阮作「飽」，此作「鍡」；南宮方鼎五行五、六字，阮作「對揚」二字，此止作「原」一字之類，今審器文，尋繹字義，皆當以阮刊爲優，即先生所後訂者也。有與阮刊異而可並存者，商旂鼎四行二字，阮作「父」，此作「考」；周無專鼎三行二字，阮作「仲」，此作「中」，五行三字，阮作「鳿」，此作「鴻」，七行四字，阮作「攸」，此作「鋚」；季娟鼎三行三字、五行四字、六行三字，阮皆作『夌』，此皆作『陵』；唯叔鬲鼎三行四字，阮作『居』，此作『位』；南宮方鼎四行六字，阮作『貞』，此作『真』，凡此皆古文通借聲近義同字，存之可以互證者也。有經阮筆改而與今本同者，如周鬲攸从鼎十行『使』字、十一行『誓』字；指妃彝一行、四行『辟』字，二行、四行、五行『指』字，三行『甬』字，五行『邴』字、『文』字；木工爵『爵』字；臤尊一行九字下增『其』字，四行『滑』字，此皆先生編定時從師說也。有經阮筆改而與今本異者，如商父丁卣二行『武形』二字，周鬲攸从鼎九行『華』字，指妃彝七行『陔』字，此皆先生編定時删之，如『華』字仍抹去可證也。有阮藁按語可補今遺者，商百丁彝十八字、叔彝十三字之類是也。有阮稿與今本不同者，如商子執旂彝，稿作『子執朳彝』；父己卣下爲『卣形父己』，藁作『酉父己』；弫爵下有『手形』二字，稿無；弫舟爵，藁作『弡』；犧形爵，復乙去『犧形』二字；子執旂句兵，下面爲『子執旂形』，藁作兒癸句兵『子執朳形』；甲午簋三行『覽』字，藁作『鑒』；今本帛女鬲首『淠』字，藁作『帛』；周諸女匜『尊』下『其』字，藁作『綦』之類是也。凡此皆文達初說如此，先生据已删已定本編入者也。所言某行某字，據刻本也，次序亦依刻本。餘如與今刻前後歧異，不可縷述，條凡近百，例括十五，不過略見端崖耳。然則是書也，可以見先生耆輯之真面，可以見文達筆削之精心。」特將二家考訂之語並録，而是稿與積古同異之處，已瞭如指掌矣。

一六・二　從古堂金文考釋槀本四册

稿本。清嘉興徐同柏籀莊撰。從古堂考釋金文四册，係籀莊先生手寫原稿，臨摹銘文，屈曲純厚，具窮妙奥，考釋詮繹，備徵精義。此編所録見于從古堂款識者居多，唯文辭詳簡，互有弗同。間有呈政叔未先生之稿。全編朱格精書，工整可愛，各篇鈐有「從古堂」、朱文長方印。「嘉興徐同柏籀莊」、白文方印。「鐘鼎山林」、朱文方印。「籀莊」、朱文方印。「徐印同柏」白文方印。諸章。末附漢上黨守銅虎符、隋右禦衛相原府銅虎符等篇，則出其子士燕手録。各篇鈐有「徐印士燕」及「穀孫」白文兩方印。辛酉夏間，海上書肆郵示此書，匪特先生述作獲覩爲快，而徐氏父子墨蹟璧合一編，尤足引爲異幸。故不靳以重值得之，亦吾齋秘笈之一也。

一六・三　籀經堂鐘鼎考釋題跋一卷

遯盦刊本。清晉江陳慶鏞頌南撰。是編從籀經堂集中彙録鐘鼎考釋十八篇，如釋周格伯敦銘，鈎稽詳訂，極有條緒，且證以史乘地理，不稍疏略。他如漢竟寧雁足鐙所釋

「鐙」字，亦極確審。陸氏金石録補載陳集有跋二十二篇，與此不同。

一六·四　簠齋金石文考釋一卷

雲窗景刊本。清濰縣陳介祺壽卿撰。末有羅振玉一跋。跋曰「濰縣壽卿先生收藏古金石刻爲海内之冠，顧平生撰述矜慎，至老無成書，惟歙鮑氏、吴潘氏刻其手札數十通而已。宣統紀元，始得此卷于紹山待詔良善家，尚是先生手稿及先生嗣子九蘭大令厚滋寫本，存金文考釋八篇，漢石記一篇，詩二章，吉光片羽，不忍自我而湮没，亟印行以遺治斯學者」云云。

一六·五　窓齋集古録釋文賸稿一卷

涵芬樓景刊本。吴縣吴大澂清卿撰。是編即窓齋集古録考證各種彝器之釋文，引據精審，足資考訂。是本係依原稿景刊，其間删改塗乙，一仍其舊，可見前輩著述之矜慎也。

一六・六　**博物要覽古器志一卷**

鈔本。清谷應泰撰。是編係由博物要覽内摘録，原書「鼎彝志」下尚有「志窑器」、「志金」、「志銀」、「志真珠」、「志寶石」、「志玉」、「志瑪瑙」等十餘節，雖屬鑑賞之記載，唯其敘述形式以及古銅青緑及褐色之辨、新鑄僞古器顔色諸篇，頗有足資參考也。

一六・七　**古禮器略説一卷**

雪堂刊本。海寧王國維静安撰。説鐘、句、鑃、鬻、卣、斝、兕、觥、盉、彝、俎諸篇，考證頗稱博洽。

一六・八　**古銅器考一卷**

抄本。清錢塘梁同書山舟撰。前有山舟跋。兹編録莫廷韓筆麈二則及古銅色辨、土古水古傳世古之辨、辨色兼審式樣、鑑古先審款識、鑑古不專款識、三代古器、新銅器、僞古銅器、清秘藏論古銅器諸條。是本係由古銅瓷器考上卷抽抄。按：梁學士銅瓷器一卷已刊入唐氏文房四考而遺落銅器筆塵兩條，此據祖本舊抄也。

一六·九　古銅器考一卷

精抄本。清練水唐秉鈞衡銓輯。此考係從唐公所著之文房肆考抽録，分古器名略、古銅色辨、土古水古傳世古辨、辨色兼審式樣、鑑古先審款識、鑑古不專款識、三代古器、唐代以後局氣、新銅器、僞銅器色、古無香爐諸篇，與梁山舟先生所著節目不同，紀載互異也。

一六·一〇　書餘一卷

藤花亭原刊本。清順德梁廷枏章冉撰。前有章冉自序。梁君以所得商周古器銘百餘種，博考博古圖、薛氏款識、吕氏考古圖、王氏嘯堂集古録、阮氏積古齋款識諸書，互相勘對，證以家世所藏古器。其中考釋，如周齊侯鎛、曶鼎、散氏盤、牧敦、師酓敦、穆公鼎、龍敦、寅簋、卯敦、頌鼎、秦盄和鐘、敔敦、晉姜鼎、師毀敦、師酉敦、郝敦、寰盤、吴彝、召伯虎敦諸器，校其異同，審訂字畫，以定于一，並疏考訂于後，以文之多寡爲次。末有梁君一記。

一六・一一　古文審八卷

劉氏龍江樓精刊初印本。嘉魚劉心源幼丹撰。前有幼丹自序。按：自宋以還，吉金著録頗多，而考釋精確者極少。歐、劉二公意在博收古器，于字句未甚措意，頗有舛訛。黄、王、吕、薛諸人，每于篆文亦多疏漏。逮至阮、吴諸先生，邃于經術，類能以古音古義相發明，然亦有篆形全非、文意不協而彊以經注襮飾者。劉君用是根據經訓，發揮六書之旨，篆形、文義，兩者兼定，去無據之言，絶附會之病，考證精審，近所罕覯。

一六・一二　古器物學研究議一卷

雪堂刊本。上虞羅振玉叔言撰。是編研究古器物，括以二綱，曰類别，曰流傳。而類别又分爲十五目，曰禮器，曰樂器，曰車器馬飾，曰古兵，曰度量衡諸器，曰泉幣，曰符契鉨印，曰服御諸器，曰明器，曰古玉，曰古匋，曰瓦當專甓，曰古器橅笵，曰圖畫刻石，曰梵像。而流傳又分爲四目，曰鑒定，曰傳拓，曰模造，曰撰述。敘述詳晰，足資參考。

一六・一三　石鼓文音釋三卷附録一卷

明原刊本。明新都楊慎升庵輯。前有升庵自序，後有徐縉後序。按：石鼓文，宋潘迪氏以及薛尚功、鄭樵三家各有音釋，與古文苑所載大抵相出入，文無補綴，義鮮發明。升菴先生即就其師李文正所藏東坡之本，篆籀特全，音釋兼具。李公擬手書上石，丹書未竟而没。楊本其志，以李氏舊本録爲一卷，音釋一卷，今文一卷，又以唐韋應物至明李東陽所作石鼓詩凡五篇附于末。據四庫提要載「慎自序稱：『東陽嘗語慎及見東坡之本，篆籀特全，將爲手書上石，未竟而卒，慎因以東陽舊本録而藏之。』金石古文亦言升菴得唐人拓本，凡七百二字，乃其全文，馮惟訥詩紀亦據以載入『古逸詩』中，當時蓋頗有信之者。後陸深作金臺紀聞，始疑其以補綴爲奇。至朱彝尊日下舊聞，考證古本，以『六轡』下『沃若』二字、『靈雨』上『我來自東』四字，皆慎所强增。第六鼓、第七鼓多所附益，咸與小雅同文。又鼓有『旲』文，郭氏云：恐是『臭』字，白澤也。慎遂以『惡獸白澤』入正文中，尤爲欺人明證。且東陽石鼓歌云『拾殘補闕能幾何』，若本有七百餘字，東陽不應爲是言云云，其辨託名東陽之僞，更無疑義。今考蘇軾石鼓歌自注稱可辨者僅『維鱮』、『貫柳』數句，則稱全本出于軾者妄。又韓愈石鼓歌有『年深闕畫』之語，則稱全本出唐人者亦妄。即真出東陽之家，亦不足據，况東陽亦僞託歟」云云。此本係明刻原本，紙墨古雅，余以重值得諸滬上。第一卷石鼓文，每半頁三行，行四字，序文並二卷以次均作十行，行十八字。收藏前有「敬原堂圖書」白文長方印。此書係繆氏藝風堂藏本，曾經藝風藏書續記著録，尤爲可寶也。

藝風藏書續記曰：「石鼓文音釋三卷附録一卷，明正德辛巳刊本。石鼓今在太學，文字存者三百餘字。宋薛尚功、鄭樵、古文苑所載均已不全，無論元潘迪音訓矣。升庵生自明中葉，忽稱得唐人拓本七百二字全文。陸深金臺紀聞始疑其補綴爲奇，日下舊聞考、四庫提要均深斥之。惟孫伯淵先生所得宋寫鐘鼎款識序，石鼓文字完備，與此本同。考韓文公作石鼓歌，原有『君從何處得紙本，毫髮盡備無差譌』之句，是唐時自有完本，如薛氏作書時即見之，不應他本僅據殘字別石收録。然以爲後人增補入帙，何以紙色字畫又與全書無異，豈薛氏以後得本追改成書耶？細核所補石鼓字，如『旭旭杲杲』之屬，驗今石本作『呾呾䎓䎓』，似非無因。疑以存疑，已足爲升庵辨誣矣。此本明時初印，紙墨俱佳，洵屬可愛。」

一六·一四　石鼓文一卷

精抄本。清震澤任兆麟文田集釋。前有文田自序，後有任璋題詞，馬天民、趙宧光各一跋。是編首摹石鼓十文，次録趙宧光發凡十二則，又次考釋諸篇。按：石鼓宋元以降各家音釋，互有歧異。寒山趙凡夫宧光从蘇子瞻本定爲章句，得七百二言。任公病其第據文字爲解，而大義未克貫串，迺摹字體之可考者，存古文于前，集諸説之可探者，任公主石鼓出于周宣王之説。釋今文于後。首摹鼓文，係依薛氏、潘氏諸本入録，唯趙本出自楊用修所傳唐拓本，用修稱博雅，前人或疑間有傅益，任公一一注明，頗稱精核。

一六·一五　石鼓文釋存一卷

貴池劉氏精刊本。清海鹽張燕昌芑堂撰。張君以浙東范氏天一閣所藏北宋本，參考甲秀堂本、上海顧氏本，重樵上石。壬寅燬于火，傳本極少。據王德甫先生蒲褐山房詩話載「張君常往來寧波范氏天一閣，在藏書中獲北宋石鼓文拓本，摹勒以歸，重刊之。因撰石鼓文釋存，證以篆籀，考其偏旁點畫，較薛、楊、潘、董諸家更爲精審」

云云。是編所釋並補注、校正同異，凡泐字、闕字皆從北宋本注于下，作陰文以別之。其中所引章樵、薛尚功、董逌、郭宗昌、潘宗迪、鄭樵、施宿、趙嵫、趙宧光各說，清代名家如朱竹垞、褚千峰、王昶、趙魏、陳無軒、周勤補諸家，靡不博證。貴池劉氏據丹徒趙氏藏本校正付刊。末有劉蔥石一跋。

一六・一六　石鼓然疑一卷

循陔堂刊本。清武進莊述祖葆琛撰。首冠葆琛先生小象並傳。其引曰「昔人論石鼓者多矣，至金馬定國以字畫考之，云是宇文周時所造，作辯萬餘言，見元遺山中州集。余未見馬定國所辯之是非，然近時好古博雅之儒多從其説，余頗疑之。偶檢後周書，其事有與詩、辭適合者，非僅西狩岐陽，徒以得鼓之地爲徵已也。姑識之，以備一説」云云。

一六・一七　石鼓文定本十五卷

古華山館精刊本。清無錫沈梧旭庭撰。前有旭庭自序。是編分篆文縮本、釋音今文、辨證、序記、章句注疏、諸家音釋附録。地名考，其餘古籀奇字辨、諸家摹本校誤、跋尾、備考録、辨字偶存稿成未刻。是書卷數不明，其前篆文縮本與今文釋音未編卷數，辨證又分爲二卷，章句注疏又釐爲十卷，地名考又未編卷，所以姑定爲十五卷也。

一六・一八　石鼓文考釋一卷

傭廬精刊本。上虞羅振玉叔言輯。前有叔言自序。羅君得阮氏所橅天一閣本石鼓文、國學原本、盛伯希監拓本，又參以宋之甲秀堂法帖、明之顧氏研本，並取各家著録，詳加互校，知傳寫橅勒，均有失誤，無一書能精慎無訛者。特勘諸本異同，以爲之譜，復折衷諸家，以成定本。又就所見解其文字而爲之箋，並以翁氏辛鼓復本附印于末，以供考證。

一六・一九　重編石鼓文一卷

石印本。溧陽强運開夢漁著。前有左運奎序、姬佛陀序、夢漁自序。按：石鼓雖存京師，磨泐愈甚。薛氏、鄭氏、施氏傳刻各殊，釋文亦間有同異。阮橅浙鄞范氏天一閣所藏北宋舊拓，存者四百五十二字，中惟甲鼓僅闕四字，乙鼓完整可誦，丙鼓以下，零紈斷縑，多不成辭，尚屬近代善本。强君就阮摹本存字仿顛倒蘭亭之例，重加編綴，使成文章。其音釋采集諸家，俱有本原。

一六・二〇　石鼓爲秦刻石考一卷

精抄本。[redacted]馬衡叔平撰。石鼓在隋以前未見著録，自韋應物、韓愈作石鼓歌以表章之，而後始大顯于世。其刻石之時代，唐以來所考訂者恒多異辭。有以爲周宣王時者，唐張懷瓘、竇臮、韓愈之説。有以爲周文王之鼓至宣王時刻詩者，唐韋應物之説。有以爲周成王時者，宋董逌、程大昌之説。有以爲秦者，宋鄭樵之説。有以爲宇文周者，金馬定國之説。尚有考爲漢刻者。清武億之説。衆説雖極糾紛，而要不過三説，曰宗周，曰秦，曰後周。其中主宗周者爲多，尤以宣王之説爲最盛。清高宗又從而表揚之，其説乃定于一尊，而無復異議。其次則主後周之説，差有勢力，清萬斯同、莊述祖等尤力主之。逮乾隆末年以後，其説始漸息。至主秦代者，鄭樵之外，惟鞏豐一人，餘無聞焉。鄭氏以其文有合乎秦器之文，遂以爲周室東遷後秦有岐西時所作，所著石鼓文考辨證甚詳，惜書不傳。持此説者，僅據器物遺文以立言，不能旁徵博引，出入傳記，宜其不爲世重。清乾嘉以降，考證之學突過前人，載籍之外，雖亦頗重實驗，而此鼓已經帝王審定，又孰敢從而非議之。近人震鈞始疑其不類周文，從鄭之説，定爲秦文公東獵時所作，並重訂次序，更爲集説。羅叔言振玉亦取鄭説，其論與震鈞略同。馬君此考亦主秦代之説，就鄭氏之論而申辯之。大綱分以爲二，曰文字之流變可得而推尋者，曰秦刻遺文可得而互證者。博徵衆説，推闡靡遺。至于時代，則鄭樵以爲惠文之後、始皇之前，鞏豐以爲獻公之前、襄公之後，震鈞、羅叔言以爲文公時。馬君則以鞏説爲是，更于石鼓之名稱尤多辨論。按：唐以來著録此刻者，蘇勗、竇蒙皆以爲「獵碣」，其餘悉以「石鼓」名之。馬君力詆其謬，證與秦代刻石形製相埒，應稱爲「刻石」爲當，其議亦新穎可存也。

一六・二一　瘞鶴銘辨一卷

世楷堂刊本。清歙縣張弨力臣撰。前有張潮序。力臣先生親至焦山拓原銘，較宋黄長睿、董逌所載者多得八字，所辨亦較顧元慶書爲詳核。後有張潮一跋。

一六・二二　瘞鶴銘考一卷

舊抄精本。清吴郡汪士鋐退谷撰。前有退谷自序。按：瘞鶴銘在鎮江府焦山之下，以雷震墮入江，其石破碎不完，故字多殘闕，傳本輒不相同。又作書者或以爲王羲之，或以爲陶弘景，或以爲顧况。自宋集古録以後，著録者數十家，紛紛聚訟，莫之能是。而海昌陳氏玉煙堂帖本尤爲輾轉失真。康熙丁未，淮安張弨親至水澨，仰卧而手搨之，共得六十九字，較諸本獨多，因爲考證成書。後四十六年，陳鵬年守鎮江，乃募工出石于江中，陷之焦山亭壁間。其石分而爲五，所存七十七字，又不全九字，其無字處以空石補之。按其辭義，補綴聯合，益爲完善。退谷因備采昔人之論，并引弨説而折衷之。以鵬年所出石本爲圖，列諸卷首，彙爲此考，搜羅頗稱詳盡。案：元郝經陵川集載焦山寺僧寄瘞鶴銘考證一卷，又明司馬泰家藏書目内亦有瘞鶴銘考之目，今皆不傳。此書當原石出水之後，視張弨所録更詳也。後有退谷、何焯、王澍各跋。是本抄繕精絶，至爲罕覯，與松南書屋原刊本同。唯粤雅堂本末多伍紹棠一跋。

一六・二三　瘞鶴銘考補一卷

匋齋精刊本。清大興翁方綱覃溪撰。是編爲補汪退谷瘞鶴銘考而作。乾隆丙申，先生得退谷銘考書版。越十六年，乃就所藏水拓三本及初移山亭者一本，研精審諦，定其見存字數，附之以圖，復以所作辨證八篇最録于後。又附米、陸二題以及各家著録，附考于末。後有端方、陳慶年各一跋，並陳慶年校勘記一篇。

一六・二四　瘞鶴銘考一卷

別下齋刊本。清海鹽吳東發侃叔撰。前有東發自序曰「瘞鶴銘，蘇東坡、黄魯直謂右軍書，歐陽永叔疑是顧况，黄長睿謂爲陶隱居書，又謂即丹陽尉王瓚。自後或以爲况，或以爲隱居，迄無定論。偶得懸諸壁間，真有飛動之勢。賞玩之餘，間爲參考，有以見其爲隱居不疑，爰列爲圖，繫其説于後，以與好事者共論焉」云云。

一六・二五　山樵書外紀一卷

匋齋精刊本。清海鹽張開福石匏撰。此書表章鶴銘爲焦山紀勝而作，首列宋重刊鶴銘，只存上一段五十餘字，又載米元章題四行十六字、陸務觀題十二行七十七字、范仲寬題三行十八字、吴琚詩十行一百二十六字，皆因鶴銘而題。石匏雜引諸書，考訂翔寔，附翁氏考補于後，讀之得左宜右有之樂。又遯盦刊本，末有繆荃孫一跋。

一六・二六　十二硯齋補瘞鶴銘考二卷

十二硯齋精刊本。清儀徵汪鋆硯山撰。前有凌霞序、硯山自序。汪君藏水拓全

「皇」字瘞鶴銘，以滄州、退谷兩先生考證，病其辭涉兩可，迄無定論。後讀翁氏瘞鶴銘考，始贊翁説爲當。復采諸説，録成是編，書例悉照翁考，其所已引者概從略。

一六·二七　元祐黨籍碑考一卷

抄本。明瓊山海瑞汝賢撰。有汝賢自序及伍崇曜跋。按：元祐黨籍碑，宋立于文德殿之東壁，蔡京書之。然皆一時賢人君子遭厄被誣，豈知實所以顯揚諸君子之名于千萬世也，惜史未全收。此編參考道命録、陶朱新録等書，分門紀載，深資稽考。伍跋有云：「四庫提要稱其『專以李心傳道命録爲主，其闕者則以他書補之，故所録人數較他書爲多』。以馬純陶朱新録互校之，餘官一百七十七人，内缺孫諤而多錢希白一人，外武臣二十五人、内武臣二十九人俱闕，豈所據陶朱新録爲明人所刊，非足本耶？又郎瑛七脩類稿所載亦與是書同，而獨缺蔡京之言及先生跋語，至序則仍録之，而獨缺先生名，若瑛所撰者。郎瑛著撰頗多，何至掠美，殆不可解。龔頤正曾採三百九人事迹，成元祐黨籍列傳補述一百卷，與是書詳略迥殊。」

一六·二八　天發神讖碑考一卷

景刊本。清淮南吴玉搢鈍根撰。後有鈍根跋曰「雪客先生碑考，求之數年不可得。甲辰夏，錢塘金壽門游淮陰，行笥中有之，出以相示，與予所著無銖黍差。但彼止存正書而無篆，則予爲較備云。集古録有國山碑而獨無此，自趙德甫始見著録，後人之論辯遂詳，故并録諸説，以附三跋之後」云云。是本經吴下徐堅校過。

一六·二九　國山碑考一卷

拜經樓刊本。清海寧吴騫槎客撰。前有盧文弨序。按：國山碑著録始于雲麓漫抄，厥後吴人盧公武考之，又加詳焉。沈敕荆溪外紀及唐鶴徵常州府志亦備載之。然俱不能無譌誤，且其文字可讀者尚多，而率皆遺漏。吴君披荆榛，剜苔蘚，親以氊椎，從事者無慮數四，僅得四十一行，凡千有餘言，與趙氏金石録所紀數略相等，他皆不及，並爲之圖説、釋文，考核辨正，薈萃古今題詠，及古蹟之與是山鄰近者，咸采輯焉。末附補遺。後有陳鱣跋、槎客後序。

一六·三〇　華山碑考四卷

文選樓原刊本。清揚州阮元芸臺撰。前有江藩序。按：漢延熹西嶽華山碑，明嘉靖時地震石壞，墨拓傳世者，僅存長垣、四明、華陰三本。芸臺得四明本，後于日下又獲見長垣、華陰二本，互對缺文，輯考四卷。首卷博采著録諸家之説，二卷敘長垣本，三卷敘四明本，四卷敘華陰本。三本之中，長垣最舊，一字不缺，所以敘次在四明之上也。四明與華陰同有缺文，然四明乃未剪之本，唐宋人題名二本皆無，所以敘次又在華陰之上矣。近世好古之士但見雙鈎本及如皋姜氏、歙巴氏、江氏翻刻本，往往誤長垣、華陰爲一本。此考歷敘流傳之緒，又縮刻碑文，以長垣本校多之字補四明、華陰之缺，而以墨線界之，已損之字以墨圈識之，瞭如指掌，較若列眉，據此可以不爲異説所惑。至于考覈精審，則出天發神讖考、瘞鶴銘考之右矣。

一六·三一　西嶽華山廟碑考一卷

兩罍軒原刊精本。清歸安吴雲平齋撰。按：吴君從海鹽胡衣容得張芑堂手撫雙鈎長垣本，詳加考訂，主徐季海古迹記之説，定爲蔡中郎書，闢歐陽叔弼、王弇州所主郭香察書之誤，解全謝山、錢辛楣之疑，而補顧氏金石文字記、翁氏兩漢金石記、王氏金石萃編、阮氏華山碑考各家之所未及。考據精確，遠超前賢，舉世之疑，讀之盡釋矣。是本嘉興吴仰賢所藏，後有吴氏手録武康徐雪廬題跋一篇，末有自跋一則。收藏有「嘉興吴仰賢印」白文方印、「牧騶珍玩」朱文方印、「魏墉寄巢」白文方印。

吴氏跋曰：「顧寧人謂『明嘉靖三十四年地震碑毁』，而趙子函云『此碑嘉靖中猶在，一縣令修嶽廟石門，視殿上碑題皆當時顯者，恐獲責罰，此碑年遠，遂碎爲砌石』云云，與顧説不合。故翁覃谿先生跋商丘本謂『使果毁于地震，亦必尚有片石存者，趙説是也』。然歸震川隸釋跋云：『予在南宫，見關陝之士，問前歲地震，云往往數百里崩陷，華山亦忽低小。秦雍間碑石多摧碎，圓如鵝卵，殆不可曉。』據此則趙説近誤，寧人所言不誣也。」下鈐「仰賢」白文方印、「小匏蒼」朱文長方印。

一六・三二　唐陳觀察墓志考一卷

注韓居原刊精本。清侯官鄭杰昌英撰。前録志文，次鄭君考證及抄附林同人先生二記，又次陳觀察山亭碑記、來齋金石考、鄭天鍮記。是考足訂薛史及八閩通志之譌者甚多。

一六・三三　石塔碑刻記一卷

注韓居原刊精本。清樾亭林喬蔭育萬、海峰龔景瀚維廣撰，侯官鄭杰昌英輯。按：石塔在福州城西南，初名「貞元無垢浄光塔」，唐德宗朝觀察柳冕所建，庾承宣記之，不知壞于何時，承宣之記遂不可見。然徐興公榕陰新檢言「寺廢已久，碑猶存闤闠間，文字古雅，下半折俱已剥蝕。嘗偕陳伯孺、曹能始往讀，猶可以意會之」，則明萬曆間此石尚存。若今塔則五代王氏據閩時重建者，凡七層，層八面，每面中皆嵌石鐫佛相，表以佛號，旁列閩王以下及諸臣銜名。又有碑二通，一題塔名，一書塔記，其文字悉班班可見。間有漫漶者，往往露椎鑿之迹，蓋後人剗滅之，而非歲久磨泐。文尚約略可辨，育萬鄉前輩親自訪求，就其旁録之，參以史書，辨正頗確。次龔維廣先生所撰附考。龔君又搜采史鑑諸書，重加考證，于林記多有辨論。後附黃世發一跋。昌英先生合林、龔二家之記附梓，復備録其文，附塔記之後，補兩家所未備，益覺完備矣。收藏前有「步玉山房閲本」一朱文長方印。

一六·三四　昭陵六駿圖贊辨一卷

世楷堂刊本。清歙縣張弨力臣撰。前後有張潮題跋。按：六馬圖贊或以爲太宗御撰，或以爲殷仲容書，趙子函諸家輾轉舛譌。張君親至其側，勘驗繪圖，以趙明誠金石録爲依據，定六馬贊爲歐陽詢書，諸降將姓名爲殷仲容書。惟文已盡泐，確爲誰撰，弨亦不能考矣。

一六·三五　孔子廟堂碑唐本存字考一卷

原刊本。清大興翁方綱覃谿輯。按：虞書廟堂碑貞觀時燬于火，宋人榮咨道嘗以三百萬貫購唐拓本。黄山谷云：「孔廟虞書貞觀刻，千兩黄金那購得。」舉此兩端，其當時難得已可想見。覃溪先生得元康里氏舊藏真唐石本，尚存千四百許字，以校城武、西安兩本，多所足正。因摹其異文百二十字，詳加考校。翁公書法紹述永興，讀此可識其用力之勤也。後有覃溪一跋、孫星衍、王宗誠、李宗瀚、翁樹培、樹崐題款五行。

一六・三六　唐吐蕃會盟碑考一卷

稿本。清嘉興徐同柏籀莊撰。前有自序。此係籀莊手稿呈政叔未先生之本。全帙分序文、碑文、考證、跋尾四類。按：此碑遠在西藏，傳拓頗罕，大清一統志及全唐文均録其文。金石諸書則寰宇訪碑録曾列其目，平津館讀碑記有跋尾，然與徐氏此考均未詳陰、側。其餘各家，多未之及。上虞羅叔言得舊拓本，陰、側悉全，曾據全唐文校釋，並加考證。曾取羅氏釋文與兹考對校，第一行「孝德皇帝」下徐作缺文，羅增釋「與大蕃聖神贊普」七字；「與」字、「普」字據全唐文補。「舅甥二」下徐作缺文，羅增釋「主」字；「商議」下徐釋作「衽被」，羅作「社稷」；「盟文」下徐釋作「即自」，羅作「節目」；「於」下徐釋作「碑之」，羅作「柱也」。第二行「皇帝與」下徐作缺文，羅增釋「都贊陛下」四字；此四字據全唐文補。「舅甥」下徐祗釋右「言」旁，羅釋作「濬哲」二字；此二字據全唐文補。「鴻被曉」下徐釋作「令」，羅作「今」；「永之」下徐作缺文，羅補釋「此」字；「成」下徐釋作「乂」，羅作「久」；「大」下徐釋作「一」，羅作「善」；「重申」下徐作缺文，羅增釋「隣好」二字；「大和」下徐作缺文，羅增釋「矣今」二字。第三行「蕃漢二國所」下徐作缺文，羅增釋「守」字；「守」字據全唐文補。「見管」下徐作缺文，羅增釋「都興實」三字；此三字據全唐文補。「放歸」下徐釋作「令」，羅作「令」；「大和」下徐釋作「立」，羅作「然」；「善」下徐作缺文，羅增釋「理」字。「理」字據全唐文補。第四行「彼此」下徐作缺文，羅增釋「驛騎一舊路」五字；「驛舊路」三字據全唐文補。「蕃漢」下徐釋作「臣」，羅作「並」；「被盜之名」下徐釋作「須」，羅作「復」；「之患」下徐作缺文，羅增釋「封」字；「撤」字下徐釋作「備」，羅釋作「險」；「鄉」下徐釋「之壁」二字，羅作「士俱安」三字。第五行「如斯」下徐作缺文，羅釋作「樂」字；「業」下徐作缺文，羅增釋「之美之」三字；「美之」二字據全唐文補。「移易」下徐釋作「登」，羅作「然」；「三寶」下徐釋作「笈」，羅作「及」；「星辰」下徐釋作「諸君」，羅作「請爲」；「各自」下徐釋作「共」，羅作「契」；「陳」下徐釋作「利」，羅作「刑」；「爲盟」下徐釋作「證此文」，羅作「設此大」。第六行徐釋缺上五字，羅增釋「約儻不依此」五字；「蕃漢」下徐作缺文，羅增釋「君臣」二字；此二字據全唐文補。又「君臣」下徐作「約也」，羅作「禍也」；「仍須」下徐祇釋左「隹」旁，羅作「讎」字；「立誓周」下徐釋作「洄馬」，羅作「細爲」；「二君之」下徐釋作「給」，羅作「合」；「終以」下徐釋作「寶印」，羅作「雍和」，又增釋「登壇之臣親」五字；「姓名」二字上徐釋作「著」，羅作「署」；「如」字下徐釋作「此」，羅作「斯」；「誓」字下徐釋作「更」，羅作「文」，又增釋「藏」字；「於」下徐釋作「三□焉」，羅作「王府屬」。此均徐、羅兩家互異之處，他日當將羅氏釋、跋録附此考之後，付梓以傳也。

徐氏自序曰：「今西藏衛地有唐長慶元年吐蕃會盟碑，見御批歷代通鑑輯覽及寰宇訪碑録。道光戊子冬日，吾師張叔未舅氏得是碑拓本，高今官尺九尺五寸，闊二尺，碑文前半爲唐時行書，凡六行，行八十四字，後半爲蕃書，凡七十七横。舅氏以唐書吐蕃傳載長慶元年與吐蕃會盟事甚詳，獨不載立碑事，命同柏考之。爰録其文，而次唐書于各條下，並附鄙見于後，繕呈函丈正定焉。十一月十六冬日至之日，弟子徐甥同柏謹記于清儀閣下。」

一六・三七　石柱記箋釋五卷

粵雅堂刊本。清歸安鄭元慶芷畦撰。前有鄭開極序、朱彝尊序、蔣國祥序、張希良序、芷畦自序，後有伍崇曜跋。據四庫提要載「吴興山水清佳，自六朝以來，稱東南名郡。自唐時刻有石柱記，樹之杼山，載其山川、陵墓、古蹟、古器甚詳。逌傳世既久，歲月、名字遂漫漶不可考。歐陽修作集古録以爲筆畫奇偉，非顔真卿不能書。孫覺知湖州，聚境内碑碣，築墨妙亭貯之，凡三十二通，石柱記亦居其一。後人因府治卑濕，墨妙亭諸石盡取以填淤泥，而石柱記遂淪没不復見。康熙辛巳，元慶重修府志，既成，復訪得宋槧石柱記，爲世所罕覯。惟湖州五縣，原本衹載其三，秀水朱彝尊乃依仿體例，摭德清、武康二縣事蹟，輯而補之。元慶採掇諸書，爲之注釋。其徵據考證，頗爲贍博，于一郡之勝，尚未能包括无餘，而軼典遺詞，其梗概亦已略具，固亦徵文考獻者所不廢矣」云云。

一六·三八 郿閣銘摩巖碑考一卷

别下齋刊本。清諸城王森文撰。前摹白巖郿閣銘全文，次靈巖重刻本。考中首述碑之所在、尺寸、行數，次凡缺泐之文，亦均考訂。其間正舊志釋文舛誤脱闕者，悉舉無遺。即重刻與原碑異同之處，無不畢考而詳訂之。且證田氏原石即申氏重刻，足解後人之疑，並正縣志誤爲李虞卿所重刻之非也。

一六・三九　**右扶風丞李君石刻考一卷**

別下齋刊本。清江南陸紹文撰。是考係附石門碑醳之後，姑爲採入，前列全文，後附考證。

一六・四〇　**漢東海廟碑考一卷**

兩罍軒原刊精本。清歸安吴雲平齋輯。按：東海廟石刻早佚，吴君得長洲顧氏藝海樓藏本，曾重橅勒石，藏之焦山。是本又復雙鈎入版，詳加考釋，足補洪氏隸釋之闕。

一六・四一　**元魏滎陽鄭文公摩崖碑跋一卷**

校經山房刊本。清錢塘諸可寶撰。是編博采諸説，詳加考證，頗足以資考訂。

一六・四二　**景教流行中國碑考一卷**

抄本。清義烏朱一新■■撰。是考係依無邪堂刊本轉録。朱公主廣雅書院，批答門生質疑問難，而成答問五卷，此編即中之一，考證景教碑，群徵博引，竟委窮源，援據洵極精審也。

一六·四三　高麗國永樂好大王碑釋文纂考一卷

石芝西堪刊本。清鑲白旗鄭文焯叔問撰。按：金文以毛公厝鼎爲第一，石文以好大王碑爲第一。盛伯羲曾爲釋文，未甚詳審。日照丁少山再加考釋，亦未卒業。是編精博碻核，嚮所未有。且編法井然，首敘立國，次討碑麗，次以倭寇、百殘、新羅，躬率水軍破之，次觀肅慎，次巡平穰，救新羅，潰倭，次平東夫餘，次紀所略城村，次紀守陵烟户，末紀立碑及制守墓人，完整無歉。末有吴重熹一跋。余客歲以訪碑團之力，亦得是拓一份，尚無暇與此考一校對之。鄭君書版近歸同好長興王季歡修，兹本即其所貽。前有「長興王氏藏版」朱文長方印。曩得鄭君書帶草堂集，是考亦刊集内。

一六·四四　漢射陽石門畫象彙考一卷

晦齋刊本。清上元張寶德容園撰。前有吴熙載序、傅春官序。按：射陽石門畫象，汪中訪得，後金石家各有考證。此編録揚州府志所載，並採翁方綱、王昶、程瑶田、錢大昕、阮元、孫星衍、江藩、洪頤煊、汪喜孫、劉文淇、劉寶楠、朱士端各家跋語及張君咏畫象歌暨附記兩則，彙輯而成。

一六・四五　後漢畫象石説一卷

涵芬樓印本。日本關野貞撰，姚振華譯。日本東京帝國大學藏吾國後漢畫象七石，得于嘉祥縣某民居壁間者一，得于肥城縣孝堂山麓者三，得于濟寧州晉陽山慈雲寺天王殿者一，得于魚臺縣民家者二。記中援引博洽，考證翔實，殊非泛泛著述，讀此亦足以愧吾國士夫之不克保存古物，至爲異族所襲恥也。

一六・四六　唐光業寺碑考一卷

傳抄稿本。河間吴潯源棠湖撰。前有趙慧甫先生手跋兩則。按：大唐帝陵光業寺大佛堂碑在趙州之隆平縣，此編録文附考，審訂頗詳。

趙氏手跋曰：「吴潯源，字棠湖，河間人。工篆隸，好骨董。其室中磁、銅、玉、石盈几案間，終日摩弄無倦色。性好潔，座無纖塵。妻死，十餘年不再娶。每晨起必朗誦太上感應篇一過，方與人語，自稱『不合時宜老怪物』，人亦以此稱之，可以知其品矣。」

趙氏再跋曰：「此跋云趙州石刻録未載，乃未知其書止録本境，不及所屬州縣也。」

一六·四七　漢劉熊碑考一卷

金佳石好廔刊本。會稽顧燮光襍爧撰。前有范壽銘序、金汝益題詞。同好顧君得延津學宫殘石，審屬劉熊碑陰並側，乃搜據各家釋文題跋，彙爲是編。末有鼎梅自跋一則。

石廬金石書志卷之十七

閩侯林鈞亞傑

考證類五

一七·一　唐昭陵陪葬名氏考一卷

稿本。清侯官馮縉笏軿撰。前有陳壽祺序，後有笏軿鄉先生總論一篇，曰「昭陵陪葬名氏，傳聞異辭，終無定數。今取新舊唐書、文獻通考及長安志、昭陵圖、讀禮通考、陝西通志諸書，詳加參校，竟得二百人之數。如諸王七人之外，尚有太子承乾，唐書明載開元中移葬昭陵，通考何故不爲增入？至越王貞以謀逆死，詔改氏『虺』，安得仍列陪葬？若紀王慎，坐與越王同謀，謫巴州，薨于道，及神龍初，詔州縣求訪，復官爵，諸王皆陪葬昭、獻二陵，則紀王固在陪葬之列，況紀王澄即慎之子，紀國先妃陸氏即慎之妃，妃與子俱得陪葬，則慎似無可疑者。妃嬪八人，昭陵圖僅載四人，而四人中則有太妃許氏、先妃陸氏，爲諸書之所未載。宰相一十三人，不録宇文士及、杜如晦，而長安志、讀禮通考、陝西通志俱有杜如晦。考如晦以貞觀四年薨，其時未建昭陵，安得陪葬？若宇文士及，史明載其卒贈左衛大將軍、涼州都督，陪葬昭陵，焉得不爲列入乎？丞郎三品五十三人，茲考共有五十八人，除誤尚有五十七人。功臣大將軍以下六十四人，茲考共有八十人，除複、誤尚有七十人。其多也，曷以故？据唐史貞觀二十年八月丁亥詔：『令所司于昭陵南左右廂封境取地，仍即標識疆域，擬爲葬所，以賜功臣。其有父祖陪陵，子孫欲來從葬者，亦宜聽允。』于是孔穎達陪陵，而其子祭酒志約、孫諭德、元惠亦從葬昭陵矣。房光義陪陵，而其子原州別駕暉、咸陽縣丞曜亦從葬昭陵矣。姜行本陪陵，而其子安南都督簡，簡之子衛尉卿遐，遐之子吏部侍郎晦、太常卿皎亦從葬昭陵矣。凡若此類，指不勝屈。至若豆盧承業之即豆盧承基，後代避明皇諱也，而長安志乃分爲兩人。高士廉之與姚思廉，唐書各有專傳，俱載其陪葬昭陵也，而昭陵圖乃合爲一人。外此如薩寶王贊普即吐番贊普，阿史那什鉢苾即突厥利可汗什鉢苾，新羅王女真德即新羅樂浪郡王金真德，皆北闕石琢侍立歸降諸番君長，不在陪葬諸臣之列者，而讀禮通考統入功臣大將軍數內。欲其不紛淆也，得乎哉？茲依倣諸書所載，詳採而臚舉之，稍加删削，以俟博雅君子訂定焉」云云。是編綜考其人數、姓名、官爵、序次，極爲精審，足資考訂。

陳序曰：「唐昭陵陪葬恩禮之盛，曠古未之有也。顧諸王、妃主、宰相、丞郎三品、功臣大將軍諸人名氏，各家紀録互殊，其病約有數端焉。宰相遺宇文士及而入杜如晦，功臣遺李思摩、公孫武達而入王愔、薛仁貴，丞郎增杜正倫、段倫等而脱姜晦，此長安志、醴泉志之舛也。芮國公豆盧承業即功臣之將軍豆盧承基，而以爲兩人，輔國大將軍劉弘基即丞郎之夔國公弘基，而複見兩處，此唐會要、長安志之謬也。薩寶王贊普、新羅王女真德、阿史那什鉢苾皆降蕃君長，琢石像形元闕之下，而並列之陪葬，此唐會要、文獻通考之疏也。乙速孤行儼、乙速孤晟、乙速孤神慶，其墓皆在叱干邨，九嵕山後三十里之内，而並屬之昭陵，此讀禮通考、醴泉縣志之失也。江夏、西平，有功王室，規、珍、倩、俊，同派天潢，乃不次曹，越諸王之末，猥厠丞郎；馬載、馬覬，則賓王子孫，志約、元惠，是沖遠嗣胄，簡、遐、晦、皎，咸行本親枝，政明、客師，悉衛公諸弟，乃不從景倩、房誕之例，明題并祔，此又唐會要之疏也。有竇義節復有賈義節，有牛伯億復有于伯億，有李政明復有李正朝，此又讀禮通考之譌也。以閻立德爲閻立本，以牛進達爲申進達，以執失善爲龔善，以豆盧貞松爲盧赤松，以西平王沖爲西平王安，此又醴泉縣志之駮也。昔宋敏求言：『陵廟記圖所載陪葬諸臣姓名差舛，恐未得其詳，或有不當陪葬者，更須參校乃善。』然則前人固已疑莫敢定。其後如范文光、周錫圭、林侗、孫淵如糧使、王述菴侍郎，所考益精焉。吾友馮笏軿嗜金石文字，頃栞來齋昭陵石刻紀略行于世，尋獲昭陵碑帖十餘種，慨然有志于稽古，因參覈諸書，臚其同異，粲若列眉，自諸王以下，咸有所訂正，斯亦今之來齋也。覽是編者，其孰不相勸于讀史之學哉？吾又聞之梁九山太常卿者，吾鄉林樾亭嘗續考昭陵石刻，樾亭固博雅，左右采獲頗用心，既而持入京師，質之翁覃溪閣學，久之，覃溪匿不見歸，樾亭無副墨，遂失此書。惜乎未知其所考于是編短長、詳略何如也。他日儻訪而得之，亦昭陵之譚助也，馮君其圖之。嘉慶二十有四年己卯夏四月，同門弟陳壽祺序。」

一七·二　唐御史臺精舍題名考三卷

月河精舍刊本。清仁和趙鉞、勞格同撰，歸安丁寶書參證。是編首録大唐御史臺精舍碑銘全文及題名，次將所載題名諸人，博采史乘，遍加考證。卷末録各家題跋附焉。

一七·三　唐御史臺精舍題名考附録一卷

月河精舍刊本。清仁和趙鉞、勞格同輯。是編録集古録、廣川書跋、黃文獻公集、弇州山人四部稿、石墨鐫華、金石文字記、曝書亭集、金石存、潛研堂金石文跋尾、金石萃編諸書闕于御史臺精舍碑題跋十則，成附録一卷，附于前考之後。

一七・四　墨妙亭碑目考二卷

刊本。清烏程張鑑春治撰。前有春治自序，曰「古人一事輒爲無窮之慮，恐竹素之易盡也，則假金石以繇之。及金石之敝，又轉而取償于竹素。然則雲煙世變，吾又奚能測其所底耶？宋時高郵孫公之刺吴興也，聚郡内石刻積于墨妙亭中，意非不善，迄今僅七百載，而石與拓本存者絶少。鑑以聞見所及，疏而出之，有鄭氏茝畦所未見者，然亦十纔得其六七耳。異日者苟有能發府治之沮洳而復樹之，則斯録之逸者存，闕者補，邑之幸，非即此書之幸歟」云云。是編每卷均分上、下兩卷，各碑均附諸家考證，其屬自注者，以「鑑按」二字别之。

一七・五　墨妙亭碑目附考一卷

刊本。清烏程張鑑春治撰。其自序曰「自高郵孫氏築亭以後，由宋至元，中間幾三百載，舉凡賢太守之蒞斯土者，每有所得，從而附入之。今亦就其可考者，隨而列焉。他日或有如竹垞所云『發而重樹之』者，亦即以此編爲左券也可」云云。

一七·六　漢碑引經考六卷

原刊本。清善化皮錫瑞撰。前有錫瑞自序。是編就漢碑可徵經文者，博引諸書，詳加考據。

一七·七　漢碑引緯考一卷

原刊本。清善化皮錫瑞撰。是考即附前編之後，就漢碑徵引諸書，考釋詳審。

一七·八　簡牘檢署考一卷

雪堂刊本。海寧王國維靜安撰。是編援據經史，考簡牘、檢署之制度，窮其本源，詮釋極爲詳確。

一七·九　蒿里遺珍考釋一卷

雪堂刊本。上虞羅振玉叔言撰。羅君將其選影之地券四種、冢記一種，盡釋全文，加以考證。其中如漢建初玉買地券第八行第五字，正端陶齋釋「田」作「四」之誤；又文末「沽酒各二孑」，考「孑」作「斗」，正端氏釋「千」之未當。又漢孫成鉛買地券，考「旁人」二字猶建初券之「知券約」，證即今之中人。又吴浩宗買地券，考「邸」作「抵」，「卷」作「券」，證古字之通段；第三行「鷁」字釋爲古「鶴」字，糾史記正義云「鷁」音「高」之舛。又楊紹買地瓦莂，以杜氏越中金石記謂「『東極闞澤』謂東至澤墓，『西極黄縢』謂西至黄、縢兩姓之界」所考爲是，正洪北江誤以人姓名爲地名之非。又北齊上官長孫氏冢中記，考四角之穿以爲綴衣衾上納棺中者，亦非無見也。

一七·一〇　石刻書法源流考一卷

會稽顧氏刊本。清甘泉毛鳳枝子林撰。是考就歷代石刻有關書法源流者，闡論頗詳。末並附注考内所引碑目數十種，並詳諸刻簡明考證于各目之下。

一七·一一　題嵩洛訪碑圖一卷

煙畫東堂刊本。清大興翁方綱正三撰。此係翁學士題黄小松先生易之嵩洛訪碑圖諸跋，藝風繆氏另録刊于煙畫東堂小品中。

一七·一二　集古官印考證十七卷

古泉山館精刊本。清嘉興瞿中溶木夫撰。前有吴大澂序、袁保恒序、木夫自序、子樹鎬跋。瞿君精金石文字之學，旁及印章，手模古今譜録，又博訪收藏之家，證以正史中官制、地理，爲之分别時代，辨其異同，正其謬譌，自漢魏迄于宋元，集官印九百餘種，釐爲十七卷，又附虎符、魚符一卷于末。其于歷代文字之變遷，與夫制度之因革，瞭若明星。余得此本于繆氏藝風堂，惜祇一册。考樹鎬跋中有云「爰于甲戌歲五月開雕，倩松江王子萱茂才摹印于石，以存矩矱，洎中秋日第一卷告竣」云云，又按葉氏印譜存目亦未詳舉卷數，以此測度，當時鐫版未竣，已先印行，抑或即此中斷。余未見他家藏本，未敢遽斷。收藏有「繆印荃孫」白文方印、「雲輪閣」朱文長方印、「荃孫」朱文長方印。是本硃墨鮮明，紙本亦佳，當屬初印精本也。

一七·一三　清儀閣古印考釋一册

風雨樓景刊精本。清嘉興徐同柏籀莊撰。前有籀莊手記兩則，末附十二古印記一篇。野殘提要云「籀莊工隸篆，嗜金石，張叔未先生之甥，同居新篁里，叔未每得古器物銘，即屬其考釋。籀莊能識古字，妙有神悟，故恒得確解。叔未生平蒐羅漢銅印甚夥，于道光戊子成清儀閣古印偶存一書。籀莊逐印爲之考釋，爲古印附注，積手稿成帙，意欲附梓印存後，未果而没。其遺稿存嘉興陳士藩家，余去歲購得。其墨書爲道光戊子原藁，其朱書者則乙未年再行訂正者，内黏紙籤則其子士燕手筆。士燕號穀孫，嘉興庠士，亦精篆隸，能繼家學。清儀閣古印偶存余曩藏有一部，版式廣闊，藍格，副頁上有白文朱記，云『購古印四十餘年，去其複者得三百三十有奇，印三十五部，部六卷，朱紙工銀六兩。道光戊子夏日，叔未張廷濟記』四十四字，其封面及標首亦叔未墨筆自書者，蓋爲初印之本。其後見有數部，版式較小，無上朱記，乃其後印者也。叔未藏印後盡歸吴平齋，今已散佚，多流出日本矣」云云。此本風雨樓係就原藁景刊，凡附黏紙籤以及硃墨改正，一仍舊觀，開卷不啻目覩原帙也。

一七·一四　古今官印考一卷

精抄本。清海昌吴壽暘虞臣撰。虞臣，吴兔床先生子也，家學淵源，頗長考據。是帙計考宋忠勇軍第三都都虞候朱記、金勾當公事印、蒙古景州印三篇。其中于宋印正宋芝山、江鄭堂、陳簡莊三家釋文之舛；金印審釋背文年月，足補阮氏山左金石志之未備，蒙古印則援引史乘，定爲蒙古之章，亦屬真確有據。末附咏東坡先生鹽官四絶句殘碑、熹平石經論語殘字、黄岡古錢歌三首，亦有關于金石也。

一七・一五　二百蘭亭齋古印考藏六卷

原刊本。清歸安吴雲平齋撰。前有馮桂芬序、平齋自序。按：瞿木夫先生有集古官印考，蒐討頗備，唯皆從前人印譜中鈎摹入集，恒非廬山真面目。吴君收藏極富，所得漢魏六朝印千餘鈕，其中官印十之二，私印十之八，六朝不計。惟私印于古人姓氏無考者多，此編獨取官印，去其重複，排比考證，勒爲一編，摹鈕制、印形于前，而以原印印之于後，且加考訂。其官名、地名不習見者，則旁引曲證，皆援據諸史，以爲論斷，頗無穿鑿之弊。使千百載之典章制度與古人篆法精微粲然畢顯，而歷代之設官分職、封拜酬庸，亦可得其梗概，較諸瞿氏之考，誠堪伯仲也。

一七・一六　兩罍軒印考漫存九卷

兩罍軒原刊本。清歸安吴雲平齋撰。前有平齋自序。吴君先輯古官印考六卷，後挽張玉斧爲摹仿原印，擬集古官私印考十二卷。張君鐫摹未竣，遽歸道山。吴君乃舉已刻之官印六卷，私印三卷，集成兹編。原定官印八卷，私印四卷。凡歷朝職官制度以及印之形製、文之篆法，詳考無遺，靡特足爲治印者楷模，亦考古不廢之書也。

一七·一一七　錢幣考二卷

文獻通考本。宋鄱陽馬端臨貴與撰。馬氏文獻通考第八、第九兩卷詳考歷代錢幣之制度，上卷自太皞至唐，下卷自後唐至宋，所舉頗詳，足資參訂。

一七·一一八　錢通三十二卷

精抄本。明西蜀胡我琨自玉撰。前有胡公自序。是編首分正朔一統年紀，篇章雜録，次别曰原，曰制，曰象，曰用，曰才，曰行，曰操，曰節，曰分，曰異，曰弊，曰文，曰閏。其載明制，徵引該洽，于明代錢法沿革言之尤詳，多明史食貨志及會典諸書所未備。其敘述古制，亦足補唐宋各史所未詳，董逌、洪遵各家所未載，皆足以資考證。此本係依鮑氏觀古閣舊藏明刊本末有抄補數卷。景録，前有鮑臆園先生康手題兩跋。收藏有「歡古閣印」朱文方印、「鮑氏」白文方印、「觀古閣藏」朱文方印、「古香閣」

白文方印、「曾在鮑子年處」朱文長方印諸章，悉摹入編。鮑氏手跋曰：「四十年前路子端所惠，展視如見我故人。臆園叟鐙下記。」鮑氏再跋曰：「道光中葉，余應京兆試，頻入都，晤路子端太史，輒勸余著泉譜，並以是書屬抄胥補完，持贈余。余亦拓泉册以報之。乃近年忽失所在。光緒二年十有一月，内兄何鏡海自晉寄來余所存舊書篋，檢視竟在其中，廿餘年不見，展誦如新，亦足喜也。鮑子年鐙下漫識，時年六十有七。」下鈐「臆園野人」朱文方印。

一七・一九　古泉叢話三卷

滂喜齋精刊本。清錢唐戴熙醇士撰。前有潘祖蔭序、醇士自序並跋。跋曰「家藏古金寥寥，無異品，既不能識古篆，而又不甚信前人，説無可因，又不獲創，冀成一家言，戛戛乎難哉！雖然，存而不論，則固勿忍也。因循者久矣，既而集叢話三卷成，則併出所藏拓之而綴臆説焉。泉最古而成書最後，遂附于三卷之末」云云。是編考證各節，極爲精審，爲考據古泉之精著也。

一七・二〇　癖談六卷

校經山房刊本。清元和蔡雲鐵耕撰。後有陸準後序、諸可寶跋。蔡君是編偏重小學，所論刀幣圜法頗能獨抒己見。陸準序中有云「蔡君所著癖談，半承竹汀先生之訓。蔡君爲錢先生高足，藝溯緒源，功深汲綆」，宜其著述精審，見重藝林。諸氏跋中又就泉文援據經訓、説文，重申詮釋，頗有足資補訂蔡氏所未及者。

一七・二一　泉説二卷

觀古閣原刊精本。清歙鮑康子年撰。前有潘祖蔭序。按：子年先生蓄泉至富，耽玩四十餘年，故于源流正變、真僞美惡，辨别精嚴，爲古泉之考據家。此編乃舉所見所聞以及耆舊風流、交流韻事，録成二卷，而以題詠附焉。其中遺事逸聞，寔足資後人之考訂，非泛然論泉之作，足與戴文節古泉叢話、劉方伯論泉絶句鼎足而三。潘序有云「若蔡氏癖談、盛氏泉史、張氏錢志新編，詎能望其項背」，洵非虚譽也。後有子年跋、陳壽卿評。

一七·二二　續泉説一卷

觀古閣原刊精本。清利津李佐賢竹朋撰。前後有鮑臆園序各一篇。是書李氏補鮑氏泉説而作，計三十有四則，陳壽卿又加評語。凡書中低一字者，悉陳説也。吴清卿、王廉生並有説釿各一篇，亦附載之，足見考古一事，雖至交不肯苟同，論泉者足資參訂也。

一七·二三　泉志校誤四卷

觀自得齋刊本。清彭城金邠嘉采撰。前有嘉采自序。是編校正洪氏泉志之誤，校例有二：一則編次考説而誤，如正用品之「漢興」、僞品之「太興平寶」、不知年代品之一文錢是也，所謂誤由洪氏者，間引諸説以正之。一則洪氏本不誤而後來寫録誤者，如泉布諸形制，并其文字多含篆隸，而誤爲真書，于其筆畫曲直稍有歧異，爲之標舉，或重摹錢文，或别附其所見以校之。他如周寶貨、莽十布，皆世本有之而洪氏未見，乃據班志之文而以意圖摹，是又洪氏之弊也。夫以洪氏之書誤本無多，其顯然者，僅釋「安邑斤一金」作「安陽之吉貨」一語耳。遂致終卷紛然，觸目皆疑，不足據者，其弊在于逞博援書，以意圖泉，有以致之也。

一七・二四　虞夏贖金釋文一卷

觀古閣重刊精本。清洪洞劉師陸青園撰。前有鮑康序。是編考釋虞夏贖金，謂安邑、當鋝等布爲上古贖罪之金，頗有識見。原版早佚，此係鮑氏重刊。據鮑序曰：「嫺丈劉青園先生曾及世父覺生公之門，與余有同癖，收藏金石、泉幣，繁富夥夠。余曾勸其著譜，至以『後世誰知梓定吾文』爲言，卒因循不果。僅刻有虞夏贖金釋文一種，身後所藏悉散佚，並是版亦弗存。先生嗣子振齋明府宰海豐時，曾以遺文爲託，顧城破亦胥失之，每思及輒惘惘然。一日，王廉生農部持示王孝禹水部所得原拓本精裝屬題，展視乃出先生所手寫，古香墨采，對之如見我故人，頗思借摹以傳。適先生之甥陳寅生上舍亦覓得初印本見贈，余亟付諸手民，以公同好。回憶長安論古，剪燭銜盃，往往清談至夜分不輟。今忽忽廿有餘年，先生遺稿已零落殆盡，獨是編僅存，校刊未終。今昔之感，人琴之慟，其何能不交集于中邪？」

一七·二五　癖泉臆説六卷

精抄本。清嘉興高煥文幹伯撰。前有蔣翊清序。蔣序有云「洪文安撰泉志十五卷，所引諸家譜録，自顧烜而下，今皆不傳。明董遹錢譜，陶九成誤認宋董廣川譜，刊入説郛，然經刪削，存各錢名目，無裨于考訂。國朝初渭園、張麗瀛輩各撰錢譜，繪圖必肖，立説必詳。于是海内抱和嶠之癖，競相勦襲，各誇著述，其所徵引，大抵不外諸史食貨志及洪氏志求之，其有所發明者蓋寡。戴文節古泉叢話始别開生面，多記選錢軼事。鮑子年踵此意而爲泉説，陳壽卿又作續泉説，皆掃去陳言，自非身所經歷，耳目所濡染者，概屏弗載，信以傳信，最爲善本。嘉興高蔚如先生雅好著書，汲古得綆，平生搜羅泉幣尤不遺餘力。然不凝滯于物，得珍奇之品，摩挲累日，興過輒以贈人。敝篋選藏古泉二千餘種，其中佳品購自先生者居多。暇日仿鮑氏、陳氏泉説，取身所經歷，耳目所濡染者，撰癖泉臆説若干，則洵藝林之珍玩，泉苑之秘書也」云云。此編卷一紀周秦至陳隋諸泉，卷二紀唐、宋、遼、金、元諸泉，僞品附。卷三紀明及外夷諸泉，無考泉附。卷四紀猷勝諸泉，雜説附。卷五序古泉同好諸友，卷六録諸名人題跋，又自題泉譜雜説。是書曾經胡石查、張公東兩先生鑒定，故編中多有石查附注諸條。

一七·二六　四朝鈔幣圖録考釋一卷

雪堂刊本。上虞羅振玉叔言撰。是編就其所景刊四朝鈔幣圖録盡釋全文，復加考證，金、元、明三代依據食貨志以及泉史、輟耕録，考訂詳審，清代見聞較近，考據故爲特詳，至于有鈔弊害，並載無遺，靡特考古足資參證，即治四朝掌故者，亦當有取也。

一七·二七　王大令保母甎跋尾一卷

知不足齋刊本。清歙縣鮑廷博渌飲輯。是跋附刻于宋龍泉葉紹翁四朝聞見録之後。據渌飲跋葉氏秘書曲水硯後云：「按：王大令保母墓甎，宋嘉泰間出土，未久即歸祕省，當時模拓甚少，世罕流傳。獨弁陽翁周公謹所遺鉅卷，本朝藏高詹事士奇家。前模曲水硯式，上有『晉獻之』三字，帖存一百五字，顔行與戲鴻堂摹刻迥異，内云八百餘年，知爲子之乳母，非七百年也。帖後題識多宋元名流，篆隸真行，各擅其勝。白石道人小字二千餘，備盡楷則，尤爲希世之寶，不特賞其評鑒之確也。予偶得寓目，亟手録之，盡二十餘紙，因校紹翁所記曲水硯事，附刊卷末，庶幾覽者益加詳焉」云云。

一七・二八　百專考一卷

潘氏滂喜齋刊本。清武進吕佺孫堯仙撰。後有堯仙跋。吕君隨宦明州，每于頹垣中搜訪古甓，其中完好無缺，得自鹿山、鄮山者爲多，都輯百種，考成兹編。浙中如武林、吴興，專之出土最早，已見寰宇訪碑録及兩浙金石志諸書，而明州向無專著，有則自吕君此考始。是考紀載其緣起，詳其出處，釋其文字，度其尺寸，頗稱詳晰。

一七・二九　漢甘泉宫瓦考一卷

世楷堂刊本。清侯官林佶吉人撰。前有四庫提要一篇、張潮題詞一則。此瓦乃佶之兄侗得于陜西石門山中，琢以爲研。瓦背一印，外圓而中以格斗界之，字隨格斗作三角形，其文曰「長生未央」。世亦多有拓本，考詳各家題詠，足資參證。

一七・三〇　秦漢瓦當考一卷

景寫稿本。清仁和龔橙孝拱撰。後有鄒安手跋。此本係孝拱先生手寫原稿，杭州鄒君適廬從其稿本摹録，客歲讓歸吾齋。傳本極罕，亦屬可貴。其中考釋秦漢瓦當，援據史乘，悉究原流，輒闡前人未發之義。原書標目爲「秦漢瓦當篆書」，余從書衣鄒氏署簽，作「秦漢瓦當考」，較爲確當也。

鄒氏手跋曰：「原稿藏其曾孫處，連他稿索價昂甚。壬子録記。」下鈐「杭州鄒安適廬鑑藏記」朱文方印。

一七・三一　庚子消夏記校文一卷

風雨樓刊本。清仁和魏錫曾稼孫輯。稼孫先生就庚子消夏記何義門題語薈萃成編，題曰「庚子消夏記評」。元和楊君篴盦復輯魏稼孫校語爲校勘記附後，并補入翁、魏二跋及程氏南邨帖考、錢氏履園叢話二條，益覺證核完備。此書不特可爲義門集補遺，而寔言考據金石書畫者之小種珍帙也。

一七・三二　嘯堂集古録考異二卷

醉經堂精刊本。清嘉興張蓉鏡春帆撰。前有胡重序，末有春帆一跋。張君重刊嘯堂集古録，病其舛譌，復據鮑渌飲、戴松門藏帙詳加對勘，雖仿宋槧本，訛字較少，次第亦善，而闕文仍所不免。特取吕氏考古圖、宣和博古圖、薛氏鐘鼎款識法帖、王氏鐘鼎款識模勒本細加讎校，考核精審，其有功于嘯堂，豈淺鮮哉。張氏緣鏤版已竣，不易全改，故別爲此考附後，并補編目次。末録干文傳後序一篇。收藏前有「雲輪閣」朱文長方印、「荃孫」朱文長印、「寶研齋藏」朱文方印。

一七・三三　薛氏歷代鐘鼎彝器款識法帖札記一卷

玉海堂原刊本。貴池劉世珩聚卿撰。後有聚卿跋。按：薛氏鐘鼎款識宋時石刻，故有「法帖」之名。明萬曆間硃印本、崇禎間朱謀垔本均屬罕見。阮氏曾據袁氏五硯樓舊抄本、影寫宋時石刻本互相校勘，更以文瀾閣本補正之，冀還薛氏舊觀。陽湖孫伯淵先生在東省見繭紙舊寫本，多元明人印章題跋，疑係薛尚功手稿，曾臨摹全帙，嚴可均爲臨古篆，蔣嗣曾手寫釋文。先生序中有云：「篆體審定，釋文字句增多，可以訂別本誤改篆文及脱落釋文共若干處，直述古所謂驚人祕笈也。」劉氏即據孫氏摹本（後歸繆氏藝風堂）。重刊，復取初印阮本細加勘校，舉阮本誤脱共一百二十八處，成札記一卷，附于款識之後，以供讀者參證云。

一七·三四　金石録札記一卷

結一廬精刊本。江陰繆荃孫筱珊撰。末有藝風跋。按：趙氏金石録宋本止存十卷，清初爲嘉興馮文昌研祥所得，馮君曾刻一印，曰「金石録十卷人家」，帖尾書頭，往往鈐用，藝苑傳爲美談。後流傳于杭州江玉屏，立因題其齋曰「金石録十卷人家」。旋歸趙晉齋，繼爲阮文達、韓小亭，最後歸潘文勤鄭盦，海内推爲天壤祕笈。藝風跋中云此書今尚在仲午比部所，而舊抄則不乏流傳之本，大半出于明葉文莊所藏。至刻本向推雅雨堂盧校爲最精，三長物齋等刻均不足道。藝風據二楞先生所得舊抄本，首有劉跂序、明誠自序，後有李易安後序、開禧趙不謭跋、明葉仲盛跋、歸有光跋，跳行、空格，均據宋本，並依盧本重勘者。藝風特借章碩卿先生藏校宋十卷本及自藏明抄校本，詳加互證，成此札記一卷，附于朱氏重刊金石録之後。

一七·三五　讀金石萃編條記一卷

煙畫東堂刊本。清蘇州沈欽韓文起撰。沈君擬重注昌黎文集，檢閲唐代碑録，凡關王氏金石萃編舛誤者，如張琮碑、令賓墓志、大德寺造象建閣碑、王仁求碑、尊勝陀羅幢、張少悌書。□震經幢、少林寺戒壇銘、賀蘭墓志、多寶塔碑、顔公李臨淮碑、沔縣諸葛武侯新廟碑、徐州使院石幢記、裴度西平王李晟碑、明州阿育王碑、李光顔碑、太和寺重修大象記、玄秘塔碑、高元裕碑、方山證明功德記、劉遵禮墓志、顔公李玄靖碑等二十餘條，悉加糾訂，援證精核。原附幼學堂文集之後，藝風先生復彙刻于煙畫東堂叢書中。

一七·三六　金石萃編校字記一卷

羅氏原刊本。上虞羅振玉叔言撰。前有叔言自序。按：述菴先生金石萃編成于旄年，迫于授梓，讎校之功頗疏，魯魚亥豕，觸目皆是。仁和魏稼孫前輩有校正之作，成而未刊。此編羅君以存拓校勘，其譌誤悉爲糾正。碑字漫漶，其可辨證而萃編缺如者，亦爲補出。計校數百餘碑，世之讀王氏書者，大有取于斯記也。

一七·三七　寰宇訪碑録刊謬一卷

朱氏槐廬刊本。上虞羅振玉叔言撰。前有叔言自序，曰「孫季仇、邢雨民兩先生寰宇訪碑録採取詳備，爲金石目録諸書之冠。然紕繆觸目，讀者病之。方春晴和，齋居鮮事，輟旬日之力，爲之校讎，匡正凡三百餘處。尚苦搜討未廣，遺脱孔多。嗣有所獲，當續書之」云云。同好顧君鼎梅又就羅氏所未及者，補正二十二條。如魏司馬昞碑正爲墓志；北齊維摩經並碑陰主稼孫所考，正陰爲儁敬碑；北齊報德象碑正「輝縣」爲「平定州」；隋汴澗魏夫人祠碑正即窄澗谷太平寺殘摩崖；唐大雲寺皇帝聖祚碑陰正與聖祚碑複出，並考碑陰無字；唐慈州刺史鄭曾碑正在「河南滎澤」爲「河陰縣東關外」；唐高福墓志正「正書」爲「行書」；唐趙思廉墓志正與後列天寶十四載荆府法曹趙思廉墓志複出；唐劉尊師碑正與後列天寶十二載王屋山劉尊師碑複出；唐温佶碑正「建中元年」爲「大和七年」；唐吴達墓志正與後列太和四年洋王府長史吴達墓志複出；唐左千牛衛將軍衛廷謂碑正爲墓志；宋傅堯俞資忠崇慶禪院疏「王本行書」引稼孫碑録所云中州金石記以「黄本」爲書人姓名，由秦觀銜署「校對黄本書籍」而誤，孫氏遂轉訛作「王本行書」；宋游蘇門山詩正「宣和四年七月」爲「四月」；金彭珣投簡卜日碑正「河南禹州」爲「河南濟源」；濟瀆廟元郝文忠墓志正「山西陵川」爲「河南孟縣」；元至大四年六月投龍簡記正與後列延祐八年八月投龍簡記複出，「至大四年」亦誤；元寧公神道碑銘正「至元二年」爲「至大二年」；元趙松雪書送李愿歸盤谷序正與後列盤谷序複出；元付陽臺宫旨碑及天壇山大陽臺宫重修玉皇殿記均未詳所在，考在河南濟源；陽臺宫元重修静應廟碑正與後列重修紫虚元君静應廟碑複出；元輝州重修玉虚觀碑正「至元二年」爲「至元元年」諸條，足補羅氏之疏。校碑之難，于兹益見也。

一七·三八　補寰宇訪碑録刊誤一卷

朱氏槐廬刊本。上虞羅振玉叔言撰。前有叔言自序。序曰「光緒丙戌，玉校孫季仇先生寰宇訪碑録既卒業，擬並校吾鄉趙益甫司馬補寰宇訪碑録，人事牽阻，匆匆未暇。癸巳夏，反自越中，簡棄煩促，盡發篋中碑版，並從儕輩粕漢晉以後石墨，爲先兄佩南先生校寫碑别字。夏多霖雨，渠竇生魚，不出户庭者逾月，因得並校勘是書。其書撰人名及時地有奪漏舛誤者，一一刊正，得三百餘則，成刊誤一卷，寫附趙録之後。詎謂遂有功于金石之學，亦用償夙志」云云。按：孫、趙訪碑録爲金石目録之鉅觀，第孫録所收，當日並彙合邢雨民、趙晉齋、何夢華諸家所作而成，即趙益甫先生續寰宇訪碑録，亦藉沈均初、王侶樵二君之力，非盡所見，紕謬難免。羅氏所正，爲功至偉。唯其間亦有疏誤，曾經友人顧君鼎梅補正羅氏未及者三則，舛誤者一則。如唐范夫人墓志「河南洛陽」正在「河南河内」，宋元祐元年龍穴魯元翰題名、二年龍仲容題名「河南濟源」正在「河南濬縣大伾山」，宋全等施石床記正係「朱全」之誤，此皆羅氏所失訂也。他如唐張興墓志，趙氏訪碑録云在陝西臨潼，羅氏正屬河南臨漳，顧氏考在河南安陽，顧氏石言亦誤「臨漳」爲「臨潼」。此係羅氏刊誤之少疏也。

石廬金石書志卷之十八

閩侯林鈞亞傑

釋例類

一八·一　蒼崖先生金石例十卷

舊鈔本。元濟南潘昂霄景梁撰。前有楊本序、傅貴全序、湯植翁序、王思明序。是編凡碑碣之始，制作之本，銘誌之式，辭義之要，莫不仿古以爲準，以其可法于天下後世，故曰「例」。而其所以爲「例」者，由先秦二漢暨唐宋諸大儒皆因文之類以爲例。至夫節目之詳，率祖韓愈氏「大書特書不一書」，彪分臚列，其亦仿乎春秋之例也與？甚矣先生有功于斯文也。其中「墓志之始」條下引王戎墓銘、比干銅盤銘、延陵季子墓銘、漢滕公夏侯嬰得定葬石銘，「墓圖」條下引南陽宗資墓石刻字，則于古碑亦有引證，不獨取材于昌黎集也。首葉有「南吴王友光經眼」朱筆七字。曾經藝風藏書記著録。收藏有「五硯樓」朱文長印、「藝風審定」朱文方印、「紫伯珍翫」

朱文錢式印、「雲輪閣」朱文長方印、「荃孫」朱文長方印、「荻溪章紫伯珍賞」朱文方印、「章綬銜印」白文、「紫伯」朱文兩小方印、「袁廷檮印」白文、「又愷」朱文兩小方印、「荻溪章紫伯珍藏善本」朱文方印。

藝風藏書記曰：「蒼崖先生金石例十卷，舊抄本。注另行，低一格，大字。首葉有『南吳王友光經眼』朱筆七字。收藏有『五硯樓』朱文長印、『紫伯珍翫』朱文錢印、『袁廷檮』白文、『又愷』朱文兩小方印、『章綬銜印』白文、『紫伯』朱文兩小方印。每册有『荻溪章紫伯珍藏善本』朱文方印。末一卷缺。」

又盧氏雅雨堂精刊本。前有盧見曾抱孫序、潘詡敏中跋。末卷史院纂修凡例二十七條，備刻無缺。此本係屬盧氏初印，曾經楊雪邨鄉先輩收藏。按：此書元刻于濟南，文信之子刊定，重刻于鄱陽，王思明校正，三刻于龍宗武摹泰和楊寅弼抄本。盧本係從鄱陽本録出，故有思明敘。收藏前有「侯官楊浚」白文、「内史之章」朱文兩方印、「鐵侯藏本」白文方印、「經諸范齋」朱文長印、「臣鄭海霖」白文、「鉄侯之章」朱文兩小方印。

一八·二　墓銘舉例四卷

盧氏雅雨堂精刊本。明長洲王行止仲撰。末有耿菴、朱彝尊、雅雨山人各一跋。是編以唐韓退之、李習之、柳子厚，次及宋歐陽永叔、尹師魯、曾子固、王介甫、蘇子瞻、陳無已、黄魯直、陳瑩中、晁无咎、張文潛、朱元晦、吕伯恭，凡十有五家之文，舉以爲例，足續蒼厓先生金石例而補其闕。末有補闕數條。此本盧氏據孫莪山藏本，又假金孝章手録本、錢牧齋藏本合校，並取韓、柳、歐、蘇十餘家文集參互訂正，訛者正之，闕者補之，疑者兩存以備考，頗稱完善。收藏前有「侯官楊浚」白文、「内史之章」朱文兩方印、「鉄侯藏本」白文方印、「經諸范齋」朱文長印、「臣鄭海霖」白文、「鐵侯之章」朱文兩小方印。

一八·三　金石要例一卷

盧氏雅雨堂精刊本。清餘姚黄宗羲梨洲撰。梨洲先生引曰「碑版之體，至宋末元初而壞。逮至今日，作者既張王李趙之流，子孫得之以答賻奠，與紙錢、寓馬相爲出入，使人知其子姓婚姻而已，其壞又甚于元時。似世系而非世系，似履歷而非履歷，市聲俗軌，相沿不覺其非。元潘蒼崖有金石例，大段以昌黎爲例，顧未嘗著爲例之義與壞例之始，亦有不必例而例之者，如上代兄弟宗族姻黨，有書有不書，不過以著名、不著名，初無定例，乃一一以例言之。余故摘其要領，稍爲辯正，所以補蒼崖之缺也」云云。全書計標三十六例，靡特補蒼崖之缺，其考訂較王止仲更密。此本係鄉先輩楊雪邨藏本。「書名例」下有朱筆批曰「凡詩文集贈答諸作，亦當直書大名授梓，使後有所考」一行，似出雪邨先生之手，姑志之。

一八·四　誌銘廣例二卷

清白士集本。清錢塘梁玉繩曜北撰。前有玉繩自序，曰「凡刻石顯立墓前者曰碑，曰碣，曰表，惟納于壙中謂之『誌銘』。自有誌銘而例因之以起。元潘蒼崖輯金石例十卷，明王止仲撰墓銘舉例四卷，餘姚黄梨洲著金石要例一卷，德州盧氏彙梓以行世。然標采雜錯，兼多漏略，覽者病之。余據耳目所及，别其類而補其遺，摘舊增新，次爲廣例二卷，廣變例也」碑表非誌銘，而例有從同，故并舉之。云云。全篇上卷舉體式六十五例，下卷書法二十三例。

一八·五　金石例補二卷

校經山房刊本。清吴江郭麐祥伯撰。前有祥伯自序、汪家禧後序。按：金石之有例自潘景梁始，其括例止取韓、柳二家。明王止仲推而廣之，以唐宋十五家之文爲準，而斷以己意。黄梨洲爲金石要例，補潘氏之闕。郭氏亦本朱錫鬯之言，取洪氏之書，爲之條分而縷析之，間以後人祖述之繇，附識于後。魏晉六朝，上承漢代而下啓唐人者也，有可采者，亦著于編，而唐人不及焉。

一八·六　漢魏六朝志墓金石例三卷

後知不足齋精刊本。清鎮洋吴鎬荆石撰。前有荆石自序。吴君本竹垞先生之言，補輯是編，以廣前人所未及。卷一列漢魏志墓例，卷二列六朝志墓例，卷三列志墓文體式。是本仿宋鐫刻，頗稱精善。

一八·七　唐人志墓例一卷

後知不足齋精刊本。清鎮洋吴鎬荆石撰。荆石引曰「志墓之文始自東漢，蔡中郎集中所見稍多，然敘事則失之太略，蓋當時文體簡朴，類如斯也。至子山庾氏始成正格，厥後至唐又失之太詳，未免冗濫。賴昌黎崛起，力振衰靡，遂得復古。平心持論，撰志墓文者，止可以此三家爲正宗，不得因駢散歧途而有所偏廢也。餘則唐代諸文，敘履歷、學術、行治，章法、次序、體製多同，勢不能羅舉爲例。間有漢魏六朝所未有，潘景梁所未載，雖稍異前人，而似可謂爲例者，就所覽及，條列于後，以俟撰文之士採擇焉。至食邑、官職等，或名式異殊，雖可考証唐代制度，而此不應載。或一事見有數碑者，亦止舉一碑，不復概著矣」云云。末附雜例及志墓例附論一篇。

一八·八 漢魏六朝墓銘纂例四卷

行素草堂刊本。清嘉興李富孫實甫撰。前有實甫自序，末有自跋一則。李君本竹垞先生之言，取洪氏隸釋、隸續所載，益以六朝人碑製及有墓石之出于近世者，略仿仲止之法，臚而列之，曰「墓銘纂例」。其敘、其銘，雖各異體，舉皆可見，則合仲止之例觀之，不至沿其流而忘其源。阮雲台先生見李君是編，謂碑碣當以漢魏爲法，六朝猶不失遺意，屬其將原文及碑式、趺寸並爲載入，俾古制有所考。李君以騣資不易，故未將碑文補録也。

一八・九　碑版廣例十卷

槐廬刊本。清長洲王芑孫念豐撰。前有玉壐序、念豐自序，後有江元文撰跋。念豐序曰「元潘昂霄金石例、明王止仲墓銘舉例，其論皆主韓、歐。秀水朱氏嘗欲臚舉鄱陽洪氏隸釋、隸續所述漢碑版，以補潘氏、王氏兩家之闕而未及也。吾今不自揣量，輒又旁推秀水之言，上追秦漢，下訖宋元明，作碑版文廣例若干卷。潘氏目其書曰『金石』，概辭也。王氏目其書曰『墓銘』，專辭也。吾今于潘氏、王氏所已舉不更舉，其所未舉，一一舉之。潘氏、王氏專舉韓、歐，吾一不舉韓、歐，要之以文章正統與韓、歐也。夫文章之用鴻矣，碑版爲大，一器而工聚焉者也。碑版莫盛于韓、歐，韓以前非無作者，凡其可法，韓、歐則既取而法之矣；其不可法，韓、歐亦既削而去之矣。韓以後非無作者，能以韓、歐之例例秦漢，例元明，無往不得矣；不以韓、歐之例例秦漢，例元明，無往不失矣。得失之數明，而後承學治古文者有所入，此吾廣例之説也。雖然，傳家以例説春秋而春秋晦，文家以例求文章而文章隘，或原也，或委也，吾與潘氏、王氏持鍤荷畚，臨滔滔者以遏其流，非導其原也。世有持原而往者，吾書與潘氏、王氏之書俄空焉。快哉乎，其達于文也」云云。是編按代舉例，自秦至唐，博搜詳考，極爲精審。

一八·一〇　金石綜例四卷

行素草堂刊本。清嘉興馮登府雲伯撰。前有雲伯自序。按：金石之有例，所以寓褒貶于筆削，辨體制于文章，爲法天下後世而傳之永遠者也。潘、王、黄三家所著，頗稱完備。然僅折衷于文集，未搜羅夫碑版，唐宋人之集之文，不皆施于祥金樂石者也。碑誌之例，當追其所自始，濫觴于漢魏，沿流于唐宋，至元而體乃壞。馮君以各家所輯，卷帙簡略，滲漏尚多，復搜商周、秦漢、魏晉、六朝、五季、唐宋及海東諸國金石之文，條分類聚，溯其源而討其流，衷其至當者，蓋不專言誌銘例也。凡有可與三家互証者參之，所已言者略之，頗稱精審。

一八·一一　金石稱例四卷

藤花亭原刊本。清順德梁廷枏章冉撰。前有温葆淳序、章冉自序。是編分國制、官屬、姻族、喪葬、文義、時日、二氏爲七類，始三代，迄五季，每條先標大意，証以原文數語，泐者缺之，他書可考者補之，中有互証發明者，附以按語别之。温序所舉，有足補梁氏之遺者。如漢蜀郡太守何君閣道碑，建武中元二年六月，洪氏引新始建國天鳳上戊六年銅料、新始建國地皇上戊二年鉦，以証漢莽之時即位初元冠改元之上，可以補國制。蜀郡辛通達李仲曾造橋碑題「卿」，洪氏引漢志注引應劭云云，又引武開明碑、沈子琚碑兩「卿」以証漢人稱「丞」爲「卿」；馮緄終于廷尉，而碑額題「車騎將軍」，魯峻終于屯騎校尉，而碑額題「司隸校尉」，銜名題其尊者；孔彪遷下邳相、河東太守，而碑題「博陵太守」，以碑爲博陵人所立，故吏爲舊君立碑，但題本官；劉熊碑陰有稱「好學」、稱「德行」者；北海相景君碑陰有稱「修行」者；蜀郡屬國辛通達李仲曾造橋碑題名稱「荷吏」；舜子巷義井稱「分子」；成都左右生碑有稱「文學祭酒」；中部碑有稱「校官祭酒」、「里祭酒」；金廣延母徐氏紀産碑有稱「大婦」、「小婦」，皆以補官職、姻族。楊孟文石門頌「中遭元二」，洪氏引論衡及史傳，以爲元二年，可以補時日。如錢氏跋尾所載，亦多有可採者。南唐龍光寺碑後題「開寶二年」，不稱「大宋」；陶翼嵩臺石室文後題「炎宋皇祐五年」；蕭山縣夢筆橋記稱「巨宋」；崇化寺西塔基記後題「唐下元戊午」，「戊午」已爲周顯德五年；虎丘石幢題「下元甲子顯德五載龍集戊午」，雖書顯德年號，仍冠以「下元甲子」；祇園寺舍利塔題字云「戊午顯德五年」，題「戊午」于「顯德」上，不稱「大周」，皆祚已移猶用本國年號者。七星巖洞趙善擇伯仍等題名稱「玉牒」，是宋人宗室署名不署姓；政和二年韓城縣河瀆靈源王廟碑陳□、趙□、郭倫三人皆列降官銜；天福史匡翰碑題「起復」入列銜，宋代因之，此可補國制、官職者。他如金陵石刻向未著録者，六合紹聖井題「聖宋」，上元義井題「下元壬午」。宋端平造橋題字「咎巷陶發心」，以及唐同光禪師塔銘有「造塔博士宋玉」，後唐同光法華鈞大德塔銘有「博士侯建鐫字，造塔博士郝温」，宋太平興國鐘有「博士韓定」六人，紹聖通利年鐘有「小博士□元」、「小博士王在」，蓋當時役匠之稱。漢鏡、鈎、刀銘皆用「五月丙午」，是月無丙午亦然，蓋取火德之盛。元碑紀年多以十二畜，如寅爲虎兒年，卯爲兔兒年，皆可以廣異聞云云。

一八・一二　金石稱例續編一卷

藤花亭原刊本。清順德梁廷枏章冉撰。是編體例一依前作，分國制、姻族、喪葬、文義、時日、二氏六類，起宋元，迄遼金，以增前例之未備也。

一八·一三　漢石例六卷

槐廬刊本。清寶應劉寶楠楚卿撰。前有匡源序、張穆序。按：竹垞先生跋王氏墓銘舉例有云「墓銘莫盛于東漢，鄱陽洪氏隸釋、隸續，其文其銘，體例非一，宜用止仲之法，舉而臚列之」云云。竹垞既未成書，錢塘梁氏志銘廣例、吴江郭氏金石例補舉例甚略，嘉興馮氏金石綜例雖較梁、郭差備，而疏略亦多。劉公乃本朱氏之旨，取有漢一代石刻，準春秋比事屬辭之義，條分縷析，若網在綱，引證以洪氏爲主，旁采諸家，論斷精確，而發明經義，貫穿史籍，本本原原，尤爲醇備，洵藝林之圭臬，文苑之楷模也。

一八·一四　金石訂例四卷

後知不足齋精刊本。清常熟鮑振方芳谷撰。前有王振聲序、其子懋恒、廷爵跋。鮑君于潘蒼崖金石例援據該博，惜其過寬，黄梨洲金石要例考核精當，又惜過隘，乃合兩書訂之。凡引兩先生語，必冠以「某曰」二字，其自按者，則加以「振方按」三字。其兩先生語下用「振方按」者，論定其非也。附録學文凡例十三條，則本蒼崖而裁取之。是本以真書墨版，鐫刻頗精。

一八·一五　契文舉例二卷

吉石盦景本。清瑞安孫詒讓仲容撰。前有仲容自序。孫公邃于古文大篆之學，所著古籀拾遺諸書，援證翔實，有聲藝林。晚年復睹洹陽出土之龜甲文字，遂依丹徒劉鐵雲景刊之千餘版，以前後復緟者參互審繹，證以金文、説文、經訓諸説，繁徵博引，詮釋精詳，計分日月、貞卜、卜事、鬼神、卜人、官氏、方國、典禮、文字、雜例十篇，略舉大凡，備具條緒，輓近闡發殷虛文字之義例者，當以孫公斯編爲嚆矢也。

石廬金石書志卷之十九

閩侯林鈞亞傑

字書類一

一九·一　鐵雲藏龜六册

抱殘守缺齋景本。清丹徒劉鶚鐵雲輯。按：殷世書契文字出于河南安陽縣西北五里之小屯。光緒戊戌、己亥間，洹曲厓岸爲水所齧，土人得龜甲、牛骨，上有文字，先爲福山王文敏懿榮所得。庚子文敏殉難，其所藏悉歸鐵雲先生，時彦定爲殷虚書契。是編輯其所藏千餘片，石印景刊，未加考釋。然殷虚文字由劉氏始宣于世，有功藝林，誠非鮮淺，羅叔言先生曾序以表之。

一九·二　鐵雲藏龜之餘一册

雪堂景刊精本。上虞羅振玉叔言輯。前有叔言自序。羅君就曩日劉氏所貽墨本，選鐵雲藏龜所未載者，又得數十片，輯成玆編，意旌劉氏之績，故以「鐵雲藏龜之餘」顔之。景印極精，亦較劉本明晰。

一九・三　殷虚書契前編八卷

永慕園精景本。上虞羅振玉叔言輯。前有叔言自序，曰「光緒二十有五年歲在己亥，實爲洹陽出龜之年，時予春秋三十有四。越歲辛丑，始于丹徒劉君許見墨本，作而歎曰：『此刻辭中文字與古文或異，固漢以來小學家若張、杜、楊、許諸儒所不得見者也。今幸山川效靈，三千年而一洩其祕，且適當我之生，則所以謀流傳而攸遠之者，其我之責也夫。』于是盡墨劉氏所藏千餘爲編印之，而未遑考索其文字。蓋彼時年力壯盛，謂歲月方久長，又所學未邃，且三千年之奇跡，當與海内方聞碩學共論定之。意斯書既出，必有博識如束廣微者，爲之考釋闡明之，固非曾曾小子所敢任也。顧先後數年間，僅孫仲容徵君詒讓作札記，此外無聞焉。仲容固深于倉雅、周官之學者，然其札記則未能闡發宏旨，予至是始有自任意。歲丁未，備官中朝，曹務清簡，退食之暇，輒披覽墨本及予所藏龜，于向之蓄疑不能遽通者，諦審既久，漸能尋繹其義，顧性復懶散，未及箋記。宣統改元之二年，東友林君泰輔寄其所爲考至，則視孫徵君札記秩然有條理，並投書質疑，爰就予所已知者，爲貞卜文字考以答之。已而漸覺其一二違失，于舊所知外，亦別有啓發，則以所見較博于疇昔故。于是始恍然寶物之幸存者有盡，又骨甲古脆，文字易滅，今出世逾十年，世人尚未知貴重，不汲汲蒐求，則出土之日即澌滅之期。矧所見未博，考釋亦詎可自信？由此觀之，則蒐求之視考釋，不尤急歟？因遣山左及厰肆估人至中州，瘁吾力以購之，一歲所獲殆逾萬。意不自歉，復命家弟子敬振常、婦弟范恒齋兆昌至洹陽采掘之，所得則又再倍焉。寒夜擁爐，手加氊墨，擬先編墨本爲殷虚書契前編，考釋爲後編。並謀投劾去官，買地洹陽，終我天年，以竟此志。乃逾年冬而國難作，避地浮海，將辛苦累蓄之三千年骨與甲者，鄭重載入行笈，而展轉運輸及税吏檢察，損壞者十已五六。幸其尤殊者，墨本尚存。乃以一歲之力，編爲前編八卷，付工精印。其未及施墨者，異日當輯爲續編，而後編亦將次寫定。嗚呼！喪亂以來，忽已匝歲，神州荒翳，文獻蕩然。天既出神物于斯文垂喪之時，而予又以偷生視息之餘，倉皇編輯，須鬢日改，犬馬之齒亦既四十有七，上距己亥，已閲十有四年，買地洹陽之願既虚，茫茫斯世，知誰復有讀吾書者？亦且抱此遺文，以自慰藉而已。窮冬濡豪，萬感百憂，一時交集」云云，于書契之流源，編輯之大旨，所舉頗詳。全編以玻璃版精景，印本極工。前有「見張杜楊許未見之文字」白文方印。

一九・四　殷虚書契後編二卷

廣倉學窘精刊景本。上虞羅振玉叔言輯。前有叔言自序。羅君遴選所藏前編所未備者，補輯而爲後編，刊于廣倉學窘之藝術叢編中。

一九・五　殷虚書契菁華一卷

俑廬精景本。上虞羅振玉叔言輯。前有叔言自序。羅君蒐集殷虚遺文，得甲骨逾萬，拓其尤要，成殷虚書契前後編，而所藏最大之骨尚未入録。蓋骨質至脆，愳或損其文字。然又不忍湮没不傳，後復景照精印，並取往者拓墨所遺脆弱易損者數十枚益之，骨片既巨，文字顯明，尤爲可愛也。

一九・六　殷商貞卜文字考一卷

玉簡齋刊本。上虞羅振玉叔言撰。前後有叔言序跋。其自序曰「光緒己亥，予聞河南之湯陰發見古龜甲獸骨，其上皆有刻辭，爲福山王文敏公所得，恨不得遽見也。翌年，拳匪起京師，文敏殉國難，所藏悉歸丹徒劉氏。又翌年，始傳至江南。予一見詫爲奇寶，慫恿劉君亟拓墨，爲選千紙付影印，并爲製序，顧行篋無藏書，第就周禮、史記所載，略加考證而已。亡友孫仲容徵君詒讓亦考究其文字，以手稿見寄，惜亦未能洞析奧隱。嗣南朔奔走，五六年來，都不復寓目。去歲，東友林學士泰輔始爲詳考，揭之史學雜志，且遠道郵示，援據賅博，足補正予曩序之疏略。顧尚有褱疑不能决者，予乃以退食餘晷，盡發所藏拓墨，又從估人之來自中州者博觀龜甲獸骨數千枚，選其尤殊者七百，并詢知發見之地乃在安陽縣西五里之小屯，而非湯陰，其地爲武乙之墟，又于刻辭中得殷帝王名謚十餘，乃恍然悟此卜辭者，實爲殷室王朝之遺物。其文字雖簡略，然可正史家之違失，考小學之源流，求古代之卜法。爰本是三者，以三閱月之力，爲考一卷，凡林君之所未達，至是乃一一剖晰明白，乃亟寫寄林君，且以詒當世考古之士。惜仲容墓已宿草，不及相與討論，爲憾事也」云云。

一九·七　殷虚書契考釋一卷

永慕園精刊本。上虞羅振玉叔言撰。前冠叔言影像並沈曾植、柯劭忞題辭、叔言自序，後有王國維跋。叔言先生蒐集殷虚書契，成前後編。又復考釋其文字，由許書以溯金文，由金文以證書契，窮其蕃變，得其指歸，釋可識之文約五百，旁及典制，分爲八類，曰都邑，曰帝王，曰人名，曰地名，曰文字，曰卜辭，曰禮制，曰卜法，探賾索隱，疑蘊漸開，王跋所云「先生之于書契文字，其蒐集流通之功，蓋不在考釋下。即以考釋言，其有功于經史諸學者，頗不讓于小學。以小學言，其有功于篆文者，亦不讓于古文」，良非過譽。全書係出王君手寫，尤見精審。按：殷虛文字之學，瑞安孫仲容先生詒讓之契文舉例、是書見本志「釋例類」內。名原二書實啓其先，而羅君繼武詮釋，益臻條序也。

一九・八　殷虛書契待問編一卷

東山學社精刊本。上虞羅振玉叔言輯。前有叔言自序。羅君考釋殷虛文字可讀者，得五百四十餘，合重文，得千八百有奇，此係最録。不可遽釋之字，合以重文，共得千四百有奇，作待問編以質世之考據者。首有「東山學社校刊書籍記」朱文長印。

一九・九　戩壽堂所藏殷虛文字一卷

廣倉學宭景刊精本。太隆羅詩氏輯，睢寧姬佛陀類次。前有羅詩氏自序。是編羅詩氏于丙辰冬得甲骨千片于滬上，乃丹徒劉氏舊物。其中見于鐵雲存龜者什一二，而未見者什八九。乃復選其尤者，輯成兹帙，較羅叔言所刊不過什之三，視劉書亦僅什之七，然足補兩家未備者頗不少也。

一九·一〇　戩壽堂所藏殷虚文字考釋二册

廣倉學宭刊本。海寧王國維静安撰。是編即就太隆羅詩氏戩壽堂所藏殷虚文字，按其景刊次序，詳加詮釋，與殷虚文字並觀，不啻左圖右史，互資考據也。

一九·一一　龜甲獸骨文字二卷

日本商周遺文會景刊精本。日本林泰輔輯。前有泰輔自序，曰「欲究邃古之文明，則方策未必可得而徵，于是乎金石器物之類，凡可以窺其情狀者，皆莫不供資料，況于録文字者乎？是輓近學者所最用心，而東西一其軌者也。禹域金石文字之學，北宋既開其端，至前清益極其盛。地不愛寶，鐘鼎彝器之出，迥踰乎前代。光緒二十五年，河北安陽縣洹水之南始出龜甲獸骨，片片奇古，且有文字，别放一異彩矣。竊嘗論之，洹水之南即所謂殷虚，據真本竹書紀年，則盤庚以來二百餘年所都，宜矣奇品之蘊藏如此其多也。所刻文字，變化百出，不可端倪，與金文及説文或合或離，象形、假借尤多，雖未能盡曉通，自有條理，秩然不可紊者。其文大抵卜占之辭，殷商帝王之名十存八九，爲當時史官所掌，殆無疑議。嗚呼！有周以前，文獻闕如，鐘鼎彝器亦不甚多，而今獲此一科，可不謂至幸哉？抑此物也，不唯張、杜、楊、許所未見，即阮元、徐同柏、陳介祺、潘祖蔭、三吴榮光、式芬、大澂。諸儒，皆所未嘗夢想也。而出土以來，十有九年，致思于斯者，誠寥寥矣。劉氏鐵雲嚮印鐵雲藏龜，孫氏仲容據之作契文舉例、名原二書，猶屬椎輪。獨羅氏叔言著殷商貞卜文字考，又印殷虚書契前後編及書契菁華、藏龜之餘，且爲書契考釋及待問編，亦頗勤矣。然殷虚出土之龜甲獸骨，不知其幾萬，異文逸辭，劉氏、羅氏所未收者，亦復不尠。我商周遺文會有慨于此，據諸家所藏實物拓本，編印龜甲獸骨文字，且抄釋其字體明白無疑者，附録卷末，頒之同好，庶足以助學術研究之一端乎。編中所載與殷虚書契同者，係聽冰閣所藏實物拓本，非襲殷虚書契所録也。若夫考釋全文，則會員相共研摩討究，將俟他日問之于世」云云。日本與我同文，故于考據吾國文字，較之歐西諸國，尚稱精確。特録原序入編，足徵其考古之勤也。是編係據搉古齋、聽冰閣、繼述堂三家所藏，景本亦精。

一九·一二 龜甲獸骨文字抄釋二卷

日本商周遺文會刊本。日本林泰輔輯。是編就龜甲獸骨文字兩卷所登者，考釋二百數十字，頗有見解。

一九·一三 簠齋殷契類纂四卷

簠齋精景本。天津王襄綸閣撰。前有綸閣自序、王守恂序、華鶨硋序。王君就所藏所見甲骨，以墨本最録可識之字八百七十三，重文二千百有十，都二千九百八十三，爲正編；説文所無及難確識之字，都千八百五十二，取其偏旁類似者次之，爲存疑；不能收入存疑之字，又百四十二，爲待考；殷契文中每多合文，另輯爲附編，凡二百四十三，重者九十八，參稽舊説，間附己見，記于各字行間。至卜辭原文，併以録入，一依説文部居，系統明晰。

一九·一四 殷虛文字類編十四卷通檢一卷

決定不移軒精刊初本。番禺商承祚錫永編。前有王國維序、錫永自序。按：殷虛文字之學，肇始于孫仲容，而大成于羅振玉，補苴于王靜安，探賾索隱，奥窔頓開。商君此編，迺彙羅、王二君考釋諸書，以説文次序編之，都凡七百九十字，其所自釋者，亦十之一二。王序稱其「精密矜慎，不作穿鑿附會之説」。如編中釋「宂」、「衎」、「杋」、「壬」、「犷」、「畎」諸字，均極精確。又如「」字，王氏釋爲「解」，以从兩手判牛角與从刀判牛角同意。商氏乃謂篆文之「刀」乃「」之省，尤有見解。末附通檢一卷。

一九·一五　殷虛文字待問編十三卷

決定不移軒精刊初本。番禺商承祚錫永編。商君就劉氏藏龜、羅氏殷虛書契前後編及菁華並林氏之龜甲獸骨文字諸書所録而未釋者，彙爲待問編，間有錫永疑釋者，亦附注之。

一九·一六　殷虛文字考釋一卷

決定不移軒精刊初本。上虞羅振玉叔言撰。是編分都邑、帝王、人名、地名四類，較羅氏前著考釋多有出入，亦較精確。

一九·一七　籀史一卷

静園精刊本。宋丹陽翟耆年伯壽撰。前録四庫提要，末有漁洋山人、吴翊鳳各一跋。據提要曰「是書首載宣和博古圖，有『紹興十有二年二月帝命臣耆年』云云，蓋南宋初所作。本上、下二卷，歲久散佚，惟嘉興曹溶家尚有抄本，然已僅存上卷。今藏弆家所著録，皆自曹本傳寫者也，王士禛嘗載其目于居易録，欲以訪求其下卷，卒未之獲，知無完本久矣。其以『籀』名史，特因所載多金石款識，篆隸之體爲多，實非專述籀文。所録各種之後皆附論説，括其梗概。于岐陽石鼓，不深信爲史籀之作，與唐代所傳特異，亦各存所見，然未至如金馬定國堅執爲宇文周所作也。所録不及薛尚功鐘鼎彝器款識備載篆文，而所述源委則較薛爲詳。二書相輔而行，固未可以偏廢。其中所云『趙明誠古器物銘碑十五卷』，稱『商器三卷，周器十卷，秦漢器二卷。河間劉跂序，洛陽王壽卿篆』。据其所説，則十五卷皆古器物銘，而無石刻，當于金石録之外别爲一書。而士禛以爲即金石録者，其説殊誤，豈士禛偶未檢金石録歟」云云。兹本係據金山錢熙祚校本入梓，頗稱精善。

一九・一八　古文原始一册

精抄本。清仁和曹金籀葛民撰。或作「曹籀」。自序、凡例見于籀書内篇。曹公集説文、玉篇、廣韻、類篇、集韻、汗簡、古文四聲韻、集篆古文韻海、摭古遺文、考古圖、博古圖、嘯堂集古録、王氏鐘鼎款識、薛氏鐘鼎款識、阮氏鐘鼎款識等書，及近存三代彝器、岐陽獵碣、隸釋所載魏三體石經，所有古文，都若干字，成圖室寶典若干卷。是編即從寶典中録出，專取象形一類，決爲倉頡所造者，凡三百八十四文，每文必載出某書、某器，惟用説文正文者弗載。以説文正文係用小篆，小篆爲人所習知習見，故不收。葉氏金石書目誤以籀書專爲論籀而作，故以籀書登目，不知係曹公叢書之總名，古文原始爲中之一種耳。

一九・一九　古籀拾遺三卷

孫氏原刊精本。清瑞安孫詒讓仲容撰。前有仲容自序。孫君孯經博學，以經訓考釋金文，析其形聲，明其通叚，凡薛尚功、阮文達、吴荷屋之書，俱有糾正。末有劉恭冕一跋。是書原名「商周金識拾遺」，後重定，改名「古籀拾遺」。全書出瑞安周氏手寫上版，尤爲精絕。收藏前有「雲輪閣」朱文長方印、「荃孫」朱文長方印。

一九·二〇　說文古籀疏證六卷

功順堂精刊本。清武進莊述祖葆琛撰。前有葆琛自序。莊君凡例曰：「是編雖以鐘鼎校說文，然鐘鼎有撫篆之失，有傳寫之訛，有古器之贋，若據此以改說文，其弊更甚于沿譌襲陋者。蓋古籀自秦以後久已失傳，惟小篆秦漢相承，尚有九千三百五十三字，信而有徵，莫備于此。故說文敘篆文爲主，而合以古籀，蓋有所不得已者。今所編次，大旨欲明甲乙之部分，鐘鼎之確然可信者，足以正秦篆之失；其可疑者，仍闕之以從小篆；小篆所無而見于鐘鼎者，則補其闕略。總之六經文字，皆有足徵。間用假借，亦不違六書之旨，非有所好奇嗜癖而爲之也。」又曰：「證鐘鼎文所以正篆體之誤，若捨說文而言鐘鼎，是棄規矩而言方圓也。今采鐘鼎文有可與篆文相發明者，備載其同異而論列之，不使唐以後如李陽冰諸人所肊改雜厠其間，庶可爲許氏功臣焉。」舉此兩節，足見其全書之概要，而著述之矜慎也。

一九・二一　**説文古籀補十四卷**

吴氏原刊本。清吴縣吴大澂清卿撰。前有潘祖蔭序、陳介祺序、清卿自序。按：説文所載重文，後人或有增加，真僞參半。郭忠恕汗簡所輯，皆漢唐六朝文字，點畫不真，詮釋不當。夏竦四聲韻相爲表裏，其謬則同，所謂商周遺跡無有也。説文言「郡國往往于山川得鼎彝，其銘即前代之古文，皆自相似」，知許氏參稽金刻爲多。自宋以後，三代法物日出而不窮，其文裔皇肜茂，倜傀離奇，説文不盡有，以形聲求之，無不可識。吴君此編，依説文部居，始一終亥，以類相從，有條不紊，一一皆從拓本之真者摹其形，信而有徵，湝説其文，詳解其字，語許氏所未盡語，通經典所不易通。如「蔑」、「曆」之類若干字，雖有各家之考證，另爲一編附于後。體例精嚴。潘伯寅稱其「于金石彝器文字之好，不止如吕大臨、翟耆年、趙明誠、薛尚功、王俅」，非虛譽也。

一九・二二　**史籀篇疏證一卷敘録一卷**

廣倉學宭刊本。海寧王國維静安撰。是編據説文解字諸書以及鐘鼎彝器之文，詮釋頗詳，計録文二百二十三字，重文二字，後附敘録于末。

一九·二三　玉篇三十卷

張氏澤存堂精刊初印本。梁吴人顧野王希馮撰，唐富春孫强增加字，宋陳彭年、吴鋭、丘雍等重修。前有朱彝尊序、希馮自序及啓各一，後有神珙反紐圖及分毫字樣並張士俊跋。卷前另有補抄四庫提要一篇。凡五百四十二部，舊一十五萬八千六百四十一言，新五萬一千一百二十九言，新舊總二十萬九千七百七十言，注四十萬七千五百有三十字。今世所行凡三本，一爲張士俊上元本，一爲曹寅重修本，一爲明内府大中祥符重修本。張、曹二家所刊相同，一字無異。明内府所刊字數與二本同，而每部之中次序不同，注文亦略。張本係據汲古閣毛氏所得宋槧上元本精校付刊，極爲世重，流傳至少。余于辛酉以重值得諸滬市，係屬張氏初印精本。並附廣韻。前補之四庫提要一篇，不知何氏所録。收藏前有「得復軒」朱文長方印、「醉心有在」朱文大方印。

一九·二四　汗簡四卷

汪氏精刊本。宋洛陽郭忠恕恕先撰。前有李方述敘。是編分部從説文之舊，所徵引古文凡七十一家，以尚書爲始，石經、説文次之，後人綴緝者殿末。前列其目，字下各分注之，時王俅、吕大臨、薛尚功之書皆未出，故鐘鼎闕焉。其分隸諸字即用古文之偏旁，與後人以真書分部、案韻繫字者不同。鈍吟雜録載馮舒嘗論此書，以「沔」、「㳂」、「䏳」、「駛」諸字援文就部爲疑。四庫提要曾爲解説，古文部類，不能盡繩以隸楷，猶之隸楷轉變，不能盡繩以古文。舒之所疑，蓋不足爲累。且所徵七十一家幾無存者，後來談古文者輾轉援據，大抵皆從此書爲依據，則恕先所編，實爲諸書之所自也。

一九·二五　汗簡箋正八卷

廣雅書局刊本。清遵義鄭珍子尹箋正。前有子知同序。序云：「先君子爲古篆籀之學，奉説文爲圭臬，恒苦後來溷亂許學而僞託古文者二，在本書中有徐氏『新附』，在本書外有郭氏汗簡。世不深考，漫爲所揜。自宋已還，咸稱『新附』爲説文，與許君正文比並，已自誣惑。而汗簡尤若真古册書之遺，眴其奇侅者，至推爲『遭秦所刼，盡在于斯』，而反命許書爲小篆，何其倒也。國朝書學昌明，小學家始寖覺二者之非古，然未有追窮根株，精加研覈，顯揭真雁所由來者。先君子有慨于是，自少壯輒致力潛探确求，所以推本詳證，各得所當。先成説文考附，隨修汗簡箋正。以謂『新附』之蔽，不過舉漢後字加諸先秦，猶屬經典通行習用，識者辨其非古，求得本文則已，無他誖也。汗簡之不經則異是。其歷采諸家，自説文、石經而外，大抵好奇之輩影附詭託，務爲僻怪，以炫末俗。甚者有如碧落文、王庶子碑、天台經幢、義雲切韻、裴光遠集綴等十數種，其骫骳之蹟，往往如出一轍。郭氏乃專信不疑，裒輯緐猥，不遺餘力。加之自爲裁製，求合所定偏旁，未免變易形體以就己律，不必其出處有然。自我作古，于斯爲劇。即或本非俗造，舊有自來，而出世久傳譌，動成岐異，至有一文演爲數體，是類復了無決擇。前後參互叠出，更屬觸目榛蕪。其間偶有真書出許祭酒網羅之外，賴其著録以存，編中正寥寥可指屈，初無補于全文之踳駮也。先君子所爲，抉其底藴，爲之箋正，莫若此數耑最不可爲訓者矣。前咸豐壬子、癸丑間，大判辯駁已詳，唯徵實處或且缺略。旋遭世變，挾稿四方，未即畢功。同治初載，先君子年幾六十，倦于檢覈，爰命知同依例補葺。而寇禍未已，家書復半遭逆燬，仍屢作還輟。甲子季秋，先君子棄養，疾篤時治命諄諄，猶以是編爲切。遲至光緒己卯，客游滬上，乃重得薛季宣所訓僞古文尚書、孫淵如魏石經遺字考及金石各編，畢力推勘媧理，甫十九就緒。又閱八年戊子，孝達張公總制粤中，開廣雅書局，知同幸與纂修，公亟屬先成是編。然後始末釐訂，畫歸一律，親摹其文，校讎無爽，一如傳本，付諸剞氏。夫乃歎述作之難如爾，而非我公之好古，慫恿其終，猶未易觀厥成也。其間儻有遺譏，則知同不敏，先君子無與焉。是冀達者理董將來，仍許君撰說文舊志云。」

一九·二六　班馬字類五卷

明仿宋刊本。宋嘉興婁機東發撰。前有樓鑰序、東發跋。據四庫提要載「樓鑰序稱爲『史漢字類』。案：司馬在前，班固在後，倒稱『班馬』，起于杜牧之詩，于義未合，似宜從鑰序之名。然機跋實自稱『班馬』，今姑仍之。其書採史記、漢書所載古字、僻字，以四聲部分編次，雖與文選雙字、兩漢博聞、漢雋諸書大概略同，而考證訓詁，辨别音聲，于假借、通用諸字臚列頗詳，實有裨于小學，非僅供詞藻之撏撦。末有機自跋二則，辨論字義，亦極明析。其中有如『降』古音『洪』、『眉』古作『睂』之類可以不載者，亦有如『璇璣玉衡』本尚書、『袀服振振』本左傳之類不得以史、漢爲出典者，與『幾致刑措』之『幾』、『不茹園葵』之『茹』音義與今並同者，一概捃拾，未免小失簡汰。又袁文甕牖間評糾其引史記禮書『不稾京師』之『稾』當從『示』，不當從『禾』，漢書西域傳『須諸國稾食』之『稾』當從『禾』，不當從

『示』，二字交誤，亦中其失。然古今世異，往往訓詁難通。有是一編，區分類聚，雖間有出入，固不失爲考古之津梁也」云云。此本明刊仿宋，每半頁六行，每行大字十二字，小字十八字，每葉有字數。顧澗翁謂「字類有繁、簡二本，此繁本也」。其足以補正叢書樓本脱誤者甚夥。如平聲，冬鍾韻，「鎔」字注末有「銅屑也」三字；「癰」字注「師古曰」下有「如説是也太宰即具食官」十字。支脂之韻，「氏」字注「破雍將軍焉氏」，「焉」不作「馬」；「訾」字注「讀與貲同」，「貲」不作「資」；「蠡」字注末有「漢書宣紀同」五字；「施」字注「史記衛綰傳」，「衛綰」不作「萬古」；「郟」字不誤「郊」，又注「漢書」下有郊祀志「太王建國于郟梁」七字；「獻」字注「謂斗魁及杓末如勺之形」，多「及」、「末」、「之」三字；「黝」字注末有「字本作黟」四字；「幵」字注「其當作幵」，「其」不誤「六」。微韻，「幾」字注「漢」上有「史記留侯世家豎儒幾敗而公事」十三字。齊韻，「伭」字注「丁」上有「回留之不能去云」七字；「犂」字注「以」下有「徑路刀金」四字，又「酒」下有「注留犂」三字。灰咍韻，「磓」字注「崇」上有「即即孟康曰」五字；「財」字注「足」下有「餘皆以給置傳」六字；「財」字注「財振貸」，「貸」不誤「貨」；「郲」字注「傳」下有「行部至」三字；「裁」字注

「赦」下有「災本字」三字，無「詩遇栽而懼」五字；「蓄」字注「瀆」不作「瀆」。真諄臻韻，「滇」字注「汝南慎陽」，不作「憤陽」，「鈞」字不誤「鈞」；「後」字注「約」下有「師古曰」三字；「絪」字注「傳」下有「作乘輿輦加畫繡」七字，又「馮」下有「黃金塗」三字。文欣韻，「瘽」後有「廑，漢書楊雄傳『其廑至矣』，古『勤』字」一條。寒歡韻，「姍」字注「先」上有「勃窣」二字。先僊韻，「縣」字注無「非當借名」四字。歌戈韻，「獻」字注「古」下有「曰」字，「形」下有「也犧讀仝娑」五字。麻韻，「邪」字注末有「音蛇漢書天文志同」八字。陽唐韻，「卬」字注「態」不誤「熊」。尤侯幽韻，「繇」字不重，「繇」次「繇」後，「繇」字注「漢」下有「書文紀亦無繇教訓其民」十字，無「文袁盎傳繇此名重朝廷」十字；「抔」字不誤「杯」；「捊」不誤「桴」；「髤」字注「于」下有「枚」字，又「漆」下無「許來反」三字，有「髤一作髹泰俗作漆」八字；「蝚」字注「蛭蜩玃蝚」，不作「蝚玃猱」。侵韻，「浸潯」字注末有「司馬相如傳浸潯衍溢同音」十一字。覃談韻，「撼」字注「辰星」不誤倒。上聲，紙旨止韻，「姐」字注「傳」下有「隴西」二字，「姐」下有「旁種反彡先冉反姐」八字，「紫」下有「姓也」二字；「披」字注「皮彼反」，「皮」不作「披」。

麌姥韻，「掮」後有「附，史記武安侯傳『蚡以肺附爲市師相』，漢書中山靖王傳『得蒙肺附』，劉向傳『臣幸得託肺附』，與『腑』同，本作『腑』，亦作『胕』」一條。旱緩韻，「䍐」字注末有「同罕」二字。篠小韻，「撟」字注末有「又楊雄傳仰撟首以高視兮師古曰舉也音同」十八字。養蕩韻，「鞅」字注「不自足也」，「自」不作「滿」；「罔」字注「罔密文峻」，「文」不誤「又」。琰忝广韻，「嗛」後有「彡，漢書馮奉世傳『隴西羌彡姐』，先冉反，見四紙『姐』字下」一條。去聲，送韻，「曹」字注「傳」下有「棄于」二字，「曹」下有「中」字。寘至志韻，「眎」後有「眂，漢書敘傳『起眂事』，古『視』字」一條；「織」字注「傳」下有「望見單于城上立五采」九字，又「幟」下有「詩織文鳥章」五字，無「式志反」三字；「辟」字注「凡」不誤「九」。未韻，「濆」字注「古」上有「茀音弗濆」四字。遇暮韻，「遡」字注「傳」下有「揚氏」二字，「上」下有「一」字；「洿」後無「迕」字一條，有「午，漢書劉向傳『朝臣舛午，膠戾乖剌』，音五故反，同『迕』，相違背也，禮『午其衆以伐有道』」一條。霽祭韻，「僻倪」不作「辟倪」；「跇」字注「里」下有「音裔踰也」四字，無「孟康音浙」四字；「腏」字注謂「聯續而祭」，「續」不誤「讀」。隊代廢韻，「沬」字注「傳」下有「沬風雨」三字。翰換韻，「㪅」不作「段」。諫襉韻，「辨」字注末有「讀作辦」三字。號韻，「溺」字注「曰」下有「尿鳥去聲尿俗作」七字。箇過韻，「和」字注「趨」不作「趙」。漾宕韻，「鄉」字注「讀」上有「陳湯傳鄉化未醇」七字。宥候幼韻，「捄」字注「將」不誤「何」；「繇」字注「繇」下有「也」字。豔㮇釅韻，「掞」字注「明」下有「晉灼曰掞」四字，「音」上有「師古曰麗音離掞」七字。陷鑑梵韻，「氾」字注「漢」上有「史記司馬相如傳氾濫衍溢」十一字，又「氾」後一條作「氾」，不誤「汜」，「氾」字注無「史記」至「鑑反」十四字。入聲，屋韻，「宿」字注「國」下無「有善」二字，「蓿」上有「苜」字，「蓿」下無「目讀作苜」四字；「僇」字注「贊」下有「困戹奴僇注」五字，無「云」字。覺韻，「藐」字注「臣」不誤「巨」。質述櫛韻，「佚」字注「傳」不誤「律」。勿迄韻，「宛」後有「悲，漢書禮樂志『相放悲』，見上聲三十六養『放』字下」一條。陌麥昔韻，「柏」字注「弗」不作「悲」；「液」字注「末」不誤「來」。職德韻，「昃」後有「潎，漢書述武五子傳『六世眈眈，其欲潎潎』，易作『逐』」一條；「貸」後有「貣，漢書主父偃傳『假貣無所得』，音土得反」一條；「冐」字注「焉」不誤「馬」。葉帖業韻，「慹」字注末有「與攝慴同」四字。雖非宋本，可作宋本觀也。前有寄巢手跋。收藏有「穀士」朱文方印，每册均有「古瞜■百城樓主人珍藏書畫印記」朱文方印、「菡卿清賞」白文方印、「蘭陵江氏珍賞」朱文方印，末有「廖印世蔭」白文方印。

寄巢手跋曰：「此書明栞仿宋本也，其版散逸已久，今刷本亦罕見耳，頻年來求之不得。冬十月，適有書販閔姓者，云在武林得來，販知吾好，言價甚昂，如其直而得之。後之得吾書者，不可輕意而去之人也。道光丙申冬呵凍書，寄巢識。」下鈐「菡卿」朱文方印。

一九·二七　班馬字類補遺四册

舊抄本。南宋覃懷李曾伯長孺補。前有洪邁原序、樓鑰原序、婁機原自序，後有長孺後序。李君以婁氏原書間多遺缺，計補于四聲之下共一千二百三十九字，補注五百六十三，並有移正原文之次者。其書梓于景定間，舊刻不可得見，流傳抄本亦不多有。此係江山劉泖生履芬手抄精本，且經硃墨校正，尤爲珍祕。收藏一、三兩册有「江山劉履芬彦清父考得」朱文方印，二、五兩册有「柳蓉春經眼印」白文方印、「博古齋考藏善本書籍」朱文方印。別下齋叢書所刊係據長洲文氏所藏舊本付梓，其間

「命」不作「佘」，「刃」不作「刄」，與此本同，足免翁氏抨擊，洵善本也。別下齋刊本，「圄」字起，第三卷「八語」。「女」字止，失一葉，劉抄本用叢書樓本補之，有泖生先生硃墨手跋曰「『圄』字起，『女』字止，補遺本失一葉，用叢書樓本補。補遺本每葉十六行，今除補外再虛二行」云云。其傳録精審，于兹可見。書内夾籤所校録各節，亦出先生之手。劉氏抄本最爲世珍，宜也。

一九・二八　復古編二卷

淮南書局刊本。宋吳興張有謙中撰。前有陳瓘序。是書根據説文解字以辨俗體之譌，以四聲分隸諸字，于正體用篆書，而別體、俗體則附載注中，猶顔元孫干禄字書分正、俗、通三體之例。下卷入聲之後附録辨正六篇，一曰聯緜字，二曰形聲相類，三曰形相類，四曰聲相類，五曰筆迹小異，六曰上正下譌，皆剖析毫釐，至爲精密。然惟以説文正小篆，而不以小篆改隸書，故小篆之不可通于隸者，則曰「隸作某」，亦顔元孫所謂「總據説文則下筆多礙，當去泰去甚，使輕重合宜」者也。樓鑰集有此書序，稱其「嘗篆楊時踵息菴記，以小篆無『菴』字，竟作隸體書之」，知其第不以俗體入篆爾，作隸則未嘗不諧俗。鑰序又記其「爲林攄母撰墓碑，書『魏』字作『巍』，終不肯去『山』字」，陳振孫所記亦同。然考此書，「巍」字下注曰「今人省『山』以爲『魏國』之『魏』」，不以爲俗體别字，是其説復古而不戾今，所以爲通人之論，視魏校等之詭僻盜名、强以篆籀入隸者，其識趣相去遠矣。

一九·二九　**復古編校正一卷**

淮南書局刊本。清安邑葛鳴陽雲峰撰。葛君重刻張謙中復古編成，復從友人處借元明本重校一過，互有所長，因作校正，足資參訂。

一九·三〇　**復古編附録一卷**

淮南書局刊本。清安邑葛鳴陽雲峰輯。是編録藝文志、讀書志，以及各家題跋、序文有關于復古編諸記載，悉行搜録。後有丁杰序以及各家後序並雲峰二跋。

一九·三一　**續復古編四卷**

咫進齋景元精本。元洹陽曹本子學撰。前有鄱陽克新仲銘序、京兆宇文公諒序、中山李桓序、臨川危素序、上元楊翮序、四明蔣景武序、子學自序。按：張謙中據説文作復古編，攈摭群書，聲分韻類，計録二千七百六十一字。曹氏又補其未備而附益之，得六千四十九字。末有子學後序、張紳跋、姚覲元跋。是書經阮文達從吳江潘氏抄獲進呈内府，中闕「上正下譌」一類。姚氏是本係㫐皕宋樓陸剛甫所藏景元鈔本，「上正下譌」一類具在，並與阮本對勘付梓。姚跋有曰「篆文圓湛茂美，爲子學手書與否未可知，要是元人舊蹟，亦依樣景模，不敢參以己之筆意，所以存廬山真面也」云云。故姚刊頗爲世重。此屬初印之本也。

一九・三二　增廣鐘鼎篆韻七卷

舊鈔本。元臨江楊鉤信文撰。前有馮子振序、熊朋來序。按：政和中，王楚作鐘鼎篆韻一卷，薛尚功廣之爲七卷，信文又博採金石奇古之迹，益以黨世傑集韻，補所未備。前列器名，次以二百七部韻分系，其爲信文所增者，以「楊增」二字識之，總計諸器四十品，其數三百有八，四聲爲字四千一百六十有六。鉤所增經典碑銘，其數八十有二，四聲爲字六百七十有二。第七卷別出八門，曰象形字百二十有六，曰假借字四十有三，曰奇字四十有二，曰合寫二十有五，曰會意十有二，曰有偏旁可考而無訓讀四，曰字畫簡古而文理可考六十有八，曰字書奇古而未可訓釋百二十有四。是書爲芸臺先生門人張秋水鑑藏本。卷一有「張鑑之印」朱文方印、「張鑑過眼」朱文方印，卷二有「張鑑珍藏」白文方印，三、五兩卷有「張鑑之印」朱文方印。末有廷瀘手跋一則。

廷瀘手跋曰：「政和中，王楚作鐘鼎篆韻，薛尚功重廣之，臨江楊銁信文博采金石奇古之蹟，益以奉符黨氏韻，補所未備，係篆文于唐韻下，而以象形、奇字等終篇焉。故凡楊補俱用朱印界之，所以識也。其序後摹寫洪熙侯書籍印章，蓋内府所傳本與？戊辰三月，廷瀘記。」

一九·三三 鐘鼎字源五卷

秦氏麟慶堂精刊本。清錢塘汪立名西亭撰。前有西亭自序。汪君病金石韻府所收鐘鼎文徵引僞謬、掛漏甚多，特親考諸刻，自商盤周鼎以迄秦漢諸書，專采鐘鼎文，依韻編次，有石刻之類于銘款者，如石鼓文爲西京法物，附録入編，其他碑篆皆不收，釐爲五卷。立名祇以鑄金、刻石古文體制有殊，而鐘鼎中又有時代之分、音釋之異與真僞之别，似有弗察。如秦權、秦斤，如「斯」「谿」、「皆」、「黥」諸字，已頗近小篆。漢鐙、漢壺，如綏和壺之「供」字，汾陰宫鼎之「共」字、「汾」字，首山宫鐙之「年」字，併時參隸體。一概目爲鐘鼎之文，當有未妥。又如歐陽修集古録所載晉姜、毛伯諸鼎，楊南仲、劉攽訓釋互異者，不一而足，皆未考定是非。嘯堂集古録所載比干銅盤銘，係屬僞託，亦併載之。且卷末列二合、三合、四合之字，並不注出典，尤無根據。蓋以金石韻府爲主，而取博古、考古諸圖參校，故不免有失也。此本係洞庭秦氏麟慶堂依汪氏一隅草堂原本精工寫樣重鐫，逾三載而竣，較准無誤，前有牌子詳紀之。

一九·三四　廣金石韻府五卷

大業堂套印本。清莆陽林尚葵朱臣、晉安李根雲谷同撰，周櫟園亮工考訂。前有櫟園序。是編用朱、墨二色校，以四聲部次，朱書古文籀篆之字，墨書楷字領之，亦各注其所出，乃本明朱時望金石韻府而作，故名曰「廣」。所據鐘鼎碑碣及所引諸書，今已十九不著録。秦漢以下私家印璽，概不收録。筆意結構，一如原體。其中所采，如滕公石槨、楊氏阡銘、陳逸人碑等，多爲諸家所未見。四庫提要「核其所引之目，實即夏竦四聲韻，而稍摭郭忠恕、薛尚功之書而附益之」，確有見斷。

一九·三五　增廣金石韻府五卷

理董軒刊本。清巴都張鳳藻鏡芷增訂。前有周亮工序、鏡芷自序。張氏據大業堂本重證群書，增其未備，訂其磨滅，首端按韻，各加小目。凡古籀小篆，字體互別，雖覺明晰，然未精密也。

一九·三六　韻府古篆彙選五卷

日本刊本。清西陵陳策嘉謀輯。前有元禄十年天德吴雲法曇序、陳晉序、項繼甲序。是書依韻分編，每字下首列説文，次大篆鐘鼎文。然未載所引書名，注亦率略，于字體無所辨證，殆僅爲鎸刻印章之用也。考四庫提要祇有陳氏所撰篆文纂要四卷，標目不同，卷數亦異，唯所舉大要則與此書相埒，是一是二，未見原書，莫敢遽斷也。

一九·三七　秦書集存十四卷

天津博物院石印本。天津華學涑石斧撰。前有王守恂序、石斧自序。按：秦襲古籀以作篆隸，爲古今文字變化之樞紐。許氏説文所述，止依秦後之法，力模秦制，雖引古籀，亦僅備一體而已。其説率多據篆體而立，所以後之治小學者，莫不張皇于秦後諸家之下，不敢偶出其範圍。歷宋明諸儒，固有鄭浹漈、王荆公、戴侗、周伯琦諸人，皆不滿于許書，欲求秦以上之法，而書闕有閒，古物無多，舉不足徵，其説遂動流鑿空，不免向壁之譏。有清中葉，卜骨、鼎彝多出于地，三代舊法稍稍可見，其考證之途逕雖均賴許書，而許書幾爲近儒衆矢之的，蓋窺見秦上文字之制，迥非皆如許書之説也。今欲確知秦前、秦後文字之變遷，則秦書爲最關樞要。華君兹編集秦代器物存于今者，以許氏説文爲之統系，每字皆將説文正篆書于眉，以見秦書之異同。其重文無論古籀、或體，凡與秦書有關者，必并列之。所取符印、權量、專瓦、封泥等器物，皆依近代各家所確定爲秦者入録。凡模刻翻本，概摒不收。至秦刻石如泰山、琅邪、會稽、碣石、詛楚諸刻，皆登諸編。唯嶧山累模失真，則删不收，頗稱矜慎。

一九・三八　秦書集存補遺二卷

天津博物院石印本。天津華學涑石斧撰。此編係補前書所未見或遺忘者，成補遺兩卷，體例悉同。

一九·三九　秦書八體原委二册

天津博物院石印本。天津華學涑石斧撰。前有蔣汝中序、王襄序、石斧自序。

按：秦省改史籀而作篆，三代舊法浸亡，八體之名雖存，而分類别用，已將先民憲典與流俗雜書等視，存以應用者，僅篆、隸二者而已。其大篆、刻符、蟲書、摹印、署書、殳書之六者，名存實亡。近代古器多有發現，華君集其確屬秦器者，依類援證，每體皆舉秦前之器者，以見秦書之來源，每體皆附秦後之器，以見其體之衍進。且及新莽之器者，以新莽時則八體之變爲六體，其中有至大之變遷，足資參訂也。全書所録諸器文字，鈎勒上石，一如原式，尤見精審，所綴考證，亦多論斷。附新莽奇字及八體統系于末。

一九·四〇　繆篆分韻五卷

咫進齋刊本。清曲阜桂馥未谷撰。前有袁枚序、盛百二序、陳鱣序。桂君好篆隸學，尤工摹印。此書博采秦漢以下官私符印以及宋元諸家之譜，編類爲文，借自然之聲音，考當然之點畫，可以分部就班，以補繆篆之缺，字字典確，與金石韻府之類雜而不倫者相去遠矣。

一九·四一　**繆篆分韻補一卷**

思進齋刊本。清曲阜桂馥未谷撰。前有未谷自序。是編于前書登版之後續得印文，復成補遺，體例一如前編。

一九·四二　**漢印分韻二卷**

漱藝齋精刊本。清袁日省予三輯。前有謝景卿序，後有宋葆淳跋。是書按官、私印文依韻類編，摹文悉依原印大小長短。謝芸隱景卿據宋芝山藏本，凡原書編韻舛譌，印文參錯，悉爲訂正。其子雲生摹録入版。金石書目載此書爲雲生所編，尤爲疏誤也。

一九·四三　**續集漢印分韻二卷**

漱藝齋精刻本。清南海謝景卿芸隱輯。前有芸隱自序。謝氏摹刻袁氏漢印分韻既竣，復將所存並借藏家諸漢印各譜不下百卷，悉心採録，凡點畫與前稍異及前韻未收者，復搜五千字，視前集已溢千餘。其中一字而多至數十，愈見廣博。凡未見原印，概不闌入，至若字形剥蝕，離奇難辨，篆法雖精，亦不録，體例頗稱精審。

石廬金石書志卷之二十

閩侯林鈞亞傑

字書類二

二〇·一　隸釋二十七卷

汪氏樓松書屋校刊精本。宋鄱陽洪适景伯撰。前有景伯自序，後有汪日秀、吾進各一跋。目後有曲阜桂未谷手跋一則。是書成于乾道二年丙戌，明年正月序而刻之。周必大誌其墓道云「耽嗜隸古，爲纂釋二十七卷」者，即指此書。其弟邁序婁機漢隸字源云：「吾兄文惠公區別漢隸，爲五種書，曰釋，曰纘，曰韻，曰圖，曰續。四者備矣，惟韻書不成。」又适自跋隸續云：「隸釋有續，凡漢隸碑碣二百八十有五。」又跋淳熙隸釋後云：「淳熙隸釋目録五十卷，乾道中書始萌芽，十餘年間拾遺補闕，一再添刻，凡碑版二百五十有八。」然乾道三年洪邁跋云：「所藏碑一百八十九，譯其文，又述其所以然，爲二十七卷。」又淳熙六年喻良能跋云：「公頃帥越，嘗薈粹漢隸一百八十九，爲二十七卷。」是二跋皆與是書符合，則其自題曰「淳熙隸釋」者，乃兼後所續得合爲一編，今其本不傳，傳者仍隸釋、隸續各自爲書。是編一卷至十九卷録漢魏碑，上自建武，迄于黄初、青龍，而以典午所刊張平子一碑殿之，自劉熹、賈逵以下悉棄不録，廿卷水經注碑目，二十一至廿二卷歐氏集古録，廿三卷歐氏集古録目，第廿四至廿六卷趙氏金石録，廿七卷無名氏天下碑録，計二十有七卷。每碑標目之下，具載酈、歐、趙三書之有無，歐、趙之書第據其目，不録其文。而是書爲考隸而作，故每篇皆依其文字寫之，其以某字爲某字，則具疏其下，兼核著其關切史事者，爲之論證，視歐、趙兩書尤爲精覈。第易隸爲楷，轉寫至易譌舛，又漢人作隸往往好假借通用，或加或省，或變或行，奇古譎怪，中雜篆籀，不知者妄加改竄，愈失鄱陽之舊。錢塘汪日秀據傳是樓鈔本，並參隸韻、字原、石墨鐫華、金薤琳琅諸書，校訂梓行，仍不免于舛譌。故黄氏士禮居曾有刊誤之作，就汪氏本訂正。靡特四庫提要所糾其譌已也。此書係東武劉燕庭喜海先生藏本，經曲阜桂未谷馥先生細加批校，朱墨燦然，審正之處，輒出各家之外，尤足珍貴。辛酉春間，余以百金得諸申江書肆，卷一首葉後有「曲阜桂馥看」硃墨五字。前有手跋一則，亦係硃書。余擬據黄氏士禮居刊誤覆録校語于上，以藍墨別之，墨筆所校不知出于誰氏之手，無從考據，與書首無署名一跋同出一手。校語間冠「桂云」二字，係引桂氏之説也。則是帙當益完善矣。收藏前有「東武鐂氏味經書屋藏書印」朱文長方印、「海陵錢犀盦校藏書籍」白文方印、「文正曾孫」白文方印、「劉印喜海」白文方印、「燕庭藏書」朱文方印。

桂氏手跋曰：「此吴江陸直之本也。余與直之同住潭西精舍，余將北上，已束裝矣，復以事小留，因取此本繙披一過，隨手標記，不及周審也。曲阜桂馥記。乙卯七月十五日三鼓。」

未署名手記曰：「余藏明萬曆戊子夏邑王雲鷺栞本，得之大興朱氏茮華唫館。」

又洪氏晦木齋摹刻本。晦木齋主人跋中有云：「隸釋、隸續二書，金石家奉爲圭臬，惜宋槧不可得。浙西秦君敦甫所藏舊抄本亦非完帙。因取樓松書屋汪氏本摹刻，並將士禮居刊誤一册附焉。」故是本舛誤一仍汪氏之舊，鐫刻尚不及其工也。

二〇·二　隸續二十一卷

汪氏樓松書屋校刊精本。宋鄱陽洪适景伯撰。前有其弟邁序，後有喻良能、汪日秀各一跋。洪公既成隸釋，又輯録續得諸碑，依前例釋之，凡漢魏晉之碑碣，石經儀禮、左傳之遺文，磨崖、石闕、神道之題名，石壁、石室之畫，宅舍、墟墓之甎，刀、鏡、鼎、壺、鉦、鐙、槃、洗、梧栟、板函、鐵盆、壽椁、官槃之銘識，石羊、石虎之刻，莫不網羅而會萃之。據四庫提要曰「是編乾道戊子始刻十卷于越，其弟邁跋之。淳熙丁酉，范成大又爲刻四卷于蜀。其後二年己亥，德清李彦穎又爲增刻五卷於越，喻良能跋之。其明年庚子，尤袤又爲刻二卷于江東倉臺。輩其版歸之越，前後合爲二十一卷，适自跋之。越明年辛丑，适復合前隸釋爲一書，屬越帥刊行，适又自跋之，所謂『前後增加，律吕乖次，命掾史輯舊版，去留移易，首末整整一新』者是也。然辛丑所刻，世無傳本。隸釋尚有明萬曆戊子所刻，隸續遂幾希散佚。朱彝尊曝書亭集有是書跋曰『范氏天一閣、曹氏古林、徐氏傳是樓、含經堂所藏，皆止七卷。近客吴訪得琴川毛氏舊鈔本，雖殘闕過半，而七卷之外增多一百十七翻，末有乾道三年适弟邁後序』云云。蓋自彝尊始合兩家之殘帙參校成編，後刊版于揚州，即此本也。據喻良能跋云『續有得者，列之十卷，曰隸續，既墨于版，復冥搜旁取，又得九卷』，則當時所刻實止一十九卷，朱彝尊因疑其餘二卷是所謂隸韻、隸圖者。然洪邁跋稱『亦既釋之，而又得之，列于二十七卷以往』云云，則隸續當亦如隸釋之體，專載碑文。此本乃第五卷、六卷忽載碑圖，第七卷載碑式，第八卷又爲碑圖，第九卷、十卷闕，第十一卷至二十卷皆載碑文，第二十一卷殘闕不完，而适自跋乃在第二十卷尾，蓋前後參錯，已非原書之舊矣」

云云。秀水朱檢討嘗欲以寶刻叢編補之，亦未卒業，可惜。此本汪氏據金風亭長鈔本校梓行世。收藏前有「海陵錢犀盦校藏書籍」白文方印。此與隸釋同屬燕庭所藏也。

又洪氏晦木齋摹刻本，係據汪本重梓，前多段玉裁、錢大昕各一序。

二〇·三　隸韻十卷

秦氏精刊本。宋劉球撰。前有翁方綱序、劉球奏進表，後有董其昌跋、秦恩復後序。按：洪文惠隸韻未及成書，其集中有題劉氏隸韻之文，即此書也。洪氏嫌其採字疏略，而未知其後婁氏字原所采漢隸實皆沿此而稍推廣之。翁序有云：「婁氏書成于慶元初年，嘉定壬申莆陽宋鈞重修之本尚自不苟，至明末海虞毛氏汲古閣重寫覆刊，本形盡失。今日言隸學者，不見宋槧本，專據毛刻字原，以爲漢隸如此，且其書每字下不詳出某碑，止以一二次數記之，觀者既未必一一覆檢其前目，又安知辨原石之合否？烏焉成馬，扣槃捫籥，字書之誣罔舛訛，莫有甚于此者，而不知者且準以爲隸書之式。嗣後顧南原撰隸辨，偶或駁正一二，而顧氏未知有劉氏此刻，不能詳究婁氏字原之誤所自來。莫由深考，非一日矣。」此本係維揚秦敦甫先生得南宋初拓墨刻，未有「御前應奉沈亨刊」七字，董其昌定爲德壽殿本。爲明餘清齋吴氏藏本，並益四明范氏天一閣殘本碑目及劉球奏進表半篇，重墨諸版。書中如孔宙碑以「畒」作「敏」，王純碑以「糜」作「麋」，洪氏所詆具在。他如荀公碑陰以「友」作「支」，校官碑以「畀」作「卑」，唐扶頌以「牽」作「掌」，鄐閣頌、婁壽碑以「愛」作「舜」之類甚多。然其采獲多足以闡洪氏之緒餘，導字源之先路，雖不無疏略之處，然未可以微纇掩其全璧也。後附考證三卷。收藏前有「孔泉山館長家」朱文方印，各卷前有「曾在南雲蔡氏猶■軒群籤之內」朱文長方印，後有「丁丑以後聽鸝山館鈐記」朱文長方印。

二〇・四　漢隸字源六卷

咫進齋刊本。宋嘉興婁機東發撰。前有洪景盧序。是書前列考碑、分韻、辨字三例，次碑目一卷，凡漢碑三百有九，起東京建武，訖鴻都建安，殆二百年，而魏晉僅三十有一，各紀其年月、地里、書人姓名，以次編列，即以其所編之數注卷中碑字之下，以省繁文。次以禮部韻略二百六部，分爲五卷，皆以真書標目，而以隸文排比其下。韻不能載者十四字，附五卷之末終焉。其文字異同，亦隨字附注。如後漢修孔子廟禮器碑内「韓明府名勑，字叔節」，歐陽修謂「前世見于史傳未有名勑者」，而此書引繁陽令楊君碑陰亦有「程勑」，以證集古録之疏。又若「曲江」之爲「曲紅」，引周憬碑；「遭罹」之爲「曹離」，引馬江碑；「陂障」之爲「波障」，引孫叔敖碑；「委蛇」之爲「禕隋」，引衡方碑，于古音、古字亦多存梗概，皆足爲考證之資也。

二〇·五 漢隸分韻七卷

辨志堂精刊本。明祥符田汝耔勤甫撰。前有胡德琳序、施養浩序、盛百二序、張璉原序，次引洪氏隸釋序文、洪侍講跋語、洪丞相跋水經説三篇。第一卷列天下碑録，次引各家之説，第二卷分隸字假借通用例、四聲隨文互見例、漢隸雙字類例，三卷以次，按碑字依韻排編，下注碑名。末有李宗樞後序、萬緜前跋。按：是本係四明萬訥菴先生據李子西臨刻本重臨，其子緜前即以寫本付梓。胡德琳序以是書爲李子西所作，秀水盛百二秦川序内引明周王孫朱灌甫萬卷堂書目，撰人迺田氏汝耔。汝耔係弘治乙丑進士，官至湖廣副使，所著有周易纂義、律吕會通、采葑歸田二集。張璉原序云「杜史李石壘子西甫購善本臨刻于上谷」，李宗樞後序益無考據，則盛氏所證出自田氏當屬確當。考四庫提要亦載：「兹書不詳姓氏，據云其分韻以『一東』、『二冬』、『三江』等標目，是元韻，非宋韻矣。其書取洪适等所集漢隸依次編纂，又以各碑字迹異同縷列辨析。考吾丘衍學古編有『合用文集品目』一門，其第七條『隸書品』中列有『隸韻兩册，麻沙本，與隸韻爲一副刊，案：此隸韻爲劉球碑本隸韻十卷。字體不好，以其册數少，乃可常用之，故列目於此』云云，疑即此本。顧藹吉隸辨序稱『別有漢隸分韻，字既乖離，迹復醜惡』，其詆諆此書與吾丘衍略同。然二人第以書迹筆法論耳，要其比校點畫，訂正舛誤，亦有足資考證者。前人舊本，寸有所長，要未可竟從屏斥也。」

二〇・六　隸辨八卷

原刊本。清長洲顧藹吉南原撰。前有南原自序。婁機以後續出之碑，悉爲採掇，依韻排編。有不備者，求之漢隸字原，準以説文，辨其正變，或省或加，靡不兼載。譌疑均闕，從古文奇字及假借通用者，隨字附之。下注碑名，並録碑語，群書有證，悉引爲據。復依説文次第纂偏旁五百四十字，括其樞要。又附碑考二卷，碑之存者，注今在某處，亡者引某書云在某處，具有引證。末綴隸八分考、筆法兩篇。據四庫提要曰「是書鈎摹漢隸之文，以宋禮部韻編次，每字下分注碑名，并引碑語。其自序云：『鋭志精思，採摭漢碑所有字，以爲解經之助。有不備者，求之漢隸字源。』又云：『字源多錯謬，舩船、爯再，體或不分，血皿、朋多，形常莫别，悉從隸釋、隸續詳碑定字，指摘無餘。』今考此書，字形廣狹與世所刻婁機漢隸字源相同，是陰以機書爲藁本。且漢碑之出于機後者，僅魯孝王刻石、太室、少室、開母諸石闕及尹宙、孔褒、曹全、張遷、韓仁數種，視機書所列，不過百分之一二。機所見三百九種，其存于今者，不過景君、孔和、史晨、韓勑、孔謙、孔宏、魯峻、鄭固、孔宙、蒼頡、衡方、張壽、孔彪、潘乾、武榮、王渙、鄭季宣、白石神君、西狹頌、郙閣頌二十餘種，較其碑目所列，已不及十分之一。此二十餘種之外，縱舊拓流傳，亦斷璧零璣，偶然一遇，決不能如是之多，藹吉何由得見原碑，一一手摹其字？則所云『不備之字始求之字源』，殆不足憑。又每字下所引碑語亦多舛錯，如『忠』字下引孔宙碑『躬忠恕以及人』，誤去『躬』字；『宿』字下引孔彪碑『諾則不宿』，誤連上文『如毛』二字爲句；『奎』字下引史晨前碑『得在奎婁』句，誤以爲後碑；『秦』字下引華山碑『改秦淫祀』句，誤以爲韓勑碑，此或讀碑時偶不及檢。至『通』字下引唐扶頌『通天之祐』，而唐扶頌實無此語，蓋以隸釋所載『受天之祐』句與前行『通天三統』句適相齊而誤寫之，是尤僅據隸釋、未見原碑之一證。洪适之書具在，安得諱所自來乎？即以原碑尚存者而論，以韓勑造孔廟禮器碑并碑陰、碑兩側字數較多，文義尚大概可考。碑云『莫不騃思，歎印師鏡』，而「師」字下引之，誤截「師鏡」二字連下文「顔氏」二字爲句。碑云「更作二輿，朝車威熹」，而「車」字下引之，誤以「作二輿朝車」爲句。碑云「仁聞君風燿，敬咏其德」，而「聞」字下引之，誤以「聞君風燿」爲句，其「君」字下所引亦然。碑云「長期蕩蕩于盛」，而「長」字下引之，誤截去「于盛」二字。碑云「於是四方士」，而「方」字下引之，誤連下文「仁」字爲句。碑陰有「陳國苦虞崇」之文，苦者，縣名，虞崇者，人姓名也，而「虞」字下引之，誤作「陳國苦虞」。碑陰有「雒陽李申伯」之文，而「申」字下引之，誤截去「伯」字。又有「蕃加進子高」之文，而「進」字下引之，誤截去「蕃」字。碑側有「河南匽師度徵漢賢」之文，其旁别有「河南匽師胥鄰通國」一人，顯然可證乃「匽」字，泐痕似「厚」字，遂誤以爲「厚」，又不知「匽」、「偃」通用，復贅辨河南有「匽師」無「厚師」。至于「鄉」字下引碑側題名「金鄉師耀」，不知此乃碑陰小字，後人所加，非漢字，亦非碑側。又于「率」字下引碑陰「魯孔方廣率」，不知碑文明是「廣平」，惟明王雲鷺刊隸釋始誤爲「廣率」，是併現存之碑亦僅沿襲舊刻，未及詳考。乃云採摭漢碑，其亦誣矣。惟其于婁機以後續出之碑盡爲摹入，脩短肥瘠，不失本真，則實足補字源之缺。所纂偏旁一卷，五百四十部，能依説文次第，辨證精核。又附碑考二卷，碑之存者注今在某處，亡者引某書云在某處，具有引證，以年代先後爲次，條理頗爲秩然，則較字源碑目爲詳核。後附隸八分考、筆法二篇，採輯舊説，亦均有裨後學。與婁氏書相附而行，固亦不必盡以重儓譏也」云云。

二〇·七　隸法彙纂八卷

伊蔚齋精刊初印本。清古歙項懷述惕孜編録。前有惕孜自序。項君此編係就顧氏隸辨，爰照康熙字典，從今體部分法另爲分編，注從簡約，省去繁文，志裨初學。原書第六卷依許氏説文纂偏旁五百四十字，此本止依字典偏旁彙其書法，而以假借通用之字附見于各字下，以備參稽。原書七、八卷中所載諸碑目考及分隸諸説，不復録入。首冠總録，便于檢討。按：顧氏原書由項澹齋録本，版藏鑾江群玉山房，乾隆庚申燬于火。澹齋當時頗珍祕是書，不輕發印，計刊自戊戌，距庚申僅二十有三年，而板即没，故流行不多，印本皆精好。後廣陵黄氏重爲翻刻，欲廣其傳，而精不及原版。書賈每抽去後序，冀充贋鼎。此本摹寫頗工，猶不失中郎虎賁之似也。

二〇·八　**隸體舉要一卷**

涵芬樓景刊本。清金壇蔣和醉峰輯。是編就漢碑凡通用假借、俗字、省文、增畫諸類，分韻舉要，足資習隸南針。末有「乾隆五十九年春仲上澣，苕上髯潘浚經邃氏校並書」二十一字。

二〇·九　**漢隸異同十二卷**

勤約堂刊本。清寶水甘揚聲實求撰。前有實求自序。漢碑傳世既遠，剥蝕尤多，輾轉臨摹，易滋舛譌。甘君此編取漢隸之有異同者，依典分部編出，間引説文及印書，以溯其源，且援經史並各碑以窮其流，頗稱精審。

二〇·一〇　**漢隸拾遺一卷**

景抄本。清高郵王念孫懷祖撰。前有懷祖自序。王公博通聲音訓詁之學，尤精于考據。此編係由讀書雜志内抽録，凡宋以後諸家所已及者略之，有其字而未之及與誤指爲他字者補之，凡二十五事，旁徵博引，精確不磨。

二〇・一一　隸篇十五卷

五經歲遍齋精刊本。清東萊翟雲升文泉撰。前有楊以增序、陳官俊序、文泉自序。自南宋以來，集隸字爲書者，皆以韻分。是編以部領字，如枝附幹，而筆迹同異者，易于對觀也。以摹代臨，如景隨形，而楷式所存者，期于曲肖也。其體例之善，爲從前所未有。陳序有云「此書于諸字悉爲著明，或因委而溯原，或假賓而定主，可以扶群經之絶學，袪字書之積習，破世俗之拘墟，偶有忽遺，猶申諸論，非所篤信，時復闕疑。此雖襲前人之成跡，而詳審奚翅倍之，既無從指其疏，又安能目爲濫耶」，洵非過言也。兹書首列金石目，名依篇内標題，計百二十二種，又以碑本漶漫，或字形重複，篇内未經采入，亦列其目，備核遺者九種，次部目，又次字目。自一卷至十四卷，按部系字，各卷之末，均加綴説，頗有引證。十五卷具載偏旁，以備參考，後附變隸通例一篇。

二〇・一二　隸篇續十五卷

五經歲遍齋精刊本。清東萊翟雲升文泉撰。是編以續得金石六十六種未經采字，列目備核者，蒼頡廟碑陰一種。補編，凡厥體例，一如前編。

二〇·一一三　隸篇再續十五卷

五經歲遍齋精刊本。清東萊翟雲升文泉撰。前有文泉自序。是編又以續得金石五十八種，未經采字，列目備核者九種，又已見前編，後復補字者四種，復再續前作所未盡，體例仍同。

二〇·一一四　隸通二卷

鄦齋刊本。嘉定錢慶曾撰。前有慶曾自序，曰「隸書破壞六書之體，爲小學之蠹。然漢以來以此名家者奚啻百輩，則亦藝林一勝事矣。漢人用字例每多通假，亦足以資考證。是亲乎象形、會意之原，猶得求依聲托事之理。不佞從事有年，常欲取金石刻通假之字列爲一編，碌碌未果。己巳長夏，客居無事，爰始纂輯，並取各書常用之字不載于説文者，考其本體，及義可相通者，以附益之，略載變省各體。乖剌過甚，雖出漢碑，仍從擯棄。名之曰『隸通』，俾操觚家有所依據。依説文分部，蓋不通二篆，不能作隸也。衰朽健忘，亂後更無墳籍可稽，僅就素所服習者存之，有心斯事者，若充類以廣之，其以是編爲嚆矢也可」云云。

二〇·一五　草隸存六卷

廣倉學宭精刊景本。杭州鄒壽祺適廬、睢寧姬覺彌佛陀同輯。前有姬覺彌序，後有適廬跋。姬敘曰「隸始于秦而草隸始于漢，然漢無草隸之名也。許汶長説文序云『秦書有八體』，自大小篆、刻符、蟲書而下有摹印、署書、殳書、隸書，而特揭之曰『漢興有草書』，此乃漢人傳習之語，故衛恒、李誕等均有是言。所謂『草書』，即草隸，或曰散隸，或曰今隸，或曰急就及章草，而與張芝之今草絶然不同。自晉以來，工斯體者，代不乏人。惟南、北史傳所紀，往往與今草混，遂令唐宋後論書之作，無有確證其體勢者，謬本流傳，竟以今草爲草隸，如所傳之急就章石刻是也。幸墜簡出于流沙，急就甎見于洛陽，文字不多而符契若合。上虞羅雪堂先生曾創輯是編，余至韙其議，屢請屬稿，遲之又久，僅以『日入時』兩甎及水缸文等二十五紙惠寄，爰與杭州鄒適廬君推廣成之。凡分六類，一金，二石，三玉，四甎，五瓦，六木，一以隸之兼草者爲宗，使學者知草隸者生于隸而與草書不同，漢謂之『草書』今不得謂之『草書』也。晉以後誤爲『草書』，古實未嘗并于『今草』也。惜陶南村討羌檄無可追摹，又限于聞見，挂漏仍多，安得奇觚再出，與大雅閎達共商定之耶」云云。

二〇・一六　汪本隸釋刊誤一卷

洪氏晦木齋刊本。清吴縣黄丕烈蕘圃撰。前有蕘圃自序，末有顧千里後序。洪公隸釋，相傳徐髯仙藏有宋槧本，甚精妙，後歸毛青城，世未之見。嘉慶間所流行，盡錢塘汪本。降至輓近，汪本又復難覯，均屬洪氏重刊本，附此刊誤，加惠藝林，殊非鮮淺。兹書蕘圃係據崑山葉氏九來所藏舊鈔本，又參貞節居袁氏鈔本、周香嚴所藏錢氏鈔本互訂異同，取婁彦發字源爲證，摘記千有餘條，而成是編，而審正之功，顧氏千里與有力焉。見黄丕烈自序。據仁和魏稼孫跋此書有云：「刊誤之作，雖云據葉，以葉本驗之，或不盡然。袁、周、毛原抄足本今不可見，大抵黄氏此書以字源爲主，取葉本者十八九，取他本者十二三，序在嘉慶丁巳，刊在丙子，中閲十八年，所羼他本，必書成後增入，取省易不復識别耳。間或臆爲潤色，其最易見者，此書横畫多作波發，毛、葉兩本所無。必盡歸美于葉，亦稍失真矣。其中漏列之條，如汪本堂邑令費騰碑，洪跋『復截經杖』，葉作『絰杖』，循文義必是汪誤，略未之及。此類甚多。至『延』、『𢓊』等字之歧出，『方』、『乃』二字之倒置，則由繕時筆誤，刊成失校，黄、顧號稱精審，且所刊之誤專在偏旁點畫，猶疏舛如此，著書豈易言哉？若其正譌訂謬，爲洪氏功臣，凡究心隸古者，固當是正，未可執一二疵纇概之。」

二〇・一七　隸韻考證二卷

秦氏刊本。清大興翁方綱覃谿撰。翁氏仿士禮居隸釋刊誤之例，參據群籍，細加考證，凡點畫之訛，舛漏之處，詳正無遺，其精審較黃氏刊誤尤過之。收藏上卷前有「曾在南雲蔡氏猶■軒群籤之内」朱文長方印，下卷前有「乳泉山館長」朱文方印。

二〇・一八　隸韻碑目考證一卷

秦氏刊本。清大興翁方綱覃谿撰。按：殘碑目首行云「漢碑年號見本碑一百七十七」，今祇有一百六十種，缺十七種，書中所引之碑有年代而碑目缺者，自冀州郭從事碑至綏民尉熊君碑，共一十七種，適符「一百七十七」之數，蓋仿趙明誠金石録例，漢碑有年代者爲一類，無年代者爲一類。玆編將所引碑目合漢魏晉都爲一卷，統計二百六十一種，遍考舛誤，分詳目後。收藏前有「蓋闕舊菜」朱文方印，後有「丁丑以後聽鸝山館鈐記」朱文長方印。

二〇・一九　篆隸考異二卷八册

舊鈔四庫全書本。清吴縣周靖敉寧撰。前有四庫提要並汪琬序。據提要云：「是書辨别篆隸同異，用意與張有復古編相類，其小異者，有書以篆文爲綱，而附列隸字之正俗，此則以隸字爲綱，于合六書者注曰『隸』，不合六書者注曰『俗』，于隸相通而篆則不相假借者注曰『别』，如隸字『好醜』之『好』與『好惡』之『好』爲一字，篆則分『好』、『𤚲』二字之類。而各列篆文于其下。又説文分部五百四十，此則以隸字點畫多少爲次，分部二百五十有七，俾讀者以所共知通其所未知，較易于尋檢。大旨斟酌于古今之間，盡斥鄙俚杜撰之文，而亦不爲怪僻難行之論。其凡例有曰：『庖犧畫卦，已開書契之宗，降至小篆，無慮幾變。然許叔重以前雖有周鼓秦碑，究無成書可據，故鄭樵曰：六書無傳，惟藉説文。此考以説文爲主，鐘鼎款識，一概不録。』又曰『如犅、苗等字，止載説文，而剛、曲見于經史，反覺簡易，此考寧取其簡，不取其繁，故去牛與艸，是非悖謬説文，實欲羽翼經史，閲者可舉一以例百』云云。汪琬作是書序，亦以泥古、變古二者交譏，而稱是書『上引六經，旁及子史，究其本末，析其是非，至詳至悉，而未嘗有詭異之説』，其論允矣。」此書末有刊版，此爲陳氏洗心齋據四庫全書傳抄，版心有「陳氏洗心齋抄藏」七字，每半葉四行，書本寬大，抄繕清晰。全書分二卷，每卷又別爲四卷，分裝八册。

二〇·二〇　碑文摘奇一卷

藤花亭刊本。清順德梁廷枏章冉撰。是編録自漢至金碑文奇字，計漢碑三十八通，録八十又八字；魏碑一通，録一字；北魏碑三通，録十又九字；東魏碑六通，共五十又九字；北齊碑十三通，録九十又五字；隋碑三通，録十又六字；唐碑三十通，録百又十六字；五代碑四通，録十又六字；宋碑九通，録三十字；遼碑一通，録一字；金碑三通，録八字；附補遺碑十四通，録十四字。

二〇·二一　金石文字辨異十二卷

聚學軒刊本。清階州邢澍佺山撰。前有佺山自序，末有何元錫後序。按：碑文别體，北朝作俑，亭林先生論之詳矣。邢君是編，刺取碑文異字，上溯漢魏，下迄唐宋，統以平水韻，乾嘉以前出土石刻采摭無遺。據上虞羅振玉先生跋是書，糾其譌誤不少。如干禄字書「庯」乃「庸」之俗體，而誤認爲「膚」；東魏李仲璇修孔廟碑有「峀」字，即「當」之俗，誤認爲「峀」；「劉」，干禄字書俗「劉」字，誤認爲「𨱠」；「缶」，干禄字書俗「缶」字，誤認爲「出」；「隻」，干禄字書俗「售」字，誤認爲「集」；「烝」，説文與「蒸」同，乃正體，誤以爲别字；北魏孝文帝弔比干文有「鵄」字，虞韻，注云是「雛」字，蒸韻，又以爲「鵬」字，均屬邢氏之疏也。至友黄子癡蘭理亦剏舉條例，博采金石著述以及輓近新出各碑，勒爲專書。地不愛寶，古碑日流人間，出邢氏未見者，不下數千百通，尚多可求。他日當丐其稿梓行，俾補梁、邢、趙、羅各書之未備，亦海内金石家所欲快覩者也。

二〇·二二　六朝别字記一卷

涵芬樓景刊本。清會稽趙之謙撝叔撰。前有凌霞序、胡澍序。按：階州邢澍之金石文字辨異以碑字之别體者分四聲韻，以類相從，自漢迄唐而止。悲菴先生此書則專收六朝碑版中之别體，援引説文，附以箋釋。其體例亦與邢書小異，而足資考證，用心則一焉。末有其子能壽一跋。

二〇・二三　碑別字五卷

食舊堂原刊本。清上虞羅振鋆佩南撰。前有劉鶚序、其弟振玉序及賃碑圖記。羅君爲叔言先生之兄，篤嗜金石之學，家貧，無力致碑版，剏賃碑之法，以供考究。此編採輯碑版別構諸字之不載字書者，依韻次之，誠屬小學之支流，校勘之秘笈也。

二〇・二四　碑別字補五卷

精抄本。上虞羅振玉叔言撰。是編羅君補其兄佩南所撰碑別字所未收者，依例輯録。

二〇・二五　漢碑徵經一卷

廣雅書局精刊本。清寶應朱百度午橋撰。前有午橋自序兩篇。按：説文引經，多依古本，爾雅正義，間據漢碑。秦焚簡策，古籍就湮，漢代龍興，昌明經學。其後經師相承，轉寫譌謬，不無差異。而傳流至今未變者，惟漢碑爲最古。朱君依隸釋、隸辨所載漢碑中有合經文者，筆之于編，魏晉去漢未遠，亦備載之，並旁搜金石之文以補洪、顧之闕，又復參考他書而成。

二〇・二六　字説一卷

吴氏原刊本。清吴縣吴大澂愙齋撰。是編按字撰説，援經史、説文諸書以及鐘鼎彝器文字，博引衆説，詮釋極精。

二〇・二七　名原二卷

原刊初印本。清瑞安孫詒讓仲容撰。前有仲容自序。是編略摭金文、龜甲文、石鼓文、貴州紅巖古刻，與説文古、籀互相勘校，揭其歧異，以著消變之原，會最比屬，以尋古文、大小篆沿革之例，約舉韋較，頗稱詳備。上卷分原始數名、古章原象、象形原始，下卷分古籀撰異、轉注楬櫫、奇字發微、説文補闕，綜共七篇。

二〇・二八　文源十二卷

原刊本。閩縣林義光撰。前有義光自序。吾鄉林君就拓本所傳鼎彝之字，去僞存真，參互校覈。自宋以來，考釋多謬，抉其理證，不稍雷同。觀爻象之變，掇采遺文，以定文字之本形，審六書，窺制作之源，以定文字之本義，乃作此編，以發其凡。金刻不備之文，仍取足于小篆。全書考釋頗精，足資參訂。

二〇·二九　楷法溯源十五卷

觀古堂精刊本。清文昌潘存孺初輯，宜都楊守敬惺吾編。前有畢保釐序。是編惺吾先生依潘孺初前輩所點各碑精要，仿翟氏隸篇之例，輯成是書，原名「今隸篇」，後改茲名。按：洪氏隸釋、婁氏字原、劉氏隸韻、顧氏隸辨皆依韻分編，便于檢尋，然于偏旁錯雜，不足以見八法之變。翟氏隸篇遵説文始一終亥之次，最爲古雅。此編亦照其例，所收之字，略依時代爲次。本其體裁，應不入行書。然如李北海兩雲麾將軍碑、麓山寺碑、宋澹道安禪師碑、鐵元始贊、吳文斷碑之類，因其行楷並用，故亦摘録。首卷詳列集帖目、古碑目，以供讀者參訂。全書鈎摹工緻，如覩原碑，足與翟氏隸篇相頡頏焉。

二〇·三〇　倉頡篇殘簡考釋一卷

廣倉學宭刊本。上虞羅振玉叔言撰。後有王國維跋。跋曰「古■一篇，本在流沙隧簡考釋中，姬君覺彌篤嗜古字書，爰爲之請于羅君，裁篇別出，以廣于傳。昔班孟堅謂史游急就篇皆倉頡中正字，今諸簡四十字中，『游』、『周』、『尃』、『白』、『黄』、『病』、『狂』、『疕』、『灾』、『疢』、『貍』、『寸』、『厚』、『廣』、『俠』、『好』、『長』十七字並見急就篇，知史游正取諸此，則此爲蒼頡五十五章之本文，而非訓纂諸篇語，又可知也。羅君忘舉此證，因附記于後」云云。

二〇·三一　六書故三十三卷

師竹齋原刊本。元永嘉戴侗仲達撰。前有趙鳳儀序、李鼎元序、仲達自序。四庫提要載：「是編大旨主于以六書明字義，謂字義明則貫通群籍，理無不明。凡分九部，一曰數，二曰天文，三曰地理，四曰人，五曰動物，六曰植物，七曰工事，八曰雜，九曰疑。盡變説文之部分，實自侗始。其論假借之義，謂前人以『令』、『長』爲假借，不知二字皆從本義而生，非由外假。若『韋』本爲『韋背』，借爲『韋革』之『韋』，『豆』本爲『俎豆』，借爲『豆麥』之『豆』，凡義無所因，特借其聲者，然後謂之假借，説亦頗辯。惟其文皆從鐘鼎，其注皆用隸書，又皆改從篆體，非今非古，頗礙施行。元吾丘衍學古篇曰『侗以鐘鼎文編此書，不知者多以爲好，以其字字皆有，不若説文與今不同者多也。形古字今，雜亂無法。鐘鼎偏旁不能全有，却只以小篆足之。或一字兩法，人多不知。如𠂤本音睘，加宀不過爲寰字，乃音作官府之官；邨字不從寸、木，乃書爲村，引杜詩無村眺望賒爲證，甚誤學者。許氏解字引經，漢時有篆隸，乃得其宜。今侗亦引經，而不能精究經典古字，反以近世差誤等字引作證據。鎊、鍾、鍪、鋸、尿、屎等字，以世俗字作鐘鼎文。卵字解尤爲不典。六書到此，爲一厄矣』云云，其詆譏甚至。雖不爲不中其病，然其苦心考據，亦有不可盡泯者。略其紕繆而取其精要，于六書亦未嘗無所發明也。」

二〇・三二　六書正譌五卷

明翻元本。元鄱陽周伯琦伯温撰。前有伯温自序、吴當後序。周君曾著説文字原，以辨昔之鑿而補其闕，又于世俗通行之字，正其點畫、偏旁、音義、訓詁之譌，使不繆于籀篆六義判作之本旨，而成是編。此本余得自繆氏，曾經藝風藏書記著録。收藏前有「雲輪閣」朱文長方印、「荃孫」朱文長方印，每册有「蝴蝶草堂」白文方印、「歙許志古家藏」白文方印。

藝風藏書記曰：「六書正譌五卷，明翻元本，題『鄱陽周伯琦編注』。前有自序、吳當後序。每半葉五行，小字每行二十字，大篆文占三格。篆文結體，猶是伯琦手書。收藏有『蝴蝶草堂』白文方印，極舊。又有『歙許志古家藏』白文方印。」

二〇·三三　六書本義十二卷

明刊本。明餘姚趙撝謙原名「古則」。撰。前有古則自序、林右序、鮑恂序、徐一夔序。四庫提要載「是編六書論及六書相生諸圖，大抵祖述鄭樵之説。其凡例有曰：『説文原作五百四十部，今定爲三百六十部，不能生者，附各類後。』今以其説考之，若説文『畕』字爲一部，以『畺』字爲子，而撝謙則併入田部；説文『包』字爲一部，以『胞』、『匏』字爲子，而撝謙則併入勹部；説文『𢆶』字爲一部，以『幾』、『幽』字爲子，而撝謙則併入幺部。凡若此類，以母生子，雖不過一二，而未嘗無所生之子，與凡例所云『不能生者』不同，乃一概併之，似爲未當。又若説文儿部『儿』讀若『人』，『充』、『兌』諸字從之，與『人』字異體，而撝謙則併入人部；説文本部『臯』字從『本』從『白』，而撝謙誤以從『白』爲從『自』，附入自部，則于字體尤舛。第于各部之下辨别六書之體，頗爲詳晰，其研索亦具有苦心，故録存之，以不没所長焉」云云。是本余得諸江陰繆氏，曾經藝風藏書記著録。

藝風藏書記曰：「六書本義十二卷，明刊本。趙撝謙，本名古則，是書尚署『餘姚趙古則編注』，宋秦悼惠王十二代孫。首有自序、林右序、鮑恂序、徐一夔序、六書本義綱領、六書圖。本書數位篇第一，天文篇第二，地理篇第三，人物上篇第四，人物中篇第五，人物下篇第六，草木篇第七，蟲獸篇第八，飲食篇第九，服飾篇第十，宮室篇第十一，器用篇第十二。末有牌子兩行云：『先生邑人胡東皋守寧國之明年，爲正德庚辰，喜得此書，遂翻刻之。』每半葉六行，行大字占三格，小字每行二十三字。」

二〇·三四　六書準二卷

馮氏原刊初印本。清華亭馮鼎調雪鷗撰。前有雪鷗自序，後有其子昶世跋。自序曰「余幼而癖嗜鼎彝之跡，好奇探秘，至忘寢食。但家尠藏書，商周之跡，十僅一見。若世所流佈六書統、楊桓。六書故、戴侗。六書略、鄭樵。正譌、周伯琦。本義、趙撝謙。索隱、楊慎。精蘊、魏校。正義吳元滿。之屬，書之六義，詳見一二，未甚分明，欲較一全書示世而未能。間嘗摘象形、指事、會意之混淆，轉注、叚借之錯亂，及尋俗譌謬者，注分六義，較正誤差，采集諸家，間參己意，其可依俗成文、無甚深義者，已詳載諸書，不能盡述。嗚呼！自畫卦造字以來，越幾千百年，學者去古愈遠，杞宋無徵，六書之學，幾已影廢響絶，即使籀、斯復出，極欲究心研討，從何考古證今？是書之作，非敢曰承前啓後，聊于絶續之際，僅存一綫，以俟博雅君子互相考訂」云云。是書博採諸説，嚴加校輯，崇真辨譌，參證允協。據其子昶世跋云「此編稿凡數易，垂三十年乃成」，經營苦心，具見一班。書刊于順治庚子，鐫版頗工，篆文尤爲精確，初印之本，輓近亦不易覯也。

二〇·三五　六書會原十卷

鳴鳳堂精刊初本。清餘姚潘肇豐古堂撰。前有錢學彬序、葉蓁序、古堂自序。潘君邃篆籀之書，曾宦吾閩。此編于六書之中筆法之曲折、斜正、從合等字，無不悉心體會，辨别毫芒，見有體格無釋義者，察其形跡，考其從用，不憚辭繁，詳加詮釋，譌者非之，疑者闕之，確無臆斷之弊。收藏前有「水西林氏珍藏」朱文方印、「詩房珍藏」朱文方印、「小石山房」朱文長印，每卷前有「林印雲青」白文、「觀河」朱文兩方印、「詩房珍藏」朱文方印。

二〇・三六　六書通五卷

原刊本。清烏程閔齊伋寓五撰。前有畢弘述序、程煒序、張涵序、寓五自序、吴省蘭題詞、張涵徵刻小啓。是編集三代秦漢篆法，仿金石韻府之例，以洪武正韻部分編次，以説文之字爲標目，下列古文、篆文以及符印有變體者，類從于下。其有小篆而無別體者，則謂之「附通」，亦併列之，使讀者知其全，得其變與通也。

二〇・三七　六書分類十二卷

聽松閣精刊初印本。清歸德傅世垚賓石撰。前有王杰序、紀昀序、畢沅序、王昶序、其曾孫應奎後序、應壁跋。其書分部一依梅膺祚字彙之例，每字以小篆、古文次于楷書之後。古文之學，漢魏後久已失傳，後人所譯鐘鼎之文，率多臆度，確然可信者無幾。况古器或出剥爛之餘，或出僞作，尤未可悉爲依據。傅氏此編辨析精詳，先以六經，次以彝器，次碑碣，溯其源流，辨其離合，洵篆學之津梁也。各册均有「右啓堂藏書畫印」朱文方印。

二〇・三八　六書古微十卷

觀古堂刊本。南陽葉德輝煥彬撰。前有孫宗弼序，後有劉肇隅、左念康、葉啓勳各一跋。此書足糾前人之疏漏，可爲後學之津梁。孫序有云「陳書展誦，服其鴻識玄解，洞徹條流。無義非新，無訓非故。其例以本書證本書，佐以六經、史、漢、周秦兩漢諸子、漢人經史子注，非獨一埽乾嘉校注諸家之固陋，即于許書本誼，或有古書異訓，亦必擇善而從，以視俗儒株守一家之書奉爲神明而不知辨別者，所見超越遠矣」云云，良不虛譽也。

石廬金石書志卷之二十一

閩侯林鈞亞傑

法帖類

二一・一　石刻鋪敘二卷

風雨樓景刊本。宋廬陵曾宏父幼卿撰。曾氏嘗刻鳳墅法帖正、續四十卷，又鋪敘各帖之源流，成石刻鋪敘二卷。清乾隆時，李南澗得鈔本刊之，周書昌收其板入貸園叢書中，人間始有傳本。古今言帖之書至罕，程南邨帖考雖精未竟，吴荷屋帖鏡未刊，其藁不傳。是本蘇齋過録義門校語并自校，于何校復有訂正，朱墨粲然。蘇齋于二宋帖學研求甚精，故讀書之餘隨手批記，皆有心得，世之喜帖學者，得此不至茫無依據矣。末有錢大昕跋。前有鄧實、褚德彝各一跋、蘇齋手記數則。

二一·二　寶章待訪録一卷

百川學海本。宋襄陽米芾元章撰。前有元章自序。是録分目覩、的聞二類，詳録各書帖流傳，頗有考據。後世考帖諸作，咸依此書爲準繩。據四庫提要載「寶章待訪録一卷，宋米芾撰，皆紀同時士大夫所藏晉唐墨跡，成于元祐元年丙寅。書録解題作『寶墨待訪録二卷』，與此互異，疑陳振孫誤也。自序謂『太宗混一天下，圖書皆聚，而士民之間尚有藏者，懼久廢忘，故作此以俟訪』。分目睹、的聞二類。目覩者，王羲之雪晴帖以下凡五十四條，内張芝、王翼二帖注云『非真』，蓋與張直清所藏他帖連類全載之。的聞者，唐僧懷素自序以下凡二十九條，大概與所撰書史相出入。然書史詳而此較略。中如王右軍來戲帖，此書謂『丁氏以一萬質于鄆州梁子志處』，而書史則謂『質于其鄰大姓賈氏，得二十千，今十五年，猶在賈氏』。又懷素三帖，此書謂『見于安師文家』，而書史則謂『元祐戊辰，安君攜至，留吾家月餘，今歸章公惇』云云。驗其歲月，皆當在此書既成之後，知書史晚出，故視此更爲詳備也。然其間如晉謝安、謝奕、桓温三帖，書史祇載寶蒙審定印，而此書又載有鍾紹京書印。陳僧智永歸田賦跋，書史作『開成某年』，而此書實作『開成五年』，亦有可以互相考證者。今故備著于録，備參訂焉」云云。

蘭言齋精刊本。宋長沙劉次莊中叟撰。據四庫提要載：「曹士冕法帖譜系云：『臨江戲魚堂帖，元祐間劉次莊以家藏淳化閣帖十卷摹刻其上，除去卷尾篆題，而增釋文。』曾敏行獨醒雜志曰：『劉殿院次莊自幼喜書，寓于新淦，所居民屋窗牖牆壁，題寫殆遍。臨江郡庫有法帖十卷，釋以小楷，他法帖之所無也。』觀二書所記，則次莊之作法帖釋文本附注石刻之中，未嘗別爲一集。此本殆後人于戲魚堂帖中抄合成帙，而仍以閣本原第編之者也。陳振孫書録解題又稱：『武岡人嘗傳刻絳州潘氏帖。嘉定中，汪立中又取劉本分入二十卷中，官帖所無者增附之。』蓋絳帖本閣帖而廣之，故立中釋文亦因次莊釋文而廣之，與此又別一書矣。」是編凡帖中楷書者不釋，闕疑者旁注。又百川學海本，後有次莊兩跋，爲此本所無也。

二一·三　閣帖釋文十卷

百川學海本。宋邵武黄伯思長睿撰。前有長睿自序，後有王玠、許翰各一跋。據

二一·四　法帖刊誤二卷

四庫提要載：「初，米芾取淳化閣帖一一評其真僞，多以意斷制，罕所考證。伯思復取芾之所定重爲訂正，以成此書。前有大觀戊子自序，稱『芾疏略甚多，或僞蹟甚著而不覺者，若李懷琳所作衛夫人書、逸少闊别稍久帖之類；有審其僞而譏評未當者，若知伯英夫人諸草帖爲唐人書，而不知乃書晉人帖語之類；有譏評雖當，主名昭然而不能辨者，若以田疇字爲非李斯書，而不知乃李陽冰明州碑中字之類；有誤著其主名者，若以晉人章草諸葛亮傳中語，遂以爲亮書之類』，其論多確。其他亦指摘真僞，率有依據。末有政和中王玠、按：提要誤『玠』作『珍』。許翰二跋。據玠跋，乃伯思官洛中時觀玠家所藏閣帖作也。其書本自爲一編，故至今有别行之本，諸家書目亦别著録，後其子訒乃編入東觀餘論中耳。湯垕畫鑒曰：『宋人賞鑒精妙無如米元章，然此公天資極高，立論時有過處。後有黄伯思長睿者出，作法帖刊誤，專攻米公之失。僕從而辨析其詳，作法帖正誤，專指長睿之過。』今未見垕書，不知所正者何誤。然垕亦空談鑒别，而不以考證爲事者，恐所正亦未必確也。」

二一·五　法帖譜系二卷

百川學海本。宋都昌曹士冕端可撰。前有端可自序，後有董史兩跋。據四庫提要載：「其書序宋代法帖源流，首爲譜系圖。上卷淳化法帖，以下爲二王府帖、紹興國子監本、淳熙修内司本、大觀太清樓帖、臨江戲魚堂帖、利州帖、慶曆長沙帖、劉丞相私第本、長沙碑匠家本、長沙新刻本、三山木版、黔江帖、北方印成本、烏鎮本、福清本、澧陽帖、鼎帖、不知處本、長沙別本、蜀本、廬陵蕭氏本，凡二十二種。下卷絳本舊帖，以下爲東庫本、『亮』字不全本、新絳本、北本、又一本、武岡舊本、武岡新本、福清本、烏鎮本、彭州本、資州本、木本前十卷、又木本前十卷，凡十四種。蓋以淳化閣帖爲大宗，而絳帖爲別子，諸本皆其支派也。每條敘述摹刻始末，兼訂其異同工拙，頗足以資考證。書史會要稱士冕『博參書法，服習蘭亭』，宜其鑒別不苟矣。古今法帖皆搨本，惟此書載有印本法帖，亦廣異聞也。」

二一·六　法帖釋文考異十卷

明刊本。明武陵顧從義汝和撰。前有王穉登序。顧君篤志摹古，且精鑒別，好購古帖，得即摹勒上石，所鐫宋本淳化帖、石鼓文皆爲世重。此編對于前人音注，辨其譌謬，析其同異，依帖本原次勒爲十卷，手自繕寫而刊行之。閣帖自米芾、黄長睿而後踵而考訂者，寥寥無幾。從義始參彙群說，卓有定見，評書者每資依據。王序有云「審波磔而知人代，尋點畫以分郡國，美惡察之絲縷，真贋較于毫毛」，非虚譽也。此本係明刊初印原本，余以重值得諸繆氏，每半葉九行，行十九字。收藏前有「友年所見」白文小長印、「雲輪閣」朱文長方印、「荃孫」朱文長方印。藝風藏書記著録。

藝風藏書記曰：「法帖釋文考異十卷，明刊本，顧從義編并自書。字大悦目，繕刻尤爲工雅。前有王穉登序，新都王常書。」

二一·七　法帖神品目一卷

函海本。明成都楊慎升庵撰。是編前列古篆刻，次秦漢三國南北朝以及雜碑，又次各家法帖諸目。

二一·八　欽定校正淳化閣帖釋文十卷

抄本。乾隆三十四年，詔以内府所藏宋畢士安家淳化閣帖賜本詳加釐正，重勒貞珉。各卷有乾隆御題，又參取劉次荘、黄伯思、姜夔、施宿、顧從義、王澍諸説，而以大觀太清樓諸帖互相考校，凡篆文、籀、行、草皆注釋文，又于字旁復各作訂異，以辨正是非。乾隆四十三年曾以聚珍版印行，足補各家之未備也。

二一·九 淳化閣帖考正十二卷

蘭言齋精刊初印本。清金壇王澍虚舟撰。前有沈宗騫序、虚舟自序，次録米芾法帖原跋及法帖刊誤黄伯思原敘，並王玠、許翰各一跋，又次米芾、黄伯思、王著三傳。初，宋元祐中，米芾作法帖題跋以辨别真僞，然芾精于賞鑒，特據其筆迹以意斷而已，雖錙銖不爽，究未能確指其所以然也。大觀中，黄長睿因之，更據史書考其紕繆，徵實有據，所見益精，而字畫淆譌，未暇是正。明嘉靖中，上海顧汝和本米、黄未盡之旨，細意校勘，雖其版本皺裂、字畫剥食處，亦必異同並載，無有遺失。康熙間，義門何焯更以姜白石絳帖平增注其上。而徐葆光又復旁搜博采，益增其舊，于是閣帖之得失異同，漸以明備。虚舟先生又復研究諸説，衡其當否，兼據米、黄、顧三家之意而用之，以史傳正譌誤，以筆蹟辨依托，而行款、標目以及釋文之類，亦一一考核，仍依法帖原目，分爲十卷，後附古今法帖考一卷及筆法一卷。此本係吴興沈宗騫親自臨帖入版，雪川陳焯較畫，乾隆戊子蘭言齋鐫刻，傳本頗少，而初印尤爲足珍也。

又天都秋藕花居校刊精本，十二卷。前有王澍自序，米芾、黄伯思、王玠、許翰跋，米芾、黄伯思、王著三傳。有凡例而無目録。蘭言齋刊本臨摹原文，此本亦闕。刊刻頗精。前有「香韻閣」朱文橢圓印。後附古今法帖考、論書賸語各一卷。

二一·一〇　淳化閣帖釋文十卷

徐氏原刊本。清山左徐朝弼右亭集釋。按：淳化帖釋文有皋蘭本及朱氏本，然皆弗及鞏廣文先生所釋之精確。徐君據鞏氏原釋，又以皋蘭、朱氏兩本互相勘校，其間有參差者，一一詳舉，附注曰「蘭本云何」、「朱本云何」，正文則悉遵鞏本，令閲者可以質疑參解。凡書家朝代、爵里、姓氏等，悉照鞏氏原注。其出自徐氏者，則冠「按」字以別之。

二一·一一　淳化祕閣法帖源流考一卷

世楷堂刊本。清東溪周行仁撰。周氏録淳化祕閣法帖爲卷，并取自宋以來詳論閣帖之語及其笠芸先生所著夢筆軒筆記附録于後，既精且博，世之臨池者，庶知所折衷矣。末有沈楙悳一跋。

二一・一二　淳化閣帖跋一卷

世楷堂刊本。清錢塘沈蘭先甸華撰。是編寥寥數百言，其文約，其旨賅，舉要者固不在辭多也。末有衛永叔、王山史、楊復吉各一跋。

二一・一三　三希堂石渠寶笈法帖釋文十六卷

陳氏原刊本。清陳焯撰。前録乾隆御製序，末有阮元及梁詩正等各一跋。是編陳氏就三希堂法帖考辨行草之偏旁，審印章之名氏，與劉次莊、顧從義之釋淳化閣帖文同其用意也。收藏前有「湘管齋」朱文方印。

二一・一四　古今法帖考一卷

蘭言齋精刊本。清金壇王澍虛舟撰。虛舟先生敘曰「自宋太宗刻淳化祕閣法帖，天下寶之，歷代以來，競相傳刻，遂至多不可考。或同或異，或增或減，大段皆本淳化。而傳刻既久，漸離本宗，刻法懸殊，精神迥別，甚至有一帖而彼此互異者，文義且乖，書復何論？彙帖之尠佳刻，正爲此也。今據所知，取其盛有名者彙次爲卷，以便考質。其所未知者闕之，俟來者爲補正焉」云云。

二一·一五　閒者軒帖考一卷

娱園刊本。清北平孫承澤退谷撰。是編所考禊帖、澄心堂帖、昇元帖、淳化閣帖、大觀帖、續閣帖、國子帖、内司帖、淳熙秘閣續帖、絳帖、潭帖、臨江帖、廬陵帖、黔江帖、武岡帖、鳥鎮帖、福清帖、澧陽帖、蔡州帖、武陵帖、彭州帖、汝州帖、款識帖、博古堂帖、荔枝樓帖、鳳墅帖、賜書堂帖、甲秀堂帖、星鳳樓帖、百一帖、寶晉齋帖、群玉帖、玉麟帖、世綵堂帖、泉帖、東書堂帖、寶賢堂帖、停雲館帖等三十有八種，一一考其源流，品其次第。書成于順治丁亥，在庚子消夏記之前，故所記互有詳略。

二一·一六　南邨帖考四卷

程氏精刊初印本。清嘉善程文榮蘭川撰。前有張廷濟書札一通。按：言帖著述極少，此編考證精核，惜刊未竟。所著法帖四十六種，辨析入微，尤以絳帖爲特詳。此本藝風堂所藏原刊初印精本，至爲難得，間有抄補數種。前有「嘉善程文榮所著書」朱文長印。收藏有「雲輪閣」朱文長方印、「荃孫」朱文長方印。

又聚學軒刊本。改張札草書爲正書，並補次以目，版本遠遜原刊。

二一・一七　群公帖跋一卷

舊抄本。宋淮海桑世昌澤卿輯。是本得諸都門廠肆，與蘭亭考附卷互對，毫無軒輊，即從考内抽録。後有殘缺墨跋一則。

二一・一八　惜抱軒法帖題跋三卷

惜抱軒原刊本。清桐城姚鼐姬傳撰。中跋晉武帝、東晉哀帝、漢張芝、王洽、王珉、王廙、衛瓘、庾翼、王僧虔、陳逵、褚遂良、柳公權、僧智果、王羲之、王獻之諸書，及兄靈柩垂至帖、旦極寒帖、公與帖、追尋傷悼帖、奉黄甘帖、此群帖、授衣帖、奉别告帖、姑比日帖、衛軍帖、鄱陽一門帖、發吴興帖、玄度帖、告仲宗帖、玄度何來遲帖、八月十九日帖、鵞群帖、敬祖帖各本，多具釋文，頗詳考據。其訂正米南宫、王虚舟舛謌者，亦復不少。此本係上海寒木春華館舊藏，有徐渭仁藏印。

二一·一九　**滋惠堂法帖題跋一卷**

世楷堂刊本。清嘉祥曾恒德省軒撰。曾氏精于鑑賞，此編題跋今昔參半，彙集而成。末有震澤楊復吉一跋。

二一·二〇　**帖箋一卷**

抄本。明東海屠隆撰。是箋分「墨跡難辨」、「南北紙墨」、「古今帖辨」、「贋帖」、「藏帖」、「學書」六則，頗有論證。

二一·二一　**金石卮言一卷**

舊抄精本。不知何人所撰。是編前闕石刻記載數則，餘均講法帖原流，頗有可采。收藏前有「大雅」朱文長印、「張小亭藏書印」朱文方印、「文登于氏小謨觴館藏本」白文長方印。是本字大而佳，得自繆氏藝風堂，曾經藝風藏書續記著録。

二一·二二　石墨鐫英一卷

舊抄精本。不知何人所撰。是編所載十七帖、昇元帖、淳化帖、大觀帖、潘附馬帖、潭帖、臨江帖、祕閣續帖、鼎帖、寶晉齋帖、星鳳帖、武林帖、蔡州帖、彭州帖、汝帖、泉帖、賜書堂帖、甲秀堂帖、丁一帖、二王帖、薛氏鐘鼎法帖、群玉帖諸條，敘考源流，足資參證。收藏有「張印長慶」白文、「小亭」朱文兩小方印、「文登于氏珍藏」朱文方印、「漢卿珍藏」白文長印。曾經藝風藏書續記著録。

二一·二三　二王楷迹一卷

舊抄精本。不知何人所撰。其中所敘二王墨迹，頗極詳備。收藏有「張印長慶」白文、「小亭」朱文兩小方印、「文登于氏珍藏」朱文方印、「漢卿珍藏」白文長印。曾經藝風藏書續記著録。

二一·二四　蘭亭考十二卷

舊抄本。宋淮海桑世昌澤卿撰。前有高文虎序、高似孫序。是考分本序、詩、睿賞、紀原、八法、臨摹、審定、推評、法習、詠贊、傳刻、釋禊十二篇，末録群公題跋于後。四庫提要載：「案：陳振孫書録解題載蘭亭博議十五卷，注曰『桑世昌撰』。葉適水心集亦有蘭亭博議跋，曰：『字書自蘭亭出，上下數千載，無復論擬，而定武石刻遂爲今世大議論。桑君此書，信足以垂名矣。君事事精習，詩尤工。其即事云：翠添鄰塹竹，紅照屋山花。蓋著色畫也。』書録解題又載蘭亭考十二卷，注曰『即前書。浙東庾司所刻，視初本頗有删改，初十五篇，今存十三篇，去其集字篇，後人集蘭亭字作詩銘之類者。又附見篇，兼及右軍他書迹，于樂毅論尤詳。其書始成，本名『博議』，高内翰文虎炳如爲之序。及其刊也，其子似孫主爲删改，去此二篇，固當。而其他務從省文，多失事實，或戾本意。其最甚者，序文本亦條達可觀，亦竄改無完篇。首末闕漏，文理斷續。于其父猶然，深可怪也』云云，是此書經高似孫竄改，已非世昌之舊矣。今未見博議原本，無由驗振孫所論之是非。然是書爲王羲之蘭亭序作，集字爲文，其事無預與羲之，羲之他書，其事無預于蘭亭，似孫所删深合斷限，振孫亦不能不以爲當也。其中評議不同者，如或謂梁亂，蘭亭本出外，陳天嘉中爲智永所得；又或謂王氏子孫傳掌，至七代孫智永，此蘭亭真迹流傳之不同也。又如或謂石晉之亂，棄石刻于中山，宋初歸李學究，李死，其子摹以售人，後負官緡，宋祁爲定武帥，出公帑買之，置庫中；又或謂有游士攜此石走四方，其人死營妓家，伶人取以獻宋祁；又或謂唐太宗以搨本賜方鎮，惟定武用玉石刻之，世號定武本，薛紹彭見公厨有石鎮肉，乃別刻石以易之，此又定武石刻流傳之不同也。推評條下，據王羲之生于晉惠帝太安二年癸亥，則蘭亭修禊時年五十有一，辨筆陣圖所云『羲之年三十三書蘭亭』之誤，是矣。然前卷既引王銍語，以劉餗之説爲是矣，而又云于東墅閱高似孫校書畫，見蕭翼宿雲門留題二詩，云『使御史不有此行，烏得是語』，則雜録舊文，亦未能有所斷制。至其『八法』一門，以書苑、禁經諸條專屬之蘭亭，尤不若姜夔禊帖偏旁考之爲精密。是以曾宏父、陶宗儀諸家皆稱姜考，而不用是書。然其徵引諸家，頗爲賅備，于宋人題識援據尤詳。世昌之原本既佚，存此一編，尚足見禊帖之源流，固不得以陳氏之排擊遽廢是書矣。」收藏前有「不夜于氏藏書印」白文長印、「雲輪閣」朱文長方印、「荃孫」朱文長方印。曾經藝風藏書記著録。

二一·二五　蘭亭續考二卷

藝風藏書記曰：「蘭亭考十二卷，舊抄本，有『不夜于氏藏書印』白文長印。」

知不足齋刊本。宋吴山俞松壽翁撰。據四庫提要載：「是書蓋繼桑世昌而作，故名曰『續考』。跋内所稱『近歲士人作蘭亭考凡數萬言，名流品題，登載略盡』者，即指世昌之書。然書中體例與世昌迥異。上卷兼載松所自藏與他家藏本，下卷則皆松所自藏，經李心傳題跋者。其跋皆淳祐元年至三年所題，以宋史心傳本傳考之，蓋其罷祠之後寓居臨安時也。前卷所載跋語，知辨永嘉之誤，而仍沿筆陣圖所云『羲之三十三歲書蘭亭』之説，其無所斷制，與世昌相等。然朱彝尊曝書亭集有是書跋，稱其『跋語條暢，不類董逌輩之晦澀』，則賞鑒家固亦取之。至心傳諸跋，尤熟于史事，如『宋祁摹碑』、『青社謚法』諸條，皆足以備考核，非徒紀書畫也。又宋史心傳本傳載其淳祐元年罷祠，而其初入史館，因言者論罷職，則不載其歲月。今是書跋内有『紹定之季，罷史職，歸巖居』語，則知其罷在紹定末年，亦足以補史闕焉。」

二一·二六　蘇米齋蘭亭考八卷

蘇齋精刊初印本。清大興翁方綱覃谿撰。前有覃溪自序。序曰：「桑、俞之考，世所共知，而繭紙流傳與石刻本末，説者或異辭。至如五字之損，謂出薛紹彭，而樓大防据畢少董兒時所見定武石，『帶』、『右』、『天』字已損，此在大觀之前，則五字未必皆薛氏鑱損也。宋人跋蘭亭者，皆稱『湍』、『帶』、『右』、『流』、『天』五字損，然而今所見古今新舊諸本，『湍』字並不損也。然其考系原委，參合同異，去古既遠，存以資印證而已。爲今日學者計，則非患其窮源之無本，而慮其沿流之或失也。是以愚今所考，但就今所習見之本稍爲區擇焉，而弗敢竊附于桑、俞之編例也。爲卷者八，一日偏旁尺度考，此專以定武本言也；二曰神龍本考；三曰摘五字考，則以今所需講者得五字也，非舊説之五字矣；四曰蘇耆本考；五曰領从山考；六曰訂潁考；七曰趙跋考、潘刻考；八曰合集字考。收藏前有「閩中郭蒹秋藝文金石記」朱文長方印。此本係桃花紙初印，尤爲可珍也。

二一·二七　蘭亭輯略一卷

舊抄精本。不知何人所撰。末有乾隆五年山陰潘寧手跋。是編所記蘭亭原流，頗有考據。後列宋理宗内府所藏蘭亭一百一十七刻之目，足資參證。收藏前有「張印長慶」白文、「小亭」朱文兩小方印、「文登于氏珍藏」朱文方印、「漢卿珍藏」白文長方印，後有「張氏藏書」朱文方印、「石研齋秦氏印」朱文長方印。曾經藝風藏書續記著録。

潘氏手跋曰：「宋理宗時，蘭亭集刻至百十餘卷，可謂至矣盛矣。惜乎去古已遠，未能一窺其盛，今惟按目低佪而已。第定武祇有一刻，集中所載，已衍而爲七，苟非此刻之重繙，即屬竊名而强署矣。宋人皆莫之辨。趙松雪大書家也，猶以肥、瘦二種視爲真定武，上下五百年，有誰爲置喙也哉。乾隆五年腊月望日，山陰潘寧述并識。時年八十。」

藝風藏書續記曰：「金石卮言、石墨鐫英、二王楷迹、蘭亭輯略合一册，舊抄本，不知何人所輯，字大而佳，文登于氏藏本，均講法帖原流，非考碑也。末一種有潘寧跋，時在乾隆五年。首卷有『文登于氏小謨觴館藏本』白文長印、『漢卿珍藏』白文長印，眉上有『文杏館』朱文方印。」

二一·二八　樂毅論翻刻表一卷

景刊本。清北平翁方綱覃溪撰。是書景刊鄭齋所藏覃溪先生手稿，考定「書付官奴」四字乃褚撰書目之語，非右軍原蹟，頗有卓論。首列行數、書目，次則以元祐祕閣本、越州學舍本、停雲館本、南宋再翻本、絹素重寫本、餘清齋本，分別表格，各詳原委，至爲明晰。

二一·二九　天際烏雲帖考二卷

風雨樓刊本。清北平翁方綱覃溪撰。是編録各家題跋，覃溪先生自跋、各考證並收藏世系表以及考定摹本，雖點畫之微，辨訂亦精。

二一·三〇　禊帖緒餘四卷

抄本。清南城曾廷枚薌嶼撰。前有薌嶼自序。曾公會粹子固落水本、二枕本、三米本、五字未損本、張金界奴進本、定武石刻，並參桑世昌之蘭亭博議、姜白石之蘭亭考、陶宗儀之輟耕録以及各家題跋，囊括群言，苞孕諸説，而成兹編。原刊本係出曾氏手寫付梓，頗稱善本，初印近不易遇矣。

二一·三一　鳳墅殘帖釋文十卷

咫進齋刊本。清歸安姚衡、姚晏、嘉定錢大昕合釋。前有衡、晏各一序並恩澤一札、葉志詵一記，八卷之後有姚覲元跋，末卷有錢大昕跋。按：鳳墅帖傳世久遠，罕有全帙。衡假漢陽葉志詵所得正定梁氏舊藏本正帖六卷、續帖二卷，爲作釋文，未卒業，晏足成之。既爲歙程春海假觀，失而復得。後覯元又獲葉氏藏本，復重録諸家跋語續刊，附于釋文之末，而以錢氏釋文二卷併刊于後，而成兹編也。

二一・三二　絳帖題跋一卷

抄本。南海羅惲原覺輯。按：絳帖見于宋人著録，如絳帖平、石刻鋪敘，所據非原本。吴荷屋之帖鏡、惠秋韶之集帖目號稱精博，惟未梓行。毛意香、楊惺吾各有帖考，亦無傳本。其餘散見各書，簡略不詳。南邨帖考于絳帖一類，比諸帖特爲詳博，援據曹士冕諸説以考定刻拓之先後之證，録曾氏釋文以見全文。羅君是編就其所得嶽雪樓舊藏宋拓絳帖爲據。採取此書之説爲多，他若吴省蘭欽定重刻閣帖釋文、折衷諸家，較各本爲詳明。吴氏筠清館帖、葉氏耕霞溪館帖所摹絳帖與前人題跋，並取以爲旁證。石刻鋪敘于絳帖一段亦有訛舛，影本翁覃溪過録何義門手校本，校訂未全。帖考采録絳帖平，亦有遺義。沈芥舟寫刻王虚舟閣帖考正、姚姬傳惜抱軒題跋，間具別解。羅氏悉取而參校其所藏之嶽雪樓藏本，至其自見，亦附綴之。凡與釋文有關者，分見各册之末。帖考遺義，記載尤詳。

石廬金石書志卷之二十二

閩侯林鈞亞傑

雜著類

二二·一 東觀餘論二卷

徐氏刊本。宋邵武黄伯思長睿撰。前録四庫提要，末有其子訒及樓鑰、毛晉各一跋。史稱黄氏好古文奇字，洛下公卿家藏商、周、秦、漢彝器款識，研究字畫體製，能辨正是非，道其本末，遂以古文名家。子訒合其所著法帖刊誤及金器、石刻論述，編爲二卷，名曰「東觀餘論」。末有附録諸篇。據四庫提要載：「訒跋稱共十卷，今本僅二卷，或後來傳寫所合併。所載古器亦不足四百二十六條，則疑訒于其未定之説有所去取，較務矜繁富，不辨美惡，徒誇祖父之長而適暴所短者，其識特高。又書録解題載伯思博古圖説十一卷，凡諸器五百二十七，印章四十五，無『古器説』之名。又稱後來修博古圖多採用之，疑爲官書既行之後，其名適同，亦訒改題之以避尊也。

其書頗譏歐陽修不精考核。而樓鑰跋中乃摘書中『史籀書』一條、『異苑』一條、『王獻之璇題』一條、『勿勿』一條、『甘蔗帖』一條，糾其疏漏。蓋考證之學本無盡藏，遞相掎摭，不能免也。要其精博勝集古録多矣。」

二三一·二　**摘抄雲煙過眼録一册**

抄本。宋濟南周密公謹撰。是編摘抄雲煙過眼録中之金石記載，于古器略品甲乙而不甚考證，所紀嘉祐石經一節，亦足以資參訂也。

二三一·三　**摘録負暄野録一册**

抄本。宋陳槱撰。是帙節抄關于金石諸篇，不涉其他記載。

二三一·四　**珊瑚網書録二十四卷**

適園精刊本。明檇李汪砢玉樂卿撰。前有樂卿自序、繆荃孫後序。是編十九、二十兩卷所跋石刻數十則，間多考據。四庫提要載「朱彝尊静志居詩話稱砢玉留心著述，所輯珊瑚網一編，與張丑清河書畫舫、真蹟日録並駕。蓋丑自其高祖以下四世鑒藏，砢玉亦以其父愛荆與嘉興項元汴交好，築凝霞閣以貯書畫，收藏之富，甲于一時。其有所憑藉，約略相等，故皆能搜羅薈萃，勒爲巨編。然丑之二書，前後編次歲月皆未明晰。砢玉是書則前列題跋，後附論説，較丑書綱領節目，秩然有條。惟其所載法書，頗有目睹耳聞，據以著録，不盡其所自藏，乃一例登載，皆不注明，未免稍無區别。中間原蹟全文，或載或否，亦絶無義例。又如謂唐刻定武蘭亭有二石，焦山瘞鶴銘有三石，則真贋不别。以李邕書雲麾將軍李秀碑誤爲李思訓碑，以宋人所刻臨江帖誤爲唐拓，則考據亦未盡精審」云云。

二二·五　錢神志七卷

劉氏重刊本。明寧化李世熊元仲撰。前有劉國光序、黄光雋序、劉培芬序。李公廣魯元道錢神論之旨而爲斯志，其中圜法一卷，足資考泉參證也。

二二·六　通雅金石類一卷

舊抄本。明桐城方以智密之撰。是編係從方氏通雅「器用」類摘録碑帖、金石、古器、印章四篇，原書標目「通雅金石類」，故亦仍之。

二二·七　庚子消夏記八卷

學古齋校刊本。清北平孫承澤退谷撰。前有盧文弨序，目後有鮑廷博跋、退谷自序。是編爲孫公評騭所見碑版書畫之作，自四卷至七卷，均紀碑帖。如巴郡太守樊敏碑補金石古文銘辭缺者六字，誤者四字；魯相乙瑛請置百石卒史孔龢碑正後人指爲後漢鍾太尉所書之誤；虞世南孔子廟堂碑正非武后時所立，足訂各家之訛。他所考據，亦頗博洽。四庫提要謂「承澤晚年思以講學自見，論者多未之許。然至于鑒賞書畫，則別有專長。是編乃順治十六年承澤退居後所作，始自四月，迄于六月，故以『銷夏』爲名。自一卷至三卷皆所藏晉唐至明書畫真蹟，四卷至七卷皆古石刻，每條先標其名而各評騭于其下，八卷爲寓目記，則皆他人所藏而曾爲承澤所見者，故別爲一卷附之，大抵議論之中，間有考據。如宋之錢時，嘗爲祕閣校勘、史館檢閱，終于江東帥屬，本傳所載甚明，而承澤以爲隱居不仕，此類亦頗失于檢點。然其鑒裁精審，敘次雅潔，猶有米芾、黃長睿之遺風，視董逌之文筆晦澀者，實爲勝之。其人可薄，其書未可薄也」云云。

二二·八　札樸十卷

心矩齋校刊本。清曲阜桂馥未谷撰。前有段玉裁序、翁廣平序、未谷自序。桂君博通經史，考據擅長。是編第八卷所論金石文字頗爲詳審，九、十兩卷之末亦有關于碑版數條，其中詮釋碑文異體之字尤爲精確。此書桂公歿後始行付梓，故其碑石題跋見于各書者已爲不少。翁序稱其「搜羅墨本有出集古録之外者，可與竹雲、竹汀鼎足」，非虛譽也。

二二·九　竹汀日記三卷

校經山房刊本。清嘉定錢大昕竹汀撰。後有何元錫跋。竹汀先生主講吴郡之紫陽書院，四方賢士大夫及諸弟子過從者，殆無虛日，所見古本書籍、金石文字，皆隨手記録，窮源究委，反復考證。據潛研堂全集目録曾載「日記六十卷，未刊」，讀何跋始諗此記三卷係何君就其稿本摘録，分所見古書、所見金石爲二類，非錢公日記本來面目也。

二二・一〇　**錢竹汀日記一卷**

藕香簃精刊本。清嘉定錢大昕竹汀撰。是記祇戊戌正月至四月，先生時年五十有一，爲紹興守，秦石公招游南鎮及蘭亭，道出杭州，復游西湖，歸途應兩江高文端公之聘，主鐘山講席，共百十有四日。其中所紀搜訪金石，至爲詳悉，不涉瑣俗，足與黄小松訪碑日記並重也。前有錢繹題識一則，後有翁同龢、繆荃孫各一跋。

二二・一一　**韻石齋金石筆談一册**

精抄本。清丹陽姜紹書二酉撰。此本抄繕極精，係録韻石齋筆談中金石各條。前有「漢瓦齋珍藏金石文字印」朱文方印。

二二・一二　**清儀閣金石雜咏一卷**

抄本。清嘉興張廷濟叔未撰。是編專輯叔未先生關于金石題咏，詩目之下均詳各器物流轉以及考據。

二二・一三　東洲草堂金石詩二卷

遯盦刊本。清道州何紹基子貞撰。是編係輯子貞先生關于金石題詠，其間並詳各器物流轉以及考據。

二二・一四　嘉蔭簃論泉絶句二卷

嘉蔭簃原刊精本。清東武劉喜海燕庭撰。前有周其愨序、張開福跋。是編先通論六首，次編年一百七十六首，又次諸家著述六首，末懷人兼自序十二首。上溯太昊，下訖有明，凡正用品、僞品、外國品并厭勝、馬泉、泉範皆入品題，又前人著録與所聞于師友者，間一及之，謂之「泉志」也可，即謂之「詩史」也亦可。此本係原刊初印，流傳極少，觀古閣覆刻本不及原刻之精。

二二・一五　古泉雜詠四卷

精抄本。長沙葉德輝焕彬撰。前有皮錫瑞序。每卷録咏泉絶句五十首，每首悉附考證，博引繁徵，援據詳確，凡歷代泉布以至壓勝諸品，考詠殆遍，足與劉東武論泉絶句並重藝林也。

二三·一六　**藝舟雙楫六卷**

翠琅玕館刊本。清涇縣包世臣慎伯撰。前有慎伯自序。雖屬論書之作，而表章北碑則爲甚力，亦足以資參證也。

二三·一七　**廣藝舟雙楫六卷**

原刊本。南海康有爲長素撰。前有長素自序。是編力主碑學，尊碑一篇立論尤詳，他若購碑、碑品、碑評諸篇，推論亦極精審，靡特供學書之指導，亦考究碑版者所不可廢也。

二三·一八　**臆園手札一卷**

滂喜齋刊本。清歙縣鮑康子年撰。是編係子年先生致潘文勤各札，其中皆屬討論金石，不涉人世酬應。前輩風雅，讀之令人景仰不置也。

二三·一九　簠齋尺牘十二册

涵芬樓景刊本。清濰縣陳介祺壽卿作。道咸以來，士大夫收藏金石之富，首推簠齋。先生生平矜慎太過，訖無著作，嘗欲選古金文之精者，依許氏説文部目彙而釋之，卒以願宏未就。滂喜齋叢書曾刻其傳古别録、筆記及手札，然未足窺其所學也。此書係杭州陳氏搜輯簠齋尺牘，釐爲十二册。其中致潘文勤者三，致王文敏者四，致鮑子年者二，致譚雨颿、李韋卿味琴者一，皆先生手跡。致吴退樓者二，則係抄本。尚有鮑氏手抄數通，亦附鮑册之後。各札析疑辨難，尤多創解。其間考證金文居十之九，無一酬應之語，書法亦古逸可愛。中有鮑子年一跋，後有仁和陳敬第一跋。

二三·二〇　簠齋尺牘五册

壽慈閣景印本。清濰縣陳介祺壽卿作。簠齋晚年與吴縣吴大澂窓齋先生交最密，寄書亦最勤，函中盡屬商訂金石，計二百九十餘通，爲壽慈閣所藏，足補涵芬樓所刊之未盡也。

二三·二一　**愙齋赤牘一册**

涵芬樓景刊本。清吴縣吴大澂清卿撰。是編係致廉生先生手札數十通，中多辨析金石，足資參訂。

二三·二二　**無事爲福齋金石筆記一册**

抄本。清仁和韓泰華小亭撰。是編係就韓氏無事爲福齋筆記摘抄三十餘則，悉關金石記載。

二三·二三　**翠墨園語一卷**

風雨樓刊本。清福山王懿榮廉生輯。末有子崇煥跋。是書係採各家考訂金石之精論，間以己見附注于後。中如張之洞彝器用天干説，宋翔鳳秦泰山刻石殘字考、宋拓太清樓書譜各跋，叔未致葉東卿各札，李文田金石學録補引，黄紹箕説文古籀補跋及説釟、説𣪘諸篇。末附廉生奏進吴式芬金文呈摺全文。

二三・二四　天壤閣雜記一卷

靈鶼閣刊本。清福山王懿榮廉生撰。是編記載所藏所見各種金石，足資參訂。

二三・二五　簠齋筆記一卷

滂喜齋刊本。清濰縣陳介祺壽卿撰。是編係録簠齋先生金石雜説，足資考訂。末附致吴平齋手札數通。

二三・二六　傳古别録一卷

與石居精景本。清濰縣陳介祺壽卿撰。自來言拓法未有專書，簠齋生平精研椎拓，就其心得，凡拓字之法、拓字損器之弊、剔字之弊、拓字之目諸端，詳舉靡遺，洵屬傳古之南針。是本係先生手稿，爲滂喜齋叢書據刊之原帙，自潘氏歸于黄縣丁氏，今藏季木處。朱墨套影，恍同原蹟。後有簠齋朱筆手記一則及勞健一跋。又滂喜齋刊本，末有煦堂諸説，爲潘氏所增也。

二二·二七 春在堂金石隨筆一卷

舊抄本。清德清俞樾曲園撰。曲園先生積學礱經，喜以金石文字佐證經義，生平著述等身，唯金石未有專書，見于春在堂隨筆者爲多。此本不知何人所輯，其中以漢三老忌日記考釋尤爲精詳。

二二·二八 東巡金石録八卷

原刊本。清崔應階、梁翥鴻合輯。是編專輯乾隆自戊辰迄乙酉六幸東省御製碑文題詠諸作，目下備詳勒石處所。按：有清一代，以乾隆最尚文學，燕京一帶，留題頗多，惜無專録如東巡金石録者，留爲他日考古之資也。

二二·二九 俑廬日札四册

抄本。上虞羅振玉叔言撰。前有叔言自敘。敘曰「余居京師三年，杜門不通干謁，曹務餘閒，頗得温習舊學，間與一二同好討論金石書畫以自遣。厰肆知予所好，每以吉金古刻、名迹善本求售。顧以食指繁夥，俸入不能給朝夕，故所見不少，而所得良嗇。然齋頭壁上，往往留玩浹旬，是亦不啻我有矣。又每就觀友人藏弆，見聞所及，暇輒隨筆記之，日久積稿狼藉。比冬寒，人事益簡，乃略加類次，手自寫定，顔之曰『偭廬日札』，以貽好事者，且以誌吾之枉拋日力爲可惜也」云云。

二二·三〇　阮盦筆記二册

精抄本。臨桂況周儀夔笙撰。是編係就況君所著選巷叢談、西底叢談、蘭雲菱夢樓筆記、蕙風簃隨筆、蕙風二筆五種摘録金石紀載，頗便檢覽，抄繕亦精。

二二·三一　論篆一卷

海虞顧氏刊本。唐趙郡李陽冰少温撰。李公乾元間爲縉雲令，後遷當塗令，官至將作監，工篆書，舒元輿謂其書不減李斯。此編論篆，極爲精審。

二二·三二　五十六種書法一卷

海虞顧氏刊本。唐韋續撰。按：字有六文，曰象形，曰指事，曰諧聲，曰會意，曰轉注，曰假借。字有五易，蒼頡變古文，史籀製大篆，李斯製小篆，程邈作隸書，漢代作草隸是也。其八體者，更加刻符、摹印、蟲書、署書、殳書、傳信是也，並小、大篆爲八。後漢東陽公徐安于搜諸史籍，得十二時書，皆象神形，又加二十三體，共定五十有六種，是編紀載悉詳。

二二·三三　學古編一卷

風雨樓刊本。元魯郡吾丘衍子行撰。前有子行自序。據四庫提要載：「是書專爲篆刻印章而作，首列三十五舉，詳論書體正變及篆寫摹刻之法，次合用文籍品目，一小篆品，二鐘鼎品，三古文品，四碑刻品，五器品，六辨謬品，七隸書品，八字源，九辨源，凡四十六條，又以洗印法、印油法附于後。摹刻私印，雖稱小技，而非精于六書之法者必不能工。宋代若晁克一、王俅、顔叔夏、姜夔、王厚之，各有譜録。衍因復踵而爲之，其間辨論譌謬，徐官印史謂其多採他家之説，而附以己意，剖析頗精。所列小學諸書，各爲評斷，亦殊有考核。其『論漢隸』條下稱『寫法載前卷十七舉下，此不再數』，是原本當爲上、下二卷，今合爲一卷，蓋後人所併也。」

二二·三四　續學古編二卷

海虞顧氏刊本。明新安何震長卿撰。前刊四庫提要並吾丘衍原序。是編何君就子行學古編續補之。

二二·三五　三十五舉一卷

精抄本。元魯郡吾丘衍子行撰。是編係由學古編摘抄，字大而精。後有「萬卷樓藏書」朱文長方印。

二二·三六　續三十五舉一卷

海虞顧氏刊本。清曲阜桂馥未谷撰。前有陸費墀序、翁方綱序，後有沈心醇、吳錫麒跋。桂氏是編乃補吾子行三十五舉之所未備者而增述之，追漢法，訂俗體，數易稿而後成，其矜慎可想。又風雨樓刊本多宋葆淳、陳鱣、胡翔雲各一跋。

二二一・三七　再續三十五舉一卷

海虞顧氏刊本。清曲阜桂馥未谷撰。未谷序曰「余既續吾子行三十五舉一卷，每有賸義，引爲談助。安邑宋君葆淳强余記録，聯綴舊聞，復足成一卷，殆所謂秋蟲之鳴，不能自止者耶」云云。末有翁方綱、楊復吉、顧湘各一跋。

二二一・三八　重定續三十五舉一卷

海虞顧氏刊本。清曲阜桂馥未谷撰。前有翁方綱、陸費墀、沈心醇、吴錫麒、翁、陸、沈、吴四序已見續三十五舉之内。宋葆淳、陳鱣諸序跋，末有覃溪等觀款及顧湘一跋。顧跋曰「曲阜桂未谷先生精六書，擅篆刻，駸駸乎上逼漢人，世共稱之。所著續三十五舉，湘嘗得其副而校刻之。又聞有乙巳更定本，乃合二種重訂，最爲精善，搜訪未獲爲歉。今年冬，海寧楊芸士先生來虞，以翁君叔均大年藏本見貽，如錫百朋，遂合三種并刊之，俾讀者獲睹其全，不嫌複出」云云。

二二一・三九　再續三十五舉一卷

風雨樓刊本。清歸安姚晏聖常撰。前有聖常自序。序曰「元吾丘氏作學古編二卷，其上卷爲三十五舉，今作一卷者誤。近曲阜桂氏馥續之，別爲一卷，聚前人之説而略舉己意，補其闕也。晏校而藏之。暇日，復綴拾成編，仍如二書之數，連前凡一百有五事，暢其支而疏其流，由是而摹印之大略始備。書成，自爲序略，曰：昔馬扶風少受齊詩，意不能守章句。至其拜伏波將軍，上書言所假印『伏』字『犬』文外嚮，『成皋令』，『皋』字爲『白』下『羊』，丞印『四』下『羊』，尉印『白』下『人』、『人』下『羊』，時下大司空考正。晏以後漢書校之，在建武十七年。及觀許叔重説文解字序稱王莽時甄豐爲大司空，始校文書，摹印者爲繆篆，事又在哀帝元始四年。今次第其歲月，先後不過二十年，而又訛謬舛亂如此。方是時，天下重開，擾俶鼎沸，而馬將軍方東征維汜，南征徵側，將立身異域，鋭志功名，而屑屑爲此，豈以世祖本博覽文辨，故大人長者皆有以近學歟？抑刻鵠類鶩，畫虎類狗，將爲嚴、敦等勵所家學歟？抑仕宦富貴，而後朝讀百篇歟？抑材智高奇，即游藝已有過人者歟？然後知向之不守章句，丈夫固別有在也。且夫騏驥千里，孫陽過之而驚，凡爲馬者，皆駑下也。此駱越之鼓，所以可傳，而必爲天下後世式也。馬將軍豈苟忽乎哉？類志之，俟後之觀是書者」云云。

二三·四〇　續三十五舉一卷

風雨樓刊本。清番禺黄子高叔立撰。是編黄君復續吾、桂各家未盡之説，推闡詳明。

二三·四一　三十五舉校勘記一卷

風雨樓刊本。清歸安姚覲元彦侍撰。是編勘校吾丘衍之三十五舉，凡其訛誤脱漏之處，均一一訂正之。

二三·四二　古今印史一卷

海虞顧氏刊本。明吴縣徐官元懋撰。據四庫提要載：「徐官，魏校之門人也。校作六書精蘊，以篆改隸，又以古篆改小篆，穿鑿附會，務以詭激取名。官承其師説，謬爲高論，于摹印一事，動引六書爲詞，而實于摹印無所解，于六書亦無所解。許慎説文序載摹印之書，别爲一體，名曰『繆篆』。而漢人之印傳于今者不啻千百，往往與小篆不符。如小篆文借『鎦』爲『劉』，通『朋』爲『鳳』，而顧氏印藪載漢劉鳳印乃直作隸書『劉鳳』字者，不一而足。蓋古之印章，所以示信，欲人辨識，務肖本形。使改『諸葛亮』爲『諸葛諒』，改『韓愈』爲『韓瘉』，人已不知爲誰矣，况如官之所論，動以鍾鼎古文鐫之哉？他如稱『古篆首列蒼頡篇』，其書隋志已佚，官何由睹？又稱『隸書宜結體微方，當一一翻篆爲之』，是漢魏碑刻全然乖謬。又稱『比干盤銘、季札墓碑皆爲孔子真蹟』，季札碑姑無論，比干墓中之盤，夫子何自書之？又稱『嘗見宋版説文，爲徐鉉所書，其弟鍇校正』，鍇卒于南唐，安得預刻宋版？甚至謂『縣字取系県倒首之意，假借爲州縣字，所以言民之倒懸』，其謬妄更不足辨矣。」

二二·四三　篆學指南一卷

海虞顧氏刊本。明吴中趙宧光凡夫撰。凡夫敘首云「余讀周公謹所著印説，敘論精確，前輩文、何多宗之。第稍嫌其繁冗，特節録數則，語雖不多，而作印之要已備」云云。

二三·四四　**篆刻十三略一卷**

海虞顧氏刊本。清吴郡袁三俊抱𥁕撰。分學古、結構、章法、滿、縱横、蒼、光、沉著、停匀、靈動、寫意、天趣、雅十三則，略示篆刻之大意。

二三·四五　**説篆一卷**

海虞顧氏刊本。清如皋許容實夫撰。是編舉篆文變遷以示源流，旁及書法、刀法。

二三·四六　**篆印發微一卷**

海虞顧氏刊本。清崑山孫光祖翼龍撰。是編首敘識篆，次舉書法，旁及執筆之訣，又次摹印諸節，略述大概。

二三·四七　**篆刻鍼度八卷**

原刊本。清海寧陳克恕目耕撰。前有翁方綱、查瑩、桂馥序，後有周廣業、金家麒各一跋及目耕自跋。是編本元之吾氏、明之甘氏，益以衆説，參以己見，分考篆、審名、辨印、論材、分式、制度、定見、參考、摹古、撮要、章法、字法、筆法、刀法、總論、用印法、雜記、製印色、收藏、選石諸篇，頗稱賅備。

二二·四八　六書緣起一卷

海虞顧氏刊本。清崑山孫光祖翼龍撰。是編對于六書緣起，條舉大要，足爲章法之針度也。

二二·四九　摹印傳鐙二卷

風雨樓刊本。清仁和葉爾寬來旬撰。前有楊玉書序。是編分印章流源、分派、六法、六要、六長、三病、六忌、六氣、三品、刀法、論刻、論寫、論陰陽文、論鈕諸篇。

二二·五〇　摹印祕論一卷

遯盦刊本。海陽汪維堂撰。是書分印考、雕蟲清話、制印、畫格、落墨、用刀、蘸墨、擊邊、潤石、落款、十二刀法、歌諸篇。

二三・五一　古今印制一卷

海虞顧氏刊本。清崑山孫光祖翼龍撰。按：三代之印，制度不傳，後世印章多以秦漢爲昉。此編舉凡秦、漢、六朝、唐、宋、元、明體式，悉舉頗詳。

二三・五二　古印考略一卷

海虞顧氏刊本。清江陰夏一駒昂千撰。是編專記秦漢切玉、碾玉、銅印篆法諸節，兩代異同，瞭如指掌。

二三・五三　印學管見一卷

海虞顧氏刊本。清雲間馮承輝少眉撰。是編于治印諸術略示大凡。

二三・五四　印學集成一卷

遜盦刊本。古儀馮泌仁可輯。馮君就其師秦爨公所集歷代各印説重加考訂，而成是編。

二三・五五　印章集説一卷

海虞顧氏刊本。清秣陵甘暘旭文撰。是編分別六十有七節，各舉大意。

二三・五六　印章要論一卷

海虞顧氏刊本。清新安朱簡修能撰。大意舉歷代印制，略示變遷，次書法知所去取，終刀法繩以規矩，而治印之概要，頗略備焉。

二三・五七　印文考略一卷

世楷堂刊本。清華亭鞠履厚坤皋撰。後有楊復吉跋。是編采古今人之論篆刻者，自吾子行以下凡十餘家，縷析條分，頗爲賅備。末綴合印色法一篇。

二三・五八　印章撮要一卷

稿本。不知何人所撰。首舉倉頡文字、伏羲六書、歷代八體，次詳篆法、章法、刀法，降及辨石、配合印色，撮要條列。前有「楊履元藏書印」朱文方印。

二三・五九　印史一卷

西泠印社刊本。明長洲文彭壽承撰。是編略舉六書概要並歷代印制以及治印諸法，以示津塗。

二三・六〇　印談一卷

遯盦刊本。明吴郡沈野從先撰。末有葉舟題記一則。記曰「甲寅九月，日本河井仙郎游杭，見其寓中案頭有是書，愛不釋手，借歸，用鉛字排印，以公同好」云云。

二三・六一　印典八卷

遯盦刊本。清吴縣朱象賢清溪撰。前有鈕讓序，後有白長庚跋、婭廷詔跋、清溪自序。四庫提要載「是編採録印璽故實及諸家論説，分『原始』、『制度』、『賚予』、『流傳』、『故事』、『綜紀』、『集説』、『雜録』、『評論』、『鐫製』、『器用』、『詩文』十二類。後有康熙壬寅白長庚跋，稱所引宋王基梅庵雜記、蝸廬筆記、葉氏游藝雜述、元宋无考古紀略四書，皆得之檇李曹氏抄本，爲諸家所未見。然他所援據，率乏秘籍，所分諸類，亦頗淆雜。如『故事』與『綜紀』二門，所載多相出入。又往往字句偶涉，即爲闌入。如周顗傳稱『取金印如斗大繫肘後』，辛替否傳稱『金銀不共其印』，皆因他事口談，王融傳稱『穰侯印詎便可解』，世説新語稱『石勒使人讀漢書，聞立六國後，刻印將授』，亦偶然追述舊典，俱非印璽故事，未免濫收。且雜采舊文，漫無考辨。吾丘衍學古編云『三代無印』，又辨淮南子載子貢印事之妄，而『賚予』門内乃以此事爲首，亦自相矛盾。然採摭既富，足備考核。且古人未有集印事爲書者，姑仿文房四譜之例，存備一家。象賢自稱朱長文裔，故是書初刻附墨池編後，今以時代既殊，所載各異，分著于録，使各從其類焉」云云。

二二·六二　印旨一卷

海虞顧氏刊本。清梁溪程遠彦明撰。大旨示刀法、字法諸端，辭極簡括。

二二·六三　印經一卷

海虞顧氏刊本。清西越朱簡修能撰。内分溯源、譜系、型訓、游刃、臨摹、讚緒、欣賞、鍼僞八篇。

二三一·六四　印辨一卷

海虞顧氏刊本。清武林高積厚淳夫撰。是編辨印體之大小、字數之多少、命字應用之異、印文陰陽之分，舉凡體例，綜論頗詳。

二三一·六五　印述一卷

海虞顧氏刊本。清武林高積厚淳夫撰。是編舉歷代篆體印章之原流變遷，並及書法、刀法諸概要。

二三一·六六　印説一卷

海虞顧氏刊本。清同安陳錬西蓉撰。是書條舉篆文章法、刀法諸篇，略示概要。

二三一·六七　印言一卷

海虞顧氏刊本。清同安陳錬在專撰。是編舉治印諸法，分氣、情、興、古、堅、雄、清、從、活、轉、浄、嬌、鬆、稱、整、豐、莊、呆、肥、單、促、茍，凡二十有二節。

二二·六八 印説一卷

風雨樓刊本。明徐州萬壽祺年少撰。是編專重書法，考究頗詳。

二二·六九 印章考一卷

海虞顧氏刊本。明桐城方以智密之撰。是考舉歷代印章之變遷，溯源窮流，足資參訂。

二二·七〇 印箋説一卷

海虞顧氏刊本。清吴郡徐堅撰。是編大意不離章法、刀法兩端，略述大凡。

二二·七一 摹印述一卷

風雨樓刊本。清番禺陳澧蘭甫撰。蘭甫自序曰「澧民近欲學刻印，余謂此秦書八體之一，謂之摹印，古人小學之一端也。古摹印既有師法，故文字精雅，爲物雖小，而可與鼎彝、碑版同珍。後人爲之，不能及也，不講小學，不能作篆書、隸書故也。因舉古今人論印之語，撮其大略，并溯源于篆書之法，以告顓民」云云。

二二·七二 **敦好堂論印一卷**

海虞顧氏刊本。清古郢吴先聲實存撰。是編所論章法、刀法，發揮頗詳。

二二·七三 **多野齋印説一卷**

遜盦刊本。清山陰董洵小池撰。前有徐觀海序、丁傳跋，後有吴隱跋。是編考證原委，搜采頗詳，中多前人未發之論，足資考證。

二二·七四 **嘯月樓印賞一卷**

風雨樓刊本。休寧戴啓偉友石撰。是編分篆原、篆流、篆文之宜于印者、印文之可爲法者、印文之不可爲法者、印文原流考略、章法書法、刀法、古印、印式、印質、製印色法諸篇。

二二・七五　雲莊印話二册

遯盦刊本。清儀徵阮充實齋撰。前有實齋自序。書分「集印敘文」、「印人詩事」、「鐫印叢談」、「印泥選製」爲四類。

二二・七六　續語堂論印彙録一卷

風雨樓刊本。清仁和魏錫曾稼孫撰。是編録論印詩二十四首及題賴古堂殘譜、薛氏漢鐙諸跋。

二二・七七　論印絶句一卷

拜經樓原刊本。清海寧吴騫槎客輯。前有槎客自序。是編輯仁和沈心房仲、倪印元首善、錢塘厲鶚太鴻、海寧查岐昌葯師、周春芚兮、陳鱣仲魚、鍾大源晴初、馮念祖爾修及槎客論印諸詠，薈萃一卷。

二三·七八　論印絶句續編一卷

拜經樓原刊本。清海寧吴騫槎客輯。續編録錢塘丁敬敬身、海寧陳萊孝微貞、秀水蔣元龍春雨、吴江楊復吉列歐論印諸詠。又海虞顧氏刊本，不分正續，合前後爲一卷。

二三·七九　硯林印款一卷

風雨樓刊本。清錢塘丁敬敬身作。是編録丁氏印款七十餘條，並附黄、蔣、奚、陳諸家印款之論丁印者，統爲一卷。後有丁丙一跋。

二三·八〇　七家印跋七卷

風雨樓刊本。清梁溪秦祖永逸芬輯。是編録丁敬、金農、黄易、奚岡、蔣仁、陳鴻壽、鄭燮七家所刻印跋，彙爲一編。

二三·八一　治印雜説一卷

刊本。禹航王世㴑昆撰。前有葉銘序。是編計分十二章，曰印學淵源、印之制度、印之格律、印面文字、印之章法、印文筆法、治印刀法、署旁款法、治印之具、拓旁款法、製印色法、治印賸言，各舉概略，足資參究。

二三一·八二　篆刻約言一卷

刊本。錢塘鍾裔申撰。是編附刻王氏治印雜説之後。余援海虞顧氏篆學叢書之例，凡論篆諸作，悉行分舉，其中所載篆文章法諸端，悉具大要。

跋

是志脱稿于辛酉夏季，但粗具條序，初未遑即付刊布也。乃以饑驅，頻年轉徙，無處理之暇，自輟其業。壬戌之際，櫜筆江右，而閩亂突起，余家在會城之南郭，適逼兵區，幸家人竭力護持，石廬圖書，得不散失，斯稿亦賴以無恙。爰速余妻瘦梅賫來旅次，力竊軍書餘閒，從事勘訂，校讎紕漏，知不能免，亟舉以付梓人，非得已也。昔馬氏文淵有言「良工不示人以璞」，亭林顧氏亦謂「不可未定之本傳人」，是編也實具二者之病，而今之速于成書者，則既悚于世變之靡常，復恐先哲遺書之廢墜，急爲抱守殘缺之謀，又非尋常著述比也。殺青垂竟，尾綴數言。甲子九月，閩侯林鈞志于南昌節署。

勘誤表

説明：刻本書志内多訛脱衍倒之失，文中徑改，表列於此，不再另出校記。

位置	原文	校文
	評語	
歐陽輔	筦爾	莞
袁金鎧	鹿壒	塵
陳洙	鴻瞻	贍
張元濟	篙著	篤
高夔	一慨	概
李尹桑	饌述	撰
文素松	彙溈	爲

位置	原文	校文
	提綱絜領	挈
吴湖帆	吴湖帆湖帆	遹駿
王蘧	睎葉氏	晞
陳衍	泊拙著	洎
	凡例	
	甬廬日札	俑
	自序	
	黄雲之盧州	廬

位置	原文	校文
	·擵古録	擵
	勒石·鏁木	鋟
	弗容·偏廢	偏
	·顧書	顔
	王·樹	澍
	武·憶	億
	·忱經堂	枕
	沈·澍鏞	樹
	方·若雨	藥
	梁章·丹	冉

位置	原文	校文
	·桭觸	棖
總目		
	武·憶	億
	鄒·伯森	柏
	·盧州金石略	廬
	·粤東金石略	廣
	楊·瀚	翰
	斯·垣因	坦
	·擵古録	擵
	階州邢·樹	澍

位置	原文	校文
	吴縣吴大·徵	瀓
	平湖朱善·旆	旂
	匋齋吉金續·録	録
	·攈古録金文	攗
	江·柜香	秬
	海·鹽吴式芬	豐
	吉石·龕	盦
	趙·宧光	宦
	·順·功堂	功順
	績·敔堂題跋	語

位置	原文	校文
	楚風慶·碑文	釋
	·烏·義朱一新	義烏
	海·臨王國維	寧
	日本林泰·補	輔
	續復古·録	編
	·蘇·米·齋精刊	蘇齋
	武·陵高積厚	林
	·日安	同
	桐·山	城
	·休寧吴騫	海

位置	原文	校文
	王·世·匊	世
卷之一		
一·一	金·鉉	鉉
一·二	雲·自龕	自在
一·二九	·季真寺	重
一·三一	·吴君	葉
	姜嫄公·列廟碑	劉
一·三七	英·衛公李勣	國
一·三八	·干九嵕山	于
	·泊數十字不等	洎

位置	原文	校文
一·五一	·經剛經幢	金
一·六一	武·憶	億
一·六七	時·代	代名稱
卷之二		
二·三	體·列不一	例
二·六	抗·衝媲美	衡
二·九	武·憶	億
二·一〇	武·憶	億
二·一二	武·憶	億
二·一三	武·憶	億

位置	原文	校文
二·一四	武憶	億
二·二三	澠池鄭新	新鄭
	柝出單列	析
二·三八	盻吾王氏	盱台
二·三九	甬廬日札	俑
二·四二	明陳瑋	暐
二·四八	臨溜	淄
	聶山徐鉉	攝　鉉
	闃矣無人	闃
二·五二	止此三鍾	種

位置	原文	校文
二·五八	美術志書目	書目志
	卷之三	
三·一	后東齋	居
三·三	七種	九
三·一五	海臨清	清臨海
三·一七	訪粵西金石志	仿
三·二八	存佚于自之下	目
三·三九	盧州金石略	廬
三·四一	後話蘭堂	蘭話堂後
三·五五	棖觸	棖

位置	原文	校文
卷之四		
四·三一	·東州府	惠
四·四四	·劉夔使君	劉宋
四·五〇	清·柝	析
四·六九	派·遺	遣
四·七〇	烽·燧	燧
四·七二	趙·云石	雲
四·七三	·江流洞	紅
	宏·郎	廓
	·淺州	涉

位置	原文	校文
四·七四	伽·㑚山	倻
	石地·灴碑	灶
	捫蘿剔·鮮	蘚
卷之五		
五·一	·與編集録	此
五·六	勤學不·惓	倦
五·一一	·十·九卷	第十九
五·一六	胥從·琹落	栞
五·一七	尹彭壽·作年	竹
五·二〇	翠琅·玗館	玕

位置	原文	校文
五・二一	四庫提處	要
五・二五	朱善旆	旂
	卷之六	
六・二	省雲館	看
六・七	嚴待讀	侍
六・一五	仿于	昉
	戞具殊文	昊
六・二一	御史	史
六・三一	陳椒升	黃
	曰古甓齋	百

位置	原文	校文
	卷之七	
七・二	養浩書寶	室
七・五	並書會	會同
七・六	順功堂續編	功順
七・八	時地考一卷	二
	趙宧光	宧
七・一〇	八本餘本之中	百
	王之	羲之
七・二五	段讀	叚
七・三二	誦詔夷覽之室	覽夷

位置	原文	校文
七·三六	地·獄	獄
七·三七	史·歳家	乘
	·筐衍	篋
七·三八	異·女	文
	斥其·夫名	父
	薛府·君	君夫人
	張·纂	纂妻
七·四九	丁·筱臣筱農	彥
卷之八		
八·二	生長北·京	宋

位置	原文	校文
八·三	重修·書	者
	其·書	數
	其·數	數二百
	·察條	蔡
	·圍·山叢談	鐵圍山
	李·君麟	公
八·五	畢·景	景儒
八·一〇	乾隆御覽之·印	寶
	天子古·稀	希
	養·心殿寶	性

位置	原文	校文
八·一五	朱善·施	旂
八·一六	·攈古録金文	攗
八·二三	·攈古録	攗
	虢季子·百盤	白
八·二四	巨·挈	擘
卷之九		
九·一	吴翌·篤	鳳
九·二	·盼·吾王錫元蘭生考·藏	盱台 收
九·四	朱文·方·長印	長方

位置	原文	校文
九·七	展轉·訟襲	沿
九·八	·延見殘碑	光
	·武后石闕	氏
	三老忌·辰碑	日
	陳寶·齋造象	齊
	趙·氏靈王	武
	平方之·執	埶
九·一一	胡·身	身之
	儀作·儀	儀
	·焻作·焻	焰 焰

位置	原文	校文
	而作·而	而
	·末君碑係	朱
九・一二	·吴·榮·光	秦光第
	·郡馬縣	群
九・一五	吴大·徵	澂
九・一六	宣·慈惠和	玆
	來略·骨通	胥
	·方略	才
九・一八	·裴紀功碑	裴岑
	·吴氏	鈕
九・二〇	·鏝木	鋟

位置	原文	校文
九・二二	·鏝木	鋟
	豐·瞻	贍
	鑿·柄	枘
九・二三	百漢·硯·碑	碑硯
九・三一	家·蓄	畜
九・四〇	吴大·徵	澂
九・四一	武·憶	億
卷之十		
一〇・七	兩·疆勉齋	彊
一〇・一二	·貨文字考	貨布
	吉·金録	金所見

位置	原文	校文
一〇・一三	亨集	貞
一〇・一五	遺員	遺
	論抄書	鈔
一〇・二五	景精本	精景
一〇・二七	延歲萬歲	壽
一〇・二九	子偲	偲
一〇・三一	錢氏坫	坫
卷之十一		
一一・一	汨于河水	汩
一一・五	平北	北平
一一・七	古人	文

位置	原文	校文
一一・一一	魏石經文考	經文
	經篇題考	篇
一一・一三	舒卷	卷
一一・一七	遂一校勘	逐
一一・二三	丁晏儉卿傳	撰
一一・二五	吉石龕	盦
一一・二六	廣成義學	仁
一一・二八	吉石龕	盦
卷之十二		
一二・一	撰本	刊
	王宏	弘撰

位置	原文	校文
一二·二	四·字	事
	志一·偶	隅
	蔡·絛	條
一二·四	蘭話·室	堂
一二·一〇	宋·王	玉
一二·一三	·虛八倉曹	盧
卷之十三		
一三·一	集本·以	與
	·繫簡遼絕	繁
一三·二	據·邁	洪邁

位置	原文	校文
一三·三	王·樹	澍
一三·六	陸·褘碑	禕
一三·一四	東·方畫贊	方朔
一三·三〇	趙·宧光	宦
一三·三六	·繫續	隸
	·秦始九年	泰
	楊·盒	盦
卷之十四		
一四·一	武·憶	億
一四·二	武·憶	億

位置	原文	校文
	上柱國任慕碑	恭
一四·三	武憶	億
一四·四	武憶	億
一四·五	瞻博簡覈	贍
一四·九	隆興觀道德經	龍
一四·一三	瞻族戒石	贍
一四·二七	釋莂字	釋名
一四·三九	楊宣邸珍重碑	兩
一四·四二	嗃矢	嚆
一四·四四	邑義五百	百人

位置	原文	校文
卷之十五		
一五·四	松濤居	菴
	皇甫君碑	府君
	宋拓褉帖	禊
一五·六	繻雲城隍廟碑	縉
	金石文字	字記
一五·七	喪亡下	上
一五·九	順功堂	功順
	義土左軍專	士
一五·一〇	黃三碑	黃初

位置	原文	校文
	校·刊本	刻
一五·一五	績·敔堂題跋	語
一五·二〇	·母邱儉	毌
一五·二三	蕭·澹碑	憺
一五·二五	校·筆隨筆	碑
	元祐黨·藉碑	籍
一五·二九	林·估	佶
一五·三二	右·南	南中
一五·三四	吳·城	越
一五·三五	音·昀	韵

位置	原文	校文
一五·三六	武·憶	億
一五·三七	兩漢金石·志·記	記
	以·下置車	下不
	·則文	其
一五·四三	繁·微博引	徵
卷之十六		
一六·一	吉金·文釋	古文
	善·旆	旂
	第二·字第一字	行
	此作·■	作

位置	原文	校文
	魚·台妊鼎	召
	·木稷	术
	阮作·梁	粱
	阮作對·楊	揚
	通·唶	借
	一行四·字	行
	·乞去	乙
一六·六	·碣色	褐
一六·一一	·疆以經注襮飾	彊
一六·二〇	武·憶	億
一六·二三	·摹工	募

位置	原文	校文
	瘞·鶴考	鶴銘
一六·二六	·一卷	二
	·汪考	翁
一六·二七	·二卷	一
一六·三〇	·暸如指掌	瞭
一六·三六	大·字	下
一六·四二	·烏·義	義烏
一六·四五	後漢畫象石·記	說
卷之十七		
一七·一	新羅王女·德·真	真德
	陵廟·圖·記	記圖

位置	原文	校文
	·傅雅	博
一七·三	御史·精·臺舍	臺精
一七·九	通·段	叚
一七·一五	·盧山	廬
一七·二四	當·緩	鍰
一七·三七	鄭·貞碑	曾
一七·三八	寰宇·訪録	訪碑
卷之十八		
一八·一	章綬·銜白文	銜印
一八·三	張王·季趙	李

位置	原文	校文
一八·七	志·墓附論	墓例
一八·八	·趺寸	趺
一八·一一	桐·抖	料
	造·橋博士郝温	塔
	十二·蓄	畜
一八·一三	若綱·若綱	在
一八·一五	·熇矢	嚆
卷之十九		
一九·三	因·遺	遣
一九·七	探·頤索隱	賾

位置	原文	校文
一九・一四	探頤索隱	賾
一九・一七	歧陽	岐
	史籀之年	作
一九・一九	明其通段	叚
一九・二〇	順功堂精刊	功順　刊本
	肊段	改
一九・二三	張士浚	俊
一九・二六	有廑至矣	其
	縣字注縣	無
	篠木韻	小

位置	原文	校文
	麌娛韻	姥
	昃後後有	後
一九・二七	女至止	字
一九・二八	當泰去甚	去泰
一九・三一	續復古録	編
一九・三四	墨書揩字	楷
卷之二十		
二〇・二	梧拌	柈
二〇・三	婁氏字	字原
	以麋	糜

位置	原文	校文
	·雲·南蔡氏	南雲
二〇·四	東京·廷武	建
	歐陽·謂	修謂
二〇·七	·瞻齋	澹
二〇·一一	拘·攄	墟
二〇·一四	·矯矢	嚆
二〇·一五	遂·今	令
	再出·與	與大雅閎達共商定之耶
二〇·一六	·此·書橫畫	書

位置	原文	校文
二〇·一七	·雲·南蔡氏	南雲
二〇·一八	蓋·訪	仿
二〇·二一	·庸乃庸之	庸
	有·當字	営
二〇·二三	趙之·琛	謙
二〇·二九	·儒初	孺
二〇·三〇	王·維·國	國維
二〇·三三	古·作	則
	·李·鮑恂	鮑
	是編·論	六書論

位置	原文	校文
	無所之子	所生
	胡秉皋	東
二〇・三四	趙謙	撝謙
	段借	叚
卷之二十一		
二一・二	互相證	考證
二一・一三	撰釋	撰
二一・二四	上下數十載	千
	紅照屋山色	花
二一・二五	有題書跋	是

位置	原文	校文
二一・二七	宋理宋時	宗
二一・二九	風雨樓刊	刊本
二一・三〇	亭蘭博議	蘭亭
二一・三三	石刻補敘	鋪
	惠秋詔	韶
卷之二十二		
二二・六	桐山	城
二二・一九	譚雨颯	颿
二二・二九	俸人	入
二二・三六	陸費穉	墀

位置	原文	校文
二三一·三八	吴錫·麟	麒
二三一·三九	外·響	嚮
	刻鵠類·鶩	鶩
二三一·四三	趙·宦光	宧
二三一·四九	六·書	法
二三一·五六	顧·氏	氏刊本
二三一·六〇	·沿字	鉛
二三一·六一	故·實	事
	·宋·元	元宋无
	將·綬	授

位置	原文	校文
二三一·六四	武·陵高積厚	林
二三一·六六	·日安	同
二三一·六七	·日安	同
二三一·六九	桐·山	城
二三一·七〇	印·戔説	箋
二三一·七一	論印之·論	語
二三一·七七	·休寧吴騫	海
二三一·七八	·休寧吴騫	海

圖書在版編目（CIP）數據

石廬金石書志 / 林鈞撰；姚文昌點校．-- 福州：福建人民出版社，2023.12

（八閩文庫．要籍選刊）

ISBN 978-7-211-09260-4

Ⅰ．①石…　Ⅱ．①林…　②姚…　Ⅲ．①金石學—古籍—介紹—中國　Ⅳ．①K877.2

中國國家版本館CIP數據核字（2023）第252372號

石廬金石書志

作　　者：林　鈞　撰　　姚文昌　點校

責任編輯：莫清洋

責任校對：林　芬

裝幀設計：張志偉

美術編輯：陳培亮

出版發行：福建人民出版社

電　　話：0591-87533169（發行部）

網　　址：http://www.fjpph.com

電子郵箱：fjpph7221@126.com

地　　址：福建省福州市東水路76號

經　　銷：福建新華發行（集團）有限責任公司

印刷裝訂：雅昌文化（集團）有限公司

地　　址：深圳市南山區深雲路19號

電　　話：0755-86083235

開　　本：890毫米×1240毫米　1/32

印　　張：24.125

字　　數：435千字

版　　次：2023年12月第1版第1次印刷

書　　號：ISBN 978-7-211-09260-4

定　　價：110.00元